Jason Burke
Reise nach Kandahar

Jason Burke

Reise nach Kandahar

Unterwegs in den Krisengebieten der islamischen Welt

Aus dem Englischen
von Rita Seuß

Patmos

Titel der englischen Originalausgabe:
Jason Burke, *On the Road to Kandahar. Travels through Conflict in the Islamic World*
Allan Lane, Penguin Group, England

Bibliografische Information der Deutschen Nationalbibliothek
Die Deutsche Nationalbibliothek verzeichnet diese Publikation in der Deutschen Nationalbibliografie; detaillierte bibliografische Daten sind im Internet unter http://dnb.d-nb.de abrufbar.

Druck und Verarbeitung: CPI Books, Leck
ISBN 978-3-491-36006-8
www.patmos.de

Für meine Eltern
und für die Opfer der Bombenanschläge
in London am 7. Juli 2005

»Ich habe immer«, verkündete er, »von einer Schar Männer geträumt, die absolut in ihrem Vorsatz ist, alle Skrupel in der Wahl der Mittel abzuwerfen, die stark genug ist, sich freimütig den Namen Zerstörer zu geben, und frei ist vom Geruch jenes resignierten Pessimismus, der die Welt verkommen lässt. Kein Mitleid für nichts auf der Welt, sie selbst eingeschlossen, und den Tod auf immer an ihrer Seite, und alles im Dienste der Menschheit – das hätte ich gern einmal erlebt.«

Joseph Conrad, *Der Geheimagent*

»Man hat mich als sentimentalen Menschen bezeichnet. Es stimmt. Ich war nur Journalist, weil es in der Zeitung, die ich morgens nach dem Aufstehen las, diese Nachrichten gab, die mich wütend machten. Ich wollte meine Wut so deutlich wie möglich in Worte fassen, aber viel mehr konnte ich nicht tun. Ich hatte ganz bestimmt keine Theorie und erst recht keine geschlossene Ideologie. Ich wollte nicht über das hinausgehen, dessen ich mir sicher war. Deshalb hielt man mich für unkonstruktiv und unentschlossen, für irgend so einen Gemäßigten. Und doch glaube ich nach wie vor, dass ich bei allem, was mich wütend macht, nicht zu Kompromissen bereit bin.«

Albert Camus

Inhalt

Einleitung: Ich war ein jugendlicher Guerillakämpfer

Wir versenkten den Brief tief unten in einer unserer Reisetaschen und brachen am nächsten Morgen Richtung Westen auf – in einem Überlandbus auf einer schlechten Straße, die über hohe Berge mit kiefernbewachsenen Hängen und grauen steilen Felswänden führte. In den Schattenzonen lagen Reste schmutzigen Schnees, und in der Kälte, die der Abend brachte, verstanden wir, warum so viele Flüchtlinge, die in diesem Jahr hier oben Zuflucht gesucht hatten, gestorben waren. Wir übernachteten in einem kleinen Dorf am Rand einer tiefen Schlucht, in einer Herberge direkt an der Straße, wo wir auf dem Boden schliefen und immer wieder durch Gewehrfeuer aus dem Schlaf gerissen wurden. Am Morgen aßen wir dünnen Joghurt mit warmem Brot, tranken aus kleinen Gläsern Tee von der Farbe glänzenden Kupfers und beobachteten, wie gleichmütige Dorfbewohner Soldaten mit schwerer Ausrüstung durch ihre Felder hinauf in die Berge führten. Eine »große Operation« gegen die Guerillas sei im Gange, sagte man uns. Gegen Nachmittag hatten wir die Berge hinter uns gelassen und gelangten auf einer begradigten Straße hinunter in die Ebene. Dort sollten wir den Brief einem Mann in dem Flüchtlingslager in der Wüste außerhalb der Grenzstadt übergeben, wo mehrere tausend Familien von den Hilfslieferungen der Vereinten Nationen lebten. Wir fanden den Mann, der den Brief öffnete und las und uns dann sagte, um über die Grenze zu kommen, sollten wir am besten ein Taxi nehmen. Es würde zehn Dollar kosten und nicht einmal eine Stunde dauern. Wir waren tief enttäuscht.

Manchmal, wenn ich zu viel getrunken habe oder unbedingt Eindruck schinden will, behaupte ich, ich sei als Jugendlicher ein Guerillakämpfer gewesen. Das entspricht nicht ganz der Wahrheit. Ich war kein Teenager mehr. Ich war einundzwanzig. Und obwohl ich tatsächlich ein Gewehr trug, habe ich nicht gekämpft. Tatsache ist, dass ich mich die wenigen Male, als geschossen wurde, in einem Graben versteckte.

Es war der Sommer 1991. Saddam Husseins unkluger Versuch, Kuwait zu erobern und sich dessen Öl anzueignen, war von einer militärischen Koalition unter Führung der Amerikaner wenige Monate zuvor vereitelt worden, eine rasche und wenig überraschende Niederlage. Nach dem Krieg kam es zu Aufständen der schiitisch-muslimischen Bevölkerung im Süden des Irak und wenig später auch der Kurden im Norden.

Beide Gruppen glaubten, die Unterstützung der Alliierten sei ihnen gewiss. Doch die Alliierten schauten nur zu, als Saddams Panzer und Helikopter zuerst die Schiiten niederschlugen und dann die Kurden in ihre historischen Bergfestungen zurückdrängten. Die Folge dieser blutigen Kämpfe waren eine Million Flüchtlinge, die sich in Richtung türkische und iranische Grenze aufmachten. Insgesamt kamen mindestens hunderttausend Menschen ums Leben.

Meine Reise, die ich zusammen mit meinem Studienfreund Iain unternahm, unterschied sich anfänglich kaum von der anderer Studenten im vierten Studiensemester, die mit dem Rucksack durch Europa fuhren. Wir trampten durch die Türkei, tranken zu viel Efes Pilsen und ließen uns in einem billigen Hotel in Kappadokien von zwei Däninnen aufhalten. Doch als wir in der Stadt Van im Osten des Landes ankamen, begann der unausgegorene, gleichwohl existente Plan, über den wir nie so richtig gesprochen hatten, Gestalt anzunehmen. So vorsichtig wie möglich begannen wir Personen zu kontaktieren, die uns, wie wir hofften, behilflich sein konnten, auf Leute von der PKK zu stoßen, der kurdischen marxistischen Guerilla, die damals seit sieben Jahren in den Bergen im Südosten der Türkei den Aufstand probte. Sich mit ihnen zu treffen wäre allerdings äußerst gefährlich gewesen, davon überzeugte uns freundlich ein Teppichverkäufer im großen Basar von Van. Die Gruppe nähme gern westliche Touristen als Geiseln, meinte er und schlug uns eine Alternative vor: Wir sollten über die Grenze in den Irak reisen. Dort, im Norden, versuchten die Kurden gerade einen eigenen unabhängigen Staat zu errichten. Über die Grenze zu gehen – das hatten wir mehr oder weniger sowieso vor.

Er empfahl uns, nach Hakkari zu fahren, einer kargen Stadt rund 160 Kilometer entfernt, im Hotel Ümit nach »Ahmed« zu fragen und zu sagen, »Apfel« habe uns geschickt. Wir nahmen den Bus, fanden das alte Hotel unweit des Stadtzentrums und erzählten Ahmed von Apfel. Wenn sich Ahmed über das Melodramatische dieser Situation womöglich amüsierte, so ließ er sich jedenfalls nichts anmerken. Zwei einsilbige

Männer, die sich in der Stunde, die wir mit ihnen verbrachten, weder den Mantel auszogen noch setzten, übergaben uns in einem unansehnlichen Hotelzimmer einen verschlossenen Brief. Auf dem Platz vor dem Hotel sprangen unterdessen türkische Soldaten von Lastwagen herunter und durchkämmten die Straßen mit den Marktständen, Ziegen und alten Jeeps. Von Hakkari machten wir uns mit unserem sicher verstauten Brief auf über die Berge und hinunter in die Ebene, ins Flüchtlingslager und dann weiter zur Grenze.

Ich war noch nie in einem Flüchtlingslager gewesen. Es war Mittag, die Sonne stand im Zenit, und durch die leeren Zeltstraßen fegte der Staub. Frauen und Kinder mit den erstaunlichsten Kanistern in der Hand drängten sich um einen Tankwagen mit Trinkwasser. Ich fragte Iain, ob meine Haare durch den Zitronensaft, mit dem ich sie eingerieben hatte, aufgehellt wirkten, so dass ich wenigstens halbwegs dem sonnengebleichten, kampferprobten Veteranen ähnlich sah, der ich so gern sein wollte. Er verneinte. Es existierte hier keine Post, und Telefonieren war zu teuer, deshalb gaben uns mehrere Flüchtlinge Briefe an Freunde und Verwandte mit, die ich prompt in dem Taxi liegen ließ, das uns am nächsten Morgen zur iranische Grenze brachte. Wir passierten einen amerikanischen Stützpunkt mit gepanzerten Fahrzeugen, akkurat in Reih und Glied. Die kurdischen Grenzsoldaten mit ihren Bärten, karierten Kopftüchern und traditionellen Pluderhosen, den breiten Schärpen und Überröcken wirkten ungeheuer romantisch. Eine zerschlissene, über ein von Kugeln durchsiebtes Porträt Saddam Husseins geworfene Fahne signalisierte uns, dass wir Irakisch-Kurdistan erreicht hatten.

Ich würde wirklich gern sagen können, dass ich mich damals brennend für die Kurden interessierte und schon lange nichts anderes gewollt hatte, als an ihrem Kampf teilzunehmen. Aber das kann ich nicht. Es gab eine Vielzahl von Gründen, weshalb ich bei den Peschmerga landete, denen, »die dem Tod ins Antlitz sehen«, wie die irregulären kurdischen Soldaten genannt werden. Keiner dieser Gründe war besonders edel, alle waren vielmehr recht typisch für Leute in meinem Alter. Ich ging in den Irak, weil ich nicht noch einmal als Rucksacktourist nach Thailand reisen oder den ganzen Sommer lang im Warenlager eines Supermarkts arbeiten wollte wie im Jahr zuvor; weil ich mich gerade von meiner ersten festen Freundin getrennt hatte und eine Zäsur setzen wollte; und – vielleicht der wichtigste Grund – weil ich auf ein paar gute Geschichten hoffte, die ich an der College-Bar würde erzählen können. Seit ich fünfzehn war, hatte ich Journalist werden wollen, ich hatte mir im vergangenen Winter die Bilder des Luftangriffs auf den Irak und des nachfolgenden »Hundert-Stunden-Kriegs« in einem kleinen Schwarz-Weiß-Fernseher in der Wohnung angesehen, die ich mit fünf anderen Studenten teilte. Daher konnte ich jetzt ein letztlich postpubertäres Abenteuer als eine recht außergewöhnliche Form des beruflichen Erfahrungsgewinns ausgeben. Im Frühjahr hatte ich zweimal die Biographie des großen englischen Kriegsfotografen Don McCullin gelesen, dessen ikonische Schwarz-Weiß-Fotografien und bewegte Lebensgeschichte mir so tragisch wie romantisch, so bemitleidenswert wie gnadenlos hart erschienen. Ich kaufte eine Unmenge Filme, packte zwei uralte Kameras, ein paar Objektive und einen Notizblock ein und beschloss, mir im Irak einen Namen zu machen.

Als Iain und ich im Juli dort ankamen, hatte sich die militärische Lage beinahe schon wieder stabilisiert. Die Kämpfe im Süden des Landes waren lange vorbei. Im Norden hatten sich die westlichen Truppen, die ein »sicheres Refugium« innerhalb des irakischen Territoriums bewacht und irakische Luft- und Bodenangriffe abgewehrt hatten, wieder auf türkisches Territorium zurückgezogen. Ihre unmittelbare Mission, eher humanitären als militärischen Charakters, war beendet. Mit den auf türkischem Boden stationierten Flugzeugen, einem »Schutzschirm« für die neu entstehende kurdische Enklave an den Gebirgsausläufern und in den Ebenen entlang der Nordgrenze des Irak, schien der Golfkrieg praktisch zu Ende. In Wirklichkeit aber wurde der Rückzug der alliierten Streitkräfte wenige Tage vor unserer Ankunft im Irak von heftigen Gefechten begleitet, die die seit ein paar Wochen herrschende Feuerpause zwischen den kurdischen Streitkräften und den Irakern zu erschüttern drohten. Von all dem wussten wir nichts, wir hatten auf unserem Weg durch die Türkei kaum Zeitungen gelesen oder Radio gehört. Irgendwie hielten wir es nicht für notwendig, uns über die aktuellen Geschehnisse auf dem Laufenden zu halten. Tatsächlich kannten wir die Geschichte des Nordirak, seiner Bevölkerung, Kultur und Gesellschaft nur in den gröbsten Zügen. Wir hatten im Frühjahr Zeitungen gelesen, einige jedenfalls, und kannten die Bilder vom kurdischen Exodus aus dem Nordirak in den ersten Wochen des Aufstandes, mehr nicht. Auch über den Irak oder die islamische Welt ganz allgemein wussten wir kaum etwas, ebenso wenig vom Islam. Doch wie so viele westliche Reisende in dieser Region befürchteten auch wir nicht, auf größere Schwierigkeiten zu stoßen.

Auf einem Hügel außerhalb der Stadt Dohuk, 50 Kilometer südlich der türkischen Grenze, lernten wir schießen. Eine Flüchtlingsfamilie sah uns dabei zu; sie stand vor ihrer notdürftigen Unterkunft im aprikosenfarbenen Abendlicht, ohne große Gefühlsregungen zu zeigen. Jets zeichneten kreuz und quer Kondensstreifen auf den klaren Himmel, aber wir wussten nicht, ob es Flugzeuge der Iraker oder der Alliierten waren. Man zeigte uns, wie man eine Waffe auf Dauer- und Einzelfeuer stellt, wie man am Boden liegend oder kauernd sein Ziel erfasst, und empfahl uns eindringlich, niemals aus der Hüfte oder aufrecht stehend zu feuern. Man führte uns vor, wie man das Magazin wechselt, eine Patrone aus dem Magazin in die Kammer führt und das Gewehr zerlegt, reinigt und wieder zusammensetzt. Die Lehrstunde endete mit einem knappen Warnhinweis auf die Minen und mit der »Benennung der Gewehrteile« in den beiden wichtigsten kurdischen Dialekten, auf Englisch und zu allem Überfluss auch noch auf Deutsch, Türkisch, Farsi und Arabisch. Kurzzeitig kannte ich die Worte für »Sicherungsdrücker« und »Schlagbolzen« in sechs verschiedenen Sprachen.

Die Einheit stand unter dem Kommando Firyad Barzanis, eines Verwandten von Masud Barzani, dem Führer der Kurdischen Demokratischen Partei (KDP), der größeren der beiden Hauptgruppen im Nordirak. Firyad, Anfang dreißig, war uns am Tag zuvor vorgestellt worden, als wir uns im örtlichen KDP-Büro als Freiwillige gemeldet hatten. In seinem eng geschnittenen Obergewand und der Hose, dem am Hals offenen Hemd und der Schärpe mit ihren sieben ineinander verschlungenen Bändern, mit seinem zügigen Gang und der Pistole an der Hüfte war er eine gepflegte Erscheinung. Er zeigte sich zufrieden mit dem Training, insbesondere als wir dann tatsächlich eines der für uns aufgestellten Ziele trafen. Während wir an jenem Abend in dem verlassenen Schulgebäude, das als provisorischer Stützpunkt diente, beim Essen saßen, versuchte Firyad uns die kurdische Nationalhymne beizubringen. Der Wortlaut, fast eine Parodie auf die Marschgesänge einer nationalistischen Guerillatruppe, war kaum ernst zu nehmen.

»Niemand soll behaupten, die Kurden seien tot, denn die Kurden leben«, heißt es darin. »Wir werden weiterkämpfen, die Fahne hoch erhoben, unsere Heimat ist unser Glaube und unsere Religion. Wir sind die Helden der Revolution, und unsere Farbe ist rot. Unsere Geschichte ist mit Blut geschrieben. Das kurdische Volk steht ritterlich bereit, seine Lebenskrone mit Blut zu schmücken. Die kurdische Jugend ist stets zur Stelle und bereit, ihr Leben zu opfern.«

Doch nicht nur der Text der Nationalhymne brachte uns zum Schmunzeln. Die Peschmerga entsprachen in fast jeder Hinsicht dem Klischeebild der Guerilla. Diese durchaus eindrucksvollen Männer hatten auch etwas Komisches. Mit schwerem Gepäck und wenig Verpflegung marschierten sie kilometerweit, sie äußerten unglaubliche Phrasen über »den Kampf« und »die Heimaterde«; und sie gaben sich kaum damit ab, ihre Waffe zu reinigen, die ihnen, eingewickelt in ihre rot karierten Kopftücher, als Kopfkissen diente, wie allen irregulären Kämpfern, die etwas auf sich hielten. Darüber amüsierten wir uns, vielleicht mehr, als es angemessen war. Wir lachten unverhohlen über einen groß gewachsenen Peschmerga mit lang herunterhängenden Schnurrbartenden, der mehrere Patronengurte um den massigen Oberkörper trug und mit einem leichten Maschinengewehr, einer AK47 und einem langen Bajonett bewaffnet war. Die Peschmerga ihrerseits waren gastfreundlich und aufgeschlossen. Sie interessierten sich für uns und freuten sich, dass Studenten von so weit herkamen, um ihnen in ihrem Kampf zur Seite zu stehen. Aber unser Leben war für sie ein Rätsel. Die meisten Peschmerga waren in Friedenszeiten Bauern oder einfache Arbeiter und hatten von der Welt außerhalb ihres Dorfes kaum eine Vorstellung, ganz zu schweigen von der Welt jenseits des Ozeans.

Firyad führte unsere Gruppe nach Süden und Osten auf Wegen entlang der Gebirgsausläufer, außer Reichweite der irakischen Soldaten im Flachland. Wir hatten keine Karte, und da Saddam jegliche lokale Kartographie verboten hatte, gab es auch keine. Daher hatten Iain und ich praktisch keine Ahnung, wo wir waren. Es geschah kaum etwas Aufregendes, nur ein paar weitere Schießübungen, eine Kampfsportvorführung und eine Parade auf einem Gebirgspass für eine Gruppe hochrangiger Kommandeure der KDP. Dass wir nichts zu tun hatten, störte uns nicht weiter. Uns genügte es, im Irak zu sein, im Morgengrauen aufzustehen und Joghurt und Fladenbrot zu essen; uns genügten die paar Brocken Kurdisch, die wir zu lernen versuchten, die Präsenz der Waffen, die Geschichten der Veteranen über Feuergefechte, Gewaltmärsche und

Luftangriffe, die Fotografien und Notizen, mit denen ich mir, wie ich hoffte, als Journalist einen Namen machen würde. Die meisten Männer waren mindestens schon einmal verwundet worden. Mustafa, ein groß gewachsener, sehr gebildeter und ernster Mann mit Brille, ein politischer Funktionär von mittlerem Rang, den wir »den Kommissar« nannten, zog eines Abends sein Hemd hoch, um uns die Stelle zu zeigen, wo ihn mehrere Jahre zuvor zwei Kugeln in den Bauch getroffen hatten, und die stark vernarbte, handflächengroße Austrittsstelle der Geschosse auf seinem Rücken. Weder Iain noch ich verspürten den geringsten Wunsch, im Gefecht verwundet zu werden.

Als wir den Kleinen Zab erreichten, war aus Juli August geworden. Es war später Nachmittag, mit der Hitze hatte sich der Staub gelegt, und wir überquerten den Fluss auf einem riesigen Floß, das mit Männern, Lkws und Material beladen war. Den nördlichen Horizont entlang zogen sich braune, gestrüppreiche Hügel, entwaldet im Laufe von jahrhundertelangen Kriegen und Jahrhunderte währender Überweidung. Im Süden schimmerte die weite Fläche des Dokan-Sees in der Sonne, glitzernd wie Fischschuppen. Eine Lehmstraße wand sich um eine scharfe Felsspitze auf eine mehrere Quadratkilometer große Hochebene hinauf. Die Hochebene war fast vollständig von Trümmern übersät – dem, was von Qala Diza übrig war, einer Stadt mit 70 000 Einwohnern, die ein Jahr zuvor im Zuge einer dreiwöchigen Militäroperation von irakischen Pioniertrupps dem Erdboden gleichgemacht worden war. Es gab keinen Grund, diesen Umweg zu den Ruinen der Stadt zu machen, nur den, dass Firyad uns, den Tagesausflüglern, zeigen wollte, was dort geschehen war. Bis dahin hatten die Peschmerga kaum über die Gewalt gesprochen, die den Kurden in den vergangenen Jahren angetan worden war, und ich hatte kaum eine Vorstellung vom Ausmaß dieser Tragödie.

Doch Qala Diza bot ein friedliches Bild. Zwischen den grauen Ruinen sprangen spielende Kinder umher, Peschmerga außer Dienst liefen mit Wassermelonen unterm Arm und geschulterten AK47-Kalaschnikows an uns vorbei, Frauen mit weißen Kopftüchern und leuchtend roten traditionellen, mit Ziermünzen, Perlen und Stickerei verzierten Gewändern kochten auf offenem Feuer, während die Männer auf Mauerresten saßen und selbstgedrehte Zigaretten rauchten. Jemand hatte »Warum?« auf eine der riesigen zerbrochenen Betonplatten geschmiert, Trümmer irgendwelcher Hausdächer, die überall in der Gegend lagen. Die irakischen Pioniertrupps hatten die Bäume verschont, und zwischen Geröllhaufen und verrosteten und verbogenen Stahlbetonstäben ragten schlanke Pappeln und Zedern auf. In einem von zwei eingestürzten Dächern geformten Winkel hatte der Apotheker von Qala Diza eine behelfsmäßige Krankenstation eingerichtet. In einer Ecke lag sein kleiner Arzneimittelvorrat, auf der bloßen Erde eine dünne Matratze. Qala Diza besaß keine sanitären Einrichtungen und nur einen einzigen Brunnen; Magen-Darm-Erkrankungen, besonders unter den Kindern, waren daher an der Tagesordnung. Der Apotheker, überraschend gepflegt in einem sauberen weißen, kurzärmeligen Hemd und landesüblicher Pluderhose, war besorgt wegen der Cholera. Er hatte einen ramponierten Infusionsständer aus den Trümmern gerettet und neben der Matratze aufgestellt, doch gab es weder eine Flasche noch Schlauch oder Infusionslösung. Ein Mädchen in einem leuchtend roten Kleid fegte den staubigen Boden vor dem Schutthaufen, der einmal ihr zweigeschossiges Haus gewesen war, und lächelte, als ich ein Foto machte.

Ein paar Tage später besuchten wir die östlich gelegene Stadt Halabdscha, wo drei Jahre zuvor bei einem Giftgasangriff 5000 Menschen ums Leben gekommen waren. Vier Monate nach diesem Angriff wurde die Stadt völlig zerstört. Eine Schar schmutziger, zerlumpter Kinder belagerte unseren Pritschenwagen, nachdem sie Iain und mich inmitten militärischer Gerätschaften auf der Ladefläche entdeckt hatten. Sie dachten, wir seien gekommen, um Lebensmittel zu verteilen. Ich erinnere mich an einen alten Mann in einer schwarz karierten Kufiya, der mit einem bitteren Lächeln inmitten des Häuserschutts stand. »Erzählen Sie Ihrem Volk von uns«, sagte er zu mir. »Erzählen Sie Ihrem Volk, was hier geschehen ist.« Ich bot die Geschichte schließlich der *Daily Mail* an, die sie ablehnte, und meiner Lokalzeitung, die sie druckte und mir 50 Pfund dafür bezahlte.

Während unsere Einheit in der Nähe von Qala Diza stationiert war, kam es im 80 Kilometer entfernten Suleimaniye erneut zu schweren Gefechten. Nach mehreren Tagen Straßenkampf konnten die Peschmerga, die die Stadt Ende März, Anfang April bereits vorübergehend in Besitz genommen hatten, Saddams Soldaten die Kontrolle erneut entreißen. Bei unserer Ankunft dauerte der Beschuss noch an, obwohl das Hauptgefecht inzwischen vorüber war. Unsere Gruppe, variierend zwischen zwölf und dreißig Mann, hatte nichts Besseres zu tun, als die Waffen in einem Park abzulegen, sich Schläger und einen Ball von einem Haus in der Nähe auszuleihen und ein Tischtennis-Turnier zu organisieren – auf zwei Betontischen, die inmitten der allgemeinen Zerstörung unbegreiflicherweise völlig unversehrt geblieben waren. Aus gut einem Kilometer Entfernung war starkes Beschussfeuer zu hören.

Im Rückblick begreife ich, warum man uns vom wirklichen Kampfgeschehen fernhielt. Erstens kämpften meist nur die Peschmerga von der Patriotischen Union Kurdistans (PUK), dem Hauptrivalen der Kurdischen Demokratischen Partei (KDP). Damals wusste ich nichts von der starken Konkurrenz zwischen den beiden Parteien. Zweitens: Firyad hatte die klare Anweisung, uns, zwei Enthusiasten aus dem Westen, die offensichtlich von Bewunderung für die Kurden erfüllt waren, im Rahmen einer mobilen Propagandaeinheit der Peschmerga einzusetzen. Das erklärt zumindest teilweise, warum man uns zu so vielen verschiedenen Kampflinien brachte und wir mit so vielen Soldaten Bekanntschaft machten. Firyads Aufgabe war es, uns einerseits einer Gefahr auszusetzen, die groß genug war, um uns in den Augen der Kämpfer glaubwürdig erscheinen zu lassen, andererseits aber auch zu gewährleisten, dass wir am Leben blieben. Drittens muss allen vollkommen klar gewesen sein, dass wir, tatsächlich in Kämpfe verwickelt, nur eine Belastung gewesen wären. Am ersten Abend in Suleimaniye hatte ich mich, an den einheimischen Fusel nicht gewöhnt, von unserer zechenden Gruppe zurückgezogen, um mich in einem stillen Winkel zu übergeben. Ich war eine Straße entlang getaumelt und hatte mich gegen eine Mauer gelehnt, als irgendjemand zu schießen anfing, woraufhin – nächtlichem Hundegebell nicht unähnlich – die ganze Stadt mit Gewehrschüssen zu antworten schien. Es war stockdunkel, und meine Einheit, Iain und sämtliche Waffen waren mehrere hundert Meter weit entfernt. Als um mich herum das Feuer nicht aufhörte, ging ich wie in Trance in die Knie, einen bitteren Gallegeschmack in der Kehle, mit den Händen auf den Oberschenkeln und mit keinem anderen Wunsch, als endlich allein zu sein, um in Ruhe und Frieden meinen Magen zu entleeren. Die paar Male, die wir tatsächlich schossen, war das Geknatter der Kalaschnikows so ohrenbetäubend, dass wir danach tagelang taub waren. Der Gedanke, das Gewehr neu laden zu müssen, während wir unter Beschuss standen, und mit schwitzenden Händen nach einem neuen Ladestreifen zu tasten, flößte mir Angst ein. Es war offensichtlich, dass eine glückliche und behagliche Kindheit und Jugend in einem grünen Viertel im Norden Londons in der Nähe von Hampstead Heath, die Fahrt zur Hendon-Bibliothek mit meinem Vater alle drei Wochen und meine auf Schulfußball und gelegentliche Radtouren beschränkte körperliche Aktivität nicht gerade die optimale Vorbereitung für das Soldatenleben waren. Iain, der aus einem kleinen Dorf in Gloucestershire stammte, ging es auch nicht viel besser.

Wir waren ein seltsames Paar. Wenn man uns zusammen mit unserer Peschmerga-Einheit fotografierte, stand Iain, mit einsneunzig mit Abstand der Größte, immer in der hintersten Reihe, das blonde Haar unter einem karierten Kopftuch. Ich, kleiner und dunkler, stand oder kniete ganz vorn, die Arme um die Schultern von Männern gelegt, die ähnlich groß waren wie ich, das Gewehr geschultert. Keiner von uns beiden war sonderlich selbstbewusst, vielmehr so unsicher, wie 21-jährige Jungs eben sind. Aber während ich dies dadurch wettmachen wollte, dass ich mir den Anschein von weltläufigem Zynismus gab und einen stahlharten Blick einübte, dazu, wie ich hoffte, eine bei aller Schmächtigkeit muskulöse Körperlichkeit zeigte, lächelte Iain unaufhörlich. Ich täuschte Gleichgültigkeit und Abgebrühtheit vor, das Gewehr in der einen, die Kamera in der anderen Hand, Iain stellte eine launische Exzentrik zur Schau. Wir fanden, wir waren ein gutes Gespann: voller Neugier, Aufgeregtheit, nervöser Energie und Humor. Gott sei Dank waren wir auch reif genug, um zu erkennen, was für eine vollkommen künstliche Rolle wir spielten. Wir hatten einen Heidenspaß, als wir Postkarten mit der Beschriftung »Grüße aus dem Irak« kaufen und sie jemandem in die Türkei mitgeben konnten, um sie für uns nach Hause zu schicken. Eine ging an die College-Bar, eine andere an das Mädchen, das mir ein paar Monate zuvor den Laufpass gegeben hatte.

Die endgültige Einnahme Suleimaniyes durch die Kurden veränderte die Situation grundlegend; nunmehr waren die Iraker in der Defensive. In den Wochen zuvor hatten es die Peschmerga und Saddams Soldaten, größtenteils Wehrpflichtige, vermieden, gegeneinander zu kämpfen. Jetzt aber begann der Waffenstillstand zu bröckeln, den rivalisierende lokale Befehlshaber überall in Kurdistan miteinander ausgehandelt hatten. Als wir auf einer Straße in der Nähe der Stadt fuhren, geriet unsere Einheit unversehens in eine gewaltige irakische Panzerkolonne.

Die Soldaten waren so verblüfft über diesen mit Peschmerga besetzten Pritschenwagen, der plötzlich in ihrer Mitte aufgetaucht war, dass sie nichts unternahmen und wir unversehrt davonkamen. Bei einem nahe gelegenen Checkpoint irakischer Soldaten dagegen, der uns in der Vergangenheit ungehindert hatte passieren lassen, stießen wir auf größere Schwierigkeiten. Firyad und seine Männer setzten alles daran, uns durchzuschleusen, und kurzzeitig sah es so aus, als schafften sie es nicht. Iain und mir wurde mit einem Schlag bewusst, dass wir gar kein irakisches Visum hatten und was uns blühte, wenn es schief ging. Wir beschlossen, dass es an der Zeit war, den Heimweg anzutreten. Wir hatten nicht vor, uns entführen zu lassen.

Aber genauso kam es. Von der Grenzstadt Zakho wollten wir in die Türkei zurück und wandten uns zu diesem Zweck an eine Gruppe von Männern, die vor einem Laden saßen. Ein Freund von ihnen, sagten sie, würde die Grenze überqueren und Richtung Istanbul fahren. Es war gegen 19 Uhr. In ein paar Stunden würde er uns abholen, sagten sie. Im Rückblick betrachtet, stank die Sache zum Himmel. Kein Mensch im Nordirak fuhr damals nach Sonnenuntergang irgendwohin, am allerwenigsten über die Grenze in die Türkei. Aber wir waren Studenten, und die Aussicht auf eine kostenlose Mitfahrgelegenheit war sehr verlockend. Also tranken wir warme Cola und warteten. Nach einer Stunde schlugen die Männer vor, in einem nahe gelegenen Hotel etwas zu essen. Wir lehnten höflich ab. Sie ließen nicht locker. Wir beharrten auf unserem Nein. Sie zeigten uns in aller Freundlichkeit ihre blitzblanken Handfeuerwaffen, die einen ganz anderen Eindruck machten als alles, was wir bis dahin im Nordirak gesehen hatten, und legten uns nahe, in ihr Auto einzusteigen, einen alten schwarzen Mercedes. Wie es aussah, hatten wir keine andere Wahl. Wir stiegen ein und fuhren zu einem Hotel am Stadtrand von Zakho, wo man uns ein Zimmer gab. Draußen ging die Sonne unter, und durch ein vergittertes Fenster sahen wir die Lichter der Stadt aufleuchten. Wir hatten große Angst. Die Männer kamen in regelmäßigen Abständen zurück, um nach uns zu schauen, und sorgten jedes Mal dafür, dass wir ihre Gewehre zu sehen bekamen. Aber sie tranken, und jedes Mal, wenn sie wiederkamen, waren sie ein bisschen mehr betrunken. Es war fast Mitternacht, als einer von ihnen in seinem Rausch vergaß, die Tür hinter sich abzuschließen. Wir öffneten sie vorsichtig und traten in einen langen, engen Korridor, grell erleuchtet wie ein Krankenhausflur. Wir schlichen den Gang entlang, fanden eine gleichfalls unverschlossene Seitentür, durch die wir hinausschlüpften, umrundeten das Hotel, vorbei an Kiefernbäumen, alles sehr zügig und schließlich im Laufschritt, dann stolperten wir einen langen Hang hinunter zu einer Brücke, die über einen Fluss führte, um in einem Gewirr von Straßen unterzutauchen.

Was folgte, war entweder eine Farce oder ein *Film noir* oder beides. Man hatte unsere Flucht schnell entdeckt, denn bald merkten wir, dass uns ein Auto durch die Straßen folgte. Als wir einmal den Blick auf den Wagen frei hatten, sahen wir, dass es der große schwarze Mercedes war. Wir liefen eine Straße runter, machten kehrt, hasteten eine andere entlang. Dann sahen wir die Scheinwerfer des Autos vor uns über eine Mauer gleiten und drückten uns in einen Hauseingang. Die Lichter flackerten auf und streiften über uns hinweg und das Auto fuhr weiter. Wir bogen in eine andere Straße, und da waren wieder diese Scheinwerfer. Das ging eine ganze Weile so. Ich erinnere mich nicht, dass auf den Straßen außer uns noch irgendjemand unterwegs war. Und ich erinnere mich auch nicht, dass ich Angst hatte, ich spürte nur einen ungeheuren Adrenalinschub und diese wilde Entschlossenheit, mich von dem Mercedes und den Kerlen, die darin saßen, nicht erwischen zu lassen. Dabei hatte ich das Gefühl, die ganze Situation sei viel zu grotesk und filmreif, um in irgendeiner Weise gefährlich zu sein. Schließlich und endlich, mit einem überhitzten Sinn fürs Dramatische, fanden wir uns in einer Sackgasse von Scheinwerferlichtern in die Enge getrieben. Wir saßen in der Falle. Aber diesmal war es nicht der Mercedes. Es war ein Landcruiser voller Peschmerga.

Über die Glaubensüberzeugungen der Kurden machte ich mir erst viel später Gedanken. Von ihrer Religion hatte ich gar nichts mitbekommen. Die Slogans der Guerillakämpfer, ihre nationalistischen und revolutionären Phrasen hatten die weniger offenkundigen Zeichen eines tiefen, wenngleich toleranten und gemäßigten Glaubens in den Hintergrund gedrängt. Hätte ich gefragt, hätten alle Kurden voller Stolz erklärt, sie seien Muslime. Hätte ich genauer hingesehen, hätte ich die Amulette bemerkt, die viele Peschmerga vom Land um den Hals trugen. Hätte ich genauer hingehört und etwas mehr verstanden, hätte ich bemerkt, dass sie *inschallah,* so Gott will, sagten – keineswegs fatalistisch, sondern als

Manifestation einer Kultur, in der die Religion sehr präsent ist. Mir fiel die Religion deshalb nicht auf, weil die Kurden ganz und gar nicht dem Bild entsprachen, das ich von Muslimen hatte. Sie waren nicht fanatisch, sie trugen zu ihren Kufiyas keine weißen Gewänder; sie waren offen und gewinnend, konnten lesen und schreiben und waren weltgewandt; kurzum, sie waren all das, was ich zu sein hoffte. Und deshalb war ich, beinahe unbewusst, davon ausgegangen, dass sie keine Muslime waren.

Seit jenem Sommer im Irak unternahm ich zahlreiche Reisen in die islamische Welt, ich lebte und arbeitete in islamischen Ländern zwischen Marokko und Südwestchina, zwischen Usbekistan und Malaysia. Ich lebte jahrelang in Pakistan und Afghanistan, mindestens ein Jahr lang im Irak, ich aß Nudeln mit thailändischen Muslimen und Couscous mit algerischen Mudschaheddin, ich trank Tee mit Berbern im Atlasgebirge und Kaffee mit den Bewohnern von Aceh, ich diskutierte mit den Hardlinern der Taliban-Mullahs, mit Sufi-Lehrern, pakistanischen heiligen Männern, die zugleich feudale Grundeigentümer waren, und mit korrupten palästinensischen Politikern. Ich trank Bier mit irakischen Dichtern und Whisky mit indischen Bankern, Mecca Cola mit militanten Kämpfern aus Kaschmir und Tee mit (angehenden oder gescheiterten) Selbstmordattentätern unterschiedlicher Nationalität. Und ich erkenne jetzt, dass meine Reise nach Kurdistan der Anfang eines langen Lernprozesses war, dessen Lektion lautet, dass »islamische Welt« keinen in sich geschlossenen monolithischen Block bezeichnet, in dem sonderbare Wesen, Muslime genannt, gemäß den Vorschriften einer obskuren und reaktionären Religion leben, sondern ein vielgestaltiges und dynamisches spirituelles, kulturelles und politisches Gebilde, das sich jeder geographischen, ethnischen und rassischen Definition entzieht. Die Erfahrung hat mich auch gelehrt, auf der Hut zu sein – nicht nur gegenüber meinen eigenen Vorurteilen, sondern gegenüber jeder Art Verallgemeinerung.

Manche Muslime, denen ich begegnete, glaubten in der Tat, der Koran, das heilige Buch der Muslime, sei ein authentischer Gesellschaftsentwurf, der auf Erden verwirklicht werden konnte und musste. Andere liebten und bewunderten den Propheten Mohammed und seine Lehre, erkannten aber die Unmöglichkeit, sie in der modernen Welt umzusetzen. Einigen fehlte zwar der echte »Glaube«, aber sie waren stolz auf das gemeinsame kulturelle und historische Erbe des Islam, das ihnen

Halt und Stütze gab. Nur wenige vollzogen alle fünf grundlegenden, nicht allzu beschwerlichen Handlungen, durch die sich ein Muslim auszeichnet und die bei der Entstehung des Islam vor 1300 Jahren festgelegt worden waren: das tägliche fünfmalige Gebet, die Wallfahrt nach Mekka (Hadsch), das Almosengeben, das Fasten im heiligen Monat Ramadan und das Glaubensbekenntnis, dass »es keinen Gott gibt außer Allah und Mohammed sein Prophet« ist. Noch weniger Muslime trachteten danach, ihren Glauben in der ganzen Welt zu verbreiten. Ein sehr großer Teil von ihnen verhielt sich defensiv, besorgt über den Einfluss eines in ihren Augen aggressiven und kriegerischen »Westens« auf ihre Kulturen und Gesellschaften. Doch ein ebenso großer Teil, oftmals dieselben, fühlten sich gleichzeitig vom »Westen« angezogen und inspiriert. Nur wenige neigten zur Gewalt. »Der Islam«, so wurde mir allmählich klar, war ein Etikett, das vielen Phänomenen angeheftet werden konnte, ohne sie adäquat zu beschreiben.

In den neunziger Jahren erlangte der »Islam« weltweit allmählich immer stärkere öffentliche Aufmerksamkeit. Zu Beginn dieser Dekade, nach dem Zusammenbruch des Kommunismus, waren es vor allem Fragen des Nationalismus und der ethnischen Identität, insbesondere auf dem Balkan und in den ehemaligen Staaten der Sowjetunion, die die Debatte beherrschten. Themen wie die »Intervention zur Konfliktbewältigung«, der Erhalt des Friedens und der Aufbau von Nationen traten in den Vordergrund, als die internationale Gemeinschaft nach gesonderten beziehungsweise kollektiven Wegen suchte, nach dem Kalten Krieg eine neue Weltordnung zu schaffen, Einfluss auf sie zu nehmen und in dieser Weltordnung zu leben. Politikwissenschaftler sprachen vom Ende der Geschichte – nicht im Sinne eines Endes aller Ereignisse, sondern eines Triumphs der amerikanischen oder westlichen liberalen Demokratie und der Gesellschaften, die diese Demokratie hervorgebracht hat. Der Sprung in Richtung Globalisierung, zu einer durch freie Kapitalmärkte und fortgeschrittene Kommunikationstechnologien ermöglichten globalen Vernetzung, schien nur eine Bestätigung der universellen Dominanz der Ideenwelten und Wirtschaftstheorien, der moralischen und ethischen Normen und der Kultur, die, pauschal gesprochen, »den Westen« definieren.

Doch am Ende des Jahrzehnts wurde klar, dass viele Muslime dieser reichlich partikulären Version der Moderne und des »Fortschritts«

zutiefst misstrauten. Manche sahen in ihr die Fortsetzung des westlichen Imperialismus, der bereits seit mehreren Jahrhunderten im Gange war. Viele hofften, eine Alternative aufzubauen, die ihren eigenen Interessen, Kulturen und Gesellschaften besser entsprach. Es gab die Antiglobalisierungsbewegung, und es gab die Religion mit ihren sehr viel tieferen gesellschaftlichen und geistigen Wurzeln. Mit dem Anbruch des neuen Jahrtausends (zumindest nach dem christlichen Kalender) begann auch der Wiederaufstieg des religiösen Fundamentalismus, die Überzeugung, der einzig wahre, gerechte und gottgewollte Weg zum Aufbau einer Gesellschaft liege in einer strengen, wörtlichen – und gewöhnlich hochselektiven – Lektüre und Auslegung der heiligen Texte. In Indien erreichten die Hindu-Fundamentalisten den Gipfel ihrer Macht; in Amerika wurde deren christliches Pendant so einflussreich wie seit Jahrzehnten nicht mehr. Radikale jüdische Fundamentalisten schufen ein Gleichgewicht der Kräfte in Israel – trotz ihrer geringen, wenngleich steigenden Zahl. Die Angriffe vom 11. September rückten dann natürlich die islamischen Fundamentalisten auf erschreckende und spektakuläre Weise ins Bewusstsein der Weltöffentlichkeit, obwohl sie auf regionaler Ebene bereits seit über 30 Jahren eine wichtige Rolle spielten.

Seither wurde über den Islam im Allgemeinen und den militanten Islam im Besonderen viel gesagt und geschrieben. Nach meiner Rückkehr aus Afghanistan, wo ich über den Krieg im Herbst 2001 berichtet hatte, war ich entsetzt, wie gründlich die Ursachen der Anschläge vom 11. September missverstanden worden waren. Aus einer Vielzahl von Gründen – angefangen bei der Verlogenheit verschiedener Regierungen und bis hin zu tief verwurzelten sozialen und kulturellen Vorurteilen über das Wesen gewalttätiger religiöser und politischer Aktionen – wurden die Anschläge vom 11. September einer finsteren, straff organisierten, radikalen militanten Gruppe namens al-Qaida zugeschrieben, mit Osama bin Laden als terroristischem Drahtzieher. Diese Gruppe, so die allgemein verbreitete Ansicht, sei weltweit für Gewaltakte verantwortlich. Dutzende von militanten Anschlägen, die ihre Wurzeln in sozialen, wirtschaftlichen, kulturellen und religiösen Faktoren innerhalb und außerhalb der islamischen Welt hatten, wurden nunmehr als das Werk eines einzigen verrückten saudischen Dissidenten und seiner Mitstreiter ausgegeben. Meine Wut angesichts der intellektuellen Faulheit, die hinter solchen Analysen sichtbar wurde, und meine Sorge über die möglichen Folgen war so groß, dass ich beschloss, mein erstes Buch zu schreiben. *Al-Qaida* erschien im Frühsommer 2003. Es untersucht die Strukturen des heutigen militanten Islam und rekonstruiert dessen ideologische und historische Wurzeln. Al-Qaida, so meine These, ist eher eine Idee als eine Organisation.

Eines der Hauptprobleme, denen ich mich während der Arbeit an diesem Buch gegenübersah, war das Fehlen einer exakten Begrifflichkeit für das Phänomen, das ich beschrieb. Deshalb widmete ich einen Großteil seiner rund 400 Seiten dem Nachweis, auf welche Weise der Begriff »al-Qaida« missverstanden und falsch verwendet wurde. Dieses terminologische Problem existiert bis heute. Das Vokabular zur Beschreibung dieser neuen Situation und der Bedrohung, der wir uns heute gegenübersehen, entwickelt sich erst allmählich. Wir sprechen oft von »der islamischen Welt« und »dem Westen«, ohne genauer darüber nachzudenken, was wir eigentlich damit meinen. Die Begriffe implizieren eine absolute Trennung zwischen beiden Welten – eine Kluft, an die niemand ernsthaft glauben kann, der die vielfältigen sprachlichen, kulinarischen, wirtschaftlichen, ethnischen, diplomatischen und politischen Beziehungen bedenkt, von denen unsere komplexe moderne Welt geprägt ist. Auch ich habe wiederholt von »der islamischen Welt« und »dem Westen« gesprochen, nicht zuletzt deshalb, weil uns kein anderes geeignetes Etikett zur Verfügung steht. Doch ich hoffe, in diesem Buch deutlich zu machen, was die Völker dieser Welt miteinander gemeinsam haben und dass angesichts von Faktoren wie Geschlecht, Alter, Musik, Sport, ja sogar Spiritualität und offizieller Religionszugehörigkeit jeder Versuch willkürlich und lächerlich ist, die Welt in zwei oder mehr streng getrennte »kulturelle Blöcke« aufzuteilen.

Die falschen Vorstellungen von al-Qaida waren jedoch nur ein Teil des Problems. Es gab auch eine Flut erschreckend falscher Behauptungen über den Islam und die »islamische Welt« allgemein. Das breite Spektrum religiöser Praktiken, Glaubensüberzeugungen und Observanzen in muslimisch dominierten Gesellschaften, die sich mit den jeweiligen lokalen Traditionen und Lebensbedingungen verschmolzen haben und von enormer Vielgestaltigkeit und Komplexität sind, wurde im Zuge der Debatte unter Nichtmuslimen auf ein einziges Stereotyp reduziert – ein Stereotyp, das auf einer extrem konservativen, rigorosen und feindseligen Deutung des Islam beruhte. Aus einem großen, reich geknüpften

Teppich wurde ein einzelner Faden herausgezogen und als repräsentativ für das Ganze erklärt. Alle großen Religionen besitzen ein Potenzial, das für ganz unterschiedliche – kriegerische wie friedliche, tolerante wie intolerante – Ziele ausgebeutet werden kann. Doch die von Osama bin Laden und seinen extremistischen Mitstreitern verkörperte Gruppe war nur eine Minderheit innerhalb einer Minderheit, die in den islamischen Traditionen nach all dem Erstarrten, Gewalttätigen und Erbitterten suchte, mit dem diese Religion im Zuge der grausamen Anschläge in New York und Washington gleichgesetzt wurde. Auch waren es keineswegs nur die radikalen Rechten und religiösen Konservativen in Amerika, die von einem existenziellen Kampf zwischen Gut und Böse, Richtig und Falsch, Wahrheit und Unwahrheit sprachen. Kollegen und Freunde von mir machten keinen Hehl daraus, dass sie den Islam für eine rückständige Religion und »die Muslime« für eine offene Bedrohung der Grundwerte der liberalen Demokratie hielten. Auch das schockierte, beunruhigte und entrüstete mich. Und es machte mich sehr traurig.

Das vielleicht deprimierendste Charakteristikum dieses Geredes von einem »Kampf der Kulturen«, über das man lachen könnte, wenn es nicht so gefährlich wäre, ist die Tatsache, dass seine Befürworter in der islamischen Welt und im Westen ganz ähnliche Ansichten und Vorstellungen haben. Die Kolumnisten der westlichen Zeitungen sprechen von »der islamischen Welt« als einem monolithischen Block. Muslimische Konservative sprechen in ähnlicher Weise von »dem Westen unter Führung Amerikas«. Die Rede ist von »der arabischen« und »der islamischen« Gesinnung beziehungsweise von westlichem, christlichem oder jüdischem »Denken«. Im Westen fordern amerikanische Senatoren, zur Vergeltung der Anschläge auf die Vereinigten Staaten Mekka zu bombardieren, während in Saudi-Arabien und anderswo die Radikalen davon sprechen, zur Vergeltung der Angriffe in Palästina, Tschetschenien, Kaschmir, Irak und Afghanistan Amerika zu bombardieren. Sie alle fühlen sich einer festen, religiös definierten Gruppe zugehörig, die im Hobbes'schen Sinn in einem gewalttätigen Kampf um die knappen moralischen, geistigen und materiellen Ressourcen steht; einem Kampf gegen einen fanatischen und irrationalen Feind, der aggressiv und kriegerisch und auf Expansion ausgerichtet ist, bis alle anderen Kulturen, Gesellschaften und Glaubenssysteme vernichtet sind; einem erbarmungslosen Kampf, in dem es um alles oder nichts geht. Sie alle verweisen auf vermeintliche historische und kulturelle Bezüge, um ihre letztlich von Vorurteilen geprägten, ignoranten Ansichten zu rechtfertigen, und sie verdrehen die Wirklichkeit, um sie ihren Vorstellungen anzupassen.

Diese Themen und Debatten werden auf den folgenden Seiten in unterschiedlicher Form immer wieder zur Sprache kommen. Auch andere Elemente werden immer wieder auftauchen. Es gibt viele Beispiele dafür, wie sich bestimmte Personen das Potenzial des Islam bewusst oder unbewusst nutzbar machten, um Trost zu finden oder ihre Macht zu erweitern, um Menschen zu einen, zu radikalisieren oder zu mobilisieren. Es gibt viele Beispiele für den komplizierten Prozess, in dessen Verlauf radikale Ideen in der breiten Bevölkerung Wurzeln schlagen – für jene Wechselbeziehung zwischen dem Propagandisten und denen, die er für sich gewinnen will, und es gibt viele Beispiele dafür, welch entscheidende Rolle die spektakuläre öffentliche Gewalt dabei spielen kann. Ein weiteres Schlüsselthema ist der Mythos – hier verstanden als bewusste oder beiläufige Verdrehung historischer Tatsachen –, der für die Weltsicht der Menschen und die Entscheidungsfindung der Politiker eine maßgebliche Rolle spielt. Eine meiner ersten Lektionen über den Missbrauch der geschichtlichen Überlieferung bei der Bewusstseinsbildung von Individuen, Gemeinschaften und Nationen habe ich in Kurdistan gelernt, als kurdische Funktionäre immer wieder auf Salah ad-Din verwiesen, den kurdischstämmigen Kriegerkönig, der 1187 Jerusalem von den Kreuzrittern befreite und den sie als kurdischen Nationalisten vereinnahmten. Doch Salah ad-Din hatte für sich selbst, für den Islam und die Araber gekämpft und an seiner kurdischen Identität keinerlei Interesse gezeigt. Als ich mich später mit den Äußerungen islamischer Militanter beschäftigte, die ebenfalls versuchten, sich das Leben und die Taten des alles andere als engstirnigen, vielmehr religiös toleranten Salah ad-Din für ihre Zwecke zunutze zu machen, erfuhr ich erneut, wie Geschichte in Dienst genommen werden konnte.

Zur Zeit des ersten Golfkriegs gab es gleichfalls zahlreiche Beispiele für die Funktionalisierung bestimmter Ereignisse der jüngeren Geschichte, die falsch interpretiert, verschwiegen oder selektiv wahrgenommen wurden. Im Vorfeld des Krieges wurden die Giftgasanschläge in Halabdscha ins Bewusstsein der Öffentlichkeit gerückt. 1990 begannen die Alliierten unter Führung der Vereinigten Staaten nach jahrelanger Leugnung der Menschenrechtsverletzungen Saddam Husseins plötzlich, Belege für die Bösartigkeit des irakischen Diktators und die Schrecken eines Regimes zu entdecken, das sie bis dahin unterstützt hatten. Und ähnlich wie sie änderten jetzt auch ihre ideologischen Gegner ihren Kurs. Viele Linke lobten Saddam als einen David, der sich gegen den Goliath des globalen Kapitalismus unter Führung der Vereinigten Staaten stellt. Dabei beriefen sie sich oftmals – und ohne die Ironie der Geschichte zu erkennen – auf dieselben falschen Quellen wie die Rechten in den achtziger Jahren. Es war die beste journalistische Ausbildung, die ich erhalten konnte.

Lange betrachtete ich eine solche Rhetorik als harmlos. Doch in den letzten Jahren wurde klar, dass ideologisch aufgeladene Analysen das Leben von Milliarden Menschen ganz unmittelbar beeinflussen. Es dauerte eine ganze Weile, bis die Bevölkerung und die Politiker die Wahrheit über al-Qaida erkannten, und diese Zeit fehlte ganz entscheidend im Kampf gegen den Terrorismus. Viele Argumente, die im Jahr 2003 dafür sprachen, in einen Krieg gegen den Irak zu ziehen – einen Krieg, der für die Gesamtstrategie gegen den modernen militanten Islam kontraproduktiv war –, beruhen auf einer Verkennung des wahren Wesens des modernen islamischen Radikalismus. Und viele fatale Fehler, die im Zuge der anschließenden Besatzung gemacht wurden, haben ihre Ursache im Triumph der Ideologie über den Weg einer offenen und vorurteilsfreien Abwägung der Fakten.

In meiner Tätigkeit als Journalist habe ich das Bild von der »islamischen Welt« mitgeprägt und kann daher nicht behaupten, unschuldig zu sein. Selbstverständlich ist niemand in der Lage, alle Facetten dieses Themas vollständig zu überblicken – auch ich nicht. Meine Sicht war subjektiv und oft beschränkt. Auch hier bewahrheitet sich: Je näher man an einer Sache ist, desto weniger weiß man darüber; dies gilt ganz besonders für den Krieg. Auf der anderen Seite bleibt die unmittelbare Erfahrung von unschätzbarem Wert für eine Beurteilung der tatsächlichen Geschehnisse und – nicht weniger wichtig – dessen, was zu der Sicht anderer geschehen ist. Man hört, was sie sagen; manchmal sieht man, was sie sehen. Meine Aufenthalte in der westlichen und der islamischen Welt in den vergangenen zehn Jahren haben mir gezeigt, wie ein und dieselben Ereignisse – aktuelle wie historische – völlig unterschiedlich beziehungsweise – im Fall derer, die an einen Kampf der Kulturen glauben – auf tragische Weise ähnlich wahrgenommen werden können.

Dieses Buch soll keine umfassende Geschichtsdarstellung und Analyse der zahllosen Aspekte sein, die die Entwicklung des radikalen Islam und die weltweite Reaktion auf diesen radikalen Islam in den vergangenen Jahren prägten. Versuche, ein Phänomen wie den militanten Islam in seinen vielen Erscheinungsformen, die jeweils in einem spezifischen lokalen, politischen und historischen Kontext verwurzelt sind, auf eine einzige, alles umfassende Theorie zu reduzieren, müssen zwangsläufig scheitern. Vereinfachende Analysen der Reaktionen von Regierungen beziehungsweise Bevölkerungen auf die Bedrohungen rund um den Globus helfen auch nicht weiter. Wir leben in einer außergewöhnlich komplexen Welt, und einfache Antworten tragen nicht unbedingt dazu bei, diese Welt zu verstehen.

Als ich im Frühjahr 2005 diese Einleitung verfasste, schrieb ich, ich hätte das Privileg genossen, bei vielen epochalen Ereignissen der letzten Jahre einen Platz in der ersten Reihe eingenommen zu haben, und dass ich sehr dankbar dafür sei. Ich schrieb, ich sei mir vollkommen im Klaren darüber gewesen, immer nur Zuschauer gewesen zu sein, während ich reale Menschen mit realen Emotionen und einem realen Leben beobachtet hätte. Es waren Menschen, die, anders als ich, am Ende eines Arbeitstages nicht einfach ihren Notizblock zuklappen, danke schön sagen und in eine sichere, hoch entwickelte und demokratische Heimat gehen konnten. Das Buch, das ich schrieb, handelte vorwiegend von ihnen. Doch dann rissen am 7. Juli 2005 vier Selbstmordattentäter in London, der Stadt, in der ich lebe, mehr als 50 Menschen mit in den Tod – in ebendem Nahverkehrssystem, das ich selbst mein Leben lang benutzt habe. Einige meiner Freunde und Angehörigen entgingen nur knapp dem Tod. Auch ich machte schreckliche Stunden durch, während ich meine Schwester vergeblich auf ihrem Handy anzurufen suchte, bis ich erfuhr, dass ihr nichts passiert war. Und dann wurde mir klar, dass das Buch, an dem ich schrieb, gar nicht »von ihnen« handelt, sondern – in diesem globalen Zeitalter mit globalen Städten und globalen Glaubensüberzeugungen und globalen militanten Bewegungen – von uns.

Den schwarzen Mercedes haben wir nicht wiedergesehen. Die kurdischen Peschmerga fuhren uns durch verlassene Seitenstraßen von Zakho und setzten uns in einem billigen Hotel ab, wo wir auf dem Dach in einem einfachen Matratzenbett schliefen. In der Morgendämmerung taten wir das, was wir schon am Abend zuvor hätten tun sollen. Wir nahmen ein Taxi Richtung Norden, zurück zur Grenze, zu den Kontrollposten und in die Türkei, wo wir eine Woche am Strand verbrachten, bevor wir den Heimweg nach England antraten. Ich beendete mein Studium, reiste mit dem Rucksack nach Indien und war fünf Jahre lang in Großbritannien als Reporter zunächst für lokale, dann für Inlandsnachrichten tätig. Die Zeit jedoch, die ich im Irak verbracht hatte, hatte einen tiefen Eindruck bei mir hinterlassen, und im Frühjahr 1998 gab ich meine Stelle bei der englischen Zeitung auf und ging nach Pakistan.

1 Der Schrein und das Feuer

Hinter meiner Wohnung in Islamabad lag ein mit Mimosenbäumen, wildem Hanf und verkümmerten, dornigen Büschen bewachsenes Stück Land. Es war ein Friedhof, und obwohl die gut ein Dutzend Erdhügel zwischen dem Müll unter den Bäumen nicht gepflegt und auch nicht von Trauernden besucht wurden, blieb die Fläche unbebaut – obwohl ein so erstklassiges Grundstück mitten in der Stadt Gewinn bringend hätte erschlossen werden können. Der Friedhof existierte schon seit über 100 Jahren, und um ihn herum war die modernste und weltlichste Stadt Pakistans in die Höhe geschossen wie Gras, das rings um einen Stein herum sprießt. Umschlossen von den weißen Villen der Neureichen und breiten, baumgesäumten Straßen, von Botschaften und großen Privatschulen, lag er da wie eine stille, kleine Erinnerung an die Vergangenheit.

Auf einer Seite des Friedhofs befand sich das Haus der ehemaligen Ministerpräsidentin Benazir Bhutto mit dreieinhalb Meter hohen Mauern, die, wie man munkelte, in bewusstem Verstoß gegen die Bauvorschriften errichtet worden waren. Auf der anderen Seite des Friedhofs lag die stattliche Botschaft Nordkoreas, an das Pakistan Gerüchten zufolge Pläne zum Bau von Atombomben verkauft hatte. Die nordkoreanische Botschaft, Benazir Bhuttos Haus und meine Wohnung wurde von zwei schlicht gekleideten Geheimdienstleuten beobachtet, die meist im Schatten eines Eukalyptusbaums auf dem Bürgersteig saßen und Boulevardzeitungen lasen. Nach einer Weile kannte ich sie gut, und sie lächelten mich verlegen an, wenn ich sie grüßte. Manchmal, wenn mein Motorrad streikte, bat ich sie, mich in ihrem Auto mitzunehmen.

Gut 800 Meter entfernt lag der Markt, ein Beton- und Glaskomplex aus den sechziger Jahren. Hier buhlten Kebab-Verkäufer lauthals um Kunden, und Gemüsehändler schoben schwer beladene Fahrräder durchs Menschengewühl. Die meisten Männer trugen das traditionelle Shalwar Kameez, bestehend aus einer weit geschnittenen Hose und einem langen Hemd – in Pakistan nach wie vor die beliebteste Kombination, obwohl in anderen Ländern Südasiens die westliche Kleidung längst Einzug gehalten hat. Nur wenige Frauen waren hier zu sehen, und die meisten trugen Kopftücher, wenngleich ich in einem von Teenagern besuchten Café Mädchen mit Jeans und T-Shirts sitzen sah. Auf dem zentralen Platz hatten Polizisten ihre AK47-Kalaschnikows gegen die Mauern des örtlichen Gerichtsgebäudes gelehnt und tranken Tee, während ihre Häftlinge in Ketten am Boden kauerten. Die Anwälte saßen unter Sonnenschutzplanen in ihren Freiluftbüros und diktierten Schreibern Briefe in altertümliche Schreibmaschinen, neben denen sich leere Teetassen stapelten. Die neuen Gebäude im Umkreis waren am Verrotten. Die Stangen aus Armierstahl rosteten vor sich hin, und das helle Sonnenlicht brachte die schimmelbefallenen Stellen und den an den Wänden verschmierten Dreck zum Vorschein.

Ich freute mich, hier zu sein. Pakistan mit seiner Mischung aus südasiatischem Chaos und nahöstlichem Flair, mit seinen atemberaubenden Landschaften und seiner chaotischen Politik hatte mich seit jeher interessiert und fasziniert. Ich war ohne sicheres Einkommen hierhergekommen, aber da es in Islamabad nur sehr wenige Reporter gab, war ich zuversichtlich, dass ich von meiner Arbeit ganz gut würde leben können. Meine Ersparnisse betrugen 1000 Pfund, und die Miete für meine Wohnung in Islamabad war für einen Monat bezahlt; meine Freundin, eine Fotografin, war im Begriff nachzukommen, und ich war sehr glücklich.

Anders als bei meiner Reise nach Kurdistan hatte ich diesmal genauer recherchiert und einiges über die wechselvolle politische Geschichte des Landes erfahren, in dem ich zu leben gedachte. Ich erfuhr von der blutigen Entstehung des Staates Pakistan im Zuge eines grausigen Gemetzels zwischen den verschiedenen Bevölkerungsgruppen, verursacht durch die Teilung des britischen Dominions in Südasien in einen mehrheitlich von Hindus und einen mehrheitlich von Muslimen bewohnten Staat im Jahr 1947. Ich erfuhr, dass der Gedanke zur Gründung Pakistans aus der Angst erwachsen war, nach dem Abzug der Briten wären die Muslime des Subkontinents politisch, kulturell und sozial vom demographischen Übergewicht der Hindus bedroht. Ich erfuhr, dass das Land seit seinem Bestehen die meiste Zeit über vom Militär regiert worden war, was die Entwicklung einer echten Demokratie verhindert hatte. In jüngster Zeit, so hatte ich gelesen, hatten sich zwei verschiedene politische Gruppierungen an der Macht abgewechselt. Die eine wie die andere war korrupt, unfähig oder beides zusammen.

Doch nach wie vor wusste ich wenig über den Islam. Ich wusste, dass »Islam« so viel wie »Friede« oder »Unterwerfung« bedeutet und dass das Wort dieselbe Wurzel hat wie der muslimische Gruß *salaam aleikum*, Friede sei mit dir. Ich wusste, dass der Prophet Mohammed im 7. Jahrhundert n. Chr. gelebt hatte, dass er ein Mensch und kein Gott war und als letzter der von Gott oder Allah gesandten Propheten galt, zu denen Jesus, Moses und Abraham zählten. Ich wusste, dass grob geschätzt 90 Prozent der Muslime Sunniten und der Rest Schiiten waren, die sich infolge eines Streits um die Nachfolge im Amt des Kalifen, des Führers der muslimischen Gemeinschaft, nach Mohammeds Tod abgespalten hatten. Ich wusste, dass *adan* der Gebetsruf und der Muezzin der Gebetsrufer war. Aber das war so gut wie alles. Ich hatte nicht einmal den Koran gelesen. Ich betrachtete Pakistan mehr oder weniger als ein Anhängsel Indiens, wenngleich mit etwas anders akzentuierten religiösen Gepflogenheiten und etwas anders gewürzten Speisen. Der Islam war für mich weder eine Bedrohung noch eine besondere Attraktion, sondern gehörte schlicht und einfach zum Bild der lokalen Exotik.

Eine Woche nach meiner Ankunft in Islamabad erfuhr ich von einem Fest, *urs*, im Schrein des Bari Imam am Rand der Stadt, der in dieser Gegend als Heiliger verehrt wurde. Kaum einer der westlichen Besucher, zwischen die ich geraten war, schien sich für ein solches Ereignis zu interessieren, aber ich war gerade erst angekommen und noch immer hungrig nach neuen Bildern und Eindrücken. Die Straße zum Schrein führte durch das Diplomatenviertel, wo die meisten ausländischen Bewohner der Stadt in hübschen Häusern hinter Stacheldraht und weiß getünchten Mauern konzentriert waren, dann weiter an goldgelben Weizenfeldern und Gestrüpp entlang. In einem kleinen See spielten Kinder zwischen halb untergetauchten Kühen. Ihre Eltern standen etwas abseits auf Lehmstraßen vor ihren einstöckigen Behausungen aus alten, schmalen Backsteinen, Holzplanken, Schlackensteinen und Beton. Rauch von Feuerstellen wand sich aus Öffnungen in flachen Hausdächern und stieg in die windstille Abendluft. Das Dorf lag inmitten eines Waldes, und hinter diesem Wald erhoben sich steile, bewaldete Hügel, die den nördlichen Stadtrand von Islamabad markieren. In den Bäumen hörte ich Affen kreischen.

Ich ließ mein Motorrad unter einem Baum stehen und ging zu Fuß weiter. Auf der breiten Straße, die zum Schrein hinaufführte, drängten sich lange Pilgerkolonnen, zehn Personen nebeneinander und zwanzig bis dreißig hintereinander. Jede dieser Gruppen kam aus einer anderen Stadt oder einem anderen Dorf und wurde von Musikern mit Trommeln und Trompeten begleitet. An der Spitze jedes Zugs schritt ein Mann mit riesiger Fahne in den Grundfarben, deren Stange mit silbernen und goldenen Fäden umwickelt war. Die Pilger, die der Musikkapelle und der Fahne folgten, trugen riesige Modelle von Schiffen oder Moscheen aus buntem Glas und glänzenden Plastikziegeln auf Podesten, deren lange Tragebalken von jeweils zwölf Männern geschultert wurden. Alle wirkten sehr aufgeregt, lachten und scherzten, winkten den Dorfbewohnern, den Kindern und auch mir zu und forderten uns auf, uns der Prozession anzuschließen.

Unmittelbar vor dem Schrein lag eine große, von Verkaufsständen gesäumte Wiese, wo sich die Menschen drängten. Jungen verkauften bis in Brusthöhe aufgeschichtete *pappadums*, dünne Fladen von 45 Zentimeter Durchmesser, groß wie Schlagzeugbecken. Andere boten Kebab feil, fasrige, auf schmalen Eisengittern gegrillte Fleischwürfel, leuchtend rosarote Blumengirlanden, geknüpfte Armreife oder alberne Hüte aus Alufolie. Frauen hofften auf Kundinnen, um ihnen die Hände mit Henna zu bemalen, in komplizierten Mustern aus Spiralen und Schraffuren. Auf anderen Tischen stapelten sich Porträts des längst verstorbenen Heiligen Bari Imam, Armreife aus rotem, rosa-, grün- und goldfarbenem Glas, oder es türmten sich, ordentlich aufgeschichtet, Portionen von hellgelbem *halva puri*, einer Süßigkeit. Ein bärtiger Kraftprotz ölte seine Muskeln, während zwei Assistenten seine Hanteln, verrostete Eisenstangen mit Betonklumpen an beiden Enden, mit großer Geste vor einer erwartungsvollen Zuschauermenge zurechtlegten.

Der Schrein selbst war ein kleiner, mit winzigen Karos aus spiegelndem Glas verkleideter Raum im Innern einer schlichten, weiß gekalkten Moschee auf einem marmorgepflasterten, etwas tiefer gelegenen Hof. Große, uralte Banyanbäume, deren Wurzelgeflecht den Hof durchzog, spendeten Schatten. Eine weitere Mauer fasste das große Areal ein, in dem die Pilger Überdachungen und Zelte aufgespannt hatten. Um Feuerstellen hockten Männer und redeten laut in allen möglichen Landesdialekten, die ich nicht identifizieren konnte. Frauen mit Kopftüchern und bunten Kleidern und Hosen saßen auf geflochtenen Strohmatten und lauschten den dünnen näselnden Klängen einer Musikkapelle. Man hatte Ziegen an Stricken festgebunden und Fahnen mit religiösen Sprüchen in der Landessprache Urdu über die Zelte drapiert. Und über allem wehten die Reihen großer, bunter Fahnen, die die Pilger aus ihren Heimatorten mitgebracht hatten.

Ich streifte herum, völlig zufrieden angesichts dieses großen »authentischen« südasiatischen Zaubers. Ich hoffte, die Einkünfte, die mir mein journalistisches Schreiben brachten, durch Fotos für Bildagenturen in Großbritannien aufzubessern, und wusste, dass sich die Bilder gut verkaufen würden. Plötzlich hörte ich in einem ausgeprägten Yorkshire-Akzent ganz deutlich die Worte: »All right, mate«, »Schon gut, Kumpel.« Ich sah mich um, konnte aber nicht herausfinden, wer gesprochen hatte. Dann noch einmal dieselben Worte. Ein groß gewachsener junger Pakistani in einem dunklen Shalwar Kameez grinste mich an.

Es war ein 22-jähriger Taxifahrer, der in Leeds lebte, sein Name war Majid Khaliq. Er wusste, dass er sich von den Männern um mich herum in nichts unterschied, und lächelte über meine Ratlosigkeit. Er sei, wie er – allzu schnell – sagte, »in Großbritannien geboren und aufgewachsen«. Er sei aber auch der Sohn Mohammed Khans, des Bruders von Mohammed Nazir, einem Bauern aus dem Dorf Handpur Kaloney bei Mirpur, und daher »auch ein Paki«, wie er sich ausdrückte. Und von Handpur Kaloney, gut 160 Kilometer entfernt, war er vor ein paar Tagen mit 50 seiner »Brüder« zu Fuß aufgebrochen. Er war noch nie zuvor in Pakistan gewesen. Ich fragte ihn, was ein Taxifahrer aus Leeds bei den Feierlichkeiten zu Ehren des Bari Imam zu suchen habe. Er lachte. »Es gefällt mir einfach hier«, sagte er. »Es ist ein verdammt magischer Ort. Richtig gut irgendwie. Ich spaziere herum und bin stolz irgendwie. Einfach irre. Wohin man schaut, überall irgendwas Verrücktes. Es ist irgendwie … Es macht einen stolz irgendwie.«

Einige Pilger wollten, dass wir uns zu ihnen setzten. Jede Gruppe hatte ihren eigenen Bezirk. Und nur weil er in meiner Begleitung sei, erklärte mir Majid, gestatteten es die Männer aus Peschawar, ethnische Paschtunen, deren Stämme das westliche Drittel Pakistans beherrschten, ihm, einem Punjabi aus den östlichen Ebenen, ihren Kreis zu betreten. Wir durchstreiften das Gelände, vorbei an herumwirbelnden Tänzern, vorbei an Frauen, die sich um eine kostenlose Schüssel Reis zankten, an Predigern und einem Mann mit einer Unmenge von Eisenketten um den Hals, der mit weit aufgerissenen Augen immerzu ein Feuer umrundete.

Wir liefen auf den flachen Hügel hinter dem Zeltlager. Zwei junge Pakistani in eleganten weißen *kurtas* traten auf uns zu und sprachen mich in schlechtem Englisch an. Sie seien Studenten an der Universität, erzählten sie. Majid würdigten sie keines Blickes. Von oben beobachteten wir das Treiben im Lager unter uns, weiter hinten traten die dunklen Berge hervor, während die Sonne langsam unterging. Einzelne Feuerwerkskörper explodierten knatternd über den qualmenden Freudenfeuern und den Schreinen, die das Zeltlager säumten und von vielfarbigen Glühlampen beleuchtet waren. Hinter uns in Islamabad gingen nacheinander die Straßenlaternen an und zeichneten ein Netz von schnurgeraden Linien. In der Dämmerung waren die weißen neoklassizistischen Kolonnaden der Residenz des Ministerpräsidenten gerade noch zu erahnen. Durch die breiten Straßen der Stadt floss der Lichterstrom der Autos. Leuchtreklamen flimmerten.

Zurück im Lager, schauten Majid und ich den Pilgern zu, wie sie ihre Modellschiffe und -tempel umtanzten und mit Liedern besangen, bevor sie sie, von Kerzen erleuchtet, in einem feierlichen Umzug durch die Anlage trugen. Dann sagte Majjd ziemlich abrupt, ich sollte besser gehen, bevor es ganz dunkel wäre. Ich spürte, dass es etwas gab, das ich, wie er wohl fand, lieber nicht sehen sollte. Ich bedankte mich daher und sagte, er hätte Recht, es sei wohl besser, wenn ich ginge. Er wirkte erleichtert. Danach stieg ich erneut ein Stück den Hügel hinauf und spähte hinunter, ob ich ihn nicht ausfindig machen konnte. Das gelang mir, wenn auch nur mit Mühe. Alle Männer hatten sich jetzt in Reihen zusammengefunden. Majid kniete in der ersten, das Gesicht in Richtung der untergehenden Sonne, die Hände auf der Brust und im Begriff zu beten.

Die öffentlich stattfindenden religiösen Rituale in Pakistan waren nicht zu übersehen. Überall fanden alljährlich Hunderte von Festen wie jenes am Bari-Imam-Schrein statt. Überall die Männer, die sich um die Mittagszeit vor ihren Büros in Reih und Glied aufstellten, um zu beten. Und wenn die Zeit des Freitagsgebets, des wichtigsten Gebets der ganzen Woche, näher rückte, brandete in den Straßen Islamabads plötzlich der Verkehr auf. Auf dem Flughafen die Mekka-Pilger, alle bereits im weißen Pilgergewand zur Erinnerung an Mohammeds Botschaft von der Gleichheit aller Menschen vor Gott. Bevor die Taxifahrer losfuhren und die Zeitungsleser die Zeitung aufschlugen, sprachen sie die Segensformel *bismillah-i rahman-i rahim,* im Namen des barmherzigen und gnädigen Gottes. Und immer die Tonbandaufnahmen mit den Gebeten, die im Anschluss an die Sicherheitshinweise auf sämtlichen Flügen der staatlichen pakistanischen Fluglinie abgespielt wurden. Für den Außenstehenden weniger deutlich war, wie stark der Islam noch den normalen Alltag des überwiegenden Teils der Bevölkerung prägte. Ich begann zu verstehen, dass ihre Religion – wie jede erfolgreiche Religion – ins Leben eingriff und auf persönlicher, gesellschaftlicher und manchmal auch politischer Ebene wesentliche Funktionen erfüllte.

Ich selbst war entschieden weltlich erzogen, und deshalb gewann ich in gewisser Weise erst jetzt Einsichten über die Rolle nicht nur des Islam, sondern der Religion überhaupt. Mein Verständnis für die schiere Mittlerfunktion und die Rituale des Glaubens entwickelte sich langsam, wie ich alles, was um mich herum geschah, erst allmählich begriff. Keine Rede von schlagartigen Erkenntnissen; vielmehr fügten sich viele verschiedene Details aus unterschiedlichen Erlebnissen und Beobachtungen nach und nach zu einem Gesamtbild. Dieser episodenhafte, sehr zufällige Prozess verlief keineswegs glatt. Wie bei jeder Reise gab es auch hier Aufbruch und Stockung, Unterbrechung und Beschleunigung. Ich lernte langsam, indem ich vorhandene Vorurteile abbaute, sie dem gegenüberstellte, was mir vor Augen trat, oder sie, relativ häufig und ohne mir dessen bewusst zu sein, durch neue ersetzte.

Eines Tages besuchte ich einen Pir, einen sufischen Heiligen. Auch über die sufische Richtung des Islam wusste ich sehr wenig, obwohl ich kurz nach meiner Ankunft in Pakistan eine Darbietung traditioneller Sufi-Musik im Haus eines Freundes besucht hatte. Der Sufismus entstand in den Jahrhunderten nach dem Tod des Propheten Mohammed als Reaktion auf den wachsenden Legalismus der orthodoxen Hauptströmung des Islam und war eine fast mystische Richtung, die der individuellen Spiritualität gegenüber der Befolgung äußerlicher religiöser Vorschriften den Vorzug gab. Der Sufismus fand schnell große Verbreitung und gewann insbesondere in den Regionen am Rand des arabisch dominierten Kernlandes des Islam große Popularität, nicht zuletzt deshalb, weil er lokale spirituelle Traditionen samt ihren Heiligen, Heiligtümern und Ritualen mit der Strenge der neuen monotheistischen Religion in Einklang zu bringen vermochte. Vieles von dem, was ich am Bari-Imam-Schrein beobachtet hatte, entsprang, so erfuhr ich, sufischer

Glaubenspraxis, unter anderem auch der Genuss von *bhang*, einem mit Cannabis versetzten Milchgetränk, und die asketische Übung des mit Ketten behängten Mannes. Der Pir, den ich aufsuchte, war der direkte Nachkomme eines hochgeachteten Sufi.

Mian Shamshuddin wohnte in einem baufälligen Haus in der ostpakistanischen Stadt Lahore und verbrachte die Vormittage mit dem, was schon sein Vater und sein Großvater getan hatten: Er saß auf einer einfachen seilgeknüpften Matratze auf einem Kissen, berührte die Köpfe seiner Bittsteller mit einem Metallspatel und mischte Zaubermittel, die an einem heiligen Ort verbrannt werden mussten, damit sich ihre volle Wirkung entfaltete. Die Leute, die in seinem schlichten, weiß getünchten Empfangszimmer auf Strohmatten saßen, kamen mit Zahnschmerzen, bei Ehekrisen, Impotenz, beruflichen Problemen, finanziellen Schwierigkeiten oder weil sie »früher einmal gut gearbeitet hatten und jetzt nur noch müde und des Ganzen überdrüssig« waren. Manche behaupteten, sie selbst oder Leute, die sie kannten, seien besessen oder verflucht. Ich beobachtete, wie Shamshuddin bei einem Mann einen Exorzismus durchführte, der kürzlich in Indien gewesen und seitdem von Teufeln besessen war. Es wäre, so erklärte mir Shamshuddin, ein sehr schwieriger Exorzismus gewesen, weil indische Geister sehr aggressiv seien.

Dem Pir zuzuschauen erwies sich als sehr aufschlussreich. Er war praktischer Arzt, Verbraucherberater, Rechtsanwalt und Psychotherapeut in einer Person. In einem so armen und korrupten Land wie Pakistan gab es schlichtweg niemanden, der diese Aufgaben übernahm, und wenn, dann war er viel zu teuer; deshalb suchte man Zuflucht in der volkstümlichen Religion. Wo der Staat versagte, sprangen Religion und religiöse Wohltätigkeitseinrichtungen ein. Ein Pir tat weit mehr, als nur die Bedrückten und Verzagten zu heilen. Später erfuhr ich, dass der Pir des Bari-Imam-Schreins in Islamabad nicht nur große Geldsummen für die kostenlose Verpflegung der Ärmsten der Armen gesammelt, sondern in den umliegenden Dörfern soeben eine Kampagne zum Kampf gegen den Opium- und Heroinkonsum gestartet hatte. Rauschgift verursachte enorme soziale Verwerfungen, doch die örtliche Polizei wurde von den Reichen und von schwer bewaffneten Drogenhändlern bestochen. Der Einzige, der die Macht und Entschlossenheit zum Handeln besaß, war dieser sufische Heilige, der den Drogenkonsum im Namen des Islam bekämpfte. Doch ich wusste, dass die volkstümliche Religion trotz ihrer oftmals positiven Kräfte nicht immer so positiv war. Es musste, so vermutete ich, im Islam ganz allgemein – nicht nur im Volksglauben – ein Potenzial geben, das in den Dienst sehr viel finstererer Ziele gestellt werden konnte. Auch dies wurde mir erst ganz allmählich klar.

Ein Jahr nach meiner Ankunft in Pakistan stieß ich in einer Lokalzeitung auf eine kurze Meldung über die Tötung einer »Hexe« in einem entlegenen Teil des Punjab. In dem Artikel hieß es knapp, eine verrückte Alte namens Muradam Mai sei in dem Dorf Chak 100P ermordet worden, das, wie viele tausend andere Dörfer im Punjab, bis heute mit der Ziffer bezeichnet wird, die ihnen die britische Verwaltung vor 80 Jahren zugeteilt hatte. Wie Muradam Mai ums Leben kam, war klar. Warum sie sterben musste, weitaus weniger.

Aus dem kleinen Flugzeug, mit dem ich zu dem Ort Rahim Yar Khan flog, erblickte ich Tausende von Dörfern, die wie Backsteininseln in einem Meer aus Weizen, Baumwolle und Zuckerrohr lagen. Im Osten gingen die Felder in die Wüste Cholistan über, die von den Einheimischen »wandernder Sand« genannt wird; in allen anderen Richtungen erstreckten sich die langen schmalen Felder, so weit das Auge reichte. Endlich war der Regen gekommen, und die alte Fokker, ein achtzehnsitziges Turboprop-Flugzeug, wurde heftig hin- und hergeschüttelt, als wir unter den dichten, dunklen Wolken hindurchflogen. Ein zweitägiger Regen hatte den fruchtbaren roten Staub des Punjab in Schlamm und Matsch verwandelt, und auf den Feldern glänzten rostrote kleine Seen, in denen sich der graue Himmel spiegelte.

Es war nicht schwer, Muradam Mais Familie zu finden. Sie bewohnte ein kleines Häuschen aus Holz und Backstein, eineinhalb Kilometer von dem Dorf entfernt, wo die Frau gestorben war. Ich setzte mich auf eine grob gezimmerte Bank vor dem Haus. Hühner scharrten im Matsch zu meinen Füßen, in dem auch Kleinkinder herumkrabbelten, während ich mich in meinem radebrechenden Urdu ihrem Sohn, einem landlosen Hilfsarbeiter, verständlich zu machen suchte. Mit Händen und Füßen erzählte er mir, die Probleme seiner Mutter hätten vor zwei Jahren begonnen, als sie anfing, »dummes Zeug« zu machen, als ihre Stimmung von geifernder Wut zu extremer Teilnahmslosigkeit wechselte und sie oft wochenlang verschwand. Aus dem Haus holte er einen schmuddeligen Ordner mit Unterlagen. Ein Jahr war dieses bizarre Verhalten gegangen, als ein hiesiger Arzt offenbar die Diagnose »paranoid schizophren« gestellt und seine Mutter in ein Krankenhaus nach Lahore 500 Kilometer weiter nördlich eingewiesen hatte. Die Einweisung war natürlich ein Witz. Ihre Familie konnte sich nicht einmal das Geld für die Busfahrt leisten, ganz zu schweigen von den Medikamenten, und ihr Zustand verschlimmerte sich zusehends.

Eines Morgens um acht Uhr fand man Muradam Mai im Dorfschrein von Chak 100P inmitten verbrannten Papiers sitzen, den Dorfbewohnern zufolge Seiten aus dem Koran, der im Schrein aufbewahrt wurde. Ein paar Männer zerrten sie ein paar hundert Meter weit bis zum Dorfplatz, wo sie ihr die Finger abschnitten und die Augen ausstachen, wahrscheinlich mit einem Stock. Zwei Männer übergossen sie mit Benzin und zündeten es an. Andere aus dem Dorf warfen Holz und kerosingetränkte Autoreifen in die Flammen. Als gegen Mittag die Polizei eintraf, war Muradam Mai bereits tot, und ihre Leiche umstanden 70 selbstgefällige Männer. »Sie hat den Koran verbrannt, deshalb haben wir sie verbrannt«, sagten sie zu dem ersten Polizisten, der am Tatort erschien.

Es war Maqsood Ahmed, der örtliche Polizeichef. Zuvorkommend bot er mir einen Stuhl an, ließ Tee und Kekse bringen. Er legte die Akte zum Fall Muradam Mai auf seinen Schreibtisch und reichte mir ihren Ausweis und die medizinischen Unterlagen. Für ihn waren die Gründe für den Mord klar: »Was diese Leute getan haben, ist bedauerlich, aber sie sind tiefgläubige Muslime«, sagte er. »Wir haben die mutmaßlichen Täter identifiziert, sie werden zur Rechenschaft gezogen werden.«

Es hatte aufgehört zu regnen, als ich im Dorf selbst ankam. Chak 100P mit seinen Lehm- und Backsteinhütten lag inmitten grüner Felder und sumpfiger Teiche voll fetter Rinder mit glänzendem Fell; und ich sah Traktoren relativ neuer Bauart. In der Mitte des Dorfes stand eine neue Moschee aus Beton. Die Dorfältesten waren sich einig: Der Fall war klar. Ishfaq, der Dorfvorsteher, sagte, die Frau sei gestorben, weil die Dorfbewohner »den Islam lieben«, und fügte hinzu, sie würden seither von Leuten aus den benachbarten Dörfern verspottet, sie seien keine »guten Muslime«, weil sie ihren Koran nicht hätten schützen können. »Hauptsächlich die Jüngeren waren beteiligt«, sagte Ishfaq. »Ihre Religiosität ist aggressiver, als unsere damals war. Aber den Koran zu verbrennen ist eine schlimme Sache. Ich heiße nicht gut, was geschehen ist, aber diese Wut ist schwer zu unterdrücken.«

Ich blieb mehrere Tage in Chak 100P und sprach mit zahllosen Leuten, die in den Fall verwickelt waren. Sie alle nahmen meine Fragen ohne Groll hin, amüsiert und geschmeichelt von dem Interesse, das ihnen ein Fremder entgegenbrachte. Im Zuge meiner Recherchen ergab sich ein ganz anderes Bild vom Tod Muradam Mais. Sie war nicht nur alt und geisteskrank gewesen, eine der Ärmsten des Dorfes und eine soziale Außenseiterin, sie gehörte auch der ethnischen Minderheit der Seriaki an, deren Sprache und angebliche »Andersartigkeit« bei den größeren ethnischen Gruppen Pakistans immer wieder Argwohn erregte. Als Muradam Mai krank wurde und im Dorf umherzuwandern begann, rief sie unverständliche Worte, die viele im Dorf für Verwünschungen hielten – oder jedenfalls für etwas, das Unglück brachte. Schlimmer noch: Muradam Mai war eine Frau und verstieß mit ihrem Herumlaufen – allein und ohne Begleitung – in einer konservativen, von Männern dominierten Welt gegen alle Konventionen.

Schließlich fand ich einen Lehrer in einem nahe gelegenen Ort, der in das Dorf gefahren war, als er von den Ereignissen hörte, und einige Blätter in die Hand genommen hatte, die Muradam Mai in dem Schrein verbrannt hatte. Sie stammten gar nicht aus dem Koran, sagte mir der Mann; es habe sich vielmehr um die verkohlten Reste von Zaubersprüchen eines Pir gehandelt, an den sich Muradam Mai um Heilung ihrer geistigen Verwirrung gewandt hatte.

Ich fragte mich, welche Rolle die Religion bei diesem Mord gespielt hatte. Ein instinktiver Hass war Muradam Mai entgegengeschlagen – ein Hass, wie ihn jede Gemeinschaft, und sei sie noch so hoch entwickelt, gegen die Schwachen und Außenseiter in ihrer Mitte mobilisieren kann. Im Dorf wurde sie als »nicht normal« empfunden, als eine Bedrohung, gegen die man vorgehen musste. Aber damit dieser Hass tatsächlich entbrennen konnte, musste noch etwas hinzukommen. Indem die Dorfbewohner oder jedenfalls diejenigen, die sich dem lynchenden Mob anschlossen, Muradam Mai – wider besseres Wissen – beschuldigten, den Koran verbrannt zu haben, redeten sie sich und ihresgleichen ein, es sei ihre Pflicht, sie zu töten. Die Religion war zwar nicht die Ursache der Gewalt, aber sie lieferte doch den Vorwand dafür. Sie legitimierte einen ansonsten illegitimen Akt.

Eines Abends, während ich mit dem Dorfvorsteher von Chak 100P redete, strömten immer mehr Menschen herbei, um uns zuzuhören. Ich stellte ihnen ein paar Fragen und wollte dann wissen, ob sie ihrerseits Fragen an mich hätten. Lange war es still, dann stand ein Mann auf. »Warum hasst der Westen den Islam?«, sagte er. Ich erwiderte, ich glaube nicht, dass dies der Fall sei. »Und warum versehen dann westliche Bekleidungs- und Sportschuhhersteller ihre Unterwäsche mit den Zeichen des heiligen Islam?«, gab er zurück. Er bezog sich auf einen kürzlich erschienenen Artikel in der lokalen Presse, in dem offensichtlich behauptet wurde, ein zufälliges Muster aus kurzen, miteinander verbundenen Kringeln auf der neuen Serie von Herrenunterhosen eines westlichen Herstellers sei in Wirklichkeit die getarnte Version einer der 99 Namen Gottes. Die Umstehenden murmelten Zustimmung. »Warum werden die Muslime in Kaschmir von den Hindus unterdrückt, die mit dem Westen verbündet sind?«, fragte ein zweiter Mann. »Warum gibt es im Westen so viele Vergewaltigungen?«, fragte ein Dritter. Dann folgte Frage auf Frage. »Sind die Männer nicht in der Lage, ihre Frauen zu beschützen, oder ist der Grund die ›freie Liebe‹?« »Warum ist der Westen so reich und die islamische Welt so arm?« »Warum will der Westen den Islam demütigen?« Bald wurde ich mit Dutzenden Fragen bombardiert. Ich tat mein Bestes, um vernünftig darauf zu antworten, und die Dorfbewohner hörten höflich zu. Eine surreale Situation. Wir führten eine angeregte und allem Anschein nach durchaus vernünftige Diskussion – nur einen Steinwurf weit entfernt von einem dunklen Fleck auf der roten Erde, der Stelle, wo Muradam Mai verbrannt worden war. Eine Stunde später sah ich von meinen Gesprächspartnern nur noch die hellen Umrisse ihrer Shalwar Kameez in der Dunkelheit, und der Dorfvorsteher Ishfaq brachte ein paar Kerzen, damit wir Licht hatten. Schließlich fing es wieder an zu regnen. Die Dorfbewohner gingen nach Hause zurück, und ich fuhr los.

Zu Beginn meines Aufenthalts in Pakistan vermochte ich zwischen den verschiedenen Formen der Gewalt, denen ich begegnete, nicht zu unterscheiden und war erstaunt und entsetzt über vieles, was ich las, sah und zu berichten hatte. Nach etwa einem Jahr stellte ich fest, dass ich mich mehr und mehr an die Brutalität gewöhnte, die das Leben auf dem Land prägte, und allmählich zu differenzieren begann. Ich wurde so etwas wie ein Kenner des Grausigen. Dass Verdächtige auf Polizeiwachen geschlagen wurden und häusliche Gewalt eine Selbstverständlichkeit war; dass junge Ehefrauen mit kochendem Wasser übergossen wurden, wenn ihre Mitgift enttäuschte; dass Dörfer und Stämme ihre Streitigkeiten unter Einsatz von Granatwerfern und Flugabwehrwaffen austrugen. Der Serienkiller und seine 30 Opfer; die transsexuellen Prostituierten, die ihre Kunden ermordeten, wenn sie Polizisten waren; die Feudalherren, die ihre Leibeigenen auspeitschten und verprügelten; die *dacoits* oder Räuber; die obskuren Mordkommandos, die Selbstjustiz übten – für all das gab es auf meiner geistigen Bewertungsskala ein Etikett und einen festen Platz. Doch obwohl ich mich an die vielfältigen Erscheinungsformen der Gewalt gewöhnte, überraschte mich doch weiterhin deren Ausmaß. Ich begleitete das pakistanische Militär bei einer Operation zur Vernichtung der Opiumernte in den Bergen der Nordwestlichen Grenzprovinz (North-West Frontier Province, NWFP), wo die Stammesangehörigen ihre Felder mit leichter Artillerie verteidigten. Die Armee konterte mit zwei Bataillonen schwerer Artillerie und Panzern. Gewalt war auch bei den schönsten Anlässen präsent wie ein ungebetener Gast. Bei Freudenschüssen, die bei Hochzeiten aus automatischen Waffen abgefeuert wurden, kamen regelmäßig Menschen ums Leben, auch Braut und Bräutigam oder die stolzen Eltern. Bei dem alljährlichen Fest des Drachenfliegens liefen Männer auf die Straße, um im Überschwang ihrer Freude mit ihren AK47-Kalaschnikows in die Luft zu schießen, und töteten dabei unabsichtlich zahlreiche Kinder, die auf Hausdächern standen und das bunte Spektakel der am Himmel auf und nieder schnellenden Drachen mitverfolgten. Als ein Benzintankwagen umkippte und die Menge, die mit Bechern und Töpfen gekommen war, um sich zu bedienen, in Streit geriet, entfachte jemand ein Feuer, in dem 50 Menschen verbrannten. Pakistan war ein Land, in dem die Starken die Schwachen und die Schwachen die Schwächeren drangsalierten.

Es war jedoch nicht die Gewalt, die das Leben prägte, sondern die Unsicherheit. Das ganze Land war beherrscht von der Angst vor vermeintlichen und realen Bedrohungen. Niemand hätte ernsthaft begründen können, weshalb Neu-Delhi zu der ohnehin aufrührerischen Bevölkerung Indiens weitere 150 Millionen aufsässiger, bettelarmer Muslime, viele davon Analphabeten, hätte hinzugewinnen sollen. Dennoch herrschte auf nationaler Ebene die ständige Angst vor einer Invasion aus dem Osten. Darüber hinaus herrschte Unsicherheit bezüglich der großen ethnischen Gemeinschaften, der Land besitzenden feudalen

Klassen, der neuen wirtschaftlichen und unternehmerischen Schichten und der Bürokratie. Selbst das Militär, das für die Hälfte der pakistanischen Geschichte an der Macht gewesen war, blieb mit seinen 500 000 Soldaten stets wachsam gegenüber der potenziellen Bedrohung seiner de facto unangreifbaren politischen, sozialen und wirtschaftlichen Stellung. Es herrschte Unsicherheit unter den Tausenden von Stämmen und ihren Anführern, die alle in der ständigen Angst lebten, ein Rivale könnte sich im steten Wettstreit um die mageren Ressourcen an elektrischer Energie, staatlichem Weizen oder bürokratischen Pfründe einen Vorteil verschaffen. Dörfer konkurrierten mit anderen Dörfern, Familien mit anderen Familien. Die Politik wurde lediglich als ein Instrument betrachtet, die prekäre Position einer bestimmten Interessengruppe zu stärken.

Einer der Gründe, warum es eine Weile dauerte, bis ich das begriff, lag wohl darin, dass mir als Westeuropäer, aufgewachsen mit dem Optimismus der Aufklärung und ihrem Glauben an Vernunft und Fortschritt, eine solche existenzielle Angst fremd war. Im Westen vertraut man auf die Technologie, auf das System der Gewaltenteilung, die sozialstaatlichen Strukturen und mehr oder weniger darauf, dass die politische Führung ihre Bevölkerung schützt. Für den Durchschnittsbürger Pakistans sowie all jener Länder, in denen die Macht nicht auf Konsens, sondern auf Gewalt, Sitte und Brauch basiert, existiert ein solches Sicherheitsnetz nicht. Hier muss man sich auf das verlassen, was einem Mutterwitz, Glück und das Patronat eines Einflussreicheren, Mächtigeren oder auch nur Lese- und Schreibkundigeren zur Verfügung stellen. Als ein Freund von mir, ein Christ ohne finanzielle Mittel, von einem Beamten schikaniert wurde, konnte ich das Problem mit einem einzigen Anruf bei einem Minister aus der Welt schaffen. Als Mudaram Mai in Chak 100P die Hilfe der Polizei benötigte, dauerte es drei Stunden, bis sie zur Stelle war, obwohl die Zentrale mit dem Auto nur 25 Minuten entfernt lag. Arbeitsplätze konnten über Nacht verschwinden, Häuser von den Bulldozern reicher Bauherren, die Land brauchten, dem Erdboden gleichgemacht werden. Auch Naturkatastrophen brachen ohne Vorwarnung herein: Überschwemmungen, Dürre und Erdbeben, die das Land regelmäßig heimsuchten. Die Folge war ein weit verbreitetes, größtenteils berechtigtes Gefühl der ständigen Bedrohung von Leib und Leben. Unter diesen Umständen konnte es nicht überraschen, dass die Menschen nach den tieferen Schätzen der Religion suchten, um Trost und

Hilfe zu finden – oder auch nur, um dem, was um sie herum geschah, einen Sinn abzugewinnen.

Inzwischen war mir klar geworden, wie die volkstümliche Religion viele dieser Aufgaben erfüllte, und ich begriff auch, wie ein der Religion innewohnendes Potenzial der Rechtfertigung von Gewalt dienen konnte. Die Szenen jedoch, die ich am Bari-Imam-Schrein, bei dem Pir und in Chak 100P miterlebt hatte, spielten sich in einem relativ privaten religiösen Raum ab, der auf kleine Gruppen und Gemeinschaften begrenzt war. Jetzt erkannte ich, dass die Religion auch innerhalb einer nationalen Gemeinschaft ganz unterschiedliche, oft zutiefst undurchschaubare, komplexe und in sich widersprüchliche Funktionen erfüllte.

Die Frage nach der Rolle des Islam im schwierigen Zusammenhang der nationalen Identität Pakistans stellte sich mir, als ich sah, wie die Massen den erfolgreichen Test einer Atombombe – eine Antwort auf vorausgegangene Atomversuche Indiens – bejubelten. Die Bevölkerung, die Medien und die politische Führung Pakistans begrüßten die »islamische Bombe«. Waffen sind bekanntlich nicht religiös, daher interessierte mich diese Etikettierung. Der Jubel, so schien es, hatte drei verschiedene Gründe: einen nationalistischen, einen religiösen und einen, in dem sich Nationalismus und Religion verbanden. Die Nukleartests hatten erstens gezeigt, dass die Pakistani ihrem Erzfeind, dem weitaus größeren, reicheren und mächtigeren Indien, halbwegs ebenbürtig waren. Die jubelnden Menschen, die sich gegenseitig mit Süßigkeiten beschenkten, Blumen warfen und durch die Straßen zogen, waren zweitens als Muslime stolz darauf, dass zur muslimischen Weltgemeinschaft, der Umma, nun auch ein Land gehörte, das in der Lage war, einen nuklearen Schlag zu führen. Ein Grund zum Jubeln, denn es waren jetzt nicht mehr nur die Juden und die Christen, die über das technische Know-how und die Ressourcen für ein solches Projekt verfügten. Der dritte Grund zur Freude schließlich war die Tatsache, dass es ausgerechnet Pakistan war und nicht eines der höher entwickelten muslimischen Länder mit reicheren Ölvorkommen und bedeutenderen heiligen Stätten, das über die Atombombe verfügte. Nur wenige Wochen nach den Tests und ungeachtet der Sanktionen, die die Wirtschaft des Landes lähmten, wurden Denkmäler zur Erinnerung an Pakistans großartige Leistung errichtet: zehn Meter hohe maßstabgetreue Nachbildungen der Berge der südwestlichen Provinz Belutschistan, in deren Schatten die

Tests stattgefunden hatten, aus lichtdurchlässigem, schlammfarbenem Fiberglas, von innen beleuchtet – und ausnehmend hässlich.

Für nationalistische Pakistani war ein Muslim immer auch ein Patriot. Nachdem ich etwa ein Jahr in Pakistan gelebt hatte, brach im ehemaligen Fürstenstaat Kaschmir, der nach Kämpfen zwischen Indien und Pakistan 1947–49 geteilt worden war, ein Kleinkrieg aus. Er begann, als die pakistanische Armee strategisch wichtige Höhenzüge auf indischem Territorium besetzte. Es folgten massive Boden- und Luftangriffe der Gegenseite. Ich flog an die Kriegsfront zu einer pakistanischen Einheit, die einen Grenzabschnitt wenige Kilometer nördlich des Hauptkampfgebiets hielt.

Major Nadeem, 35, mit kleinem Schnurrbart und dunklen Ringen um die Augen, befehligte ein Kommando, das auf dem Felsvorsprung einer Schlucht in 3000 Meter Höhe Stellung bezogen hatte und über drei 14-cm-Haubitzen aus dem Zweiten Weltkrieg verfügte. Die vorderste Linie lag noch sehr viel höher, zwischen den Fels- und Geröllhängen der hohen Bergketten am Horizont; von da aus waren die gewaltigen Gipfel des Karakorum im Norden zu sehen – eine Reihe scharf gezackter Dreiecke über dem ockerfarbenen Band niedrigerer Berge. Im Osten weitere diesig-braune Berge, die von den anderen Erhebungen, wo sich die indischen Truppen verschanzt hatten, ununterscheidbar waren.

Bei jedem Schuss, den die pakistanischen Soldaten abfeuerten, brüllten sie: *Yaum-e takbir?,* Wer ist der Größte? Und wenn die Kanonen auf ihren Lafetten erzitterten und aus den Geschützrohren der Rauch ins Abendlicht stieg, gaben sie sich selbst die Antwort: *Allahu akbar.* Gott ist der Größte. Nadeem hatte drei Bücher in seinem Bunker: General Erwin Rommels *Krieg in Afrika,* die Biographie des englischen Kricketspielers Mike Brearley und den Koran.

Ich stieg zu den Bunkern auf den Bergkämmen über den Gefechtsständen hinauf. In der vorgeschobenen Stellung begrüßte mich ein junger Hauptmann ganz begeistert, obwohl er gerade damit beschäftigt war, eine Straße zu beschießen, auf der ein indischer Jeep im Zickzackkurs dem Feuer auszuweichen suchte. Die Inder schossen erwartungsgemäß zurück, und wir verzogen uns in die Höhlen, wo es sich ein Teil seiner Einheit wohnlich eingerichtet hatte. Seine Männer hatten Gesteinsbrocken beiseite geschafft, um Platz zu gewinnen für eine Kochstelle es gab Linsencurry und Reis –, einen Ort zum Schlafen und einen zum

Gebet. Ein großer, weiß bemalter Fels markierte die *qibla,* die Gebetsrichtung nach Mekka. Es war kalt, und wir lagen hoch genug, um das Pfeifen der indischen Granaten zu hören, die unter uns durch die Luft in Richtung Tal schossen. Der junge Hauptmann erzählte mir, sein Vater sei in einem der drei indisch-pakistanischen Kriege von den Indern gefangen genommen worden. »Für mich ein weiterer Grund, diese Hindu-Bastarde zu hassen«, sagte er zu mir.

»Haben Sie jemals einen Inder persönlich kennen gelernt?«, fragte ich.

»Nein, Sie?«

»Ja, ich kenne viele. Ich war mehrere Monate in Indien«, erwiderte ich.

»Wie sind sie?«

»Genau wie Sie«, sagte ich.

Als ich an jenem Abend mit Oberst Nawaz Herl, dem Vorgesetzten des jungen Hauptmanns, beim Essen saß, hob er nur müde die Schultern, als ich ihm von diesem Gespräch erzählte. Wir befanden uns in der Offiziersmesse der Einheit, einem großen Segeltuchzelt, das an einer Biegung des Flusses, etwa eineinhalb Kilometer von der Frontlinie entfernt, errichtet war. Es gab Hähnchen-Tikka, zum Nachtisch Schwammpudding, von weiß behandschuhten Soldaten auf Regimentssilber serviert. Während des Hauptgangs explodierten in nächster Nähe indische Granaten, deren Splitter durch die Zeltwände schlugen. Ich hatte keinen großen Appetit mehr. Herl, ein schmalschultriger Mann Anfang vierzig mit vorstehenden Zähnen, einer großen Nase, lustigen Augen und einem kleinen buschigen Schnurrbart, wurde plötzlich mitteilsam. »Seit über 50 Jahren kämpfen Indien und Pakistan jetzt schon um Kaschmir, und es ist uns immer noch nicht gelungen, die Sache in Ordnung zu bringen«, meinte er. »Das kann nicht ewig so weitergehen. Wir müssen eine andere Möglichkeit finden, das Problem zu lösen.« Er lud sich einen Löffel Schwammpudding auf den Teller. »Gutes Essen ist ein Gottesgeschenk«, sagte er und winkte den Soldaten mit der Vanillesoße herbei.

Ich zuckte zusammen, als ganz in der Nähe eine indische Granate einschlug. »Und was ist mit Kämpfen?«, fragte ich.

»Menschenwerk«, gab er augenzwinkernd zurück.

Die nordwestliche Grenzprovinz Pakistans war das Stammesgebiet der ethnischen Paschtunen, die zwischen Afghanistan und dem Raj, der britischen Kolonialherrschaft, geteilt wurden, als Ende des 19. Jahrhunderts die äußerste Westgrenze der britischen Dominions in Südasien festgelegt wurde. Diese von britischen Bürokraten gezogene Linie bildete auch die Westgrenze des 1947 gegründeten Landes Pakistan, doch die entlang dieser Grenze lebenden Stämme scherten sich nicht viel um irgendwelche moderne Nationalstaaten. »Wir sind in erster Linie Paschtunen, in zweiter Linie Muslime und in dritter Linie Pakistani«, hörte ich bei meinen Reisen in diesem Grenzgebiet immer wieder. Auf pakistanischer Seite der Grenze lagen die so genannten Tribal Agencies, ein weiteres Erbe des Raj. Hier beschränkte sich die Hoheitsgewalt der Islamabader Behörden per Gesetz auf die Straßen. Ein rauer Landstrich, hässlich und unwirtlich. Die Siedlungen lagen fast nie an den spärlich vorhandenen Bächen und Flüssen, sondern vorzugsweise auf Bergkuppen, die leichter zu verteidigen waren.

Die typischen Dörfer waren ummauerte Areale – *qalas* –, bestehend aus jeweils mehreren Gebäuden, die oft von Dutzenden miteinander verwandter Familien bewohnt wurden. Manchmal waren die äußeren Mauern dieser Areale untereinander verbunden, und damit ähnelten größere Siedlungen italienischen Bergdörfern, nur dass sie so gar nichts Malerisches hatten. Einige Häuser waren notdürftig eingerichtet und schmutzig, andere reich ausgestattet mit einem riesigen Gefrierschrank voll Ziegenfleisch, Fernsehern mit riesigen Bildschirmen, Satellitentelefon und Klimaanlage – gekauft mit dem Gewinn geschmuggelter Waren und von Drogen, dem Geld von Verwandten, die im Nahen Osten arbeiteten, oder auch, wie mir ein Mann voller Stolz erzählte, mit den Sozialhilfebezügen der Söhne in Großbritannien.

Die Häuser waren aus einem ganz bestimmten Grund befestigt. Die Paschtunen standen nicht unter der Herrschaft Islamabads oder des Islam, sondern folgten zuallererst ihrem Stammeskodex *(paschtunwali)*. Dieser Kodex beruhte auf einem komplizierten Netzwerk von Pflichten, darunter Gastfreundschaft gegenüber Fremden, Schutz eines Gastes und Gewaltanwendung: Die Beleidigung der »Ehre« eines Mannes, einer Familie oder eines Stammes musste gerächt werden, um jeden Preis. In einem Grenzland ohne Recht und Gesetz, wo erwachsene Männer nicht ohne eine automatische Waffe aus dem Haus gehen, erfüllte dieser Kodex seinen Zweck. Die Gewalt konnte zwar jederzeit tödlich eskalieren, aber echte Gewaltausbrüche gab es nur hie und da.

Ich bereiste gern dieses Grenzgebiet. Peschawar, die wichtigste Stadt der Nordwestlichen Grenzprovinz, war laut und verdreckt, und die gereizte Stimmung vermittelte den Eindruck, als lauerte überall die Gewalt. Allem Anschein zum Trotz war es jedoch ein ungefährlicher Ort. Fremde wurden nicht als Feinde betrachtet, und ich saß so manchen Abend in einem Restaurant im Freien oder war im Haus eines Taxifahrers, eines Kaufmanns oder eines Stammesoberhaupts zu Gast. Für Islamabad – also die Punjabis, die, wie es hieß, den pakistanischen Staat beherrschten und die Grenzen nach Belieben überqueren konnten – hatten alle nur Verachtung übrig. Einer meiner besseren Kontakte in der Nordwestlichen Grenzprovinz war Javed Ibrahim Parachar, Stammesoberhaupt und wie viele seiner Art zugleich Ältester und Religionsgelehrter. Beide Funktionen brachten ihm Autorität, Respekt und, wenn er es richtig anpackte, auch Wohlstand. Parachar, bei dem alles richtig gelaufen war, lebte in der Stadt Kohat, einer Ansammlung von weiß getünchten Befestigungspunkten der pakistanischen Armee, von gewundenen alten Gassen, Moscheen und Flüchtlingslagern inmitten diesiger Berge rund 60 Kilometer südlich von Peschawar. Eine enge Gasse hinter dem Basar führte in einen offenen Hof und zu seinem Haus, wo unzählige Räume mit ausgebleichten Teppichen auf dem Boden und Kissen entlang den Wänden durch Flure miteinander verbunden waren. Außer Stammeschef und Gelehrter war Parachar aber auch Geschäftsmann, Bauer, Parlamentsabgeordneter, Vizekanzler einer islamischen Universität und Leiter mehrerer islamischer Religionsschulen (Medresen), an denen ein paar hundert junge Männer, meist aus armen Familien, kostenlos studieren konnten. Er war einsfünfundsechzig groß, 70 Kilo schwer, dicklich, mit einem Vollbart, schweren Lidern und vielen kleinen Warzen im Nacken. Als ich ihn kennen lernte, zeigte er auf die Einschusslöcher in seinem weißen Toyota-Pritschenwagen und lachte herzhaft. »170 Kugeln haben sie auf dieses Auto abgefeuert«, meinte er glucksend, »und sechs auf mich. Aber sie haben es nicht geschafft, mich umzubringen. Gott beschützt mich, weil ich Seinem Volk Gutes tue und ein guter Muslim bin.« Der Hinterhalt, so hatte ich gelesen, war die Antwort auf mehrere tödliche Anschläge gegen örtliche schiitische Muslime, die Parachar angeblich angestiftet, finanziert und organisiert hatte.

Wirklich beunruhigt war Parachar, wie er mehrmals betonte, nicht über die Schiiten oder die Irrlehren und Spaltungen innerhalb des Islam, sondern wegen des »moralischen Verfalls«, von dem er seine Gemeinschaft bedroht sah. Schwierig zu sagen, was genau er damit meinte; mehr oder weniger aber wohl jeden Wandel, der die Sitten und Gewohnheiten der paschtunischen Gemeinschaft bedrohte oder zumindest jene Traditionen, an denen Parachar unbedingt festhalten wollte. Diese Sitten und Gebräuche waren, so befand Parachar, zugleich auch »islamische« Sitten und Gebräuche. Modernisierung, Verwestlichung, Globalisierung und die Ausdehnung der Zentralgewalt des pakistanischen Staates auf Stammesangelegenheiten waren in seinen Augen ein einziger großer Angriff auf alles, was richtig, bewährt und muslimisch war. Nach seiner Ansicht stand dieser moralische Verfall im Zeichen all jener Anschläge auf den Islam, von denen die Beziehungen zwischen Juden, Christen und Muslimen gekennzeichnet waren, seit vor 1400 Jahren der Prophet Mohammed den Menschen der Arabischen Halbinsel den Glauben gepredigt hatte. Es gebe, so sagte Parachar, Myriaden von Speerspitzen dieses Angriffs. Da seien die Satellitenschüsseln, die in den letzten Jahren gekommen seien, die Internetcafés, die überall wie Pilze aus dem Boden schössen, die fremde Art und Weise, sich zu kleiden, die westliche Musik im Radio und die gottlosen Politiker in Islamabad. Eine der größten Bedrohungen sei die Vorstellung, Frauen hätten das Recht auf Bildung und Arbeit und könnten sich ihren Ehemann frei wählen. Es war absolut unmissverständlich: Wenn die soziale Ordnung nur durch Gewalt aufrechterhalten werden konnte, dann befürwortete Parachar die Gewalt.

Als die sechzehnjährige, geistig behinderte Lal Jamilla Mandokhel aus einem Dorf in der Umgebung vergewaltigt wurde, unterstützte Parachar den Beschluss der Ältesten, das Mädchen müsse von seiner eigenen Familie – und vor dem ganzen Stamm – erschossen werden, um sie dafür zu bestrafen, dass sie Schande über sie alle gebracht hatte. Und als ich ihn nach einem paschtunischen Mädchen aus einem benachbarten Stamm fragte, das mit einem Jungen aus einer anderen ethnischen Gruppe durchgebrannt war, zurückgeholt und zusammen mit ihrem Liebhaber erschossen worden war, zuckte Parachar nur die Schultern und meinte, selbst wenn uns im Westen dies als falsch erscheine – es sei seine Kultur und seine Religion. »Das ist Gerechtigkeit«, erklärte er, und damit war die Diskussion beendet.

Solche Gewalt gegenüber Frauen, die in Pakistan an der Tagesordnung war, zählte zu den wenigen Dingen, die mich während meines Aufenthalts in diesem Land wirklich empörten. Ich lebte gern in Pakistan, und ich mochte die Menschen, denen ich begegnete. Fast alle waren herzlich, höflich und interessant. Viele Stunden verbrachte ich in den Büros militanter islamischer Gruppen, trank Tee und aß Biskuitkuchen mit Zitronengeschmack und rosarotem Zuckerguss und hörte zu, während sie mir die Gründe für ihren Dschihad gegen die Ungläubigen darlegten. Ich fühlte mich in keiner Weise von ihnen bedroht, sei es, weil ihre Rhetorik nie gegen mich persönlich gerichtet war, sei es, weil ich glaubte, sie würden es als unehrenhaft empfinden, mir etwas anzutun, während ich bei ihnen zu Gast war, sei es, weil nur wenige von ihnen antiwestliche Ressentiments zur Schau trugen, sei es schließlich, weil man sich nur schwer vorstellen kann, dass jemand mit einem Teller bunt glasierter Kuchenstücke in der Hand eine Gefahr darstellt. Ihr Interesse an Ereignissen außerhalb Pakistans war verschwindend gering. Aber auch mein Interesse an diesen Militanten war eher abstrakt. Für mich gehörten sie zum Lokalkolorit, sie waren Teil jener ungewöhnlichen, vitalen und aufregenden Szenerie Pakistans, die sich meinen Augen bot. Manchmal empfand ich sie sogar fast als komisch. Als ich einmal mit meiner Freundin weit oben im Norden zeltete, tauchten plötzlich zwischen den Bäumen schwer bewaffnete bärtige junge Männer auf und umstellten unser Zelt. Nach kurzem Palaver folgte freundschaftliches Händeschütteln, und wir schenkten ihnen Schokolade. Sie trainierten für ihren Einsatz in Afghanistan und Kaschmir, erzählten die Männer stolz, bevor sie uns viel Glück beim Forellenangeln wünschten und wieder im Wald verschwanden.

Mir gefiel es in Pakistan auch deshalb, weil persönlich und beruflich für mich alles optimal lief. Es war nicht schwer, meine Berichte über das Land an britische Zeitungen zu verkaufen, und ich konnte ganz ordentlich davon leben. Ich vermisste London. Und besonders an den Wochenenden, wenn in Islamabad Grabesruhe herrschte, fehlten mir Pubs, Clubs, Musik und Freunde. Aber die geistigen Anregungen, die Geselligkeit und die Adrenalinstöße, die mir mein neues Leben bot, entschädigten mich vollauf.

Und dann war da natürlich Afghanistan.

2 Afghanischer Sommer

An einem Freitagnachmittag im August gegen 15 Uhr wurde ich in Kabul Zeuge einer Hinrichtung und zweier Amputationen. Zusammen mit mehreren tausend Männern und ein paar Dutzend Kindern saß ich auf einer der Betontribünen des städtischen Stadions. Aus dem Lautsprecher kamen Lehrsätze aus dem Koran, während die Leute durcheinanderredeten und bei fliegenden Händlern Nüsse und grünen Tee in kleinen Gläsern kauften. Dann wurde es still, die Gespräche erstarben, und alle Blicke richteten sich auf das, was auf dem Fußballplatz jenseits der Aschenbahn geschah. Zwei Männer wurden in die Mitte des Spielfelds geführt und mussten sich auf den Bauch legen. Die Arme wurden ihnen auf dem Rücken zusammengebunden, und ein paar Minuten lang machte sich ein Team weiß gewandeter Chirurgen an ihnen zu schaffen, bevor es wieder verschwand. Sie hatten den beiden im Gras liegenden Männern jeweils eine Hand und einen Fuß amputiert. Später, vor dem Stadion, sah ich einen Taliban-Soldaten die abgeschnittenen Hände, deren Blut ihm die Handgelenke hinunterrann, hoch über seinen Kopf halten, um sie vor ein paar schmuddeligen Kindern zu schützen, die lachend hochsprangen, um sie zu berühren.

Dann musste ein dritter Mann vor einem der Tore niederkauern. Auch ihm wurden die Hände auf dem Rücken zusammengebunden. Eine knisternde Lautsprecherstimme verkündete, der Mann sei der als Mörder verurteilte Ghulam Hussein und müsse dem islamischen Gesetz der Wiedergutmachung oder Rache für die Familie zufolge vom Bruder des Opfers bestraft werden. Es folgte eine kurze Pause, dann nahm ein Mann von einem Taliban eine Kalaschnikow entgegen, die er, an den Umgang mit Waffen sichtlich nicht gewöhnt, unbeholfen von sich streckte. Er hielt sie von seinem Körper weg wie einen Regenschirm, den man ausschütteln will, dann drückte er den Abzug, und mit lautem Geknatter entluden sich sechs bis acht Salven. Der Verurteilte, zunächst noch in der Hocke, wirbelte herum, stürzte und fiel zur Seite, dann warf er den Kopf nach oben zum Himmel. Ein Aufschrei ging durch die

Menge wie beim Boxkampf, wenn ein Boxer einen ermatteten Gegner in eine Ecke gedrängt hat. Dann erneut ein kurzes Knattern, und der Mann war tot. Fünfzehn Minuten später liefen zwei Fußballmannschaften im warmen Sonnenschein auf das Spielfeld zum nachmittäglichen Match.

Es war der zweite Tag meiner ersten Reise nach Kabul im Jahr 1998. Seit zwei Jahren hatten die Taliban die afghanische Hauptstadt unter ihrer Kontrolle und hatten sich längst zu einem der weltweit meistgeschmähten Regime entwickelt. Die ultrakonservative »islamische Miliz« mit ihren langen Bärten, ihren Turbanen, Gewehren, drakonischen Regeln und Verordnungen und natürlich ihren öffentlichen Hinrichtungen waren eine große Geschichte. Doch dies war nicht der einzige Grund, warum ich im Stadion saß und zusah, wie ein Mensch getötet wurde.

Ich hatte schon immer einmal Afghanistan sehen wollen. Auch deshalb war ich in die Region gekommen. Das Land und seine Geschichte hatten mich seit jeher fasziniert, obwohl meine Eindrücke hauptsächlich auf Mythen und Klischeevorstellungen beruhten. Ich war zwar in einem kosmopolitischen urbanen Milieu aufgewachsen, das nichts mit jenen Teilen der britischen Gesellschaft zu schaffen hatte, die noch immer dem Untergang des Empire nachtrauerten, aber mein Interesse an Südwestasien verdankte sich zweifellos zu einem großen Teil dem romantisierenden Bild der Region, wie es Generationen britischer Schriftsteller, Soldaten und Diplomaten zeichneten. Mir war zwar klar, dass Churchills oder Kiplings Beschreibungen der Paschtunen als aufrechte, edle Krieger, die für lautere Ziele kämpften, mythisch verklärter Unsinn waren, der das Bedürfnis widerspiegelte, einen Feind zu glorifizieren, der von Zeit zu Zeit tatsächlich überlegen war. Aber ich tat mich nach wie vor schwer damit, die Nordwestliche Grenzprovinz oder Afghanistan unvoreingenommen zu betrachten. Und natürlich gab es da noch die klassische Sehnsucht des modernen westlichen Reisenden, das Authentische und Unberührte, das »Unverfälschte« und »Rückständige« zu entdecken.

Als ich daher im Sommer 1998 erstmals nach Afghanistan reiste, stellte ich überglücklich fest, dass alles genauso war, wie ich es erhofft hatte. Ich flog mit einem kleinen Jet der Vereinten Nationen, der auf einem Behelfsflugplatz weit oben im Nordosten des Landes landete, auf einer Piste aus Stahlplatten, die vom Regen noch ganz rutschig waren. Ausgebrannte Gebäude und Panzerwracks säumten die Landebahn, und Männer mit Gewehren in der Hand, auf dem Kopf die runde Wollmütze der Mudschaheddin, den *pakol*, standen in malerischen Grüppchen beisammen. Ich war eingeflogen, weil ein schreckliches Erdbeben stattgefunden hatte. Eine Woche lang bewegte ich mich mit dem Hubschrauber oder einem Esel durch Dörfer, die von Hangabbrüchen verwüstet waren, und sprach mit alten Männern auf den Geröllhaufen ihrer einstigen Häuser, unter denen ihre Angehörigen begraben waren. Ich schlief in Schäferhütten oder dort, wo mein Eseltreiber gerade einen Halt einlegte. Das Erdbeben hatte den wohl ärmsten Teil des Landes heimgesucht, eine Region mit einer Landschaft, so atemberaubend, wie ich sie nirgendwo gesehen hatte. Eines Abends saß ich auf dem Dach einer behelfsmäßigen Krankenstation, die von einem britischen Team geleitet wurde, im Süden die schneebedeckten Berge des Hindukusch, im Norden die Plateaus und Ebenen, die zum Amu Darja oder Oxus, dem Grenzfluss zu Tadschikistan und Usbekistan, führten. Als ein Hubschrauber kaputtging und ich ein paar Tage in einem Bergdorf festsaß, vertrieb ich mir die Zeit mit Lesen und Spaziergängen, trank Tee aus wilder Minze, den ich in einer in China hergestellten, verzierten Thermoskanne zubereitete, und rauchte selbstgedrehte Zigaretten. In den zehn Tagen, die ich dort verbrachte, schickte ich eine Geschichte an eine Zeitung in Großbritannien, für die ich 200 Pfund bekam. Genau das war es, was ich machen wollte, und Afghanistan war der Ort, wo ich sein wollte.

Ein paar Tage nachdem ich in Kabul Zeuge der Hinrichtung geworden war, besuchte ich die Kriegsfront 40 Kilometer nördlich der Hauptstadt. Nach vier Jahren Kampf waren nominell etwa 80 Prozent des Landes unter der Kontrolle der Taliban – zumindest verhielten sich diese Teile gegenüber den Taliban theoretisch loyal. Im größten Teil Afghanistans gab es keine »Frontlinie« im eigentlichen Sinn, sondern ein vielfach gebrochenes Mosaik von Loyalitäten, das stammesmäßigen, ethnischen und kulturellen, nicht aber geographischen Vorgaben folgte. Doch dann, nach einer halbstündigen Fahrt von Kabul aus in Richtung Norden, erstreckten sich plötzlich Schützengräben zu beiden Seiten eines mit Granaten übersäten, öden Niemandslandes. Die Stellungen verliefen mitten durch die Shomali-Ebene, ein fruchtbares, von Bergen umsäumtes Becken, das ehemals eines der ertragreichsten landwirtschaftlichen Anbaugebiete Afghanistans gewesen war. Auf der Seite Kabuls standen die Taliban. Ihnen stand die Nordallianz gegenüber, ein lockerer Zusammenschluss von Gruppen unterschiedlicher ethnischer Herkunft.

Das einzige Fahrzeug, das ich in Kabul mieten konnte, war ein weißer Minitransporter samt einem alten Mann als Chauffeur, Fateh Mohammed, der unablässig Selbstgespräche führte. Es hieß, in den Schützengräben der Taliban gebe es fanatische arabische Kämpfer, aber ich bekam keinen einzigen zu Gesicht. Ja, zu meiner großen Überraschung wurden die am weitesten vorgeschobenen Stellungen von einem kleinen Kommando von Kämpfern gehalten, die rundliche Gesichter mit deutlich zentralasiatischen Zügen hatten. Es waren Angehörige der ethnischen Minderheit der Hazara, in der Mehrzahl schiitische Muslime, die bekanntermaßen religiös gemäßigt sind und von den mehrheitlich sunnitischen Taliban in der Vergangenheit immer wieder verfolgt worden waren. Die Taliban kamen größtenteils aus paschtunischen Stämmen im Osten und Süden des Landes, wo sie knapp die Bevölkerungsmehrheit stellten; sie galten entweder als Vertreter eines ethnischen Chauvinismus oder als Anhänger einer radikalen, sunnitischen fundamentalistischen Bewegung. Das war sehr verwirrend; eigentlich hätten doch die Hazara auf der Gegenseite stehen sollen. Doch Mohammed Sher, der die Truppe führte, erklärte mir, er und seine Männer seien aus Loyalität gegenüber einem anderen Kommandeur hier, einem Hazara, der seinerseits den Befehlen eines dritten Kommandeurs aus der ethnischen Minderheit der Tadschiken gehorchte; dieser wiederum sei gegenüber einem »großen Kommandeur« loyal, einem Paschtunen, der vor etwa einem Jahr beschlossen hatte, sich mit den Taliban zusammenzutun. Jedes Glied dieser Kette, so schien es, stellte seine Kampfkraft zur Verfügung und erhielt dafür als Gegenleistung bestimmte Ressourcen, hauptsächlich Lebensmittel, Geld und ein gewisses Maß an Sicherheit. Mir wurde klar, dass die Hazara hier kämpften, weil die Loyalität in Afghanistan nicht immer ethnisch, religiös oder auch nur stammesgebunden ist. Loyal erweist man sich gewöhnlich gegenüber dem, der einem zu essen gibt, in diesem Fall eine dünne Suppe mit altem Brot. Und ein guter Führer ist einer, der im richtigen Moment die Seiten wechselt. Mohammed Sher berichtete mir, dass er und seine Männer vor ein paar Wochen aus der Stadt Maidan Shah südlich von Kabul aufgebrochen seien, um ein paar Monate lang an der Front zu kämpfen, und dass er hoffe, rechtzeitig zur Ernte im Spätsommer wieder zu Hause zu sein.

Während wir redeten, feuerte ein 30 Meter entfernt verschanzter Panzer eine Granate ab, die kreischend über unsere Köpfe hinwegfegte. Das

Fernsehteam, in dessen Begleitung ich zur Frontlinie gekommen war, hatte ein paar Bilder vom aktuellen Kampfgeschehen gebraucht. Und obwohl die Besatzung des Panzers mit leichtem Unbehagen am hellichten Tag feuerte – man hatte mit den Männern in den feindlichen Schützengräben freundschaftlich vereinbart, einander nur morgens und abends zu beschießen –, hatte sie sich überreden lassen, aus dem rostigen alten T62-Panzer für die Kameras ein paar Schüsse abzugeben. Einen kurzen Moment dachte ich über die Menschen nach, die empfingen, was wir ihnen rüberschickten.

Wer auch immer sie waren, sie zeigten sich sichtlich verärgert über die Störung ihrer Mittagsmahlzeit und revanchierten sich mit einem Mörsergeschoss, das die Kämpfer in ihre Bunker trieb und die Journalisten in ihre Fahrzeuge springen ließ. In dieser Situation stellte ich fest, dass bei dem Minibus, den ich in Kabul gemietet hatte, mit der Zündung etwas nicht in Ordnung war. Da saß ich also und versuchte, meine Angst im Zaum zu halten, während Fateh Mohammed vor sich hinbrabbelnd den Zündschlüssel drehte, weiterbrabbelte und erneut den Zündschlüssel drehte, immer und immer wieder, bis er schließlich die Handbremse löste und den Motor startete, indem er die gedrückte Kupplung kommen ließ, während der Wagen den Berg hinunter auf die feindlichen Stellungen zurollte.

Es war das erste Mal, dass ich als Journalist »unter Beschuss« geriet, und ich war zufrieden und aufgeregt und nicht ganz sicher, wie ich reagieren sollte. Reporter, so hatte ich gelesen, nahmen nach solchen Erlebnissen Drogen, tranken, kämpften oder hatten Sex mit unpassenden Partnern. Nichts von alledem schien in dem von den Taliban beherrschten Kabul praktikabel. Ich ging zum Büro von Reuters und spielte den ganzen Nachmittag lang Tischtennis, trank Tee und dachte über das Erlebte nach. Um 21 Uhr begann die Ausgangssperre, weshalb ich kurz nach Sonnenuntergang wieder im halb verfallenen Hotel Intercontinental war, zurück in meinem Zimmer.

Jeder Tag in Kabul stellte mein bisheriges Denken in Frage und veränderte meine Wahrnehmung. Ich fand heraus, dass die Fernsehbilder von zerstörten Gebäuden, die in jedem Bericht über die Stadt gezeigt wurden, alle aus einem ganz bestimmten Gebiet stammten und dass die übrige Hauptstadt zwar gleichfalls bombardiert, in Mitleidenschaft gezogen, von Kugeln durchsiebt, verdreckt und verwahrlost, letztlich aber intakt geblieben war. Ja, Kabul, so stellte ich erstaunt fest, war im Verlauf des zehn Jahre dauernden Krieges nach der sowjetischen Invasion von 1979 nicht nur nicht ernstlich zerstört, sondern hatte sich im Zuge der Besatzung sogar recht gut gemacht. Viele neuere Gebäude im Stadtzentrum, die Parks und die modernen Wohnviertel am nördlichen Stadtrand waren mit sowjetischen Hilfsgeldern finanziert worden. Sogar die Schäden, die zu sehen waren, etwa die Risse in den Hotelmauern nach einem Raketenangriff, waren nicht die Folge des Kriegs gegen die Sowjets, wie ich zunächst angenommen hatte, sondern der Kämpfe zwischen den verschiedenen afghanischen Gruppen um die Kontrolle des Landes nach Abzug der sowjetischen Truppen. Das Bild Kabuls als einer durch Armut und Unterdrückung zermürbten Stadt war eindeutig falsch, auch wenn die Lage ohne Zweifel schlimm war. Es gab zwar nur ein einziges Restaurant, nicht mehr als zwei halbwegs funktionierende Hotels und so gut wie keinen Straßenverkehr, aber die Stadt war noch immer voller Leben. Erstaunt sah ich ganze Schulklassen – Jungen und Mädchen, die mit ihren Lehrern durch die Straßen zogen, fröhlich plappernd oder aus dem Zug ausscherend, um mit einem Reifen, einem Stock oder einem Pferd aus zusammengenagelten Holzlatten und den Rädern eines ausrangierten Kinderwagens zu spielen. Auf dem Geldmarkt ging es laut und geschäftig zu, nicht zuletzt deshalb, weil der schwankende Wechselkurs der einheimischen Währung der Spekulation Tür und Tor öffnete. Trotz der Entbehrungen und der Kälte, die nach den wenigen Monaten des Hochsommers herrschte, hatten sich viele einen trockenen Humor bewahrt. Und da war schließlich die überwältigende Schönheit der Stadt mit ihrer klaren, sauberen Gebirgsluft, den Alleen mit Eschen und Platanen, den leeren Straßen, staubigen Parks, den bröckelnden Mauern ihrer mittelalterlichen Befestigung, ja sogar ihren zerschossenen Gebäuden und braunen Bergen, die sich wie Walrücken aus den wogenden Wellen des vielstöckigen, flachdachigen Häusermeers emporhoben.

Nach ein paar Tagen in der Stadt, in denen ich Reportagen über das »Leben unter den Taliban« schrieb, beschloss ich, nach Kandahar hinunterzufahren, dem geistlichen Mittelpunkt und Verwaltungszentrum des Regimes, um über die neuen Herren Kabuls mehr in Erfahrung zu bringen. Eine Zeitung hatte mich beauftragt, über Osama bin Laden zu recherchieren, den in Afghanistan lebenden saudischen »Drahtzieher des Terrors«, der für zwei massive Bombenanschläge auf die amerikanischen Botschaften in Daressalam und Nairobi zwei Wochen zuvor verantwortlich gemacht wurde. Ich wusste, dass bin Laden gut 30 Kilometer außerhalb von Kandahar in der Nähe des Flughafens einen Stützpunkt hatte, und ein Kontakt in Pakistan hatte mir Angaben über jemanden in der Stadt übermittelt, der mir offenbar behilflich sein konnte, ein Interview zu organisieren, wenn nicht mit bin Laden selbst, so wenigstens mit einem seiner engsten Mitstreiter.

An einem Taxistand am südöstlichen Stadtrand von Kabul mietete ich mir einen zerbeulten Toyota Corolla Kombi, und zusammen mit Ahmed, einem Medizinstudenten aus Kabul, als Übersetzer verließ ich die Stadt unter dem lichten Himmel des anbrechenden Tages. Die Straßen waren leer, bis auf Rudel streunender Hunde und gelegentlich einen Radfahrer, der zum Schutz gegen die Kälte eine Decke um sich geschlungen hatte. Die um ein Feuerchen hockenden Taliban-Wächter am Stadtrand winkten uns durch ihren Kontrollposten, fast ohne einen Blick in den Wagen zu werfen, und dann ging es zügig über eine gute Straße, die von der Hochebene Kabuls rasch Richtung Süden ins Tal hinunterführte. Von einer Hügelkette aus sahen wir vor uns die Straße mit ihrem von jahrzehntelanger Erosion und Abnutzung angefressenen Belag weiß wie ein ausgebleichter Knochen aus dem staubigen Tal heraufleuchten. Die Straße durchquerte die gesamte Ostflanke Afghanistans. Anfang der siebziger Jahre gebaut, war sie seit dem Abzug der Sowjets nicht mehr instand gesetzt worden. Schrundige Betonbrocken füllten Schlaglöcher von zwei Meter Durchmesser; Teerklumpen und rostige Eisenteile ragten aus der Fahrbahn, inmitten von Steinsplittern, Erde und Staub. Oft existierte überhaupt keine Fahrbahn mehr, nur noch eine mit Geröllbrocken zugeschüttete Rinne. Der Fahrer unseres Taxis, der möglichst schnell wieder zurück wollte, um einen neuen Fahrgast aufzunehmen, fuhr, so schnell er konnte; er gab Vollgas und trat vor riesigen Trichtern unvermittelt auf die Bremse, riss abrupt das Lenkrad herum, um Hindernissen auszuweichen, und hinterließ eine Wolke aus feinem Staub. Andere Autos vor uns taten das Gleiche, und auch ihr Weg war durch eine aufwirbelnde Staubwolke markiert. Manchmal verschwanden sie in besonders abschüssigem Gelände ganz aus dem Blick, während ihre Staubspur auf bizarre Weise körperlos in der Luft hing. Nicht selten schwenkte unser Fahrer herum und fuhr von der Straße ab in ein parallel verlaufendes ausgetrocknetes Flussbett, das von Feldern auf der einen und Wüste auf der anderen Seite gesäumt wurde. Eine extrem ungemütliche und, je höher die Sonne stieg, auch extrem heiße Fahrt.

Aber es gab vieles, was mich ablenkte. Fast unmerkliche Zeichen verrieten eine allmähliche Veränderung der Klimazone und der kulturellen Einflüsse. Die schlanken Eschen und Pappeln, so charakteristisch für den nördlichen und östlichen Landesteil, wurden immer seltener, und bald waren die weiten Ebenen völlig baumleer. Zerzauster Stechginster und harte, dornige Büsche säumten jetzt die Straße. Hinter der Stadt Ghazni, 150 Kilometer südlich von Kabul, wurden Kamele ein häufiger Anblick, die sich mit seltsam x-beinigem, schaukelndem Gang durch das offene Gelände bewegten. Auch die Bauweise der Dörfer veränderte sich. Je dürftiger der Baumbestand, desto deutlicher traten an die Stelle der Flachdächer des Nordens die runden kegelförmigen Dächer aus Lehm und Flechtwerk der Wüste im Süden. Rechterhand zeichneten sich die karstigen Erhebungen des fast undurchdringlichen zentralen Gebirgsmassivs Afghanistans am Horizont ab, linkerhand die Bergketten entlang der Grenze zu Pakistan – aufeinandergeschichtete gewaltige Felsplatten, tiefe Schluchten, von Geröll bedeckte Hänge und erodierte Hochebenen, gelblich grau wie Sägemehl. Unser Fahrer gehörte einem der lokalen Paschtunen-Stämme an, und er diskutierte mit Ahmed und mir, auf welche Weise die Amerikaner für die Bombenanschläge in Ostafrika wohl Vergeltung üben würden. Der Fahrer befürchtete eine Bombardierung Afghanistans, und obwohl ich erwiderte, ich könnte mir nicht vorstellen, dass sie etwas dermaßen Dummes tun würden, beschloss Ahmed, mir die *schahadat* beizubringen, das islamische Glaubensbekenntnis, mit dem man, wenn man es aus tiefer Überzeugung spricht, zum Muslim wird. *La ilaha illallah Mohammed rasul illallah,* wiederholte er immer und immer wieder, es gibt keinen Gott außer Allah, und Mohammed ist sein Prophet – bis ich es auswendig konnte. Teils erfüllte er damit seine Pflicht als Muslim, bei der Begegnung mit einem Nichtmuslim diesem sein Glaubensbekenntnis zu eröffnen; aber mehr noch war es Ausdruck seiner Sorge über antiwestliche Aufstände im Falle eines Militärschlags der Amerikaner. »Mr. Jason«, sagte er ernst, »die *schahadat* würde sie zwar nicht stoppen, aber doch erst einmal längere Zeit zurückhalten.«

Wir übernachteten in einer Tschaihane, einer Herberge am Straßenrand, in Qalat, einer Kleinstadt mit staubigen Läden, in denen Datteln, alte, aus dem Iran importierte Marmelade und bunte Decken verkauft wurden. Draußen im Staub standen klapprige Autos, Lkws und Jeeps. Wir aßen zähes Fleisch, versalzenen gedünsteten Spinat, Reis, Fladenbrot und Wassermelone. Im Nu ging die Sonne unter, und plötzlich wurde es kalt. Ich schlief nicht in der überfüllten und stickigen Tschaihane, sondern auf der erhöht liegenden Außenterrasse, genoss die frische Luft und den Blick auf Wüste, Berge und Sterne. So konnte ich, selbst ungesehen und in eine Decke gehüllt, im Morgengrauen beobachten, wie sich die gesamte Belegschaft der Herberge, Personal und Gäste gleichermaßen, im fahlen Licht der aufgehenden Sonne in Reihen aufstellte; sie legten die Decken, auf denen sie geschlafen hatten, auf den Boden und verrichteten das Morgengebet.

Von Qalat waren es immer noch vier, fünf Stunden Fahrt bis Kandahar. Nach einer Stunde hatten wir eine Autopanne, und während der Fahrer per Anhalter in den Ort zurückfuhr, um einen neuen Luftfilter zu besorgen, setzte Ahmed seinen improvisierten Unterricht in islamischer Theologie fort.

Am Morgen war mir ein alter, graubärtiger Mann mit einem prächtigen, schiefergrauen, mit Goldfäden durchwirkten Turban aufgefallen, der zum Gebet rief. Ich fragte Ahmed, was er da sang. Die Worte, so stellte sich heraus, waren inhaltlich fast identisch mit denen der *schahadat:* »Gott ist groß. Ich bezeuge, dass es keinen Gott gibt außer Allah, ich bezeuge, dass Mohammed sein Prophet ist. Kommt zum Gebet. Kommt zu Wohlstand und Heil. Gott ist groß.« In der so genannten heidnischen, vorislamischen Zeit, so erzählte mir Ahmed, während wir im rasch schrumpfenden Schatten des liegen gebliebenen Corolla kauerten, beteten die zerstrittenen Stämme der Arabischen Halbinsel zahllose Gottheiten an. Aus diesem Grund betonten der Gebetsruf *(adan)* und die *schahadat,* dass Allah der einzige Gott sei. Ein Gott bedeute Einheit, nicht *fitna* oder Spaltung, fuhr Ahmed fort, und der Prophet Mohammed, »Friede sei mit ihm«, sei von Allah gesandt worden, um der Welt erneut den wahren Glauben zu bringen und den ständigen Stammesfehden durch eine friedliche Einigung ein Ende zu setzen. Mohammed habe mit seiner Botschaft nicht die von Moses, Abraham und Jesus den Christen und Juden geoffenbarte Religion ersetzen, sondern die Abweichungen von der wahren Glaubenspraxis korrigieren wollen, zu denen es im Laufe der Jahre gekommen sei, sagte Ahmed. Und er habe der in

Glaubenssachen vernachlässigten arabischen Bevölkerung eine Religion bringen wollen. Der Gebetsruf und sein ausdrückliches Bekenntnis zum Monotheismus beinhalte auch ein politisches Element, fuhr Ahmed fort. Zu der Zeit, da Mohammed seine Offenbarungen empfangen habe, wurde seine Heimatstadt Mekka von einer Gruppe reicher Stämme regiert, welche ihren Wohlstand den Pilgern verdankten, die zu den Idolen der vielen Götter im Haupttempel der Stadt strömten. Die Zerstörung der Idole und die Einigung aller im Namen eines Gottes bedeuteten das Ende dieser schändlichen und ungerechten Herrschaft.

Mich interessierte die Betonung des »Bezeugens« in dem Gebetsruf. Zusammen mit den gesellschaftlichen Reformbemühungen Mohammeds, wie Ahmed sie mir dargelegt hatte, bestätigte sich mir der Eindruck, dass der Islam eine zutiefst politische Religion war. Das wiederholte tägliche Glaubensbekenntnis zeigte, wie entscheidend der öffentliche und demonstrative Aspekt der Religion für die Botschaft des Propheten war. Im Kleinen hatte ich an jenem Morgen beobachten können, wie eine disparate Gemeinschaft von Reisenden, zumindest für ein paar Augenblicke, im Gebetsritual geeint war. Und nach allem, was ich von Ahmed wusste, existierte keine festgelegte Hierarchie, keine Ordnung, die vorgab, wie sich die Männer zum Gebet aufzustellen hatten. Der älteste und am meisten geachtete Mann trat aus der Versammlung der paar Dutzend Gläubigen einfach einen Schritt vor und leitete das Gebet. Der Islam, so schien es mir, war nicht nur ein Weg zu individueller Spiritualität, sondern auch ein gesellschaftliches Projekt. Eine Religion, für die das Handeln in der realen Welt integraler Bestandteil des Gottesdienstes war. Der Koran, in dem die von dem Propheten Mohammed empfangenen Offenbarungen gesammelt sind, sei nicht nur große Poesie, betonte Ahmed, sondern auch ein Gesetzbuch, ethisch-moralische Unterweisung und ein Verhaltenskodex, der der Welt Frieden und Gerechtigkeit bringen könne, wenn sich nur alle Menschen in sämtlichen Lebensbereichen danach richteten.

»Und wie passen die Taliban in dieses Bild?«, wollte ich wissen.

»Sie sind unerbittlich«, sagte Ahmed. »Sehr rigoros. Nicht sonderlich gebildet.« Die Taliban, beeilte er sich zu versichern, seien keine ausgebildeten Religionsgelehrte oder Ulema, sondern Mullahs, was in etwa gleichbedeutend mit Landpfarrer sei. »Sie wollen Gerechtigkeit und Frieden, aber nur ihre Art von Gerechtigkeit und Frieden. Sie glauben, alle anderen hätten Unrecht, sie allein seien im Recht, und sie finden in unserem heiligen Buch und den Worten des heiligen Propheten, Friede sei mit ihm, das, was sie finden wollen. Sie werden sehen.«

Die Sonne stand fast im Zenit, als der Fahrer mit dem Luftfilter zurückkam, und wir erreichten Kandahar erst am späten Nachmittag. Es war keine sehr gewinnende Stadt. In den reicheren Vierteln gab es Villen aus Beton, im ärmeren, alten Teil der Stadt gewundene Gassen und Mietshäuser, Reste einer Stadtmauer und mehrere Basare, in denen, so schien es mir, hauptsächlich schlechtes Fleisch an schmierigen Haken und billige Blechtöpfe und -pfannen zum Verkauf angeboten wurden. Die einzige Verbindung zur Außenwelt bildete ein öffentliches Telefonamt mit einer einzigen knisternden Leitung nach Pakistan, nirgendwohin sonst. Kabul war unerreichbar, die Taliban nutzten offensichtlich Funkgeräte zur Kommunikation. Die karge Landschaft ringsum prägte auch das Bild der Stadt. Die kümmerlichen Felder des Umlands bildeten ein Band von bleichem Gelb, in dem gewaltige, schroffe Felsvorsprünge erschreckend jäh aus der Horizontalen aufragten und die einzigen Akzente setzten. In der flirrenden Hitze wirkten diese Felsformationen wie Galeonen mit hohen Masten auf einem todesstarren Meer. Es war so heiß, dass die Luft in der reglosen nachmittäglichen Glut auf der Zunge einen Geschmack nach Verbranntem hinterließ.

Ich fand ein Zimmer im Gästehaus der Vereinten Nationen in einem Wohngebiet der westlichen Stadt. Ahmed wollte lieber bei Verwandten bleiben. Ich wusch mir den Staub aus Nase, Haaren und Augen, aß etwas und verließ dann das Haus durch das Eisentor. Auf einer kurzen, ungeteerten Straße ging ich in die Richtung, wo der einäugige Geistliche Mullah Omar, der Führer der Taliban, in einem von hohen Mauern abgeschirmten Haus mit bemalten, mit bunten Ziegeln gedeckten Torpfosten wohnte. Mullah Hassan Akhund, der Gouverneur von Kandahar, mit dem ich für den späten Nachmittag ein Interview vereinbart hatte, wohnte gleich nebenan.

Das Phänomen der Taliban hatte unweit von Kandahar im Sommer 1994 seinen Anfang genommen, als Omar, ein Veteran des Krieges gegen die Sowjets, die Zeit für gekommen sah, dem Banditenunwesen, den Raubüberfällen und Vergewaltigungen, die damals in dieser Gegend an der Tagesordnung waren, ein Ende zu setzen. Er sammelte eine Gruppe von Dorfbewohnern um sich, mit denen er das Lager des örtlichen

Warlords angriff. Der hatte erst kurz zuvor ein Mädchen entführt und vergewaltigt und wurde jetzt am Geschützrohr eines Panzers aufgehängt. Schnell fand die Gruppe weitere Anhänger unter den Einheimischen, dazu Rekruten aus den Reihen der vielen tausend Schüler von pakistanischen Religionsschulen. Diese Religionsschüler, viele von ihnen afghanische Flüchtlinge oder deren Söhne, nannten sich Taliban, auf Persisch so viel wie Suchende. Zwei Jahre nach Omars Handstreich in Kandahar beherrschten die Taliban das ganze Land. Doch die Bewegung verdankte ihren atemberaubenden Erfolg mehr als nur der Tatsache, dass das afghanische Volk von Krieg und Banditentum genug hatte. Omar und seine Bürgerwehr hatten mit ihrer Kampagne zu einem geopolitisch ausgesprochen günstigen Zeitpunkt begonnen. Die pakistanischen Generäle betrachteten die Taliban als nützliche Stellvertreter und schickten ihnen Experten und Waffen. Männer wie Javed Parachar in der Nordwestlichen Grenzprovinz sahen in ihnen eine Streitmacht im Kampf gegen das Böse und schickten aus ihren Religionsschulen massive Verstärkung, fromme Kaufleute und Prinzen Saudi-Arabiens sorgten für gefüllte Kassen, und Washington schwieg, abgelenkt durch den Balkan, auf der Hut vor internationalen Verwicklungen allgemein und alles andere als unglücklich über eine Stabilisierung Afghanistans, auch wenn diese von einem Haufen radikaler Hardliner bewerkstelligt wurde.

Akhund, seit fast vier Jahren Gouverneur von Kandahar, galt als Konservativer und Hitzkopf. Er war jedoch in versöhnlicher Stimmung und bot mir zur Begrüßung gezuckerte Mandeln und Granatäpfel an. Es sei Granatäpfel-Zeit, meinte er, und erzählte, die in Kandahar angebauten Sorten dieser für ihre Süße bekannten Frucht seien einst in die ganze Region exportiert worden. Ich fragte ihn nach den Anfängen der Taliban-Bewegung und ihrer Kampagne, und wir sprachen über die Ziele der Organisation. »Es geht uns nur darum, unserem Land Frieden und Sicherheit zu bringen«, sagte er. Das Gespräch kam auf bin Laden. Mit seinem Holzbein, Andenken an eine Verletzung im Kampf gegen die Sowjets, klopfte er gegen den Tisch und meinte, es existiere kein Beweis dafür, dass bin Laden, der »als Gast in seinem Land« weile, in die Anschläge auf die beiden Botschaften verwickelt sei. Zudem, fügte der Gouverneur hinzu, wünschten die Taliban gute Beziehungen zu allen Staaten. Ich sprach ihn auf die Kritik an der Behandlung der Frauen durch die Taliban an. Wieder klopfte er mit seinem Holzbein gegen den

Tisch und meinte kurz angebunden: »Diese Kritik kommt aus dem Westen. In meinem Dorf äußert niemand eine solche Kritik. Warum versteift man sich derart auf die Frauen und stellt nicht die Sicherheit in den Mittelpunkt, die wir gebracht haben? Bevor wir kamen, gab es überall im Land Vergewaltigungen und Gewalt. Damit ist es jetzt vorbei.« Zu guter Letzt fragte mich sein Assistent, ob ich glaube, die Amerikaner würden Afghanistan bombardieren. Nein, erwiderte ich auch diesmal, es gebe keine adäquaten Ziele, die sie angreifen könnten. Dann ging ich zum Basar, um ein paar Granatäpfel zu kaufen. Ein paar Stunden später wurden sechs »terroristische Trainingslager« in den Bergen, die ich auf der Fahrt von Kabul am östlichen Horizont gesehen hatte, mit 75 US-amerikanischen Tomahawk-Marschflugkörpern beschossen.

Nach nur vier Monaten in der Region befand ich mich plötzlich mitten in einer großen Geschichte. Ich zitterte vor Aufregung. Ich hatte keine Ahnung, was ich jetzt machen sollte. Das Gebiet aufzusuchen, das von den Raketen getroffen worden war, Hunderte von Kilometern entfernt in einem sehr feindseligen Land, kam nicht in Frage. Das wäre viel zu gefährlich gewesen. Vom Gelände der Vereinten Nationen aus schickte ich per Satellitentelefon einen kurzen Lagebericht an zwei Londoner Zeitungen und wartete ab, was weiter geschehen würde. Ich erwog einen Spaziergang durch die Stadt, entschied mich dann aber dagegen. Ich dachte an Ahmeds Lektion und wiederholte still für mich die *schahadat.* Das Gelände der Vereinten Nationen war von niedrigen Mauern umgeben und hatte nur ein einziges verriegeltes Tor, aber es war eine ruhige Nacht ohne besondere Vorkommnisse. Der Aufenthalt ausgerechnet in Kandahar, der Hochburg der Taliban, war entweder etwas sehr Gutes oder etwas sehr Schlechtes.

Wie sich herausstellte, war Ersteres der Fall. In großen Teilen Afghanistans war die Wut groß. In Kabul wurde ein italienischer UN-Soldat erschossen, und auch anderswo kam es zu Anschlägen gegen UN-Mitarbeiter. In Kandahar dagegen blieb es ruhig. Ahmed besuchte das Freitagsgebet in der Hauptmoschee und berichtete, eine aufgebrachte Menschenmenge sei durch den Gouverneur beruhigt worden, der die paschtunische Tradition der Gastfreundschaft und des Schutzrechts beschworen habe, auf die Fremde Anspruch hätten. Mit etwas mehr Erfahrung wäre ich wahrscheinlich in die Stadt gegangen und hätte ein paar gute Berichte geschrieben, aber da ich noch nie zuvor in einer solchen Situation gewesen war, machte ich nur ein paar kurze Abstecher in die Straßen im Umkreis des UN-Gästehauses und blieb ansonsten bei all den anderen Ausländern. Die pakistanische Grenze war zwar nur 80 Kilometer entfernt, doch nach Auskunft des Genfer UN-Büros waren die Straßen viel zu gefährlich; aus Islamabad erwartete man ein Flugzeug. Die Taliban rieten uns, während der Gebetszeit loszufahren, wenn die Leute, die uns an den Kragen wollten, anderweitig beschäftigt wären. Nach zwei Tagen im UN-Gästehaus fuhren wir mit Höchstgeschwindigkeit durch die halb leeren Straßen Kandahars und passierten die Checkpoints am Stadtrand, und bald sahen wir in der flirrenden Wüstenluft die Umrisse des UN-Flugzeugs. Ein Kampfhubschrauber der Taliban kreiste über unseren Köpfen, während wir einstiegen und abhoben. Von Islamabad aus schrieb ich dann meine Geschichte, die unter dem absolut irreführenden Titel »Wie ich den Taliban entkam« erschien, und verkaufte ein Foto von der Rückseite der Gouverneursresidenz als Dokument von bin Ladens Wohnsitz für 1000 Pfund an ein Boulevardblatt.

Einen Monat nach meiner Rückkehr nach Pakistan war ich wieder in Kandahar, und diesmal konnte ich mehrere Wochen durch den Süden und Südwesten Afghanistans fahren. Ich sprach mit Schiiten in der westlich gelegenen Stadt Herat, die von den Taliban verfolgt wurden; ich sprach mit Taliban-Kämpfern, mit Frauen, die aus Schulen und Büros verbannt worden waren, mit Kaufleuten, die sich erleichtert zeigten über die Sicherheit, die die Taliban ihnen gebracht hatten, so dass sie ihre Waren jetzt ohne Angst vor Überfällen transportieren konnten; ich sprach mit Opiumbauern, mit Geistlichen in sufischen Heiligtümern, ja sogar mit zwei arabischen Militanten, die auf dem Weg in ein Trainingslager im Osten des Landes waren. In Herat besuchte ich die Große Moschee, um deren zentralen Hof in Reih und Glied Knaben saßen, die den Koran rezitierten; ihr Gemurmel zog wie das Rauschen einer Meeresmuschel durch die 500 Jahre alten Bogengänge und durch die Stadt, hinunter in die Ebene, wo eine Ansammlung gewaltiger Minarette, 45 Meter hohe Sandsteinsäulen mit blau glasierten Terrakottafliesen, aus einer mit Geröll und Gesteinsschutt übersäten Ebene ragten. Ich kaufte einer alten Frau mit tätowierten Händen kleine, saure Äpfel ab und fragte sie nach ihrem Leben in Herat und nach den Taliban. Sie sah sich vorsichtig um. »*Mushkil*«, sagte sie und verwendete das persische Wort für schwierig oder hart, »*mushkil, mushkil.*«

Ich hasste die Taliban nicht in der Weise, wie es andere im Westen tun. Vielleicht deshalb, weil sie mich beschützt hatten. Vielleicht, weil ich als Mann die Beschränkungen, die sie den Frauen auferlegten, nicht so tief nachempfand. Vielleicht auch, weil sie mir, ähnlich wie die Extremisten, die ich in Pakistan kennen gelernt hatte, einfach viel zu fremdartig, exotisch und bizarr vorkamen, um sie als persönliche Bedrohung zu empfinden. Und ich war wohl weniger bereit zu akzeptieren, dass es »verrückte Mullahs« waren, als die sie bald von so vielen abgetan wurden. Nur wenige erkannten, dass ihre Sicht der Welt außerordentlich beschränkt war. Manche Taliban wussten nicht einmal, wo auf der Landkarte Afghanistan lag, andere brüllten vor Lachen angesichts der Vorstellung, ein Mensch spaziere auf dem Mond herum. Als ich einen von ihnen im Scherz fragte, ob ich seiner Einheit der Religionspolizei beitreten könne, besprach er sich mit Kollegen und bejahte, fragte dann, ob ich Muslim sei, und als ich verneinte, entschuldigte er sich dafür, dass er mich nicht sofort aufnehmen könne, versprach mir jedoch, wenn ich am nächsten Morgen mit ihm in die Moschee käme, würde er mich bekehren, und dann sei alles in Ordnung. Nur wenige der Taliban hatten von weltweit so berüchtigten militanten Islamisten wie bin Laden gehört, die in ihrem Land lebten. Und obwohl einige hochrangige Taliban wie der Gouverneur von Kandahar durchaus beeindruckende Männer waren, wirkten viele andere fast Mitleid erregend. Sie waren oft noch sehr jung, und selbst wenn sie Staatsministerien leiteten, hockten sie den ganzen Tag in irgendwelchen Ecken irgendwelcher großer Räume gewaltiger, von den Sowjets erbauter, verrottender Büroblocks auf dem Fußboden, ein Funkgerät und ein Glas Tee neben sich. Einige verfügten im Winter über ein elektrisches Heizgerät und saßen mit ein, zwei Sekretären, die waren meist noch jünger als sie selbst, plaudernd herum, lasen im Koran und spielten mit den Perlen ihrer Gebetsketten. Ich hatte Mitleid mit ihnen. Sie waren Teil der Tragödie Afghanistans, nicht deren Ursache.

Ich unterhielt mich stundenlang mit solchen Männern. Sie waren die Ideologen, die den Kern der Bewegung bildeten, nicht die Fußsoldaten, die in den Gräben hockten, weil ihr Kommandeur beschlossen hatte, dass dies in ihrem ureigenen Interesse lag, oder weil ihnen der Geistliche ihrer Schule befohlen hatte, sich der Bewegung anzuschließen. Sie glaubten, die Katastrophe, die über ihr Land gekommen war, sei auf die mangelnde Umsetzung der von Mohammed im Koran niedergelegten Vorschriften zurückzuführen, zumindest auf eine abweichende Auslegung. Viele von ihnen waren in Flüchtlingslagern aufgewachsen und wussten kaum, wie das Leben vor der sowjetischen Invasion gewesen war. Afghanistan vor dem Krieg war nach ihren Vorstellungen ein goldenes Zeitalter, in dem die islamischen Traditionen, die dörflichen Sitten und Gebräuche und der Stammeskodex der Paschtunen Frieden, Wohlstand und Gerechtigkeit gewährleisteten – ein Mythos, von dem sie gleichwohl hofften, er könnte noch einmal Wirklichkeit werden.

Tatsächlich lag dem, was die Taliban taten und dachten, vielfach Angst zugrunde. Am meisten fürchteten sie alles Fremde oder Neue. Angesichts ihrer Erfahrungen der vergangenen 30 Jahre war unschwer zu erkennen, warum »Moderne« für sie gleichbedeutend war mit Krieg, Gewalt und Chaos. Eine der Ursachen für ihre tief sitzende Misogynie war ihre Gleichsetzung von Frauen mit der Moderne – insbesondere von Frauen aus Kabul, die der Mittelschicht entstammten, gebildet und unverschleiert waren – und demzufolge mit Bedrohung. Die Kontrolle über die Frauen hielten sie daher für entscheidend, um ihre Vorstellungen von einer friedlichen und geordneten Agrargesellschaft durchzusetzen. In den Augen jener Männer, die, seit sie Teenager waren, nur den alleroberflächlichsten Kontakt mit dem anderen Geschlecht hatten, gehörten Frauen einer anderen Spezies an. Sie waren die Inkarnation der Verführung, das Medium des »moralischen Verfalls« schlechthin. Die Durchsetzung des Burka-Zwangs in Städten wie Kabul sollte die Männer vor moralischer Verirrung und die Frauen vor schwachen Männern schützen. Die Taliban wollten ihre Wahnvorstellungen einer vollkommenen Gesellschaft verwirklichen – zum Wohl aller oder was sie dafür hielten –, notfalls mit Gewalt.

Auch wenn die Taliban selbst es nicht erkannten: Mir wurde bald klar, dass sie in einer langen Tradition ähnlicher Erneuerungs- und Reformbewegungen Afghanistans standen. Jede dieser Bewegungen, hier wie anderswo in der islamischen Welt, war die Antwort auf eine vermeintliche Bedrohung oder einen massiven sozialen Umbruch. Im 19. Jahrhundert ging die Bedrohung von den Briten aus, die mit jeder ihrer Invasionen einen Dschihad oder »heiligen Krieg« auslösten. In den ersten Jahrzehnten des 20. Jahrhunderts waren es afghanische Monarchen mit ihren aus Europa importierten Ideen gewesen, die im Bemühen um einen neuen, »modernen« Aufbau der Gesellschaft den Aufstand in den Provinzen entfachten. Das marxistische Regime, das Mitte der siebziger Jahre die Macht übernahm, beschwor eine Rebellion herauf, als es Maßnahmen zur Umverteilung von Grund und Boden, zur Frauenbildung und zur Begrenzung der Macht des Klerus erzwingen wollte. Und auch der Widerstand gegen die Sowjets hat, wenigstens zum Teil, diesen traditionellen Kampf der konservativen afghanischen Provinzen gegen eine Macht weitergeführt, die modernisieren, zentralisieren und sich einmischen wollte. In allen Fällen wurde der Kampf unter dem Banner des Islam ausgetragen, war der Feind die »Moderne«. Die sowjetischen Soldaten, die viele tausend Dörfer niedergebrannt, jahrhundertealte Bewässerungssysteme ein für alle Mal zerstört, Hunderttausende getötet und fünf Millionen Menschen ins Exil getrieben hatten, waren für viele Afghanen die einzigen Repräsentanten des säkularen und vermeintlich fortschrittlichen »Westens«, mit denen sie jemals in Berührung gekommen waren. Die Schmierereien an der Mauer der Behörde der Religionspolizei in Kabul lauteten: »Werft die Vernunft den Hunden vor. Sie stinkt nach Zersetzung.« Angesichts der jüngeren Geschichte des Landes konnte ich diese Gefühle durchaus nachvollziehen.

Und ich konnte jetzt auch nachvollziehen, warum die Taliban den von Dürre heimgesuchten, sonnenverbrannten und bitterarmen Wüstendörfern im Südosten Afghanistans entstammten. Diese Welt entsprach ihnen und ihrem puritanischen, reaktionären, von Furcht und Schrecken erfüllten Denken. Das grelle Mittagslicht auf den Straßen; der scharfe Kontrast zwischen dem blendenden Sonnenlicht und den Schatten auf den Schwellen der Häuser mit ihren fensterlosen Mauern; die Dörfer, förmlich in sich zurückgezogen mit dem Brunnen in der Mitte, den hohen Wällen um die einzelnen Häuser, die gemeinsam einen lückenlosen Schutz gegen die Außenwelt bildeten – all das spiegelte die Weltanschauung der Taliban und war deren fester Bestandteil. Die Taliban lebten in einer Welt, in der die Unterschiede zwischen Individuen, Gemeinschaften und Menschen tief und unüberbrückbar waren, und sie blieben felsenfest davon überzeugt, dass dies richtig war und gut. Dieses Beharren auf Unterschieden, dieses Vertrauen in feste Abgrenzungen war es, das ihnen Schutz gab. Sie waren überzeugt, dass sie Recht und alle anderen Unrecht hatten; dass sie als Einzige die Wahrheit erkannt hatten, dass es keine andere Wahrheit gab, dass keine andere Wahrheit Geltung beanspruchen konnte und dass sie die religiöse, moralische und gesellschaftliche Pflicht hatten, diese Wahrheit anderen aufzuzwingen. Kandahar selbst, einst eine kosmopolitische Handelsstadt, war jetzt ein abweisender, unfruchtbarer und freudloser Ort, eine ummauerte Festung gegen alle »Bedrohungen« von außen, ein Wüstenfort im Krieg gegen die Gefahren der Moderne und des Fortschritts. Kandahar, so kam es mir vor, war nicht nur ein geographischer Ort, sondern auch eine Geisteshaltung.

3 Afghanischer Herbst

An einem herrlichen Vormittag im Herbst, vier Monate nach der Bombardierung der amerikanischen Botschaften in Ostafrika, machten Ekram und ich uns auf die Suche nach Osama bin Laden. Wir waren natürlich nicht die Einzigen. Eine Menge Leute, die meisten mit sehr viel besseren Mitteln und Möglichkeiten ausgestattet als wir, interessierten sich gleichfalls für ihn.

Mohammed Ekram Shinwari war Anfang 40, einssechzig groß, mit einem runden Bauch, verschmitzten Augen und einem kleinen Bart. Er war Paschtune aus dem Osten Afghanistans, jedoch in Kabul aufgewachsen. Wenn er lachte, was häufig vorkam, lachte sein ganzer Oberkörper förmlich mit. Er sprach Paschtu und Dari (die aus dem Persischen abgeleitete Sprache der afghanisch-tadschikischen Minderheit) und, da er 15 Jahre lang als Flüchtling in Pakistan gelebt hatte, auch fließend Urdu. Sein Englisch war recht eigenwillig. Als ich Ekram kennen lernte, wohnte er mit seiner Frau und seinen drei Söhnen, seinem Bruder und dessen Familie in einem großen Haus im afghanischen Viertel von Peschawar. Ekram war nach Pakistan geflohen, nachdem er im Vorfeld der sowjetischen Invasion wegen freimütiger journalistischer Äußerungen als Student im Gefängnis gesessen hatte. In den nachfolgenden zehn Jahren berichtete er über den Krieg gegen die Streitkräfte Moskaus, begleitete oft die Mudschaheddin bei ihren Angriffen und Operationen. Deshalb kannte er alles und jeden, kannte die Abstammung der zahl losen Befehlshaber und wusste alles über die verschiedenen Allianzen, Bündnisse und Schlachten. Obwohl er mir solche grundlegenden Fakten immer und immer wieder darlegen musste, begegnete er mir nie von oben herab oder verlor die Geduld. Er kannte und liebte auch, das war entscheidend, gute journalistische Geschichten und hatte eine tiefe Achtung vor der Wahrheit. Ekram war zwar kein frommer Muslim, aber er erfüllte seine religiösen Pflichten. Während des Ramadan hielt er strenges Fasten und betete fünfmal am Tag, gleichgültig, wo wir uns aufhielten und was wir taten. Sein Glaube war ihm enorm wichtig, ebenso seine paschtunische Identität, aber beides drängte sich nie in den Vordergrund. Ich hörte ihn niemals etwas Abschätziges über eine andere Religion sagen, und er war gegenüber den Pakistani genauso kritisch wie gegenüber den Amerikanern. Seine Ansichten basierten nicht auf Vorurteilen, sondern auf gerechter Empörung über die pragmatische und ignorante Politik beider Länder gegenüber seiner Heimat. Er war gastfreundlich, liebenswürdig und – wie ich selbst – der Ansicht, dass man mit leerem Magen nie eine Reportage machen sollte. Ich mochte ihn sehr.

Die nackten Fakten über bin Laden waren allgemein bekannt; nach den Botschaftsattentaten im August 1998 war ausführlich über ihn berichtet worden. Der Sohn eines streng gläubigen Bauunternehmers aus dem Jemen wurde 1957 in Saudi-Arabien geboren. Anfang der achtziger Jahre reiste er nach Pakistan, um die Afghanen in ihrem Kampf gegen die Sowjets zu unterstützen, und nutzte seine Beziehungen im Golf, um große Summen Bargeld zu organisieren, das er an verschiedene Gruppen weiterleitete. Gegen Ende des Krieges beschloss er, eine eigene Organisation zu gründen, um die kleinen Gruppen zerstrittener ausländischer Militanter, die auf Seiten der Afghanen standen, zu einen und den Kampf über Afghanistan hinauszutragen. Diese seine Gruppe sollte als »al-Qaida«, arabisch »Basis« oder »Vorhut«, agieren und zukünftige Operationen und Strategien der Expansion vorbereiten. Dann kehrte bin Laden nach Saudi-Arabien zurück, wo er bis zu Saddam Husseins Überfall auf Kuwait im Jahr 1990 nicht in Erscheinung trat. Als treuer Untertan erbot er sich, eine Armee arabischer Militanter auf die Beine zu stellen, um Saudi-Arabien gegen den irakischen Diktator zu verteidigen. Sein Vorschlag wurde, wenig überraschend, abgelehnt, und bald darauf verließ bin Laden seine Heimat und ging in den Sudan, wo er in den folgenden fünf Jahren alles Mögliche ausprobierte: Er finanzierte militante Islamisten auf dem Balkan und in Fernost, züchtete Bäume und baute Autobahnen.

Gemeinsam entzauberten Ekram und ich viele Legenden, die sich um bin Laden rankten. Wir interviewten zahllose ehemalige und gegenwärtige Kämpfer, die wir in den trostlosen, abgelegenen Flüchtlingslagern der so genannten Tribal Agencies aufsuchten oder auch in ihren *qala* trafen, den traditionellen Festungshäusern, nur ein paar Kilometer von Peschawar entfernt. Andere besuchten wir in Luxusvillen in den Außenbezirken der Stadt. Oft kamen die Männer auch zu Ekram nach Hause, und dann saßen wir auf Kissen und Teppichen am Boden seines großen Empfangszimmers und redeten, vor uns riesige Schüsseln mit dampfendem *pulau*-Reis, gekocht mit Hammelfleisch, Rosinen und geraspelten Karotten; einheimische Spezialitäten wie gefüllte Teigtaschen, *manto* und *ashak* genannt, und Kebabs – Gerichte, die man zu Fladenbrot mit den Fingern aß. Als Nachtisch gab es Trauben, Melonen oder Granatäpfel und süßen Tee in winzigen Gläschen.

Solche Mahlzeiten waren damals in Afghanistan – und nicht nur dort – eine Seltenheit, und sie waren einer der Gründe, weshalb die Männer kamen, um mit uns zu sprechen. Das Essen bereitete Ekrams Ehefrau, die sich stets im Hintergrund hielt; serviert wurde es von seinen Söhnen, deren ältester nach beendeter Mahlzeit mit einem wunderschön ziselierten, schlanken Silberkrug mit heißem Wasser, dazu einer Schale samt Handtuch herumging, damit sich die Gäste seines Vaters die Hände waschen konnten.

Ekram und mich interessierten zunächst die Anfänge von bin Ladens Laufbahn, seine Zeit in Pakistan und Afghanistan während des Krieges gegen die Sowjets. Wir erfuhren, dass der Beitrag, den bin Laden und die »Araber« zum Krieg in Afghanistan geleistet hatten, verschwindend gering war – im Gegensatz zu seinem Image als Führer einer großen Armee ausländischer Kombattanten. Die meisten, so schien es, hatten überhaupt nicht gekämpft; auch bin Laden selbst hatte keineswegs an vorderster Front gestanden, obwohl er gegen Ende des Krieges an mehreren Schlachten teilnahm. Wir erfuhren auch, dass im Gegensatz zu dem, was immer wieder behauptet wurde, kein Araber Hilfe aus Pakistan oder Amerika erhalten hatte, dass sich vielmehr alle mit privaten und öffentlichen Geldern aus dem Mittleren Osten finanziert hatten und dass nach dem Ende des Krieges gegen die Sowjets viele verschiedene militante Gruppen weiterhin in der Region operierten. Alle waren bestrebt, ihre Version des militanten Radikalismus in die ganze Welt zu exportieren. Sie alle hatten Ausbildungslager, in denen militante Kämpfer aus allen möglichen Ländern – von Marokko bis zu den Philippinen – terroristische Techniken und Taktiken erlernten. Keine einzige Gruppe hatte mit bin Laden irgendetwas zu tun. Schließlich wurde uns auch klar, dass das eigentliche, das geistige Machtzentrum von bin Ladens Kreis bei Ayman al-Zawahiri lag, einem ägyptischen Kinderarzt, der schon sehr früh militant wurde und in seiner Heimat ins Gefängnis kam und gefoltert wurde, bevor er Anfang der achtziger Jahre nach Pakistan ging, um den Krieg gegen die Sowjets zu unterstützen. Al-Zawahiri kannte die Entbehrungen des militanten Aktivismus aus erster Hand, er war ein einflussreicher Denker und machte sich bin Ladens Geld und unbestreitbares Charisma auf verschiedene Weise zunutze, um seine persönlichen Ambitionen und den ägyptischen Islamischen Dschihad, seine eigene Gruppe, voranzubringen. Al-Zawahiri wurde zwar oft nur als bin Ladens Stellvertreter eingestuft, aber uns war schon bald klar, dass er eine weitaus bedeutendere Rolle spielte.

Dann wandten wir unsere Aufmerksamkeit den Ereignissen nach bin Ladens Rückkehr nach Afghanistan 1996 zu. Wieder fanden wir heraus, dass die gängige Version von bin Ladens Laufbahn die Wahrheit auf unmerkliche, jedoch entscheidende Weise entstellte. Bin Ladens Beziehung zu den Taliban war sehr viel komplizierter, als wir gedacht hatten. So war bin Laden 1996 aus dem Sudan ausgewiesen und eingeladen worden, nach Afghanistan zurückzukehren. Allerdings nicht, wie oft behauptet wurde, von den Taliban, sondern von drei Warlords. Als seine Beschützer von den Taliban besiegt worden waren, gelang es bin Laden mit Geld und Charisma, die neuen Herren des Landes wenigstens teilweise zu überzeugen, dass sein Verbleib ein Vorteil und keine Belastung sei. Doch die Taliban, so erfuhren wir jetzt, blieben auf der Hut. Sie waren Afghanen, bin Laden war Araber und Ausländer. Sie wollten ihr Land von moralischem Verfall säubern, er beabsichtigte einen Feldzug zur Reform der gesamten islamischen Welt. Diese Spannung war ein paar Monate vorher deutlich zum Ausdruck gekommen, als im September 1998 der Taliban-Führer Mullah Omar deutlich gemacht hatte, dass er die Bombardierung der amerikanischen Botschaften in Ostafrika, von der er nicht unterrichtet gewesen war, als einen Missbrauch seiner Autorität betrachtete. Besorgt über die internationale Ächtung angesichts der Tatsache, dass sie bin Laden Unterschlupf gewährten, kamen die Taliban zu dem Entschluss, es sei am besten, wenn der Saudi »verschwände«. Sie hätten, so behaupteten sie wenig glaubhaft, keine Ahnung, wohin bin Laden gegangen sei. Deshalb machten Ekram und ich uns auf die Suche nach ihm. Unser erstes Ziel war die Stadt Jalalabad im Osten Afghanistans, nur eine Tagesreise von Peschawar entfernt, jenseits des Khyber-Passes.

Von Peschawar aus ist der Khyber-Pass nicht zu sehen. Am westlichen Rand der reichen und fruchtbaren Ebene im Umkreis der Stadt erhebt sich eine lange, nackte Bergwand, braunrot wie rostiges Eisenblech. Der Pass selbst liegt dahinter, beiderseits geschützt von ineinander geschobenen Felshängen, tief eingeschnittenen trockenen Flussbetten und den Gräben, Bunkern und Burgen, die von Jahrhunderten der Kriege und Schlachten zeugen. Dutzende Heere, darunter die Truppen Alexanders des Großen und der Mongolen, haben sich durch seine steilen Durchgänge gekämpft, und die von den Briten errichteten Forts stehen noch heute neben anderen, die in jüngerer Zeit von der pakistanischen Armee gebaut wurden. Die schmale Straße mit ihren Haarnadelkurven und steilen Schluchten windet sich hinauf bis zum Scheitel des Passes und führt dann, auf der anderen Seite, in langen Bögen hinunter in flacheres Gelände, vorbei an einem Wäldchen mit schlanken Eschen, wo Kamele mit zusammengebundenen Vorderbeinen das spärliche Gras fraßen, schließlich durch ein ausgetrocknetes Flussbett ins Dorf Torkham und dann weiter zur afghanischen Grenze.

Ich hatte den Khyber-Pass mehrmals überquert und es jedes Mal genossen. Da der Pass auf Stammesgebiet gelegen und damit der staatlichen Kontrolle Islamabads entzogen war, bestanden die Behörden darauf, dass man mit Bewachung reiste, gewöhnlich in Begleitung eines Milizionärs des Frontier Corps, den man frühmorgens aus einem baufälligen, weiß gestrichenen Gebäude im Zentrum von Peschawar, Verwaltungsbungalow und Kaserne in einem, abholen musste. Man passierte die ausgedehnten Flüchtlingslager im Westen der Stadt und dann die Ebenen, bevor es bergauf ging. An der Grenze, die man nach einstündiger Fahrt erreichte, herrschte stets das völlige Chaos. Pakistanische paramilitärische Polizisten versuchten mit Hilfe gespannter Seile, dem Menschengewimmel eine gewisse Ordnung aufzuzwingen. Überladene, bunt geschmückte Busse und Lkws bahnten sich, zu einem pausenlosen Hupkonzert, ihren Weg durch die Menge. Alte Männer wankten unter gewaltigen, prall gefüllten Jutesäcken, Kinder zogen riesige Eisenschrottteile oder Ähnliches an Stricken hinter sich her, und Frauen in Burkas schleppten Körbe mit Gemüse. Neben den Kebabbuden, hinter denen jeweils ein halbes Dutzend enthäutete Schafe hingen, hatten die Geldwechsler ihre Stände, Bündel einheimischer Währung in backsteingroßen Stapeln vor sich auf alten Munitionskisten.

Auf der afghanischen Seite ging es viel gemächlicher zu. Ein paar Taliban-Soldaten saßen unter einem Baum, ein alter Mann in einer kleinen Hütte, auf deren Dach die weiße Flagge der Taliban an einer Fahnenstange hing, trank Tee und stempelte Visa. Auf einer staubigen Fläche, dem Parkplatz für die Lkws, standen kreuz und quer alte und neue Autos samt Fahrer, die man mieten konnte. Ekram verhandelte mit einem, der uns ins 130 Kilometer entfernt liegende Jalalabad bringen sollte.

Ekram war glücklich, wieder in Afghanistan zu sein. Er scherzte und lachte, während wir in einem klapprigen Toyota Corolla losfuhren, und sang zu einer Kassette mit indischer Filmmusik, die der Fahrer eingelegt hatte, als wir die Grenze hinter uns ließen. Eine Musikkassette, die ich in meiner Tasche eingeschmuggelt hatte, gefiel ihnen beiden. Jedes Mal wenn wir uns einer Straßensperre der Taliban näherten, schaltete der Fahrer Bootsy Collins aus und ließ die Kassette unter seinen Sitz gleiten. Die Checkpoints waren mit dem Bandsalat beschlagnahmter Musikkassetten geschmückt, doch Ekram versicherte mir, wenn man meine Kassette finden würde, hätte das vermutlich keine schwerwiegenden Konsequenzen. Man würde lediglich ihn tüchtig anschreien, den Fahrer über Nacht in eine Zelle sperren und mich verwarnen. Ich glaubte ihm gern. Wir fuhren hinunter in ein breites Tal aus Kies und Felsbrocken, aber auch über Felder mit feinerem Sand und knorrigen, verkrüppelten Bäumen, und erreichten schon bald eine gute, befestigte Straße durch eine sonnenverbrannte steinige Ebene, vorbei an einem zerstörten Dorf auf der einen und dem Flüchtlingslager für die Dorfbewohner auf der anderen Seite. Dann ging es kilometerlang durch saftig grüne Orangenhaine, an deren Bäumen schwer die Früchte hingen. Dahinter lag die Stadt Jalalabad, eingebettet in die Biegung eines breiten, braunen Flusses, in einer Ebene mit sandigen, von Höhlen durchzogenen Gebirgskämmen.

Unser Ziel war ein großes Haus am Stadtrand, in dem bin Laden nach seiner Ankunft auf dem Flugplatz von Jalalabad im Mai 1996 Quartier genommen hatte. Schon wenige Wochen später war er zu den Ausläufern des schneebedeckten Spin-Ghar-Gebirges weitergezogen, die Ekram und ich am südlichen Horizont sahen, und von dort aus hatte er im August 1996 die erste einer Serie von Erklärungen abgegeben, in denen er seine Strategie, seine Ziele und Weltanschauung darlegte – eine wirre, unlogische und unausgegorene, aber außerordentlich wirkungsvolle

Mischung aus Elementen fast aller radikalislamischen Strömungen, die sich im vergangenen Jahrtausend entwickelt hatten.

Der eigentliche Extrakt, das Konzentrat von bin Ladens »Süppchen«, bestand aus einfachen Zutaten: die Muslime seien an einem historischen Tiefpunkt angelangt; sie würden von einem aggressiven Westen bedrängt, der das Territorium des Islam beherrschen und demütigen und die muslimische Religion zerstören wolle, entweder direkt durch Gewalt oder indirekt durch verlogene Schmeicheleien, um die Gläubigen vom rechten Weg abzubringen. Bisher, so bin Laden, habe die Umma auf diese Bedrohung nicht angemessen reagiert. Die Muslime seien schwach und uneins. Entschlossenes Handeln sei notwendig, jede Frau und jeder Mann müsse mit aller Kraft eine große Anstrengung, einen Dschihad, unternehmen. Bin Laden stellte insbesondere die Probleme seiner Heimat Saudi-Arabien in den Mittelpunkt, dessen Herrscherfamilie für ihn all das repräsentierte, woran die vermeintlichen – religiösen wie weltlichen – Führer der muslimischen Gemeinschaft krankten.

Freilich war nichts von alledem sonderlich neu. Mehr oder weniger dasselbe war immer dann geäußert worden, wenn die Muslime ihre gesellschaftlichen, kulturellen und religiösen Traditionen bedroht sahen. Bin Laden schöpfte aus verschiedenen Quellen, zwei davon sind perfekte Beispiele für diese Art Reaktion. Einmal der konservative Denker Taimiya, der nach der Plünderung Bagdads – damals das politische und kulturelle Zentrum der islamischen Welt – durch die Mongolen im Jahr 1258 zu einer Rückkehr zu den Grundlagen aufrief, um die Umma gegen die neuen Barbaren zu stärken. Zum anderen die 250 Jahre alte fundamentalistische Tradition des Wahhabismus, der als Antwort auf die Gewalt und Gesetzlosigkeit der Arabischen Halbinsel Mitte des 18. Jahrhunderts entstanden war und ein goldenes Zeitalter des Friedens und der Gerechtigkeit wiederherstellen wollte. Die Tatsache, dass bin Laden nicht auf die lokalen afghanischen Bewegungen Bezug nahm, die im Laufe der Jahre als Antwort auf ähnliche Verhältnisse ähnliche Konzepte entwickelt hatten, zeigte, wie wenig er sich für die Geschichte und Politik des Landes interessierte, in dem er gerade lebte.

Ein Grund dafür war, dass bin Laden nicht nur aus radikalen konservativen Traditionen schöpfte, wie sie auch das Denken, die Sprache und die Strategie der Taliban prägten, sondern auch aus einer zweiten, neueren Strömung des muslimischen Aktivismus.

Bin Laden hatte ein Universitätsstudium absolviert, er hatte in einer Firma seines Vaters gearbeitet, war in einer zwar religiösen, dennoch aber durchaus heutigen Umgebung aufgewachsen und somit ein Mensch der modernen Welt. Als Student in Saudi-Arabien und als Aktivist in Pakistan hatte er viele der avanciertesten radikalislamischen Theoretiker kennen gelernt. Auch wenn nur wenige es deutlich aussprachen, war deren Hauptziel nicht die Ablehnung des Westens, sondern die Übernahme all dessen, was für den Aufbau politischer, materieller und technologischer Stärke notwendig war, damit die islamische Welt mit dem Westen, der in den vergangenen drei Jahrhunderten so viel von dieser Welt erobert hatte, in Konkurrenz treten und ihn besiegen konnte. Sie wollten nicht die Uhr zurückdrehen – sie wussten, dass dies unmöglich war –, sondern eine zeitgenössische Welt schaffen, eine Moderne, die eher ihren Vorstellungen entsprach. So wollten sie beispielsweise nicht die Strukturen des modernen westeuropäischen Nationalstaats zerstören, auch wenn die Vorstellung einer Nation für sie unislamisch war; vielmehr wollten sie sich diese Strukturen aneignen, um eine neue und moderne islamische Gesellschaft aufzubauen. Zu Beginn des 20. Jahrhunderts eine isolierte kleine Gruppe, hatten diese pragmatischen Denker im Laufe der Jahrzehnte an geistiger Kraft und Popularität gewonnen. Die Ideologie, die sie schließlich formulierten, war dem radikalen säkularen Gedankengut der europäischen Linken und Rechten verpflichtet, insbesondere den organisierten Massenbewegungen des Kommunismus und Faschismus; und teilweise deshalb wurden sie oft als »Islamisten« bezeichnet. Im Allgemeinen waren sie jünger als die Konservativen, waren keine Religionsgelehrten und hatten oft moderne technische und naturwissenschaftliche Disziplinen studiert wie etwa Maschinenbau. Ihre Strategie war praktisch ausgerichtet und handlungsorientiert, und von den europäischen Theoretikern der Revolution hatten sie gelernt, wie grundlegend wichtig es war, die als unaufgeklärt geltenden Massen mittels Aktionen und Propaganda zu mobilisieren. Bin Laden war in dieser Denkströmung ebenso verwurzelt wie in der rein reaktionären Tradition Ibn Taimiyas und der Wahhabiten.

Aber bin Laden und al-Zawahiri würzten ihr Süppchen mit weiteren pikanten, sehr modernen Aromen. Sie waren ideologische Allesfresser und verwerteten den arabischen Nationalismus ebenso, wie sie eine wütende pubertäre Verachtung für den oberflächlichen Lebensstil aller anderen hegten, die für ihr eigenes Leben keine Verantwortung übernahmen – eine Verachtung, die nicht zuletzt in der westlichen Tradition der Romantik stand. Hinzu kamen Themen wie die Ausbeutung der Bodenschätze und die Beherrschung der Finanzmärkte durch den Westen, die in den Entwicklungsländern jedem ins Auge sprangen, der die negativen Auswirkungen des globalen Kapitalismus mit Sorge beobachtete. In bin Ladens Äußerungen vermischten sich zudem vielfältige historische Bezüge mit aktuellen Ereignissen beziehungsweise mit Kernelementen der islamischen Geschichte und der Mythologie. So wurden seine Mitstreiter zu *muhadschirun,* den Gefährten, die zusammen mit Mohammed vor der Verfolgung in Mekka flohen; seine Gegner wiederum waren »Kreuzfahrer« und die Welt der Ungläubigen *dschahilija* oder Barbarei – ein Begriff, der im Koran den Zustand von Chaos und Gewalttätigkeit im vorislamischen Arabien bezeichnet. Bin Ladens Flucht vor der Verfolgung in seinem Heimatland wurde zur *hidschra,* der Flucht des Propheten aus Mekka. Hinzu kamen aktuelle Anspielungen auf das, was hassenswert sein sollte und zum Fürchten. Zionisten und Juden, von bin Laden und vielen in der islamischen Welt als Synonyme betrachtet, wurden zum Hauptfeind erklärt. Alle diese historischen Referenzen und sinnfälligen Bilder sollten unter Ausschaltung der Vernunft direkt die Gefühle und das Unbewusste ansprechen – in Anbetracht der oft beschränkten Lese- und Schreibfähigkeit seiner Zuhörerschaft im Nahen und Mittleren Osten ein entscheidender Punkt.

Die eigentliche Bedeutung der verschiedenen Elemente von bin Ladens Botschaft war in vieler Hinsicht irrelevant. Auf eine sehr heutige Weise wirksam waren vielmehr ihre Kombination, ihr direktes Nebeneinander und das, was die Slogans gleichsam als kulturelles Handgepäck mitlieferten. Der »Al-Qaidaismus« als Ideenpaket war mächtig in seiner Wirkung und – ein entscheidender Punkt – leicht verständlich. Mangelnde intellektuelle Tiefe wurde durch breit gefächerten Anspielungsreichtum, dynamische Energie und eine starke Überzeugungskraft ausgeglichen. Doch obwohl bin Laden zuversichtlich war, dass er über eine wirksame Botschaft und eine effektive Strategie verfügte, saß er in den afghanischen Bergen fest. Er hatte zwar eine Botschaft, aber das Problem war, wie er sie unter die Leute bringen sollte. Dies war der Punkt, an dem bin Laden über die Strategie hinausging, bereits vorhandene Elemente des radikalislamischen Denkens miteinander zu verknüpfen. Hier unternahm er etwas grundlegend Neues. Das wurde Ekram und mir bald klar, als wir in Jalalabad alle möglichen Kontaktpersonen aufsuchten.

Wir hielten uns eine Woche in der Stadt auf und stellten den – wie wir hofften – richtigen Leuten vorsichtig die – wie wir hofften – richtigen Fragen; ein heikles Unterfangen, aber wir kamen voran. Wir erfuhren, dass bin Laden kürzlich versucht hatte, eine große Zahl Satellitentelefone und Computer zu kaufen. Ein Kommandeur erzählte uns, »einige von den Arabern« – also Ägypter, Algerier, Palästinenser und Saudis – aus bin Ladens engstem Kreis hätten vor, die alten russischen Kommunikationssysteme, die in der Stadt seit den achtziger Jahren brachlagen, wieder funktionstüchtig zu machen. Im Basar schnappten wir das Gerücht über Fernseher und Kurzwellenradios auf, die in großen Mengen gekauft worden seien. Jemand erzählte uns von hochrangigen Taliban-Vertretern, die in diplomatischer Mission in die Vereinigten Arabischen Emirate (die neben Saudi-Arabien und Pakistan ihre Regierung anerkannt hatten) geflogen seien, um in Dubai für »den Scheich« Medikamente gegen Sodbrennen sowie Satellitenschüsseln einzukaufen. Schnell wurde uns klar, dass bin Laden nicht nur Verdauungsbeschwerden hatte, sondern dass er, daran interessiert, die Medien zu manipulieren, das Potenzial der neuen Kommunikationstechnologie, wie sie sich seit Mitte der neunziger Jahre entwickelte, erkannt hatte. Offenbar hatte er längst begriffen, dass er mit den modernen Möglichkeiten von Rundfunk und Fernsehen große Bevölkerungsgruppen erreichen konnte, ohne langwierige und schwierige soziale und politische Kampagnen an der Basis durchführen zu müssen. Das Stichwort lautete »effiziente Propaganda«. Und das Fernsehen war das perfekte Medium zur Vermittlung seiner volkstümlich-schlichten ideologischen Botschaft auf der Basis des kleinsten gemeinsamen Nenners, verwischte es doch inhaltliche Ungereimtheiten und konnte es doch mühelos verstanden werden, auch von Zuschauern von Marokko bis Malaysia, die kaum lesen und schreiben konnten. Die neuen Satellitenfernsehkanäle, die überall in der arabischen Welt aus dem Boden schossen, würden seine Botschaft überallhin tragen, ganz gleich, wo er selbst sich gerade aufhielt. Darüber hinaus gab es das sich immer mehr ausbreitende, billige und nicht zensierbare Internet; und schon wuchs eine ganze Generation von Muslimen heran, für die das Fernsehen die wichtigste Quelle der Information über ihre eigenen Gesellschaften und die des Westens war.

Eines Abends saß ich draußen auf der Terrasse vor dem heruntergekommenen Spinghar-Hotel, das die Sowjets am Stadtrand von Jalalabad gebaut hatten, und versuchte, das, was ich im vergangenen Jahr gehört und gesehen hatte, mit bin Ladens Strategie, wie sie sich mir darstellte, in Einklang zu bringen. Auf den ersten Blick sah es so aus, als hätte sich bin Ladens Position nach der Bombardierung der beiden amerikanischen Botschaften wenige Monate zuvor wesentlich verschlechtert. Er war jetzt offiziell »verschwunden« und durfte keine öffentlichen Stellungnahmen abgeben. Aber seine tatsächliche, physische Präsenz war längst nicht mehr von Bedeutung. 1996, als noch kaum jemand bin Laden kannte, hätten seine Botschaften wenig Beachtung gefunden. Jetzt, nach den beiden Anschlägen, horchten alle auf, wenn er sich äußerte.

Bin Ladens Propagandastrategie basierte auf öffentlichen, spektakulären Gewaltaktionen. Damit, so hoffte er, würde er den Feind schwächen, sein eigenes Profil schärfen, mehr Rekruten gewinnen und seiner Gruppe noch mehr Gelder zufließen lassen. Doch bin Laden und al-Zawahiri hatten noch etwas erkannt, das von entscheidender Bedeutung war. Sie hatten erkannt, dass spektakuläre Gewaltakte die Massen radikalisierten, die ihrem Ruf zu den Waffen bis dahin nicht gefolgt waren. Entscheidend hierfür war die Erkenntnis, dass öffentliche Gewalt nicht nur die Opfer betrifft, sondern auch die Zuschauer beeinflusst.

Als Ekram von den Taliban über unsere Aktivitäten ausgehorcht wurde, wussten wir, es war an der Zeit, nach Peschawar zurückzukehren. Aber eine Aufgabe blieb uns noch zu erledigen. Wir hatten gehört, dass bin Laden einen von den Kommunisten aufgebauten, kollektiv bewirtschafteten Bauernhof gekauft hätte, der nicht mehr in Betrieb war. Die so genannte Hadda-Farm lag 16 Kilometer südlich der Stadt. Hier, so hieß es, hatte bin Laden mit seiner Familie Quartier bezogen. Wir nahmen ein Taxi, das uns durch den Basar und über eine alte eiserne Balkenbrücke kutschierte, vorbei an einer Gruppe Taliban-Soldaten, die auf einem alten sowjetischen Panzer saßen. Die Fahrt ging durch ein Dorf aus lehmgebauten Häusern, die nur aus einem einzigen Raum bestanden, dann weiter auf einer unbefestigten Straße neben einem Kanal durch regelmäßige, wenngleich verwilderte Felder bis zu einem Kontrollpunkt vor den Toren eines Bauernhofs. Ein paar hundert Meter entfernt blieben wir stehen. Die Männer, die die Farm bewachten, waren Afghanen, keine Araber, und sie meinten, wir könnten uns gern umsehen, würden aber keine Spur von bin Laden finden. Das war keine Lüge. Nichts an den baufälligen Schuppen und veralteten landwirtschaftlichen Maschinen deutete darauf hin, dass sich hier der weltweit meistgesuchte Terrorist aufhalten könnte. Ich empfand so etwas wie Erleichterung. Wir kehrten um. Erst sehr viel später erfuhren wir, wie nah wir ihm tatsächlich gewesen waren.

Das im Sommer und im Herbst 1998 lebhafte Interesse der westlichen Medien an Osama bin Laden ebbte rasch wieder ab. Im Winter bereiste ich Pakistan, machte in Indien ein paar Berichte, las und lernte weiter Urdu und Arabisch. Doch Afghanistan zog mich nach wie vor in seinen Bann, und eigentlich ging es mir nur darum, einen Vorwand zu suchen, um dorthin zurückzukehren.

Ich hatte schon immer Ahmed Schah Massud kennen lernen wollen, den legendären Guerillakommandanten, der mit seiner taktischen Brillanz der erfolgreichste und bekannteste Mudschaheddin-Führer im Kampf gegen die Sowjets gewesen war. Die Gelegenheit dazu ergab sich im Spätfrühling 1999, sechs Monate nachdem Ekram und ich in Jalalabad nach bin Laden gesucht hatten. Zu diesem Zeitpunkt war klar, dass die Taliban ihre Truppen zu einer größeren Offensive gegen Massuds Stützpunkt im Pandschir-Tal, 110 Kilometer nördlich von Kabul, zusammenzogen. Ich rief beim *Observer* an und konnte die Zeitung überreden, die Kosten für die Reise zu übernehmen. Von Islamabad aus flog ich in die usbekische Hauptstadt Taschkent und fuhr dann über Samarkand zur tadschikischen Grenze. Von da aus wollte ich in die tadschikische Hauptstadt Duschanbe und schließlich per Hubschrauber zu Massuds Stützpunkt.

Vor meiner Abreise aus Usbekistan hatte ich Erkundungen über die Sicherheitslage in Tadschikistan eingeholt. Der brutale Bürgerkrieg, der den zentralasiatischen Staat nach dem Zusammenbruch der Sowjetunion in Trümmer gelegt hatte, war zwar mehr oder weniger zu Ende, aber Banditen, abtrünnige Soldaten, Warlords und islamische Militante beherrschten immer noch weite Teile des Landes. Ich wusste, dass die politische Lage instabil war – mit wechselnden Allianzen und Waffenstillstandsabkommen zwischen den verschiedenen Gruppen und der Regierung. Deshalb hatte ich darauf geachtet, dass die Route, die ich zu nehmen beabsichtigte, durch regierungsfreundliches Territorium verlief. Leider zeigte sich, dass die Lage noch sehr viel instabiler war, als ich gedacht hatte. Ich blieb eine Nacht länger als geplant in Taschkent, wo ich mich mit ein paar Waffenhändlern in einem Nachtclub schwer betrank, und vertrödelte dann einen weiteren Tag in Samarkand, um mir die spektakuläre islamische Architektur anzusehen – ein Fehler, wie sich bald herausstellte, denn innerhalb dieser 48 Stunden beschlossen mehrere wichtige Milizposten auf der Straße nach Duschanbe, auf eigene Faust aktiv zu werden.

Anfangs ging alles recht glatt. Im Unterschied zu den habgierigen und aggressiven usbekischen Grenzpolizisten waren die tadschikischen Zoll- und Grenzbeamten trotz ihrer Bandanas, ihrer engen T-Shirts und muskulösen Oberkörper erfrischend freundlich und verlangten als »extra Visumsgebühr« nicht mehr als fünf Dollar in bar, wenn man in ihr Land einreisen wollte. Hinter der Grenze mietete ich mir ein Taxi, einen klapprigen Lada, kaufte etwas Salami und vier runde Sauerteigbrote, kaltes Bier und eine große Tüte leuchtend roter Kirschen. Nach einer Stunde hatten wir die Ausläufer des Pamir-Gebirges erreicht, und es ging bergauf.

Das erste unheilvolle Zeichen war eine improvisierte Straßenblockade mit einem alten Drehtor in einem kleinen schattigen Dorf, wo ein paar Männer in schmutzigen Feldanzügen und mit Gewehren in der Hand unser Auto anhielten. Ihr Kommandeur öffnete die Beifahrertür und winkte mir mit dem Lauf seiner Kalaschnikow auszusteigen. Er nahm mir meinen Pass ab, und um ihn wiederzubekommen, musste ich am schattigen Straßenrand einen tadschikischen Rubelschein nach dem anderen auf einen alten Schultisch hinblättern – zwischen Teetassen und hartem Brot. Jedes Mal wenn ich kurz innehielt, um die Summe zu überfliegen, richteten seine Männer ihre Gewehre auf mich. Als wir bei 800 tadschikischen Rubeln angelangt waren, war mir klar, dass dieses Spiel noch lange so weitergehen konnte, und ich hielt dem Kommandeur einen Stift hin mit der Aufforderung, mir seinen Preis aufzuschreiben. Ein Analphabet, aber zu stolz, es zuzugeben, nannte er 1000 R, das sind rund 70 Pence. Ich hatte mehrere tausend Dollar Bargeld in meinen Schuhen, und so erschien mir dieser Preis durchaus akzeptabel. Ein paar Kilometer weiter wiederholte sich dieselbe Szene. Diesmal wechselte ein klein bisschen mehr Geld den Besitzer, die Szene war ein klein bisschen hässlicher und die Drohungen ein klein bisschen schärfer. Man schob mich an den Straßenrand und ließ mich in die Tiefe blicken – da war eine steil abstürzende Felsklippe mit einem reißenden Bergfluss weit unten.

Wir fuhren weiter bergauf, und bald kamen wir an einen dritten Kontrollposten hinter einem kleinen armseligen Dorf direkt unterhalb des 3300 Meter hohen Passes, der über den letzten Gebirgszug und hinunter nach Duschanbe führte. Erneut wurde ich von Milizionären angehalten, mit denselben höhnischen Gesten eingeschüchtert, mit demselben Aneinanderreiben von Daumen und Zeigefinger aufgefordert zu zahlen, während man den Lauf einer Kalaschnikow durchs Autofenster schob. Diesmal stieg ich erst gar nicht aus, ich beschränkte mich auf ein verwirrtes Grinsen und den geduldig wiederholten, halb gelogenen Satz: »Ich bin nur ein Journalist, der in eurer Hauptstadt einen Termin bei eurem Präsidenten hat. Meine Dokumente sind in Ordnung. Hier ist mein Visum, seht ihr. *Charascho. Khub.*« Das ging eine ganze Weile so. Dann streckte der größte und hässlichste Milizsoldat ganz gemächlich den Arm aus, griff in die Tüte mit Kirschen auf meinem Schoß, aß eine davon, spuckte den Kern ins Auto und winkte uns durch.

Durch das verdreckte Rückfenster konnte ich sehen, dass die Soldaten wie verrückt miteinander diskutierten, während wir den unbefestigten Weg Richtung Pass hinauftuckerten. Binnen 30 Sekunden hatte sich ein halbes Dutzend von ihnen in eine riesige alte Volga-Limousine gezwängt, die uns nachsetzte. Der Kirschenesser, der sich diese einmalige Gelegenheit, Beute zu machen, hatte entgehen lassen, blieb am Kontrollposten allein zurück. Was folgte, war eine absurde Verfolgungsjagd bei 25 Stundenkilometern in zwanzig Jahre alten Autos auf einer Gebirgsstraße, nicht viel besser als ein breiter Ziegenpfad. Es war der Horror. Schon nach knapp einem Kilometer war klar, dass das Auto mit den Soldaten, obwohl deutlich schwerer beladen, uns einholen würde, wenn es auch dauerte. Ich machte meinem Chauffeur das international übliche Fahr-schneller-Zeichen, der daraufhin das international übliche Zeichen für »Ich fahre doch schon so schnell ich kann« zurückgab. Je steiler es hinaufging, desto langsamer wurden wir, unser Lada zitterte vor Anstrengung, und obwohl jetzt auch das Verfolgerauto langsamer fuhr, holte es weiter auf. Aus den Fenstern ragten die Waffen der Soldaten, während sie mit den Fäusten drohten und irgendetwas brüllten. Wir krochen weiter die Serpentinen hinauf. Der höchste Punkt des Passes schien in unendlich weite Ferne gerückt. Bald bewegten sich beide Fahrzeuge nicht schneller als ein halbwegs erschöpfter Jogger. Wir nahmen eine weitere Haarnadelkurve. Sie waren immer noch hinter uns, holten weiter auf, jetzt trennten uns nur noch 40 Meter. Wir quälten uns durch eine weitere Haarnadelkurve, der Volga nur 30 Meter hinter uns. Eine weitere Kurve: 20 Meter. Dann kam die vorletzte Kurve vor der Passhöhe. Beide Autos fuhren jetzt nur noch im Schritttempo, mit keuchendem Motor samt vielen Fehlzündungen. Fieberhaft überlegte ich, wie viel Zeit mir noch bliebe, welche Möglichkeiten ich hatte. Rausspringen und wegrennen? Aber wohin? Ob oben auf dem Pass jemand war? Ob ich da die Polizei anrufen konnte? Aber die Polizei, das waren ja sie. Und dann merkte ich, dass sie hinter uns nicht um die Kurve gebogen waren. Dreißig Sekunden vergingen, eine Minute, und noch immer waren sie nirgends zu sehen. Dann nahmen wir die letzte Kurve und entdeckten sie zwei Kurven weiter unten, Steine als Keile unter den Autoreifen, die Motorhaube hochgeklappt und die Gewehre geschultert. Ich sah den Fahrer an. Er sah mich an. Wir machten beide eine Geste, die besagte: »Gott sein Dank« beziehungsweise »Allah sei Dank«. Zwei Stunden später waren wir in Duschanbe. Eine Woche später saß ich im Hubschrauber nach Afghanistan.

Als ich Anfang Juni ins Pandschir-Tal kam, hielt sich Massud bereits seit mehreren Wochen dort auf. Er wusste, dass die Zeit der Vorbereitungen bald zu Ende war und die Gefechte begannen. Es waren hektische Tage voll hastig einberufener Zusammenkünfte mit seinen Unterführern, von denen jeder einen loyalen Trupp Soldaten hinter sich hatte. Zusammengenommen bildeten sie eine Streitmacht von 10 000 Mann. Ich brauchte zwei Tage, um den Kommandanten, wie Massud allgemein genannt wurde, im Haus seines Schwiegervaters in dem kleinen Dorf Bazarak ausfindig zu machen. Massud, damals 48 Jahre alt, empfing mich in seiner Bibliothek am Schreibtisch sitzend, auf dem ein Radiogerät, ein Stift und ein Notizblock für seine Befehle lagen. Er lächelte nicht und wirkte beunruhigt, das dichte schwarze Kopf- und Barthaar von grauen Strähnen durchzogen. Vor den Fenstern lag ein Fluss, ein Stück Wiese, ein paar schlanke Pappeln mit gelben Blättern und eine felsige Hügelflanke, überwölbt von einem blauen, mit feinen weißen Wolken durchzogenen Himmel. In den Regalen viele hundert Bände in Arabisch, Persisch, Urdu, Paschtu und mehreren westlichen Sprachen.

Viel religiöses Schrifttum, zahlreiche Koranauslegungen, Kommentare zum islamischen Recht und zu islamischer Rechtspraxis, die Werke der bedeutendsten muslimischen Denker; aber auch nichtreligiöse Werke, darunter Mao Zedongs Theorien zur Führung eines Guerillakriegs, ökonomische Analysen, eine Geschichte des Marxismus. Massud sagte, er sei zuversichtlich, dass seine Truppen die Taliban zurückschlagen würden; die Offensive werde zwar »kaum mit Schwierigkeiten verbunden sein«, aber er sei dennoch zu Friedensgesprächen bereit. »Wir wollen das Land nicht regieren. Wir wollen lediglich eine parlamentarische Regierung für alle Afghanen«, sagte er. »Ich freue mich auf die Zeit, wenn ich einmal nicht mehr kämpfen muss.« Was er sagte, klang ehrlich.

Gegen Mittag war das Interview beendet. Viel hatte ich zwar nicht herausbekommen, aber ich ärgerte mich nicht. Das Interessante war, dass Massud von westlichen Journalisten zu einem Mythos stilisiert worden war, vor allem in Frankreich, nämlich zu einer Art säkularem afghanischen Liberaldemokraten. Ich hatte ihn persönlich kennen lernen wollen, mehr nicht. Entgegen dem Bild, das der Westen von ihm zeichnete, war Massud ein tief gläubiger Mensch. Er war in mehrfacher Hinsicht ein klassischer politischer Islamist, der – wie die Bücher in seinen Regalen bewiesen – aus dem Westen übernahm, was er brauchte, und es den lokalen Zwecken nutzbar machte. 25 Jahre zuvor hatte er sich an die Spitze eines Aufstands gestellt, um in Kabul die Macht zu übernehmen und den Staat zu islamisieren. Die Religion spielte auch im Leben seiner Soldaten eine große Rolle. Sie hatten keine Universitätsausbildung wie ihr Kommandant und waren nicht mit den internationalen politisch-muslimischen Denkströmungen vertraut; sie praktizierten, wie fast alle Afghanen, die traditionelle, volkstümlich-gemäßigte und tolerante, sufisch geprägte Richtung des Islam mit seinen Schreinen, Heiligen und Amuletten. Wie bei den kurdischen Peschmerga war auch ihr Glaube auf unauffällige Weise stets präsent und Teil ihrer Kultur.

Ich verabschiedete mich und ging zu Fuß ins Dorf Bazarak, um irgendwo etwas zu essen. Es war Freitag, die Straßen menschenleer. Eine kleine Schar von Gläubigen hatte sich zum Freitagsgebet in der Moschee versammelt. Der Mullah erzählte mir, in Bazarak hätten einst 400 Familien, rund 3000 Menschen, gelebt. 500 von ihnen seien im Krieg gegen die Sowjets ums Leben gekommen, 500 weitere in den Kämpfen Anfang der neunziger Jahre. Weitere 1000 waren geflohen, die meisten nach

Pakistan. Vor einigen Tagen sei das Dorf von einem der wenigen Jets bombardiert worden, die die Taliban in die Luft schicken konnten. Es habe an den Frontlinien 50 Kilometer weit entfernt Kämpfe gegeben, sagte der Mullah. Ich mietete mir einen klapprigen Wagen russischen Fabrikats und machte mich mit einem jungen Soldaten als Führer, der Urdu sprach, in Richtung Süden auf.

Am frühen Abend gelangte ich auf die nördliche Seite jener Front, die ich von Kabul aus so oft aufgesucht hatte. Ich überlegte, ob die Hazaras noch immer in ihren Bunkern waren. Das war eher unwahrscheinlich. In dem Dorf Ishkashim auf halber Höhe einer bewaldeten Bergflanke am Rand der Ebenen begegnete ich in den Ruinen eines verfallenen königlichen Sommerpalastes drei jugendlichen Soldaten. Sie saßen auf einem alten Panzer sowjetischer Bauart, aßen frisch gepflückte Maulbeeren, tranken Joghurt und lauschten auf das dumpfe Grollen der Artillerie an der Front nur wenige Kilometer weiter südlich. Ihr Kommandeur hatte sie aus ihren Bunkern und Gräben geholt, um sie vor den Bomben in Sicherheit zu bringen, mit denen die Taliban sie mürbe machen wollten. Jetzt saßen sie zusammen mit 20 Kameraden da und warteten, die Waffen auf den Marmorterrassen, zwischen den zerstörten Kolonnaden verstreut. Die Sonne stand niedrig; ihre warmen Strahlen drangen durch die Baum- und Heckenreihen und tauchten die Ebene unterhalb der Villa in ein honigfarbenes Licht, das die Zerstörungen aus jahrzehntelangen Kriegen, durch Entvölkerung und Krankheit vergessen machte.

Die drei jugendlichen Kämpfer waren 15, 16 und 18 Jahre alt, seit einem Jahr dabei und darauf bedacht, ihre Tapferkeit zur Schau zu stellen. »Ich bin bereit zu kämpfen, und ich bin so stark wie ein Mann«, sagte der Jüngste, Mohammed Gul. Dabei reckte er seine schmale Brust und verschränkte die mageren Arme vor einer Kalaschnikow. »Zuerst müssen wir den Krieg gewinnen, dann kann ich zur Schule gehen.«

Gul wollte mir unbedingt die Fitnessanlage zeigen, die er aufgebaut hatte. Unter den Bäumen eines ehemaligen Ziergartens hatten die Jugendlichen Mörsergranaten unterschiedlicher Größe als Hanteln hingelegt, eine alte Munitionskiste diente ihnen als Trainingsbank. Sie erzählten ihre Geschichten vom Krieg mit derselben bemühten Lässigkeit, mit der ich als Teenager von meinen Saufgelagen erzählt hatte. Guls ganzer Ehrgeiz war es, einen der beiden Granatwerfer bedienen zu dürfen, die seiner 30 Mann starken Gruppe zugeteilt worden waren.

»Letztes Jahr näherten sich uns Taliban an vorderster Front. Sie rückten in Reih und Glied vor«, sagte er. »Wir lagen in unseren Stellungen, sie konnten uns also nicht sehen, und es ging ganz leicht, sie niederzuschießen. Ich weiß nicht, wie viele ich getötet habe, aber es waren eine Menge. Wenn sie diesmal kommen, möchte ich einen Granatwerfer übernehmen, dann kann ich noch mehr töten.«

Massud hielt der Offensive von 1999 stand, und als der Winter kam, war das Terrain zurückerobert, das er in den erbitterten Kämpfen des Sommers verloren hatte. Den Taliban gingen die Kämpfer aus. Viele von Mullah Omars Mitstreitern der ersten Stunde waren ums Leben gekommen; die Stämme, die sie unterstützt hatten, wurden der Sache überdrüssig, und die Medresen in Pakistan waren leer. Die kleine Führungsriege war zunehmend isoliert, mehr und mehr von Osama bin Laden und den radikalen Militanten abhängig. Im Dezember erließen die Vereinten Nationen Sanktionen gegen das Taliban-Regime und beschränkten die Handels- und Wirtschaftsaktivitäten mit Afghanistan. Da es das eine wie das andere ohnehin kaum gab, blieben die Sanktionen mehr oder weniger wirkungslos. Sie verstärkten lediglich das Gefühl der Afghanen, dass man sie ihrem Schicksal überlassen hatte.

Ende 1999 fuhr ich noch einmal nach Kabul. Es war kalt und nass, es gab kaum Strom, und alle, ich eingeschlossen, waren die meiste Zeit damit beschäftigt, sich warm zu halten. Ich habe viele Erinnerungen an diese letzte Reise nach Kabul, bevor sich so vieles änderte. Es sind sehr bildhafte Erinnerungen, wie auf Postkarten oder von Schnappschüssen, aufgenommen mit einer billigen Kamera. Ich sehe ausgemergelte Kinder im Kinderkrankenhaus am Stadtrand, Kinder mit gequälten Gesichtern, unter deren straff gespannter blasser Haut sich pulsierende schieferblaue Venen abzeichnen. Ich erinnere mich an die kleinen Akte des alltäglichen Widerstands, mit denen sich die Bewohner der Stadt aufmunterten: leuchtend rote und glänzende schwarze, weiße und grüne Lackschuhe mit goldener Schleife oder einer Plastikblume – sie blitzten unter den einheitlich blauen Burkas hervor, die die Frauen außerhalb des Hauses tragen mussten. Abends kamen die Männer zusammen und schauten heimlich westliche Videos auf streng verbotenen Rekordern; sie trugen Lederjacken, die von offizieller Seite als »modern« verurteilt wurden, auch wenn sie nicht explizit verboten waren. Im Stadtzentrum, am Ende einer schmalen, knöcheltief mit Matsch bedeckten Seitengasse, florierte ein mehr oder weniger verbotener Vogelmarkt. Alle paar Wochen ließen die Taubenzüchter der Stadt hier ihre Tauben um die Wette fliegen. »Wie kann man bloß hundert Vögeln das Fliegen verbieten?«, fragte mich ein professioneller Züchter schulterzuckend.

Am Ende einer heruntergekommenen Straße unweit des reichlich baufälligen alten Polytechnikums entdeckte ich eine Boxsporthalle, wo 30 junge Männer mit Sparring und Seilspringen beschäftigt waren und leichte und schwerere Sandsäcke bearbeiteten. An einer Wand hing das riesige Poster der Stadt Newcastle-upon-Tyne im Sonnenglanz. Der magere neunzehnjährige Wasiuddin erzählte mir, er wohne mit seiner Familie am nördlichen Rand von Kabul in Richtung der Front, und wenn er nicht boxe, lese er religiöse Bücher und Gedichte. Er hoffe, eines Tages in Übersee zu boxen und aus Kabul wegzukommen. »Ich bin ein bisschen ein Träumer«, gab er zu. Wie ein findiger Schausteller befuhr einen Kilometer entfernt auf dem zentralen Zamangar-Platz ein 25-Jähriger mit seinem Motorrad die Innenwände einer neun Meter hohen Holztrommel, fünfmal am Tag, unter den Augen einer kleinen Zuschauermenge. Er verdiente genug, um Essen für seine Familie und Kraftstoff zu kaufen, und war für viele hundert verwahrloste Siebenjährige so etwas wie ein Held.

Und ich erinnere mich, wie ich in Kabuls einzigem Restaurant saß und von einer weiteren Hinrichtung erfuhr. Eine Frau sollte getötet werden. Im Fußballstadion richtete ein Mullah das Wort an die Zuschauermenge auf den kalten Rängen und erklärte, aufgrund der Schwere des Verbrechens sei die Todesstrafe verhängt worden. Die Frau war in drei Instanzen für schuldig befunden worden, ihren Ehemann mit einem Hammer getötet zu haben. Der Mullah zitierte die entsprechenden Stellen aus dem Koran und den Hadithen (den Sammlungen der Taten und Aussprüche des Propheten Mohammed), den beiden Quellen der islamischen Rechtsprechung. Junge Taliban-Kämpfer mit schwarzem Turban und entspannten Gesichtern stolzierten in kleinen Gruppen an mir vorüber. Viele waren auf Fronturlaub, und einige schleppten Granatwerfer oder schwere Maschinengewehre wie Trophäen mit sich.

Ich beobachtete die Männer um mich herum. Die meisten zeigten wenig Regung, unterhielten sich leise, knackten Pistazien, deren Schalen sie auf den Betonboden unter ihren Plastikschuhen fallen ließen. Sie wirkten nicht wie Taliban oder wie Anhänger der Taliban, sie waren Kabuler aus den armen, wenn auch nicht ärmsten sozialen Schichten: Taxifahrer, Gemüsehändler, Mechaniker. Ganz normale Leute.

Ich erinnere mich genau an die Hinrichtung. Ich höre noch heute den Ratsch, mit dem die Kalaschnikow entriegelt wurde, und weiß bis heute, dass ich dachte, wie still es doch sein müsse, damit ein solches Geräusch in einem Fußballstadion zu hören sei, sogar noch auf meinem Platz in 30 Meter Entfernung. Ich erinnere mich an die leichte Brise, die den gefältelten Saum der blauen Burka der Frau lüftete, und an das Krachen der drei Schüsse mit einer längeren Pause zwischen dem zweiten und dem dritten. Ich erinnere mich an das Geräusch der Schüsse und an den Staub, an die Erde, die vor der Frau vom Boden hochspritzte, und daran, dass ich dachte, der Schütze hätte sein Ziel verfehlt, um dann zu erkennen, dass die Erde von einer Kugel aufgewirbelt wurde, die gerade durch den Kopf der Frau hindurchgegangen war. Und ich weiß noch, wie beim dritten Schuss ein einzelner weißer Splitter durch die Luft flog, ein Teil des Schädels, der genau in dem Augenblick abgetrennt wurde, als die Frau zu Fall kam. Bei der Hinrichtung ein Jahr zuvor erklang der fast triumphierende Ruf *Allahu akbar*, nachdem der Mann getötet worden war. Diesmal wurden diese Worte nur leise gemurmelt. Es wurde nicht viel geredet, als wir das Stadion verließen. Da war bei allen das Gefühl, etwas Schmähliches gesehen zu haben, etwas, das auf unerklärliche Weise uns allen Schaden zugefügt hatte. Und vor allem ein Gefühl der Schuld, als wären wir alle irgendwie verstrickt in das, dessen Zeugen wir geworden waren. Das ließ ein merkwürdiges, irritierendes Zusammengehörigkeitsgefühl entstehen.

Ich habe seither über dieses Gefühl immer wieder nachgedacht, und je mehr ich darüber nachdachte, desto bedeutsamer erschien es mir. Es führte mir vor Augen, in welcher Weise Gewalt insbesondere auf solche Zuschauer wirkt, die auch nur vage das Gefühl haben, das Geschehen, dessen Zeuge sie geworden sind, sei auf irgendeine Weise gerechtfertigt. Bin Laden und al-Zawahiri hatten diese Wirkung erkannt. Wenn man nicht eingreift, um ein Geschehen zu verhindern, wenn man dieses Geschehen nicht aus tiefster Überzeugung verurteilt, fühlt man sich auf der Seite der Henker. Es gab nichts, was ich hätte tun können, um das Leben der Verurteilten zu retten, und trotzdem fühlte ich mich mitschuldig an ihrem Tod. Ich dachte an Saddam Hussein, der, wie man mir in Kurdistan erzählte, seine Handlanger angewiesen hatte, ihre Folter- und Tötungsakte zu filmen, um sie im Bewusstsein der gemeinsamen Schuld an ihn und aneinander zu binden. Ich dachte an die Ehrenmorde in Pakistan und daran, wie durch solche ritualisierte und unverhohlene Gewalt nicht nur die Macht eines Paschtunenstammes demonstriert wurde – die Macht, jene zu bestrafen, die den Vorschriften zuwider handeln –, sondern auch diejenigen aneinander gebunden wurden, die an dem Mord beteiligt waren, ihn beobachtet oder befürwortet hatten. Und ich dachte an Chak 100P und die angebliche Hexe Muradam Mai, die in aller Öffentlichkeit, auf dem Dorfplatz nämlich, lebendig verbrannt wurde, und daran, dass sich die Gemeinschaft oder zumindest deren maßgeblicher Teil hinter die Mörder gestellt hatte. Gewalt ist zweifellos ein wirksames Instrument, um ein Gefühl der Zusammengehörigkeit zu schaffen, um zu mobilisieren und zu radikalisieren. Damit diese Strategie erfolgreich war, reichte es nicht aus, die Gewalt einfach auszuüben; sie musste – wie in der Justiz – auch öffentlich demonstriert werden.

4 Das Haus der Weisheit

Ich verließ Pakistan im Frühjahr 2000, sechs Monate nachdem General Pervez Musharaf durch einen unblutigen, durchaus nicht unpopulären Staatsstreich an die Macht gekommen war. Ich kehrte nach London zurück und wurde Chefreporter beim *Observer.* Das bedeutete das Ende meiner Freiheit als freiberuflicher Journalist, aber auch eine Erweiterung meines Aufgabenbereichs. An Bord eines Kampfhubschraubers der britischen Marine flog ich nach Sierra Leone, ich berichtete über das Schicksal der Roten-Khmer-Killer in Kambodscha, hielt mich, als Tourist getarnt, wochenlang in dem von Chaos und Gewalt heimgesuchten Simbabwe auf, recherchierte in Kolumbien über den Kokainhandel und in Uganda über religiöse Massaker. Es war spannend, abwechslungsreich, in jedem Fall anregend. Überall gab es große Geschichten, aber es waren doch die Geschichten aus der islamischen Welt, die alle Schlagzeilen beherrschten und mich nach wie vor am meisten faszinierten.

Die denkwürdigsten handelten von einem kaum bekannten, heute praktisch beendeten Krieg in Algerien und von den beiden Konstanten der neueren Berichterstattung über die islamische Welt: dem Konflikt in »Israel-Palästina« und dem Irak-Konflikt.

Die Beschäftigung mit diesen drei Themenschwerpunkten führte mich in eine völlig neue Region. Ich berichtete jetzt aus einer Gegend, die allgemein als das Herz der muslimischen Welt gilt. Es gibt viele Gründe, diese Definition abzulehnen, beispielsweise die Tatsache, dass östlich des Arabischen Meeres weitaus mehr Muslime leben als westlich davon. Aber der gängigen Vorstellung zufolge ist der Nahe Osten nun einmal Kernland und Wiege des Islam. Obwohl ich während meines Aufenthalts in Pakistan und Afghanistan über die gestaltenden Kräfte des Islam für sowohl den Einzelnen als auch die nationale Gemeinschaft einiges gelernt hatte, wusste ich doch, dass hier vieles anders sein würde.

Zuallererst natürlich hatte die ethnische Zugehörigkeit einen ganz anderen Stellenwert. In Südwestasien hatte ich gelegentlich beobachtet, wie eine bestimmte Strömung innerhalb des Islam Ausdruck eines spezifisch ethnischen Chauvinismus war, aber im Allgemeinen blieben »Rasse« und Religion voneinander getrennt. In den Ländern des Nahen Ostens und im Maghreb dagegen war die Bevölkerung größtenteils arabischer Herkunft – und damit verschärfte sich das Problem der ethnischen und religiösen Identität, was in gewisser Weise paradox anmutet. War der Islam die Religion der Araber? Standen Araber anderer Glaubensrichtungen einander näher als Muslime unterschiedlicher ethnischer Herkunft? Auf welcher Grundlage sollten persönliche und politische Bündnisse und Unterschiede definiert werden? Alle diese Fragen waren von permanenter Aktualität.

Auch andere wichtige Themen galt es zu untersuchen. Die Völker des Nahen Ostens schienen gegenüber den ehemaligen Kolonialmächten sehr viel mehr Groll und Wut zu hegen als die Völker Südwestasiens. Das führte ich auf zwei eng miteinander verknüpfte Faktoren zurück. Erstens war da die Tatsache, dass außerhalb der arabischen Staaten und trotz der Universalität des Islam vieles, was aus dem Nahen Osten stammte, einschließlich der ersten islamischen Herrscher beispielsweise im südlichen Pakistan und im westlichen Afghanistan, als fremd betrachtet wurde. Zweitens wurde der Kontrast zwischen der Macht und Größe der arabisch-islamischen Reiche des 7.–13. Jahrhunderts in Damaskus und Bagdad auf der einen Seite und der geradezu spielerisch leichten Eroberung des Nahen Ostens durch den technologisch und militärisch massiv überlegenen Westen in der jüngeren Geschichte auf der anderen Seite mit wachsender Entfernung vom arabischen Kernland immer weniger als eine persönliche Demütigung empfunden. Die Interventionen der Kolonialmächte im Nahen Osten waren zudem historisch deutlich jüngeren Datums als in Asien und vielfach noch immer Teil der lebendigen Erinnerung. Und sie waren häufig auch sehr viel brutaler gewesen.

Aber man konnte die Unterschiede auch übertreiben. Klar war ebenfalls, dass es zahlreiche kommerzielle, wirtschaftliche, kulturelle, politische und natürlich religiöse Gemeinsamkeiten gab. Ein Großteil der wichtigen – religiösen wie säkularen – Bewegungen, die Südwestasien und in geringerem Maße auch die muslimischen Gemeinschaften des Fernen Ostens beeinflusst hatten, stammte aus dem Nahen Osten. Auch Strategien der Gewalt wie beispielsweise die Selbstmordattentate und damit ein Großteil des Vokabulars und Gedankenguts des neuen radikalislamischen »dschihadistischen« Diskurses hatten ihren Ursprung im

Nahen Osten. Ich hatte viel zu lernen, ein enormes Pensum an wissenschaftlicher Literatur und ein sehr spezifisches und enorm politisiertes Vokabular zu bewältigen, und so machte ich mich im Frühjahr 2000 nicht ohne Bangen in den Irak auf.

Es gab keine Flugverbindungen, daher fuhr man am besten von Jordanien aus durch die Wüste nach Bagdad. Im Morgengrauen brach ich von der jordanischen Hauptstadt Amman aus auf und erreichte gegen Mittag die Grenze. Das Erste, was ich sah, war eine Monumentalstatue Saddam Husseins. Auf einem sich aufbäumenden Hengst sitzend, schwang der Diktator einen gekrümmten Säbel. In Höhe der Steigbügel schwebten vier Raketen. Hinter der Statue und den Dienstgebäuden waren ein paar Gestalten damit beschäftigt, auf einer leeren Kiesfläche Müllreste aufzulesen. Ansonsten ging der Blick so weit das Auge reichte und ohne die geringste Abwechslung über eine Geröllandschaft. Eine verschwommene Linie von eingedunkeltem Braun über der karamellfarbenen, in den Tönen von angekohltem Holz glimmenden Wüste markierte die syrische Grenze im Nordwesten. Die Statue stand auf einem drei Meter hohen Sockel, auf den mit Kreide der so kurze wie eindeutig mehrdeutige Satz gekritzelt war: »You are welcome to Iraq.« Eine sechsspurige Schnellstraße führte in östlicher Richtung zur Hauptstadt.

Wie Afghanistan war auch der Irak von UN-Sanktionen betroffen und litt seit Jahrzehnten unter Krieg. Daher erwartete ich, in Bagdad ähnliche Bedingungen wie in Kabul vorzufinden. Doch als wir an den Dutzenden von Restaurants und Läden mit Datteln, Schokolade, Erfrischungsgetränken, Seife und anderen Waren am Straßenrand vorbeifuhren, die es in Afghanistan schon seit Jahren nicht mehr zu kaufen gab, wurde mir klar, dass mein Wasserfilter, meine Lebensmittelvorräte und Ersatzbatterien überflüssig waren. Die zahlreichen Sanktionen, die zur Bestrafung von Saddams Überfall auf Kuwait im Jahr 1991 verhängt worden waren, wurden umgangen. In Bagdad wohnte ich im al-Raṣheed-Hotel mit einem beheizten Swimmingpool im Freien, aus dem in den eiskalten Nächten der Dampf aufstieg. In der Lobby drängten sich Geschäftsleute aus dem Nahen und Mittleren Osten in tadellos geschnittenen Anzügen, die mit ihren europäischen und russischen Partnern millionenschwere Geschäfte abschlossen. Das irakische Volk in seiner Mehrheit mochte hungern, einigen ging es offensichtlich prächtig.

Die Berichterstattung über den Irak gestaltete sich sehr viel schwieriger als in Afghanistan. Die Taliban hatten kaum eine Ahnung von den internationalen Medien, und obwohl einige Journalisten melodramatisch das Gegenteil behaupteten: Das Schlimmste, was einem in Afghanistan passieren konnte, wenn man sich nicht an die Regeln hielt, war die Ausweisung. Die Iraker dagegen kontrollierten mit massiven und äußerst effizienten Maßnahmen die Berichterstattung über ihr Land. Journalisten mussten sich im Pressezentrum des Informationsministeriums melden, wo man ihnen einen Übersetzer und Aufpasser zuwies, der sie überallhin begleitete und den Behörden über ihre sämtlichen Aktivitäten Bericht erstattete. Alles, was ein Journalist schrieb, auch wenn es nicht den Irak betraf, wurde kontrolliert und konnte dazu führen, dass man auf eine schwarze Liste kam und kein Visum mehr erhielt. Die Folge war, dass man aus dem Irak nur über zwei Themen schreiben konnte: über die Auswirkungen von zehn Jahren Sanktionen und über die Folgen des zermürbenden Luftkriegs, der gleichzeitig gegen die irakischen Luftabwehrstellungen geführt wurde.

Wie in Pakistan die Unsicherheit, so herrschte im Irak die Angst. Die von den staatlichen Aufpassern übersetzten Interviews waren daher oft eine reine Farce. Die Leute sprachen von ihrer »Liebe« zum Präsidenten, von seiner Güte und Weisheit. Mit Tränen in den Augen beschworen sie ihre Dankbarkeit für alles, was er für sie getan hatte. Es war unmöglich zu ergründen, ob sie Saddams Propaganda derart verinnerlicht hatten, dass sie tatsächlich glaubten, was sie sagten, oder ob sie aus Angst nur leere Phrasen von sich gaben. Der übermächtige staatliche Sicherheitsapparat bedeutete für die Journalisten aber auch eine enorme Verantwortung. Eine falsch wiedergegebene Äußerung, ein im Sinne der Story »zurechtgebogener« Satz, ein falsch buchstabierter Name konnte furchtbare Konsequenzen haben. Der Besitzer eines neu eröffneten, wegen seiner riesigen Türme und Zinnen aus Plastik leicht identifizierbaren Restaurants hatte mir von den »Problemen« erzählt, in die er geraten war, als er Mühe hatte, für Leute aus der steinreichen Clique um Saddam in seinem Lokal freie Tische zu finden. Nachdem mein Artikel erschienen war, erhielt er prompt einschüchternden »Besuch«. Zum Glück nahm er weiter keinen Schaden. Andere hatten weniger Glück. Und obwohl die brutalen Methoden von Saddams Sicherheitsapparat allgemein bekannt waren, war es unmöglich, von den andauernden Menschenrechtsverletzungen im Irak zu berichten, jedenfalls vom Land selbst aus. Folglich war niemand bereit, öffentlich Kritik am Präsidenten zu äußern, der damals seit 21 Jahren an der Macht war. Bezeichnend für das geistige Klima im Irak war der »Gedanke des Tages«, der eines Morgens im *Baghdad Observer* stand: »Behaltet euren Feind im Blick. Seid ihm voraus, aber lasst ihn nicht weit hinter euch zurück.« Das Einzige, was man tun konnte, war, mit seinem Aufpasser gewisse Dinge zu verhandeln, damit man nicht nur das zu sehen bekam, was das Pressezentrum einen sehen lassen wollte. Man musste stets daran denken, dass niemand die ganze Wahrheit sagte, daran, dass man eine ganz bestimmte Version der Dinge aufgeschwatzt bekam, man musste seine Berichte im Wissen schreiben, dass im Irak viele entsetzliche Dinge geschahen, denen man nicht nachgehen konnte, wenn man jemals wieder in das Land einreisen wollte. Zum Glück gab es außerhalb des Irak viele Reporter, die größtenteils wahre Berichte über Saddams empörenden Umgang mit seinem Volk und die verschwenderische Ausgestaltung seiner zahllosen Paläste schrieben. Freilich wurde auch viel geschrieben, was vollkommen falsch war.

Der Streit um die Frage, ob für die Not im Irak nun Saddam oder die Sanktionen verantwortlich waren, erschien mir müßig. Ein Brandstifter hatte sein eigenes Haus angezündet, und die Feuerwehr war gekommen und hatte Öl ins Feuer gegossen. Der Irak war, wohin man blickte, ein zutiefst deprimierendes Land.

In einer unbekannten Stadt gibt es viele Orte, wo ein Reporter gute Geschichten finden kann. Für gewöhnlich sind dies nicht die Ministerien und Botschaften, sondern Krankenhäuser, Polizeiwachen und Schulen. An meinem ersten Morgen in Bagdad hing ein schwerer, dichter Nebel über dem Tigris. Mit einem schwarzen Cadillac Baujahr 1975, der lange vor dem Krieg und vor Beginn der Sanktionen importiert worden war, und in Begleitung Sa'ads, meines gestrengen, aber keineswegs unfreundlichen Aufpassers aus dem Informationsministerium, fuhr ich durch verlassene Straßen und war überrascht von der Größe der Stadt. Die Straßen waren breit und gut beleuchtet, aber nahezu leer. Bagdad mit seinen schmutzigen Regierungsbauten aus Beton im brutalistischen Stil, den verfallenen Mietskasernen und schäbigen Märkten hatte kein bisschen Ähnlichkeit mit der märchenhaften Stadt aus Tausendundeiner Nacht. Ein feiner Regen setzte ein.

Die al-Mutanabi-Grundschule, etwas zurückgesetzt an einer belebten Straße voller Schlaglöcher gelegen, war zwar heruntergekommen, aber in Betrieb. Nach einem Tee in ihrem Büro, wo ein schmaler Heizkörper gegen die feuchte Kälte kaum ankam, führte die 48-jährige Rektorin Sohaila Khudeir Sa'ad und mich durch die eiskalten Korridore. Es gab keine Heizung, zahlreiche Fensterscheiben waren kaputt, die Bücher waren alt und zerfleddert und die Tische ramponiert, aber die Klassenräume waren gefüllt. »Vor den Sanktionen hatten wir jedes Jahr neue Bücher, jetzt bekommen wir nur wenige. Die Eltern müssen die Hälfte der Kosten selbst tragen, und sie haben kein Geld. Unlängst haben wir kistenweise Stifte bekommen, aber die sind von schlechter Qualität«, erzählte Frau Khudeir. »Wir bekommen monatlich rund 4000 Dinar Gehalt, das reicht nicht einmal für ein Paar Schuhe. Was es so schlimm macht, ist, dass mein Gehalt ausreichte, als ich mit dem Unterrichten angefangen habe. Wir konnten gut leben. Aber jetzt … nichts.« Sie zuckte die Schultern.

Die Klassenzimmer sahen aus wie überall auf der Welt, nur die Kinder waren schmutziger und magerer, und in jedem Raum hingen abblätternde Plakate und Bilder des Präsidenten. Frau Khudeir erzählte mir, rund zwei Drittel der irakischen Bevölkerung seien von den Lebensmitteln abhängig, die im Rahmen des Sanktionsprogramms von den Vereinten Nationen verteilt wurden. Seit 1996 war es dem Irak erlaubt, einen Teil seines Erdöls – die zweitgrößten Reserven im gesamten Nahen und Mittleren Osten – auf dem Weltmarkt zu verkaufen, solange die Profite von der UN kontrolliert wurden. Da jedoch die monatlichen Hilfspakete nur Grundnahrungsmittel wie Reis, Salz und Mehl enthielten, musste man Obst und Gemüse zu exorbitanten Preisen auf dem Markt kaufen. Mit der Folge, dass nur wenige Kinder in dieser Schule, die in einem verhältnismäßig armen Stadtviertel lag, in den vergangenen Tagen Fleisch gegessen hatten. Einer äußerst umstrittenen UNICEF-Studie zufolge, die ich mir auf dem Weg zur Schule aus dem UN-Hauptquartier in Bagdad geholt hatte, litt rund ein Drittel der irakischen Kinder unter Mangelernährung – zur großen Zufriedenheit meines Aufpassers.

»Das Niveau der schulischen Bildung sinkt schon seit Jahren«, sagte jetzt Frau Khudeir. »Als ich vor 25 Jahren anfing, als Lehrerin zu arbeiten, gingen alle zur Schule. Die Regierung führte große Alphabetisierungskampagnen auch für Erwachsene durch. Heute haben die Eltern zwei Jobs, und sie interessieren sich nicht für ihre eigene Bildung oder die ihrer Kinder. Man schickt ein Kind zur Schule, sein Bruder muss arbeiten. Oft müssen alle Kinder arbeiten. Etwa die Hälfte unserer Kinder bricht die Schule ab.«

In einem Raum stand gerade Geschichte auf dem Stundenplan. Ich wollte wissen, was man den Kindern über die aktuelle Situation beibrachte.

»Wir sagen ihnen die Wahrheit«, erwiderte Frau Khudeir. »Sie lernen, dass die Vereinigten Staaten unser Hauptfeind sind und dass sie ein Embargo gegen uns verhängt haben, das Folgen für den gesamten Irak hat. Im Geographie- und Geschichtsunterricht sagen wir ihnen, dass der Irak versucht, sein Potenzial zu entwickeln, dass er ein reiches Land ist, ein Ölstaat, aber dass die Zionisten und die Amerikaner jedes Land ins Visier nehmen, das versucht, sich zu entwickeln. Sie wollen nicht, dass ein anderes Land vorwärtskommt. Wir sind überzeugt, dass das amerikanische Volk das irakische Volk liebt; es ist die Regierung, die diese Probleme heraufbeschwört, weil sie von Juden geführt wird.« Unter einem Poster, das einen Bleistift zeigte, eine AK47-Kalaschnikow und darunter den Slogan »Stift und Gewehr haben nur einen Zweck. Selbst ein Schüler kann ein Krieger sein«, blieb sie stehen, drehte sich zu mir um und sagte: »Es ist nicht die Regierung, die mich dies zu sagen zwingt, es ist mein Patriotismus.«

Es hatte mich überrascht, dass Frau Khudeir und ihre Kolleginnen ein Kopftuch trugen. Obwohl schon ein paar Tage in Bagdad jeden überzeugen mussten, dass Säkularismus und Verwestlichung, typisch für den städtischen irakischen Mittelstand der siebziger Jahre, längst der Vergangenheit angehörten, hatte ich nicht erwartet, dass die Religion so augenfällig in Erscheinung treten würde, vor allem nicht bei Lehrerinnen.

»Als junge Lehrerin habe ich nie ein Kopftuch getragen«, sagte mir Frau Khudeir. »Aber jetzt verbringe ich viel Zeit damit, zu beten und das islamische Gesetz zu studieren. Wir sind ein islamisches Land.«

Auf dem Schulhof spielten die Kinder Fangen, aber ohne besonderen Einsatz. Ein paar Jungs hatten sich aus Zweigen Spielzeuggewehre gemacht. Andere spielten mit Glaskugeln auf einem alten Ölfass. Ich sprach einen Elfjährigen namens Bilawal an, der ein Vollmondgesicht hatte. Sein Vater sei Taxifahrer, seine Mutter Putzfrau, erzählte er mir. Ein älterer Bruder arbeite, ein anderer gehe »ab und zu« zur Schule, und seine Schwestern »halfen im Haus«. Ja, sagte er, die Familie esse viel Brot und Reis und trinke viel Tee. Nein, westliches Fernsehen, Zeitschriften oder Ähnliches habe er nie gesehen. Wenn er ein paar Dinar habe, gehe er in den Laden auf dem Markt und spiele Billard oder eines der vielen Computerspiele, die sie dort hatten. Jawohl, er gehe jeden Freitag und manchmal auch unter der Woche mit seinem Vater zum Gebet in die Moschee. »Wenn der Dschihad erklärt wird, um al-Quds [Jerusalem] und ganz Palästina zu befreien, bin ich dabei. Saddam ist gut, und wenn alle Araber so wären wie er, wäre Palästina längst befreit«, meinte er. Ich verstand sein Arabisch gut genug, um sagen zu können, dass Sa'ad korrekt übersetzte. »Aber vorher wird es sowieso hier Krieg geben. Die Amerikaner und die Briten wollen unser Land überfallen.«

Wie in Pakistan und Afghanistan begegnete man mir persönlich nie feindselig. Die Kinder und Lehrer an der Schule waren höflich und freundlich, obwohl ich aus einem Land kam, das für die Sanktionen gegen den Irak mitverantwortlich war. Ich fragte mich, wie die Londoner sich im umgekehrten Fall gegenüber den Irakern verhalten würden. Interessant war eine Äußerung, die ich ein paar Tage später in einem Kaffeehaus hörte. »Wir hier im Nahen Osten wissen, dass es zwischen dem, was das Volk will, und dem, was die Herrschenden entscheiden, einen großen Unterschied gibt«, sagte der Besitzer zu mir. »Wir geben eurer Führung die Schuld, nicht euch.« Es war eine scharfsichtige Bemerkung und eine Kritik am eigenen Präsidenten, wie man sie im Irak gerade noch äußern konnte, ohne Leib und Leben aufs Spiel zu setzen.

Denn der Präsident war überall. Totalitarismus, das wurde mir jetzt klar, bedeutete genau das. Saddams Macht gründete auf Angst, und diese Angst wurzelte in dem unbestimmten Gefühl, dass niemand im ganzen Land sich ihm oder seinen Schergen entziehen konnte. Seine Kontrolle war also total. Ein über das ganze Land gespanntes Netz von Informanten garantierte, dass niemand sicher sein konnte, ob nicht der Präsident persönlich hörte, was man gerade sagte. Denn Saddam entging nichts. An jeder Wand, an jeder Straßenecke hing sein Bild, manchmal lächelnd, manchmal grimmig, aber stets wachsam.

Die Allgegenwart dieser Bilder Saddams faszinierte mich. Fast zehn Jahre zuvor in Kurdistan waren es diese Bilder Saddams gewesen, gegen die die Peschmerga zuerst ihre Waffen gerichtet hatten. So schlecht gemalt und gedruckt sie auch waren, besaßen diese Porträts – im ganzen Land müssen es viele tausend gewesen sein – doch die Macht einer Ikone. Anfangs wich ich ihnen aus und setzte mich fast demonstrativ mit dem Rücken zu den Porträts, die in jedem Büro, jedem Laden und jedem Restaurant an der Wand hingen. Doch dann fing ich an, gezielt nach ihnen zu suchen; ich fotografierte sie und besuchte schließlich sogar eine Ausstellung mit »Arbeiten neuer junger Künstler«, die ausschließlich Porträts des Diktators zeigte. Auf eine etwas perverse Art und Weise genoss ich diese Ausstellung sogar.

Einer der Gründe, warum ich dieses etwas bizarre Genre der zeitgenössischen Kunst anfing zu mögen, war, dass ich allmählich zwischen den verschiedenen Porträts zu differenzieren begann. Ähnlich wie bei den Gewaltakten in Pakistan muteten diese Bilder zunächst eines wie das andere an. Sie waren ununterscheidbar. Allmählich jedoch vermochte ich thematische Schwerpunkte zu erkennen und stellte fest, dass man anhand der Schmierereien, die die Häuserwände des halben Landes verunstalteten, die gesamte jüngere Geschichte des Irak und des Nahen Ostens nachvollziehen konnte.

Die Porträts ließen sich in sechs Hauptkategorien einteilen, die jeweils zu einem bestimmten Zeitpunkt favorisiert wurden und jeweils eine für Saddam wichtige Wählerschaft des Irak repräsentierten. Damit waren sie Ausdruck des Image, das der Diktator zu ihrer Entstehungszeit vermitteln wollte, und der Ideologie, die zum jeweiligen Zeitpunkt in der Region dominierte. Die frühesten Bilder, Schwarz-Weiß-Porträts, die in allen Behörden hingen, zeigten einen noch recht jungen Saddam mit dem Anzug und der Krawatte eines politischen Kaders. Diese Porträtreihe nannte ich den »Kommissar-Look«. Die Bilder, so vermutete ich, stammten aus den frühen siebziger Jahren, als Saddam Vizepräsident war und sich als tüchtiger Verwaltungsbeamter profilieren wollte. Es war dies eine Epoche des erstaunlichen Wachstums. Die Gewinne aus dem Erdölverkauf füllten die Staatskassen und veränderten das Land durch eine Reihe sehr erfolgreicher Programme zur Alphabetisierung der Massen und zur Hebung des Lebensstandards allgemein. Dieser »Kommissar-Look« zielte vermutlich vor allem auf die neue Mittelschicht, die im Zuge des Wirtschaftsbooms im Irak und in den Nachbarländern entstanden war.

Die zweite Kategorie waren die Porträts von Saddam als nationalistisch-militärischem Führer in Armeeuniform, oft mit dunkler Pilotenbrille. Besondere Popularität genossen diese Porträts wohl in den frühen achtziger Jahren, als Saddam nach einem blutigen Putsch irakischer Staats- und Regierungschef wurde und sein Land prompt in einen kostspieligen Krieg gegen den Iran führte. Die Legitimität seines Regimes gründete sich zu der Zeit vorwiegend auf die nationalistische, aggressiv säkulare, quasifaschistische Ideologie der Baath-Partei, und alle diese Elemente spiegelten sich in den selbstsicheren Porträts Saddams als eines klassischen Dritte-Welt-Diktators. Auffällig waren die dreifarbige Fahne der Baath-Partei und des Irak auf vielen Porträts dieser Zeit und das Fehlen jeglicher religiöser Bildsymbolik.

Ein Kernelement des Baathismus, dessen Ideologie besonders in den fünfziger und sechziger Jahren in der Region verbreitet war, bildete zudem die Solidarität unter den Arabern. Und abgesehen vielleicht von seinem Schnurrbart wies dieser Mann in khakifarbener Uniform und mit Sonnenbrille so gar nichts typisch Arabisches auf. Als daher der Krieg gegen den Iran andauerte und es angesichts der zahlreichen Opfer und der wirtschaftlichen Not immer schwieriger wurde, Unterstützung zu finden, entwickelten die Propagandisten des irakischen Regimes neue Varianten von Saddam-Porträts. Auf einem wurde Saddam jetzt als onkelhafter Stammesführer mit traditioneller arabischer Tracht und Kopfbedeckung gezeigt. Diese Bilder fanden Anklang wohl vor allem bei den konservativen Stammesoberhäuptern im widerspenstigen Westen des Landes. Eine andere Porträtvariante machte sich die historischen Traditionen, Archetypen und Mythen der arabischen Krieger zunutze. Während des Kriegs mit dem Iran verzichtete man auch hier ganz bewusst auf religiöse Bildmotive, zum Teil wohl gerade, um den Gegensatz zwischen einem säkularen Saddam und dem Ajatollah Khomeini beziehungsweise den jeweiligen Truppenverbänden zu unterstreichen. Episoden aus der vorislamischen Geschichte, etwa aus der Zeit des babylonischen Königs Nebukadnezar wurden lieber zitiert als spätere Ereignisse, und oft wurde Saddam jetzt bühnenreif in antiker Rüstung oder auf einem Streitwagen dargestellt. Die Siege der frühen arabisch-muslimischen Heere gegen die Perser blieben zwar gewiss ein ausgesprochen nützliches Propagandainstrument, aber sie waren trotzdem doch nicht frei von religiösen Untertönen. Die Lösung dieses Dilemmas bestand in der Betonung der arabischen Herkunft der Streitmacht und der Eliminierung des islamischen Elements. Angesichts des geringen Rückhalts, der sich auf die sunnitischen Stämme im Umkreis von Saddams Heimatstadt Tikrit nördlich von Bagdad beschränkte, war eine dritte Porträtvariante auf besondere Weise zynisch. Sie bediente sich bestimmter Details wie der kurdischen Tracht oder der Kleidung, die für die Schiiten im Süden typisch war, um zu betonen, dass Saddam auch bei anderen ethnischen und religiösen Gruppen Anklang fand. Diese Art von Porträts war, wie sich denken lässt, eher selten zu finden.

Die Porträts zeigten auch, dass Saddam im Verlauf seiner politischen Karriere der Zeit stets um zehn Jahre hinterherhinkte. Als junger Mann hatte er sich noch für die nationalistischen, antikolonialistischen Bewegungen interessiert, die damals im Nahen Osten beherrschend waren. Als er dann politisch aktiv wurde, war mit dem Rückzug der meisten Westmächte aus der Region die Zeit der antiimperialistischen Ideologien vorbei. Die neue Ideologie, die das Bewusstsein der Massen beherrschte, waren jetzt der Baathismus und andere panarabische, sozialistisch beeinflusste politische Strömungen. Als dann nach den Niederlagen in den Kriegen gegen Israel in den Jahren 1967 und 1973 diese Ideologien fast in der ganzen arabischen Welt diskreditiert waren, hielt Saddam wiederum bis zum Ende des irakischen Kriegs gegen den Iran und noch darüber hinaus daran fest.

Der letzte Porträtstil demonstrierte den neuesten Wandel von Saddams öffentlichem Image. Die jüngsten Porträts des wandelbaren Diktators aus der Zeit des ersten Golfkriegs, die im Laufe der Jahre immer zahlreicher wurden, zeigten Saddam im Gebet, umgeben von religiösen Zeichen und Symbolen, oder mit dem Finger auf die goldene Kuppel der al-Aqsa-Moschee weisend, während er in einem Streitwagen oder Panzer fuhr, Anzug oder Overall trug. Auch hier hatte Saddam den allgemeinen Trend verpasst. Die Bevölkerung des gesamten Nahen Ostens hatte sich bereits seit Mitte der siebziger Jahre der Religion ganz allgemein und einem modernisierten »politischen Islamismus« im Besonderen zugewandt, nicht zuletzt deshalb, weil er in dieser Region nahezu als die einzige Ideologie galt, die bis dahin unangefochten geblieben beziehungsweise nicht versagt hatte. In den achtziger Jahren war die Unterstützung für die »Islamisten« gewachsen. Erst Anfang der neunziger Jahre hatte Saddam dies erkannt und sich der wachsenden Religiosität seiner Bevölkerung angepasst. Es war allerdings nicht nur eine Image-

Korrektur. Saddam hatte eine Fülle von Maßnahmen in Gang gesetzt, um im Irak den Glauben und einen politisierten islamischen Diskurs zu fördern und die panarabische Identität zugunsten religiöser Alternativen herunterzuspielen. Er hatte ein Alkoholverbot erlassen, die Nationalflagge mit dem Zusatz *Allahu akbar* versehen, den schulischen Religionsunterricht intensiviert, Rundfunksender speziell für Koranlesungen gegründet, als Hilfstruppen seiner Armee explizit religiöse Milizionäre rekrutiert und sogar den Bau einer riesigen Moschee in Auftrag gegeben, die einen Koran beherbergen sollte, welcher mit dem Blut des Herrschers geschrieben war. Wie ich in der Schule in al-Mutanabi hatte feststellen können, befand sich Saddam diesmal in Einklang mit seinem Volk. Es überrascht wenig, dass angesichts der Religiosität, die schon immer existiert hatte, und angesichts der zunehmend schwierigen wirtschaftlichen Lage, die der Westen im Rahmen der UN-Sanktionen zu verantworten hatte, sein religiöses Projekt rasche Fortschritte machte. Seine Propaganda traf ins Schwarze.

Eines Freitagmittags besuchten Sa'ad und ich die Sheikh-Abdul-Qadir-al-Galani-Moschee, einen weitläufigen Gebäudekomplex aus dem 16. Jahrhundert mit weiß gestrichenen Mauern, glänzenden Kuppeln, Büros und marmorgepflasterten Höfen, in denen sogar die schwache Februarsonne ein gleißend helles Licht erzeugte. Es herrschte buntes Treiben. Frauen mit Kopftüchern und Männer in traditionellen Gewändern und karierten Kufiyas und mit Gebetsperlen, die sie durch ihre Finger gleiten ließen, strömten durch die engen Bogengänge, zogen ihre Schuhe aus und traten ins Innere der Moschee. Ein Soldat bückte sich und küsste die mächtige Messingtür. Draußen auf dem Markt warben Falafel-Verkäufer laut schreiend um Kundschaft.

Nach dem Gebet erklärte mir Sheikh Afif al-Gilani, der junge und zu Scherzen aufgelegte Imam, er habe in seiner *khutba* – der Predigt, die in der gesamten islamischen Welt ein wichtiger Bestandteil des Freitagsgebetes ist – die Geschichte Hiobs, in muslimischer Tradition Ayub, erzählt. Der Präsident selbst, der, wie wir beide wussten, bezüglich des Islam nicht gerade über wissenschaftliche Referenzen verfügte, habe die gegenwärtige Epoche zu einer Zeit »des Aufbaus und des Dschihad« und damit zu einer Zeit »des Überschreitens und Überwindens von Hindernissen« erklärt, wie sich der Imam ausdrückte.

»Der Islam und die arabische Welt sind in einer gefährlichen Zeit mit gefährlichen Problemen konfrontiert«, fuhr der Imam fort. »Eine Zeit der Anfechtungen für Muslime und Araber weltweit. Wir sind eine Nation von Gläubigen.«

Bagdad war bedrückend, aber Basra war noch bedrückender. Die Bevölkerung im Süden des Irak war, wie die Bevölkerung im Nachbarland Iran, fast vollständig schiitisch. Wie im kurdischen Norden hatten auch die Schiiten in den zehn vergangenen Jahren unter zwei Arten von Sanktionen zu leiden gehabt: den gegen das ganze Land verhängten Sanktionen der internationalen Gemeinschaft und den Sanktionen Saddam Husseins. Der Zugriff auf den Großteil der irakischen Ressourcen, die Spitzenpositionen in Armee und Bürokratie, in der Baath-Partei und deren verschiedenen Unterorganisationen sowie den Abschluss so gut wie aller Handelsverträge – all dies war den Sunniten vorbehalten. Und während es in Bagdad die meiste Zeit Strom gab, bekam der Süden, wo die sommerlichen Temperaturen 50 Grad Celsius erreichten, täglich nur ein paar Stunden Elektrizität. Auf den Straßen von Basra sah man keinen einzigen jener nagelneuen BMW und Mercedes der neuen, halbkriminellen Elite Bagdads, die die Sanktionen umging. Überall nur klapprige, orangegelbe VW-Passat, die unter dem Namen *brasilis* bekannt waren, weil sie in den achtziger Jahren aus Südamerika importiert worden waren. Die Abwässer sickerten in den mit Abfällen verstopften Kanal, der mitten durch die Stadt verlief. In einer der wenigen Apotheken, die noch geöffnet hatten, stand ein alter Mann in einem abgetragenen beigefarbenen Kittel, mit sauberer, wenn auch etwas ausgebleichter Krawatte und Hemd, mit Schnauzer und dicker runder Brille, die seine Wimpern stark vergrößerte. Er bediente Frauen mit Kopftüchern, die in einer langen Schlange schweigend warteten und die stetig schrumpfende Menge von Arzneimitteln in den Regalen genau beobachteten.

In den ärmsten Stadtteilen hatten sich in den seichten Rinnen der ungeteerten Straßen schwarze Abwasserrinnsale gesammelt. Gerissene Stromkabel baumelten wie tote Schlangen an den verkohlten Masten, und in der Luft hing der Gestank von billigem Bratöl, geschmortem Gummi und faulendem tierischen und menschlichen Abfall. Die langen Zeilen mit Häusern aus billigem Beton, unter deren Blechdächern sich die Hitze staute, bildeten ein strenges Gittermuster. Jede freie Fläche war mit Plastiktüten und Müll übersät. Kinder schrien heiser durch die

Gegend und spielten in den verkrusteten Schlammpfützen eines ausgetrockneten Kanals. Krähen hüpften pickend durch den Dreck.

Omran Ab'd Ali wohnte am Ende einer schmalen Gasse in einem Häuschen zusammen mit 14 Familienangehörigen. Er war zwar von Krankheit gezeichnet, aber seine Gesichtszüge ließen ahnen, was für ein gut aussehender Mann er einmal gewesen war. Er lag den ganzen Tag auf der dünnen Matratze eines alten eisernen Bettgestells unter Bildern von Ali und Hussein, den großen Märtyrern des schiitischen Glaubens. Der Raum, der größte des ganzen Hauses, war drei Meter lang und dreieinhalb Meter breit. Auf dem Boden lagen ein dünnes Stück Teppich und ein paar schmutzige Kissen. Ein klappriger Ventilator bewegte kaum die übel riechende Luft. Omrans Mutter, die uns Wasser und Tee servierte, zupfte die Kunstlederjacke zurecht, die ihr Sohn über seine knochigen Schultern gelegt hatte, und strich ihm mit zwei Fingern sanft über die Stirn.

Omran war im Golfkrieg als Soldat zur Luftabwehr eingezogen worden. Während der Kämpfe selbst hatte seine Einheit keine Verluste erlitten, war aber beim Rückzug fast vollständig aufgerieben worden. »Die Alliierten waren niederträchtig«, sagte Omran. »Sie haben unsere Kolonne von vorne und hinten beschossen, und unser Kommandeur sagte zu uns, wir sollten Fahrzeuge und Panzer stehen lassen und losrennen. Drei Tage lang bin ich durch die Wüste zurück nach Basra gelaufen. Es war ein Chaos, eine wilde Flucht. Die Einheiten waren versprengt. Überall Flugzeuge, dann wieder nichts. Für einen Kilometer habe ich acht Stunden gebraucht. Die meisten meiner Kameraden sind den Märtyrertod gestorben.«

Omrans Krankheit kam erst fünf Jahre später zum Ausbruch. Er streifte sein Hemd hoch und zeigte mir die riesigen Tumorgeschwülste an Hals und Armbeugen. »Ich werde seit zwei Jahren behandelt, aber nichts hilft. Die Schmerzen sind furchtbar. Wir haben alles verkauft, die Sofas, die Klimaanlage, alles bis auf diesen Ventilator, um die Behandlung bezahlen zu können, aber die Medikamente kommen aus Jordanien und kosten pro Packung 360 000 irakische Dinar.«

In letzter Zeit, erzählte Omran, wende er sich stärker der Religion zu. »Wegen meiner Erkrankung. Ich habe viel Zeit. Ich lese das heilige Buch und manchmal faste ich sogar.«

Niemand wusste mit Sicherheit, ob Krebserkrankungen wie die Omrans von der Munition aus abgereichertem Uran herrührten, die in dieser Region 1991 massiv zum Einsatz kamen. Die Ärzte vor Ort, die Regierung und verschiedene internationale Organisationen behaupteten dies. Die beschuldigten westlichen Regierungen streiten es ab. Es gebe auch andere Ursachen für die im Landesvergleich überdurchschnittliche Häufung von Krebserkrankungen in der Gegend um Basra, zum Beispiel Toxine aus dem schweren Beschuss der Stadt während des Kriegs gegen den Iran; die chemischen Waffen, die Saddam gegen die wieder und wieder anbrandende Flut von Kämpfern aus Teheran eingesetzt hatte; die jahrzehntelange Mangelernährung oder die radioaktive Strahlung der am Schatt-el-Arab gesunkenen Schiffe. Wie beim Streit um die Frage der Sanktionen fand ich, dass es auch hier keine Rolle spielte, wer oder was verantwortlich war. Das Leid war real genug.

Ich begleitete einen jungen Arzt auf seiner Visite im Saddam-Hussein-Lehrkrankenhaus. Auf den Stationen stank es nach abgestandenem Urin und nach Blut, mit dem die Schaumstoffmatratzen getränkt waren. Die Betten waren stark verrostet, und es gab viele Fliegen. Die Verwandten der Patienten kauerten in Gruppen auf dem Fußboden. Die meisten Frauen trugen lange schwarze *abbayas,* und viele hatten die blauen Tätowierungen der ländlichen Beduinenstämme im Gesicht. Der Arzt hatte in Großbritannien studiert und sprach ausgezeichnet Englisch. In mein Notizheft schrieb ich:

Fouda Rahimi, dreizehn, Schülerin. Starke, melonengroße Schwellungen am Bauch. Innere Blutungen. Blut spritzt heraus. Wimmert vor Schmerzen. Blutende Lippen. Unregelmäßige Versorgung mit Medikamenten und damit irreguläre Behandlung. Wirkung der Medikamente, falls vorhanden, im Allgemeinen gut. Vor fünf Monaten erkrankt. Blutplättchen können nicht bereitgestellt werden, weil nicht vorhanden. Nächster Fall, Name London wie die Stadt. Unter der britischen Mandatsverwaltung erhielten viele englische Namen. Acht Jahre alt. Sekundärer Wirbelsäulenkrebs. Primärer Krebs nicht lokalisiert. Ein durch den Krebs beschädigter Wirbel führte zu Paraplegie. Sekundärer Krebs auch in Leber und möglicherweise im Gehirn. Nur palliative Behandlung. Verwandte alle in Schwarz von Kopf bis Fuß, bis auf Gesichter und Lapislazuli-Ring am Finger. Aus Dörfern rund um Basra. Wände der Station verdreckt und Farbe abblätternd … nächster Fall womögl. Blasenkrebs, jedoch unsicher …

So oder ähnlich geht es weiter, Dutzende von Seiten. Als ich das Krankenhaus verließ, ging ich ein Stück zu Fuß und atmete ein, so tief ich konnte, den Geruch und Geschmack von Fäulnis und Krankheit noch in Nase und Mund. Das Krankenhaus lag auf einer Brache am Stadtrand, und ich beobachtete eine Gruppe junger Männer, die zwischen schwelenden Müllhaufen und brackigen Pfützen Fußball spielten. Eine Autostunde weiter südlich lag die entmilitarisierte Zone und die kuwaitische Grenze. Hier gab es nichts außer ein paar alten Panzern, einem Tomatenbauern, einer Straße durch die leere Wüste und einem lästigen Wind. Ich fragte den Bauern, ob er sich wegen des abgereicherten Urans Sorgen mache. »Hier ist meine Heimat, mein Land«, sagte er achselzuckend. »Ich kann nirgendwohin.«

Das Einzige, worüber niemand in Basra sprach, war der Aufstand von 1991. Wie die Kurden im Norden hatten sich auch die Schiiten im Süden von den Amerikanern zur Rebellion ermuntert gefühlt. Am 15. Februar 1991, zwei Wochen vor der Waffenruhe, die das Ende des Feldzugs zur Befreiung Kuwaits markierte, hatte Präsident Bush gesagt, es gebe »noch eine andere Möglichkeit, dem Blutvergießen ein Ende zu setzen, nämlich dass das irakische Volk die Angelegenheit selbst in die Hand nimmt«. Diese Bemerkung wurde unter anderem im US-Auslandsradio Voice of America gesendet, der im südlichen und nördlichen Irak überall gehört wird, und als Aufforderung zur Revolte und Zusicherung von Unterstützung interpretiert. Aber die Hilfe blieb aus, und die Rebellen hatten nicht den Hauch einer Chance.

Damals, wenige Monate vor meinem eigenen kleinen Abenteuer im Norden des Landes, flossen die Informationen über die Ereignisse im Süden nur sehr spärlich. Nur wenige, nicht besonders glaubwürdige Berichte drangen nach außen. 1999 jedoch brachten die Untersuchungen von Menschenrechtsorganisationen das wahre Ausmaß des Gemetzels ans Licht, als Saddams Streitkräfte unter Führung der Elitetruppe der Republikanischen Garde den Aufstand niederschlugen. Demonstrative Brutalität war ein zentraler Bestandteil ihrer Strategie. Flüchtlingskolonnen wurden von Helikoptern unter Beschuss genommen, Wohnsiedlungen wahllos bombardiert und viele tausend junge Männer außerhalb ihrer Häuser erschossen. Zwischen 50 000 und 200 000 Menschen kamen ums Leben, die genaue Zahl kennt niemand.

Nur interessehalber befragte ich meinen Aufpasser über das, was damals geschehen war. Das war nicht gerade fair. Schließlich war er kein Ideologe der Baath-Partei, sondern nur ein kleiner Funktionär, der diese Arbeit tat, um sich und seiner Familie das Überleben zu sichern. Ohne mit der Wimper zu zucken, erwiderte er: »Ach das. Das waren Bösewichter von außen.«

Der traurigste Ort Bagdads war für mich der Büchermarkt in einer Nebenstraße der al-Rasheed Street, wo die kostbaren Schätze der durch die Sanktionen und das Regime nahezu ausgelöschten Mittelschicht auf Plastikplanen, am Boden aufgereiht, zum Verkauf dargeboten wurden. Hier verhökerten bibliophile Professoren, Beamte und Ärzte ihre Lieblingsbücher, die ihnen über all die Jahre Quelle des Trostes, der Zuversicht und des Glücks gewesen waren, um für den Erlös Gemüse und Brennstoff zu kaufen. Für mich war dieser Anblick umso quälender, als ich wusste, dass Bagdad vor 1000 Jahren das weltweit bedeutendste Zentrum der Gelehrsamkeit gewesen war. In dem gewaltigen Beit al-Hikma, dem Haus der Weisheit, befanden sich die einzigen noch erhaltenen Exemplare der bedeutendsten Werke der griechischen Philosophie, die von christlichen Gelehrten im Auftrag der Abbasidenherrscher ins Arabische übersetzt worden waren (alles andere war im Zuge der Kriege und Plünderungen in der Spätantike vernichtet worden). Ohne diese Übersetzungen wären zahlreiche grundlegende Schriften des europäischen Denkens für immer verloren. Das Beit al-Hikma gab es natürlich längst nicht mehr, und im heutigen Irak war kein Platz für solche Gelehrsamkeit. Ein Mann verkaufte mir sein vor zehn Jahren erworbenes *Shorter Oxford English Dictionary,* nachdem er behutsam das Vorsatzpapier mit seinem Namen darauf herausgerissen und in seine Tasche gesteckt hatte. An einem kleinen Stand stapelten sich Übersetzungen westlicher Klassiker, einst Arbeitsgrundlage der Bagdader Studenten. Niemand wollte sie haben. »Keiner braucht sie mehr«, sagte der Standinhaber, der seit 40 Jahren in diesem Geschäft tätig war, und deutete auf ein Buch mit französischer romantischer Poesie, ein Werk von Dickens und ein paar Bände Shakespeare mit Eselsohren. »Sie denken jetzt nur noch an das Jüngste Gericht.«

Zurück in meinem Hotel, versuchte ich, einer langatmigen Rede des Präsidenten im staatlichen Fernsehen zu folgen. In einem blauen dreiteiligen Anzug stand Saddam militärisch streng neben einer irakischen

Fahne und einem Meer von rosa und weißen Rosen. Auf seine Ansprache folgten Lieder, gesungen von bäuerlich wirkenden Männern in Beduinentracht mit Schwertern, AK47-Kalaschnikows und alten Gewehren. Dazu wurden Aufnahmen der al-Aqsa-Moschee gezeigt; dann Bilder Saddams mit steifem Filzhut und Mantel, wie er bei einer Parade Gewehrschüsse in die Luft feuert; orthodoxe Juden an der Klagemauer; israelische Soldaten; marschierende »Märtyrer« in Uniform; Saddam beim Gebet; Aufnahmen vom Raketenbeschuss Bagdads 1991 und von irakischen Soldaten im Stechschritt.

5 Der erste Junge wurde gegen 15 Uhr getroffen

Der erste Junge wurde gegen 15 Uhr von einer Kugel getroffen. Er wurde an mir vorbeigetragen, um Tapferkeit bemüht und schluchzend vor Schmerzen wegen seines zerschmetterten Ellbogens. Der nächste wurde eine Viertelstunde später getroffen, er rang aber nur stumm nach Luft, Mund und Augen aufgerissen wie ein Fisch auf dem Trockenen, während das Blut aus einer Wunde am Oberkörper durch sein Hemd sickerte. Der dritte wurde 45 Minuten später getroffen. Bis zum frühen Abend zählte ich sechs schwer verwundete Teenager, die in einen wenige hundert Meter entfernt stehenden Ambulanzwagen geladen und ins Krankenhaus von Gaza Stadt gebracht wurden.

Ich duckte mich hinter eine eineinhalb Meter hohe Mauer aus Schlackensteinen, um mich herum palästinensische Jugendliche, die Benzinbomben bastelten und Steine zertrümmerten, um sie zu besseren Wurfgeschossen zu machen. Hinter der Mauer befand sich eine Lagerhalle und dahinter ein halb fertiger, fünfstöckiger Block für Wohnungen und Büros. An der Kreuzung rund 50 Meter vor der Mauer lag ein bewachter Bunker der israelischen Armee, der mit einem hohen Drahtzaun und einem Erdwall umgeben war. Die Straße rechterhand führte hinunter zu der israelischen Siedlung Netzarim, von der eine Reihe hübscher weißer Häuser mit roten Ziegeldächern zu sehen war, die sich vor der blauen Linie des Mittelmeers abzeichneten. Die Straße in meinem Rücken führte zwischen Olivenhainen, kargen Feldern und kleinen Dörfern zum Checkpoint Erez und nach »Israel proper«, ins »eigentliche« Israel. Die Straße in die andere Richtung führte in den Gazastreifen.

Den ganzen Nachmittag hatte ich die immer gleiche Szene beobachtet. Ein einfaches Schema. Es dauerte zwischen 15 und 30 Minuten, bis die Jugendlichen um mich herum bereit waren zum Angriff. Mit dem Ruf »*yallah shebab*« lief die Hälfte von ihnen auf die Straße und warf Steine und Benzinbomben auf den Bunker; die meisten Benzinbomben verfehlten ihr Ziel und explodierten in öligen Klümpchen aus Feuer und schwarzem Rauch. Dann rannte mindestens einer der Jugendlichen los, um am Zaun der Bunkeranlage eine palästinensische Fahne zu befestigen. Ein einzelner Schuss, dann sank einer der Demonstranten zu Boden, die anderen riefen »*Allahu akbar*«, und der Verwundete wurde von seinen Freunden zu den wartenden Sanitätern des Roten Halbmonds getragen, die ihn ins Krankenhaus brachten.

Als es dunkel wurde und die Menge noch immer keine Anstalten machte, sich zu zerstreuen, beschlossen die Israelis, die Straße zu räumen, indem sie mit einem schweren Maschinengewehr auf einem der Panzer, die eineinhalb Kilometer entfernt die Siedlung bewachten, das Feuer eröffneten. Hätten sie uns direkt beschossen, es wäre entsetzlich gewesen. Doch sie feuerten hoch genug, um die Menge zu verfehlen, aber doch so niedrig, dass die massiven Leuchtspurgeschosse über unseren Köpfen gelbe Bahnen zogen, bevor sie in die Telegraphenmasten einschlugen und einen spektakulären Funkenregen in die Luft und auf den Asphalt sprühten. Beim Knattern der schweren Geschosse stoben die Jugendlichen auseinander, die meisten rannten vom Bunker weg in Richtung der Betonhäuser, etwa 100 Meter entfernt. Von den Olivenhainen ringsum eröffneten palästinensische Schützen, die am Nachmittag das *shebab* verfolgt hatten, mit automatischen Waffen ihrerseits das Feuer auf den Bunker und die Siedlung. Es herrschte das völlige Chaos, und der Lärm muss ohrenbetäubend gewesen sein. Merkwürdigerweise hörte ich jedoch absolut gar nichts. Ich duckte mich hinter einem Verkehrsschild, bis ich merkte, dass ein paar Zentimeter Blech keinen Schutz boten vor einer schwerkalibrigen Kugel, die mit einer Geschwindigkeit von über 1000 Meter pro Sekunde durch die Luft zischte, und mich flach auf den Asphalt hinter dem Bordstein legte, bis die Schießerei aufhörte.

In den folgenden zwei Wochen und den ganzen Herbst des Jahres 2000 hindurch wurde ich Zeuge der immer gleichen Szene, die im Rahmen der Aktionen der »al-Aqsa«-Intifada, benannt nach der Hauptmoschee auf dem Jerusalemer Tempelberg, fast zu einem Ritual geworden war. »Intifada« bedeutet so viel wie »abschütteln«, und jeden Tag, später dann jeden zweiten Tag und schließlich nur noch am Freitagnachmittag nach dem Gebet, erschütterten Demonstrationen den Gazastreifen und die West Bank – jene Territorien (zusammen mit der Altstadt von Jerusalem), die Israel nach dem Sieg über die Invasionstruppen mehrerer arabischer Staaten im Krieg von 1967 besetzt hielt. Im Zuge dieser Demonstrationen kam es zu Vorstößen und Raketenangriffen der Israelis und zu Angriffen der Palästinenser auf israelische Siedlungen, Autos und Soldaten. Ich ging oft in die Stadt Ramallah in der West Bank, dem Sitz von Jassir Arafats unfähiger und korrupter palästinensischer Verwaltung. Die Demonstrationen, die hier stets auf demselben Straßenabschnitt außerhalb der Stadt stattfanden, folgten dem immer gleichen Muster. Manchmal stand ich hinter den israelischen Soldaten oder Grenzpolizisten und beobachtete, wie sie mit Tränengas und »Gummigeschossen« (dünn mit Gummi überzogene Stahlkugeln) gegen die Demonstranten ein paar hundert Meter entfernt vorgingen. Manchmal stand ich hinter den Demonstranten, von einem Betonblock geschützt, und wurde Zeuge ähnlicher Szenen wie an der Kreuzung in Netzarim. Die Gewalt hatte etwas Formalisiertes, Demonstratives, und wer die lokale Kultur und Politik nicht sehr genau kannte, konnte kaum begreifen, was da vor sich ging und welche komplizierten Botschaften beide Seiten einander und der Weltöffentlichkeit übermittelten. Schwer begreiflich war auch, warum die palästinensischen Jugendlichen sich wissentlich dieser Gefahr aussetzten und warum die Israelis immer wieder auf sie schossen.

Für einen Reporter war die Berichterstattung über die Intifada ein Alptraum. Die Lage war äußerst verworren. Ein Grund für den komplexen, dabei kalt und formal klingenden, zugleich ideologisch ungeheuer aufgeladenen Sprachgebrauch in Israel-Palästina (bzw. Israel, das Heilige Land, die »Zionist Entity« – das »Zionistische Gebilde« –, Israel und die besetzten Gebiete, »Israel proper«, Judäa und Samaria, das historische Palästina oder was auch immer) war die Tatsache, dass eine einfache Begrifflichkeit der dogmatisch geprägten, unterschiedlichen Wahrnehmung der »Wirklichkeit« nicht gerecht wurde. Das hier geltende Naturgesetz lautete: kein vehement verteidigter Standpunkt ohne einen ebenso vehement verteidigten Gegenstandpunkt; kein Beispiel ohne Gegenbeispiel; keine Aktion ohne Reaktion. Und: Es gibt keine einfachen Sachverhalte. Die eine Hälfte der israelischen Soldaten, mit denen ich sprach, wollte nichts weiter, als mit ihrer Freundin auf dem Motorrad in Goa oder am Strand von Tel Aviv herumfahren, die andere Hälfte waren glühende Nationalisten. Ich verbrachte viel Zeit mit einem israelischen Fotografen, der, politisch links und tolerant, entsetzt war über das, was in seinem Namen geschah. Ich hörte stundenlang radikalen jüdischen Siedlern zu, viele von ihnen aus Amerika, deren auf Mythen beruhende, manichäische Weltsicht, deren Berufung auf selektive Zitate aus den heiligen Schriften und Vorliebe für pauschalisierende rassische und kulturelle Verallgemeinerungen mir erschreckend bekannt vorkamen. Ich arbeitete auch viel mit einem Palästinenser zusammen, einem Kettenraucher und starken Trinker; er war einer der besten Journalisten, die ich jemals kennen lernte. Er übersetzte mir wortgetreu die Sätze eines Anführers der Militanten im Gazastreifen, der in einem einzigen Satz leugnete, dass es den Holocaust gegeben hatte, und behauptete, »Schwarze« seien »dumm«, Frauen »schwachsinnig« und das Problem der islamischen Welt bestehe darin, dass zu viel geraucht und getrunken würde. Ich lernte schnell, dass die palästinensische Gemeinschaft – diejenigen nicht mitgerechnet, die die volle israelische Staatsbürgerschaft besaßen – so vielgestaltig war, dass sich Verallgemeinerungen grundsätzlich verboten. Die Bewohner des Gazastreifens mochten die Bewohner der West Bank nicht, die Städter waren völlig anders als die Landbevölkerung oder die verstädterten Bewohner der Flüchtlingslager; die einen liebten ihren altgedienten Führer Jassir Arafat, die anderen hassten ihn; die einen waren tief religiös, die anderen entschieden weltlich. In einer relativ kosmopolitischen Stadt wie Ramallah gab es viele, die aus ihrer Verachtung der konservativen Hardliner der Hamas keinen Hehl machten, obwohl sie auf den Barrikaden *Allahu akbar* riefen. Viele Palästinenser waren stolz auf ihr arabisches Erbe, warfen aber gleichzeitig der arabischen Welt vor, sie immer wieder verraten zu haben. Amerika war das Land, das sie am meisten hassten, aber in dem sie am liebsten leben wollten. Das Niveau der politischen Diskussionen und Gespräche war sehr viel anspruchsvoller, als ich es von Afghanistan oder sogar von Pakistan her kannte, aber bei der erstbesten Gelegenheit fielen alle wieder in leere rhetorische Phrasen zurück. Und all das, ohne sich groß auf die heiligen Schriften zu berufen.

Einige Journalisten vertieften sich in die kleinsten Details der ungeheuer komplizierten und folgenreichen Geschichte des Konflikts, in die zahllosen UN-Resolutionen, außer Kraft gesetzten oder für ungültig erklärten Vereinbarungen und Geheimabkommen und in die nicht minder komplizierte Geographie mit ihrer fachsprachlichen Bezeichnung der Zonen, Posten, Siedlungen, Gebiete und so weiter. Mit der Folge, dass sie entweder völlig entmutigt oder sehr parteiisch wurden. Andere, besonders diejenigen, die nicht in der Region lebten, kamen über eine oberflächliche Sicht nicht hinaus. In gewisser Weise war das unvermeidlich.

Denn das, was man im Zuge der Berichterstattung über die Intifada erlebte, war irgendwie surreal. Tag für Tag wurde man Zeuge von erbitterten Feuergefechten, Krawallen, Demonstrationen und den schrecklichen Folgen der Selbstmordattentate in Jerusalem und Tel Aviv, sah die überall verstreut liegenden Gliedmaßen unschuldiger Zivilisten, die gerade einen Milchshake getrunken oder eine Diskothek besucht hatten. Dann kehrte man ins Hotel zurück, wo man ein Bier trank und zu Abend aß. Oft berichtete ich an einem Freitag oder Samstag über einen Akt besonders brutaler Gewalt und war 24 Stunden später wieder in London, wo ich am Nachmittag eine Ausstellung in einer Kunstgalerie besuchte, mit meiner Großmutter zum Mittagessen ging oder mich abends mit Freunden in einem Pub traf. Schwer zu sagen, was surrealer war: die Gewalt oder die Normalität.

Eine Folge dieser Situation war eine merkwürdige innere Distanz. Eines Morgens, als uns fröhliche israelische Soldaten durch den Kontrollpunkt Erez in den Gazastreifen winkten, wandte sich meine Fotografin zu mir um und sagte, sie hätte das Gefühl, einen Tagesausflug in einen Themenpark zu machen. So krass hätte ich es nicht ausgedrückt – sie selbst wurde kurze Zeit später angeschossen und schwer verletzt –, aber ich wusste genau, was sie meinte. Selbst nach längeren Aufenthalten in den besetzten Gebieten hatte man das Privileg, die Gegend einfach wieder zu verlassen, was den Einheimischen verwehrt blieb. Und wenn man in Jerusalem oder Tel Aviv wohnte, ganz zu schweigen von London, war es tatsächlich, als käme man von einem Tagesausflug zurück. Nach 15 Stunden, in denen man fremdes Elend mit angesehen hatte, kehrte man in ein behagliches und sicheres Leben zurück. Die weinenden Eltern, die Schreie der Verwundeten, der Geruch des Tränengases, das Heulen der Ambulanzsirenen, der Rauch, die zerbrochenen Scheiben – alles, was man erlebt und gesehen hatte, war plötzlich weit, weit weg.

Eines Nachmittags im Frühjahr 2001 nahm ich am Begräbnis des 13-jährigen Walid teil. Er war am Tag zuvor gegen 8 Uhr aufgestanden, hatte den Vormittag mit Fußballspielen und Fernsehen verbracht und dann mit seiner Mutter und einigen seiner zwölf Geschwister zu Mittag gegessen. Gleich danach hatte er sein Haus in Rafah verlassen, der riesigen Flüchtlingssiedlung an der südlichsten Grenze des Gazastreifens, und war mit seinen Freunden in einen Bus Richtung Norden gestiegen. Um 16 Uhr wurde er an der Kreuzung von Netzarim von einer einzigen Kugel getötet, als er den Bunker der israelischen Armee mit Steinen und Benzinbomben bewarf – genau dieselbe Szene, die ich wenige Monate zuvor miterlebt hatte. Seine Mutter sagte zu mir, sie habe gewusst, dass ihr Sohn tot war, als sie im Fernsehen gehört habe, vor einer Stunde sei ein Junge getötet worden, der keinen Ausweis dabei hatte. »Als er aus dem Haus ging, rief ich ihm nach; ich fragte ihn, wohin er gehe, und forderte ihn auf zurückzukommen, denn ich wusste ja, wohin er wollte. Er sagte: ›Nein, ich gehe.‹ Und als ich den Fernseher einschaltete und die Nachricht kam, schrie ich: ›Es ist mein Sohn, es ist mein Sohn.‹ Ich wusste es«, sagte sie.

Walids Begräbnis fand gleich am nächsten Tag statt, wie es islamischer Tradition entspricht. Auf dem kahlen Betondach des Hauses war eine Plane gegen die starke Frühlingssonne gespannt worden, und Dutzende Stühle standen in Reih und Glied. Es waren Fahnen und Plakate an den Wänden mit der Aufschrift: »Glückwunsch zum Märtyrertod« sowie mit antiisraelischen Slogans. Es gab mehrere große palästinensische Fahnen und ein Graffito mit einer Anspielung auf die Haftstrafe, die ein älterer Bruder in einem israelischen Gefängnis für seine Aktivitäten in einem ähnlichen Aufstand 13 Jahre zuvor, der so genannten ersten Intifada, verbüßt hatte. Frauen in schwarzen *abbayas* umringten die trauernde Mutter, die auf einem Stuhl zusammengesunken saß, die Augen zu Boden geschlagen. Walids Vater, ein 48-jahriger Taxifahrer, war von Männern umringt. »Ich bin glücklich, dass mein Sohn ein Märtyrer ist«, sagte er mit belegter Stimme, ohne mich anzuschauen. Er zeigte auf die Männer. »Sie alle sind gekommen, um mich zu diesem freudigen Ereignis zu beglückwünschen. Mein Sohn hat sein Leben für al-Aqsa geopfert.«

Walids Mutter sagte dasselbe. »Mein Sohn ist ein Märtyrer, und ich freue mich«, murmelte sie. »Ich hoffe, dass die Intifada immer weitergeht. Er hat sein Leben für Jerusalem geopfert, für al-Aqsa und unser palästinensisches Volk.«

Ich warf einen Blick in das Zimmer, in dem Walid mit drei seiner Brüder geschlafen hatte. Sein Bett war eine dünne Schaumstoffmatratze auf nacktem Boden mit einer dunkelroten geblümten Decke darauf. An den Wänden billige Drucke mit Koranzitaten. Aus dem kleinen Fenster ging der Blick auf eine Mauer aus Schlackensteinen. An der Tür klebten Sticker der Jugendorganisation der Fatah, von Arafats politischem Arm. »Fatah für Märtyrer« stand auf einem, darunter zwei Kalaschnikows und ein Bild der al-Aqsa-Moschee. Zwei jüngere Brüder Walids machten mir mit ihren kleinen dicken Fingern das Victory-Zeichen. Keiner der beiden war älter als fünf. Was hatte Walid dazu bewogen, so etwas zu tun?, fragte ich mich.

Wie so oft, wenn es um Politik und Gewalt im Nahen Osten ging, gab es auch auf diese Frage sehr unterschiedliche Antworten: Manche führten das soziale Umfeld an und bemühten historische Gründe, andere verwiesen auf persönliche Motive der Jugendlichen oder machten diejenigen verantwortlich, die sie »kontrollierten«. Wer auf Seiten der Palästinenser stand, bevorzugte gewöhnlich das erste Erklärungsschema, wer auf Seiten der Israelis stand, das letztere. Ich fand, dass beide Seiten gute Gründe hatten.

Gewiss, die Geschichte und die aktuelle Situation der Palästinenser in West Bank und Gazastreifen waren wie dafür geschaffen, Frustration und Wut zu schüren. Auch wenn es zwischen Armut und Militanz keinen ursächlichen Zusammenhang gibt, so doch einen indirekten: Die kläglichen Lebensbedingungen erzeugen ein Gefühl der Ungerechtigkeit – ein Nährboden für Gewalt. Die Palästinenser in den besetzten Gebieten waren tagtäglich Demütigungen ausgesetzt, mussten im Bewusstsein leben, dass ihnen vieles von dem vorenthalten wurde, was ihnen von Rechts wegen zustand. Sie wussten, sie waren von ihrer eigenen Führung schlecht regiert, von der internationalen Völkergemeinschaft wie auch von anderen Arabern und Muslimen immer wieder hintergangen worden. Der weitaus höhere Lebensstandard der Israelis gleich nebenan oder – dank der Siedlungen – der Israelis in ihrer Mitte war eine ständige Erinnerung an das, was möglich sein könnte. Schlimmer noch: Der Friedensprozess Anfang der neunziger Jahre hatte hohe Erwartungen geweckt, die unerfüllt geblieben waren. Bis auf eine kleine Elite war das Leben für alle hart. Schließlich und endlich gab es keine wirksame Möglichkeit, seinen Protest gewaltfrei zu artikulieren – sei es gegen die Israelis, sei es gegen die unfähige und korrupte eigene Führung.

Aber meines Erachtens wurde Walids Handeln auch durch andere Faktoren bestimmt. Schließlich waren durchaus Möglichkeiten vorhanden, seiner Wut und Enttäuschung Ausdruck zu geben, ohne dabei sein Leben aufs Spiel zu setzen. Von entscheidender Bedeutung war der Druck der Altersgenossen, ein derartiges Risiko auf sich zu nehmen, und dieser Druck spiegelte nur die Erwartungen von Walids Gemeinschaft wider. Für Kinder wie ihn war der gewaltsame Märtyrertod auf erschreckend paradoxe Weise Teil des Alltagslebens geworden. Der Märtyrertod war nicht nur Normalität, er war sogar erstrebenswert.

Aber er war auch nichts Unausweichliches. Viele Muslime auf der Welt betrachteten den gewaltsamen Märtyrertod durchaus nicht als Wunschziel. In vielen säkularen wie religiösen Traditionen gilt das Selbstopfer als etwas durchaus Ehrwürdiges. Die christliche Ikonographie beispielsweise kennt zahllose Darstellungen von Heiligen, die von Pfeilen durchbohrt oder in anderer Weise gemartert werden. Ja, die zentrale Figur des Christentums war – in krassem Gegensatz zum muslimischen Glauben – ein Messias, der starb, um die Menschheit zu erlösen. Der schiitische Islam mit seinen beiden zentralen Figuren Ali und Hussein, von denen der eine ermordet wurde und der andere in der Schlacht gegen einen übermächtigen Gegner starb, kennt gleichfalls eine starke Tradition des Märtyrertums. Unter Berufung auf diese Tradition hatte Ajatollah Khomeini Hunderttausende junge Männer dazu gebracht, sich – mit Plastikschlüsseln um den Hals, welche die Pforte zum Paradies öffnen konnten – den Gewehren der »ungläubigen« Iraker entgegenzuwerfen. Die Bergfestung Masada, wo jüdische Rebellen vor den Augen der römischen Belagerer Massenselbstmord begingen, besitzt in Israel den Rang eines Nationaldenkmals. Und dann gab es natürlich die Märtyrer in der säkularen westlichen Tradition: diejenigen, die für die Wissenschaft, für ihr Land, für den Kampf gegen den Aberglauben, für die Ideologien des Kommunismus und Faschismus oder für Grundwerte der Aufklärung wie das Recht auf Rede- und Versammlungsfreiheit ihr Leben opferten. Insbesondere in den einstigen Kolonien kannte man ein regelrechtes Pantheon für die Märtyrer der nationalen Befreiung. Fast alle Märtyrergeschichten, so fiel mir auf, zeigten den Einzelnen im Ringen mit seinem übermächtigen, oft gesichtslosen Feind. In solchen Geschichten – dramatisch abgehandelt und symbolisch überhöht als Kampf zwischen Recht und Unrecht, Gut und Böse – verdichtete sich in gewisser Weise der kollektive Blick auf eine bestimmte historische Epoche.

In der West Bank und im Gazastreifen war das Potenzial für den Märtyrertod zwar im kulturellen und religiösen Erbe der Bevölkerung durchaus angelegt, aber es war zudem ganz gezielt mobilisiert, gefördert und fruchtbar gemacht worden. Davon zeugten die Aufkleber und Poster an den Wänden von Walids Schlafzimmer; davon zeugten die Radio- und Fernsehstationen der verschiedenen militanten Palästinensergruppen, die ihre Propaganda rund um die Uhr verbreiteten; davon zeugten die Fahnen bei der Beerdigung. Hier wurde ein oft latentes Element aus einer reichhaltigen und vielgestaltigen kulturellen Tradition herausgelöst und als definierender Charakterzug vereinnahmt. Und nicht zuletzt konnte es aufgrund der Lebensbedingungen gerade im Gazastreifen und in der West Bank so gut funktionieren, das Märtyrertum zu propagieren. Ja, die Propaganda war so erfolgreich, dass Walids Eltern nicht einmal in der Lage waren, ihre wirkliche und wahrhaftige Trauer über den Tod ihres Sohnes zum Ausdruck zu bringen, und stattdessen nur leere Phrasen von sich gaben.

Walid war einer der Letzten, die in der ersten Phase der al-Aqsa-Intifada ums Leben kamen. Anfang 2001 machte sich unter den Palästinensern Erschöpfung breit, und die gewalttätigen Demonstrationen an Kontrollpunkten und anderswo wurden seltener. Es war unklar, was aus der Intifada und ihren politischen Manövern werden sollte. Dann kam es im März 2001 zum ersten Selbstmordattentat.

Mir war sofort klar, dass der Tod von Jugendlichen wie Walid und der Tod der Selbstmordattentäter nichts miteinander zu tun hatten. Walid hatte in einem sinnlosen Akt, der seine jugendliche Enttäuschung und Tapferkeit zum Ausdruck brachte, den Tod gefunden, ohne jemandem Schaden zuzufügen. Sein Tod war eine tragische Verdichtung der tragischen Geschichte zweier Völker. Die Selbstmordattentäter dagegen zündeten ihre Bomben in Cafés und Nachtclubs, in Pizzastuben und Bussen. Ihr Tod war ein verabscheuungswürdiger Akt, der zwar rational untersucht und diskutiert werden konnte und sollte, aber durch die Lebensbedingungen in den besetzten Gebieten nicht zu rechtfertigen war, wie »asymmetrisch« der Kampf auch immer sein mochte, in den sich die Selbstmordattentäter verstrickt sahen. Dieser Unterschied zwischen dem, was die Selbstmordattentäter antrieb, und dem, was Jugendliche wie Walid taten, wird zwar oft ignoriert, ist aber von wesentlicher Bedeutung, will man die jeweiligen Beweggründe verstehen und eine adäquate Antwort darauf finden.

Die Selbstmordattentate lösten eine lebhafte Diskussion aus, die vorurteilsbehaftet und absolut unsachlich geführt wurde, nicht zuletzt deshalb, weil Attentate von dieser Art eine völlige Missachtung des Lebens zum Ausdruck brachten und damit die Fundamente jeder funktionierenden Gesellschaft angriffen. Viele sagten, die Bombenattentäter seien »verrückt«, obwohl Dutzende Studien nicht nur der Israelis keine Anhaltspunkte für eine wie auch immer geartete Geisteskrankheit gefunden hatten. Andere meinten, die Attentäter seien lediglich sexuell gestört. Dass solche fehlerhaften Analysen vorgebracht wurden, war vorhersehbar, weil die Gesellschaft noch immer die Individuen, die ihre Normen ablehnen, für verrückt oder sexuell pervers (oder sexuell frustriert) erklärt. Unter den Befürwortern der Palästinenser wiederum versuchten einige, das Phänomen der Selbstmordattentate dadurch wegzuerklären, dass sie auf andere Gruppen verwiesen, die im Laufe der Geschichte angeblich ähnliche Taktiken angewandt hatten. Sie verwiesen auf die muslimische Sekte der »Assassinen« des 14. und die russischen Anarchisten des späten 19. Jahrhunderts, ja sogar auf die japanischen Kamikaze in den vierziger Jahren oder die tamilischen Tiger Sri Lankas in den neunziger Jahren des 20. Jahrhunderts. Doch trotz gewisser Parallelen hatten die Assassinen und die Anarchisten wie vielfach auch die tamilischen Tiger Regierungsbeamte oder Staatsoberhäupter angegriffen. Die Kamikaze-Flieger griffen natürlich eine bewaffnete Streitmacht an. Sogar die schiitische Hisbollah im Libanon, der im Allgemeinen die ersten Selbstmordattentate im Nahen Osten in den achtziger Jahren zugeschrieben werden, hatte diese Taktik meist nur gegen militärische Ziele oder Botschaften angewandt. Die Schläge der Palästinensergruppen gegen rein zivile Ziele waren daher neu. Ihre »Märtyrer« starben bei gezielten Anschlägen gegen Nichtkombattanten – was elementaren menschlichen Werten widerspricht. Gäbe es diese Werte nicht, so hätten die Hardliner unter den Geistlichen und militärischen Führern nicht derart gewundene und spitzfindige Argumente vorbringen und ihre Propaganda nicht derart bemühen müssen, um die Anschläge zu rechtfertigen. Sie hätten gewiss nicht so viel Zeit und Energie aufgewandt, um die Opfer ihrer Anschläge zu entmenschlichen und sie von Menschen, die aßen, tranken und schliefen, die eine Familie hatten und Liebe, Hoffnung und Enttäuschung kannten, auf »Zionisten« und »Juden« zu reduzieren, die in ihren Augen unterschiedslos, gleich welchen Alters, welchen Geschlechts oder welcher politischen Anschauung, Soldaten »des bösen Militärstaats Israel« waren.

Aber obwohl Walids Tod und der Tod der Selbstmordattentäter in vieler Hinsicht nicht miteinander zu vergleichen waren, gab es doch eine Gemeinsamkeit. Der Märtyrertod, gleich auf welche Weise er erreicht wurde, war ein öffentlicher Akt und damit ein Instrument zur Übermittlung einer Botschaft. Das zeigte die Etymologie der Begriffe, mit denen in der christlichen und in der arabisch-muslimischen Tradition das heroische Selbstopfer bezeichnet wird. Das aus dem Griechischen stammende Wort *Märtyrer* wie auch das Arabische *schahid* bedeutet so viel wie »Zeuge«, d. h. jemand, der anderen etwas zeigt. Aber was, so fragte ich mich, zeigten sie?

Zu den seltsamsten Erfahrungen der Berichterstattung über die Intifada gehörten die Abendnachrichten, wenn ich hin- und herschaltete zwischen dem israelischen Lokalfernsehen, CNN, BBC und neuen arabischsprachigen Sendern wie al-Dschasira aus Qatar. Al-Dschasira, vom Emir des Landes als außenpolitisches Instrument finanziell unterstützt, hatte mit seinem ikonoklastischen Stil und seinen Themen in der islamischen Welt viele Millionen Zuschauer gewonnen. Auf jedem dieser Sender konnte man die Ereignisse des Tages, von Reportern oder Experten ausgewählt und kommentiert, noch einmal erleben, in völlig unterschiedlichen Versionen. Ein unparteiischer Beobachter (den es so gut wie nirgends gibt, schon gar nicht im Nahen Osten), der CNN schaute, wäre zu dem Schluss gekommen, die Angriffe der Israelis seien lediglich eine – harte – Reaktion auf die entsetzlichen Provokationen der Palästinenser. Unter dem Eindruck der Bilder von al-Dschasira wäre er erschrocken über die brutale Repression der Israelis und hätte für die klägliche Reaktion der hilflosen Palästinenser Verständnis gezeigt.

In früheren Zeiten wäre die ritualisierte öffentliche Gewalt, die ich in den besetzten Gebieten miterlebt hatte, nur von einer kleinen Zahl von Menschen wahrgenommen worden, manchmal nur von denen, die sie mit eigenen Augen gesehen hatten. Heute waren diese Bilder das Rückgrat der Kampagnen, die al-Fatah und Hamas in den vergangenen Jahrzehnten für die Palästinenser durchgeführt hatten, um breite Unterstützung für den Märtyrertod und die Selbstmordattentate zu gewinnen. Sie wurden tagtäglich, Stunde für Stunde, in die Wohnzimmer der gesamten islamischen Welt übertragen. Was genau dies für Konsequenzen hätte, war unklar, aber sie waren gewiss gravierend. Der letztlich regional begrenzte arabisch-israelische Konflikt wurde immer auch symbolisch in Dienst genommen, und zwar weltweit – oft mehr für die Interessen derjenigen, die nur Zuschauer waren, als für die Anliegen der Betroffenen. Für viele Araber und für Muslime in der ganzen Welt standen die Bilder der in ein Flüchtlingslager in Gaza hineinrollenden Panzer für all die Demütigungen, die der Umma, dem arabischen Volk oder beiden jemals vom Westen zugefügt worden waren. Der Verlauf des israelisch-palästinensischen Konflikts war für sie ein machtvolles Symbol ihrer eigenen Ohnmacht. Dieses Gefühl der Ohnmacht lag ihrem Gefühl der Demütigung zugrunde, das wiederum im Bewusstsein vieler die Selbstmordattentate rechtfertigte. Wenn die Propaganda funktionierte und ihr Ziel erreichte, würden viele hundert Millionen Menschen auf zukünftige, spektakuläre Propagandaakte der Gewalt perfekt vorbereitet – dann womöglich in globalem Maßstab. Walids Aktionen und die Selbstmordattentate sollten einem ohnehin bereits aufgeschlossenen Publikum zeigen, dass man handeln konnte und sollte.

Aber bereits im Sommer 2001 die gesamte islamische Welt als Befürworter des radikalen und militanten Islam, ja der Selbstmordattentate in Israel zu betrachten, dies wäre falsch gewesen. Selbst in Gaza trafen die Militanten keineswegs auf einhellige Zustimmung. Die Intifada ebenso wie die Sanktionen gegen den Irak, die Krise im Kosovo und verschiedene andere Ereignisse Ende der neunziger Jahre und zu Beginn des neuen Jahrtausends hatten in der islamischen Welt eine fieberhafte Diskussion ausgelöst und eben nicht zu der geschlossenen Reaktion von rund einer Milliarde Menschen geführt. Entscheidend für viele, die sich in der islamischen Welt mit Militanten wie mit der Militanz als solcher auseinander gesetzt hatten, war das, was in den zurückliegenden zehn Jahren in dem muslimischen Land Algerien geschehen war – Ereignisse, von denen die meisten im Westen keine Ahnung hatten.

Dr. Mohammed Sekkoum, ein hoch gewachsener Mensch in einem schreiend bunten Hemd, hatte 17 Jahre seines Lebens an zwei Orten gleichzeitig verbracht. In jedem wachen Augenblick und manchmal auch im Schlaf hatte er in einem großen Haus mit einem schlanken Zedernbaum im Garten auf einer Anhöhe in Algier und gleichzeitig in einer engen zweistöckigen Sozialwohnung im Norden Londons gelebt, 100 Meter von einer stark befahrenen Straße entfernt. »Ich bin hier, und gleichzeitig bin ich in Algier«, sagte er, als wir in seinem schäbigen Wohnzimmer mit dem zerschlissenen Sofa und den überall am Boden verstreuten Spielsachen saßen und »algerischen« Kaffee tranken, zubereitet mit billigem Pulverkaffee aus dem schäbigen kleinen Supermarkt nebenan. »Wenn ich aus dem Fenster schaue, hinunter auf den Verkehr und den kleinen Park, sehe ich den Zedernbaum, sogar wenn es regnet.« Sekkoum hatte Algerien 1986 verlassen, und als er im August 2001 zum ersten Mal dorthin zurückkehrte, nahm er mich mit.

Ich hatte Sekkoum bei meinen Recherchen über Netzwerke zur Unterstützung militanter Gruppen in Großbritannien kennen gelernt. Er war 51 Jahre alt, laut, redselig, chaotisch und gastfreundlich. Viel Zeit widmete er neu angekommenen Flüchtlingen, die er über ihre Rechte, die Einwanderergesetze und das Leben in Großbritannien aufklärte. In der algerischen Gemeinschaft Londons war er ein bekannter Mann, und ich konnte ihn anrufen, wenn ich wissen wollte, was hinter den damals immer neuen Serien von Festnahmen, Verhaftungen und Ausweisungen von Asylsuchenden in London steckte.

Im Frühjahr 2001 erzählte mir Sekkoum bei zahllosen Tassen seines fast ungenießbaren Kaffees die Geschichte seiner Heimat. Er erzählte, wie die Franzosen Anfang des 19. Jahrhunderts Algerien kolonisierten und die Widerstandsbewegungen brutal niederschlugen, die – wie in Afghanistan zur selben Zeit und im Irak etwas später – in den gestrüppreichen Bergen und Ebenen ihres Landes die Fahnen ihres Stammes und ihrer Religion gehisst hatten. Die Franzosen eigneten sich das beste Land an und setzten eine lokale französischsprachige Verwaltung ein. Sekkoums Vater war einer von vielen Algeriern, die im Zweiten Weltkrieg an der Seite der Alliierten gekämpft und nach dem Ende des Kriegs die Unabhängigkeit Algeriens gefordert hatten. Sekkoum wuchs inmitten des erbitterten Kampfes der Algerier für eine eigenständige Nation auf.

»Ich habe alles miterlebt«, sagte er während des dreistündigen Flugs von London nach Algier. »Ich war zwar noch ein Kind, aber ich habe gesehen, wie direkt vor mir Menschen erschossen wurden, von den Nationalisten, von den Franzosen.« Sekkoums Vater, ein Pförtner, engagierte sich an führender Stelle in der Unabhängigkeitsbewegung, daher geriet seine Familie ins Fadenkreuz, und einer seiner Brüder wurde getötet. Als dann 1962 der Krieg zu Ende war, durfte Sekkoums Familie ein großes Haus in Algiers al-Mouradiya-Viertel beziehen, das von einem der abziehenden französischen Siedler geräumt worden war. In den folgenden 25 Jahren wurde das freie Algerien von nationalistischen, sozialistischen Regimen regiert, denen es nicht einmal im kleinsten Rahmen gelang, die gravierenden Probleme des Landes zu lösen.

Sekkoum, Tierarzt von Beruf, wurde immer mehr in die Politik hineingezogen. »War das etwa verwunderlich, nach allem, was ich gesehen hatte? Ich fing an, unter den Ärmsten der Armen zu arbeiten, ich half Leuten, die mit Problemen zu kämpfen hatten; ich setzte mich für eine Verbesserung der Fleischqualität in den Metzgerläden ein, für eine Verbesserung der Hygiene und der Tierhaltung, solche Dinge. Ich war wütend, weil ich durch meine Arbeit wusste, wie die Reichen und Mächtigen lebten, während wir zu Hause nichts hatten.«

Es brach aus dem Exilanten Sekkoum nur so heraus, als die Bilder und Erinnerungen der Vergangenheit aufflammten und Heimweh und Wehmut übermächtig wurden. Seine verschiedenen Kampagnen sowie eine Karriere als Halbprofi im Fußball kosteten ihn in jungen Jahren viel Zeit, und bis Mitte der achtziger Jahre war er in keiner der großen politischen Parteien aktiv. Doch dann, obwohl alles andere als ein frommer Muslim, engagierte er sich bei den Islamisten, die damals nicht nur in Algerien als bedeutende politische Kraft in Erscheinung traten. Die Islamisten wollten all das verwirklichen, was der säkulare Staat trotz all seiner populistischen Rhetorik aufgrund seiner Unfähigkeit oder Korruptheit nicht zu tun vermochte. Ihre Kader unterhielten Krankenhäuser, unterstützten Schulen, erteilten Kredite für wichtige Baumaßnahmen oder medizinische Behandlung. Und Sekkoum, der sein Leben lang inoffiziell genau dies getan hatte, fühlte sich angesprochen. Der Zeitpunkt war nicht gut gewählt, um in die algerische Politik einzutreten. Als Sekkoum anfing, an öffentlichen Kundgebungen teilzunehmen, Briefe an Zeitungen zu schicken und sogar gelegentlich selbst Artikel zu schreiben, in denen er die Regierung kritisierte, wurde er verhaftet, ins Gefängnis gesperrt und später in eine psychiatrische Anstalt eingeliefert. Es gelang ihm auszubrechen. Anschließend suchte er Zuflucht in Großbritannien, weil er verständlicherweise nicht in Algerien bleiben wollte.

Algier war nicht so schön, wie ich es mir ausgemalt hatte. Entlang der Küste zogen sich Docks, Kräne und verstopfte Autobahnen hin, und an den Berghängen, an denen sich die Stadt ausbreitete, ragten heruntergekommene, ärmliche Mietskasernen in den Himmel, aus deren Fenstern Wäsche zum Trocknen hing. Hinter den Docks jedoch lagen breite, von den Franzosen erbaute Boulevards und große Plätze, nahezu perfekte Kopien von Pariser Straßen. Und in der berühmten Kasba, der Altstadt im Zentrum, führten zwischen den Kaskaden blau getünchter, übereinandergeschachtelter alter Häuser steiltreppige Durchgänge nach oben. Etwas zurückgesetzt von den baumbestandenen Straßen in den besseren Stadtvierteln lagen efeuüberwachsene Villen, von deren Balkonen mit schmiedeeisernen Geländern man auf das Mittelmeer blickte.

Sekkoums Familie lebte immer noch in dem Haus in al-Mouradiya, hoch oben auf einem der Hügel mit den vielen steilen Gassen. Seine Schwester Lalyia erwartete ihn bereits und weinte, als er durch das Tor in der niedrigen Mauer trat, die den etwas verwilderten Garten umgab. Sekkoum wandte den Blick zu der leeren Fläche in einer Ecke des Gartens und fragte: »Der Baum? Was ist mit dem Baum passiert?« Einer der Brüder, Ahmed, stand neben seiner Schwester, breitete die Arme aus und verzog das schmale, müde und runzelige Gesicht zu einem breiten Grinsen. Die Brüder umarmten sich, und Sekkoum zeichnete mit der Handfläche die imaginäre Linie von Ahmeds einstmals beträchtlichem Bauch nach: »Was ist denn mit dir passiert?«, fragte er. »Was ist passiert?«

»Ach, Mohammed«, antwortete Ahmed, und sein breites Grinsen verschwand aus seinem Gesicht. »Du weißt, was passiert ist.«

Sekkoum hatte Algerien verlassen, bevor sich die wirkliche Finsternis über das Land herabsenkte. Ende der achtziger Jahre organisierten die islamistischen Parteien an jedem Wochenende massive Demonstrationen. Die Regierung bekam es mit der Angst. Als die Kandidaten der islamistischen Parteien bei den Kommunalwahlen 1991 viele Stimmen gewannen und es so aussah, als würden sie auch aus den Wahlen zur Nationalversammlung als Sieger hervorgehen, schritt die Armee ein, sagte den zweiten Wahlgang ab und verhaftete die Führung der größten islamistischen Partei. Jetzt, nachdem die relativ Gemäßigten verschwunden waren, war der Weg frei für die Hardliner, von denen viele erst vor kurzem aus dem Krieg gegen die Sowjets in Afghanistan zurückgekehrt und den Behörden noch unbekannt waren. Einer von ihnen, Sekkoums

Schwager, der gleichfalls Mohammed hieß, saß an jenem ersten Abend in Algier neben mir im Garten und ließ sich still und friedlich sein Couscous schmecken.

Er war mir gleich nach unserer Ankunft vom Flughafen aufgefallen. Im Gegensatz zu den meisten anderen Männern, die in Jeans und Hemd waren, trug er ein cremefarbenes traditionelles Gewand und ein kariertes Kopftuch wie in den Golfstaaten, das mit zwei Kordeln befestigt war; er hatte einen schweren Vollbart. Er lebe jetzt in Saudi-Arabien, erzählte er mir, und sei ein Geschäftsmann und Religionsgelehrter. 1985 hatte er Algerien verlassen und in Afghanistan am Dschihad gegen die Sowjets teilgenommen. »Aus Glaubensgründen«, sagte er schlicht, und es gab keinen Anlass, dies zu bezweifeln.

Wie viele der arabischen Kämpfer in Afghanistan Ende der achtziger Jahre war auch Mohammed in seine Heimat zurückgekehrt, als sich das Ende des Kriegs gegen die Sowjets abzeichnete. In Pakistan hatte ich viele dieser Männer kennen gelernt, Veteranen, die ihren Dschihad anderswo in der islamischen Welt fortsetzten. Aber vor meinen Aufenthalten im Nahen Osten und im Maghreb war mir nicht klar gewesen, was für eine Rolle der neue Radikalismus sowie die Gewalt gespielt hatten, die solche Männer in den islamistischen Kampf in anderen Ländern der islamischen Welt hineintrugen. Wie bin Laden, den er, wie er sagte, mehrmals getroffen hatte, war damals auch Mohammed erfüllt von einem Gemisch aus modernem politischen Islamismus, radikalem reaktionären Konservatismus und modernen revolutionären Strategien, die während zehn Jahren Krieg in Südwestasien ausgebrütet worden waren. Mohammed und andere Veteranen waren genau im richtigen Augenblick in Algerien angekommen. Unterstützt von einer großen Zahl einheimischer Rekruten, hatten sie das Kommando über die islamistische Bewegung des Landes an sich gerissen und sie zu einer gewaltbereiten dschihadistischen Bewegung umgestaltet. Mit erschreckenden Folgen.

Der algerische Bürgerkrieg dauerte von 1991 bis Ende der neunziger Jahre und war einer der grausamsten Konflikte der jüngeren Geschichte, über den viel zu wenig berichtet wurde. Zivilisten schnitt man die Kehle durch. Männer und Frauen, Alte und Kinder – ganze Dörfer wurden ausgelöscht. Auf Marktplätzen explodierten Bomben. Tausende »verschwanden«. Und alle – Militante wie Sicherheitskrafte – waren an den Massakern, Folterungen und Einschüchterungen beteiligt. Am Ende wusste niemand, wie viele Menschen getötet worden waren. Vorsichtigen Schätzungen zufolge waren es zwischen 100 000 und 150 000. Fast alle Opfer waren Zivilisten, die sich weder für Politik noch für den radikalen Islam oder sonst irgendetwas interessierten und nichts anderes wollten, als mit den Menschen, die sie liebten, ein ruhiges und möglichst angenehmes Leben zu führen.

Doch in all dem Chaos gab es ein kleines Fünkchen Hoffnung. Je mehr ich über den Algerienkrieg erfuhr, desto mehr war ich überzeugt, dass er über das Wesen des militanten Islam ganz allgemein eine wichtige Lektion bereithielt. In Algerien konnte ich etwas beobachten, das ich bereits aus Pakistan, Afghanistan, dem Irak und Palästina kannte: dass die Religion Menschen einfach schon deshalb zu fesseln vermag, weil sie ihnen in positiver oder negativer Weise nützlich sein kann; dass auf religiöser Überzeugung gründende Systeme eine reizvolle Alternative darstellen, sobald andere Ideologien entweder scheitern oder sich als allzu bedrohlich herausstellen oder als beides; dass Propaganda dann am besten wirkt, wenn sie bei latentem Misstrauen und bei Ressentiments ansetzen kann, die noch keine Sprache und kein Ventil gefunden haben, besonders wenn das Gefühl von Demütigung, Ungerechtigkeit und enttäuschten Hoffnungen von vielen schmerzhaft empfunden wird. Doch Algerien hat mich auch etwas Neues gelehrt. Während ich das Land oder jedenfalls den schmalen, besiedelten Küstenstreifen im Norden bereiste, begann ich zu ahnen, wie enorm wichtig der normale Durchschnittsmensch ist, die Masse der Bevölkerung mit ihren gemäßigten Ansichten, die für sich, ihre Freunde und Angehörigen nichts weiter ersehnt als ein lebenswertes Leben. Sie waren es schließlich gewesen, die mit ihrer anfänglichen Unterstützung der Islamisten in gewisser Weise den Krieg verursacht hatten. Und es war ihrer Abscheu vor den Militanten geschuldet, dass dieser Krieg beendet wurde.

Eines Abends lernte ich zwei Männer um die dreißig kennen, die in den neunziger Jahren als Mudschaheddin in einer der gemäßigteren islamischen Gruppen gekämpft hatten. Sie hätten, so erzählten sie mir, den Kampf in der Überzeugung aufgenommen, dass die Regierung korrupt und kriminell sei. Und weil sie »Gerechtigkeit und Sicherheit« wollten und ihre politischen Anführer ihnen gesagt hätten, eine Militärkampagne sei der einzige Weg, nach den annullierten Wahlen von 1991 an die Macht zu gelangen. Man hätte ihnen gleichzeitig versichert, der Krieg sei in wenigen Monaten zu Ende – ein Versprechen, das Infanteristen stets erhalten. Aber der Krieg dauerte. Das habe ihnen am Anfang nichts ausgemacht, weil sie in den ersten Jahren von der Bevölkerung unterstützt worden seien und es ihnen an nichts gefehlt habe. Das habe sich erst später geändert.

Die beiden Männer sprachen zwar nicht explizit von den Gräueltaten Mitte der neunziger Jahre, aber ich wusste, was sie meinten. Als die eher strategisch operierende zentrale Führung der militanten Gruppen in den Jahren 1993 und 1994 zunehmend degenerierte, wurden die Angriffe immer zielloser und brutaler. Sie gipfelten 1998 in einer Serie von Massakern, bei denen Kleinkindern die Eingeweide herausgerissen, schwangere Frauen auf Pfähle gespießt und ganze Dörfer niedergebrannt wurden. Die hingeschlachteten Leichen der Opfer wurden öffentlich gezeigt – ein weiteres Beispiel für die makabre Zurschaustellung von Gewalt. Einige dieser Überfälle gingen vermutlich auf das Konto von Agents provocateurs innerhalb der algerischen Sicherheitskräfte, die meisten aber wurden von den zunehmend desorganisierten, brutalisierten Mudschaheddin verübt. Und diese Brutalität hatte unmittelbare Auswirkungen.

»Nachdem die Massaker begonnen hatten«, erzählte mir einer der Männer, »wurde es schwieriger, Essen und Unterkunft zu finden. Am Ende wollte uns niemand mehr helfen, obwohl die Leute wussten, dass unsere Gruppe gegen den Staat und nicht gegen die Bevölkerung war.« Die Leute waren nicht nur abgestoßen von der Grausamkeit der Angriffe, sie wurden auch finanziell getroffen. Der Krieg ruinierte die Wirtschaft des Landes, und man gab den Militanten die Schuld daran. Die beiden Mudschaheddin hatten jüngst von einer Amnestie der Regierung profitieren können und sich »in die Gesellschaft reintegriert«, wie sie sagten. Der eine war jetzt Bäcker, der andere Obstverkäufer. »Man hat uns gesagt, wer nicht für uns ist, ist gegen uns – selbst wenn es Muslime sind. Heute wissen wir, dass das nicht stimmt.« Keiner der Militanten, die sie kannten, hatte jemals ein Selbstmordattentat in Erwägung gezogen. »Auf die Idee sind wir gar nicht gekommen«, meinte der Obstverkäufer.

Neben den Schilderungen der reumütigen Mudschaheddin gab es noch andere Dinge, die meinen Eindruck bestätigten, die Zeit für eine breite Unterstützung des Radikalismus in Algerien sei vorbei. Ich fuhr nach Osten in die Bergregion der Kabylei, wo im Frühsommer die Demonstrationen für bessere Arbeitsmöglichkeiten und Lebensbedingungen in gewalttätige Ausschreitungen ausgeartet waren. Die Gewalt, so erzählte man mir, sei nicht zuletzt durch die Bilder der palästinensischen Intifada ausgelöst worden, die der Fernsehsender al-Dschasira und andere Satellitenkanäle ausstrahlten. Hier waren die Häuserwände mit politischen Slogans besprüht, genau wie in der Altstadt von Algier. »Gendarmes, assassins« lautete eine dieser Parolen gegen die verhasste Polizei, die, wie mir der Mitarbeiter einer Menschenrechtsorganisation sagte, für den Tod zahlloser Menschen in Untersuchungshaft verantwortlich war. »Die Toten fürchten nicht den Tod«, lautete eine andere. »A nous l'Algérie« eine dritte. Es war der alte nationalistische Kampfruf während des Unabhängigkeitskrieges gegen »Le Pouvoir«, wie das herrschende Establishment der Politiker und Generäle genannt wurde. Im persönlichen Gespräch aber machten die jungen Männer der Kabylei ihrer Wut Luft mit Worten, die eher von demokratischem Denken zeugten als von islamistischen Vorstellungen. Ein Grund dafür war ihre ethnische Herkunft, denn die Bevölkerung gehörte der ethnischen Minderheit der Berber an, von denen viele den militanten Islam mit der arabischen Bevölkerungsmehrheit in Verbindung brachten. Ein anderer Grund war jedoch die schlichte Tatsache, dass sich im Sommer 2001 der religiös geprägte Radikalismus in Algerien bereits überlebt hatte. Dies meinte auch Mohammed, der Veteran des Afghanistan-Kriegs, als ich ihn darauf ansprach. »Wir waren voller Ideen und voller Wut«, sagte er. »Wir wussten nicht, was Demokratie ist.«

Ein paar Tage nach meiner Reise in die Kabylei fuhr ich in die andere, westliche Richtung, durch atemberaubende trockene Berge mit verkrüppelten Olivenbäumen und wüsten Feldern, in die Stadt Shlef, ein Zentrum des Aufstands, wohin sich die staatlichen Sicherheitskräfte bis vor kurzem nicht gewagt hatten. Alles wirkte ruhig. Die örtlichen Verwaltungsbeamten erklärten mir, selbst auf dem Höhepunkt des Aufstandes seien nur ein paar tausend Männer beteiligt gewesen. Jetzt seien es nur noch ein paar hundert. Ihre Forderungen, falls es wirklich ihre Forderungen waren, schienen vernünftig. Ich sprach mit einem Senator, einem ehemaligen Islamisten, der erklärte, die Regierung habe mehrere gemäßigte religiöse Parteien zugelassen, die jetzt Abgeordnete im Parlament hätten; dies habe zur Entschärfung der Spannungen beigetragen.

Ich besuchte ein kleines Dorf inmitten verdorrter Felder, wo in der Nacht zuvor ein Dutzend Menschen von einer marodierenden Bande Militanter getötet worden war, ohne erkennbaren Grund. »Sie wurden niedergemäht wie Weizen«, sagte der Sohn des alten Mannes, der einen Bauernhof bewacht und bei dem Angriff ums Leben gekommen war. Er habe, sagte er, Vertrauen in den neuen Präsidenten Abdelaziz Bouteflika, der zwei Jahre zuvor in einer relativ freien und fairen Abstimmung gewählt worden war. »Ich habe mit Politik nichts zu schaffen«, fuhr er fort. »Ich weiß nicht, warum sie meinen Vater getötet haben. Wer so etwas tut, der ist kein Muslim.«

Im Flur einer der großen Mietskasernen in einer der Vorstädte Algiers sprach ich mit Hakim und seinen Freunden. Sie waren jung und kleideten sich wie die meisten ihrer Altersgenossen in einem hybriden Hip-Hop/Mudschaheddin-Stil mit überdimensionalen Hosen, verkehrt herum getragenen Baseballmützen und Bomberjacken. Wir unterhielten uns eine halbe Stunde lang in einer Mischung aus Französisch und Arabisch über die vielen Probleme – Arbeitslosigkeit, mangelnde Freizeitmöglichkeiten, Wohnungsprobleme –, mit denen jedes Jahr eine halbe Million Algerier nach Beendigung der Schule konfrontiert ist. Ich fragte, was sie tun wollten. »Noch mehr Haschisch rauchen, noch mehr Rap hören, noch größere Raves organisieren«, sagten sie. Und ihr sehnlichster Wunsch? »Ein französisches Visum.«

An meinem letzten Vormittag in Algerien besuchte ich das Café am Ende der Straße von Mohammed Sekkoums Haus. Ich kehrte nach London zurück, während Sekkoum, glücklich über das, was er in seiner Heimat vorgefunden hatte, den ganzen Sommer hier verbringen wollte. Im Café saßen ein Dutzend Männer auf Plastikstühlen um alte Tische, rauchten und diskutierten bei Kaffee, Croissants und der Morgenzeitung. Wie immer war eine hitzige Debatte über die Lage in ihrem Land entbrannt. Ich setzte mich und machte Notizen. »Es ist doch nur eine Frage der Zeit«, meinte der eine. »Der Weg zur Demokratie hat 1988 begonnen, und wir haben ihn schon halb geschafft. Es dauert eben seine Zeit, aber der Endspurt hat begonnen. Wir sollten etwas geduldiger sein.« »Du bist ein Kindskopf«, entgegnete ein anderer. »Wir vegetieren, wir leben nicht. Ich habe keine Arbeit. Ich möchte meiner Frau zu unserem Hochzeitstag ein Geschenk kaufen, aber ich habe kein Geld. Die Reichen haben Häuser und alles. Ich finde nicht mal eine Arbeit. Unsere

Regierung ist die einzige Mafia auf der Welt, die eine eigene Fahne hat. Wenn das Demokratie ist, kann sie mir gestohlen bleiben.«

Männer an anderen Tischen mischten sich ein. »Bouteflika ist zwar gewählt worden, aber er ist trotzdem nur eine Marionette. Das Militär regiert das Land«, sagte einer.

»Nein, es hat in den Moscheen angefangen, es sollte auch in den Moscheen aufhören. Der Islam hat eine Aufgabe«, sagte ein anderer.

»Unsinn, lass die Moscheen aus dem Spiel. Ihr habt immer nur die Moscheen im Kopf. Selbst in der Armee gibt es Leute, die eine Veränderung wollen. Der Prozess hat schon begonnen. Er kann nicht mehr aufgehalten, nur verzögert werden. Überlassen wir es doch den Jungen. Schließlich geht jede Revolution mit diesen pickeligen Teenagern los, nicht mit uns. Wir sitzen nur rum und quatschen wie alte Weiber.«

»Wer will überhaupt eine Revolution?«

»Und was willst du? Dass alles beim Alten bleibt? Irgendetwas muss sich doch ändern. Die Frage ist nur, wie.«

Als ich aufbrach, redeten sie immer noch.

Am Abend aß ich noch einmal im Haus Sekkoums und seiner Familie. Sonst war es mir stets gelungen, meine geheimpolizeiliche Eskorte abzuschütteln, wenn ich die Freunde besuchte. Jedes Mal wurde lebhaft diskutiert, man erzählte Geschichten und plauderte. Gäste kamen und gingen. An dem langen Tisch, der im Garten des großen Hauses auf dem Hügel aufgestellt war, füllte man sich seinen Teller mit Couscous und setzte sich dann auf das Mäuerchen oder auf einen Plastikstuhl und aß und plauderte. Doch diesmal erwischten mich meine beiden staatlichen Aufpasser, als ich in ein Taxi stieg. Es waren angenehme junge Männer, ungefähr in meinem Alter, die nur ihren Job machten, aber ihre Anwesenheit bei Sekkoum gab dem Verlauf des Abends eine völlig andere Richtung. Statt lauter und ausführlicher Streitgespräche in französischer Sprache über die Zukunft Algeriens, wie ich sie an den vergangenen Abenden miterlebt hatte, klärte uns der afghanische Veteran und in Saudi-Arabien ansässige Geistliche Mohammed zwei Stunden lang in klassischem Arabisch über die Feinheiten des islamischen Rechts auf. Sekkoum, seine Freunde, seine Angehörigen, die Polizisten und ich langweilten uns zu Tode, aber die Episode war bezeichnend. Es war eine kleine, aber subtile Demonstration des Widerstands, und es war die Religion, ein Bereich, über den der Staat wenig Macht hatte, die diesem

Widerstand Raum und Sprache gab. Es war eine nützliche Erinnerung an die Rolle, die die Religion jederzeit wieder spielen konnte.

Im Flugzeug nach Hause blätterte ich meine Notizhefte durch, übertrug die wichtigen Telefonnummern in mein Adressbuch und schrieb das Datum auf den Umschlag. Es war der 6. September 2001. Das Wetter war sonnig und warm. Am Wochenende besuchte ich die Geburtstagsfeier eines Freundes in einem Cottage im Norden Englands, trank Bier in Pubs und machte Spaziergänge. Meine Versuchung ist groß, diese Tage als eine Art Vorkriegsidyll zu verklären. Wenn ich heute auf dieses Wochenende zurückblicke, überlege ich, was die Menschen, denen ich in den Jahren zuvor begegnet bin, jetzt wohl machen. Ich denke an meine Freunde unter den Peschmerga, die gegen die spätsommerliche Hitze im Nordirak wässrigen Joghurt – *mast* – tranken. Ich denke an Majid aus Yorkshire und die anderen Pilger, die den Bari-Imam-Schrein besucht hatten, an die Bewohner des Dorfes Chak 100P mit ihren fetten Wasserbüffeln und ihrer neuen Moschee und an die Asche dort, wo Muradam Mai verbrannt worden war. Ich denke an Javed Parachar und seine Schulen voll junger Eiferer und an die Kindersoldaten, die Maulbeeren aßen und davon träumten, lange Reihen von Taliban-Kämpfern niederzumähen. Ich denke an Ahmed Shah Massud, der an dem Tag starb, an dem ich von meinem Wochenende auf dem Land nach London zurückkehrte; er kam ums Leben, als sich ein Selbstmordattentäter in Massuds Büro im Norden Afghanistans in die Luft sprengte. Ich denke an Ekram, der, wie ich wusste, die Wochenenden mit seiner Familie in dem großen, immer vollen Haus in Peschawar verbrachte, und frage mich, ob der Steilwandfahrer auf seinem Motorrad in Kabul wohl gerade seine Runden drehte. Ich denke an Frau Khudeir in der al-Mutanabi-Grundschule und an Bilawal, den Elfjährigen mit dem Vollmondgesicht, der auf dem Pausenhof seiner Schule dem Westen den Dschihad geschworen hatte. Ich denke an Omran, der an Krebs sterben würde, an die Jungen in Netzarim und an Sekkoums Schwester, die mir zum Abschied Geschenke in die Hand gedrückt und geflüstert hatte: »Dafür haben wir keinen großen Verzicht leisten müssen.« Und ich denke an die 3000 Männer und Frauen, die am darauf folgenden Dienstag sterben sollten, als 19 muslimische Männer aus Ägypten, dem Libanon, den Vereinigten Arabischen Emiraten und Saudi-Arabien, alle in Afghanistan und Pakistan ausgebildet, in Amerika vier Flugzeuge entführten.

6 Ein kurzer Krieg im Hindukusch

Es dämmerte, und auf den engen Gassen des Bara-Basars in Peschawar drängten sich die Menschen. Die Händler ließen bereits die Eisengitter ihrer Stände herunter, Frauen in Burkas eilten zu den letzten Einkäufen vor Ladenschluss, und die Kebabverkäufer, Tücher gegen den Staub und den Dreck um den Kopf gewickelt, hockten neben ihren Kohlebecken und drehten das sehnige, durchwachsene Fleisch, das über den glühenden Kohlen zischend brutzelte. Ich hoffte, in der Dunkelheit an den militärischen Kontrollposten vorbeizukommen – einer von unzähligen Hilfsarbeitern und Ladenangestellten, die aus der Stadt heimwärts in das Bergland um den Khyber-Pass strebten. Ich hatte eine Verabredung mit al-Qaida.

Es war der 4. Oktober 2001, und ich hielt mich seit drei Wochen in Pakistan auf. Wenige Tage nach den Anschlägen vom 11. September war ich hierher zurückgekehrt und versuchte noch immer, die mir so vertraute Umgebung mit der drastisch veränderten Situation in Einklang zu bringen. Selbst die Kleidung, die ich jetzt trug – der sackartige Shalwar Kameez –, befremdete mich. Ich hatte nie zuvor einheimische Tracht getragen, doch in Pakistan nach dem 11. September war dies eine unabdingbare Notwendigkeit. Zuvor war es einfach gewesen, mit ein wenig Beharrlichkeit und Freundlichkeit eine offizielle Erlaubnis zur Einreise in die Stammesgebiete am Khyber-Pass zu erhalten oder in Begleitung eines Stammesältesten, den man kannte, die Checkpoints zu überwinden. Jetzt aber hatten die pakistanischen Behörden Reportern den Zutritt zu den Grenzgebieten verboten – »zu ihrer eigenen Sicherheit« – und wegen Verstoßes gegen diese Anweisung bereits mehrere von ihnen eingesperrt. Ohne die einheimische Tracht, Ekrams Kontakte und den hoch gewachsenen paschtunischen Schmuggler Abdullah mit seinem schmalen Gesicht wäre ein solches Treffen unmöglich gewesen.

Ekram, mit dem ich seit meiner Ankunft in Pakistan eng zusammenarbeitete, hatte die Begegnung ein paar Tage vorher arrangiert. Es hatte zäher Verhandlungen mit Mittelsmännern einer der militanten pakistanischen Gruppen bedurft, bis schließlich ein Religionslehrer bereit war, mit mir zu sprechen. Da er aus Afghanistan herüberkam, konnte die Begegnung nur ganz oben an der Grenze stattfinden, tief in Stammesterritorium.

Als die Sonne hinter den Bergen westlich der Stadt untergegangen war, stiegen Abdullah, Ekrams Bruder Daoud und ich auf die Ladefläche eines Pritschenwagens voller paschtunischer Arbeiter. Wir verließen den Basar, bahnten uns den Weg zwischen den motorisierten Rikschas, den Eselskarren und den bunt bemalten Bussen hindurch in Richtung der Straße zum Khyber-Pass. Die Polizei war kein Problem. Auf dem Pritschenwagen kauernd, zog ich mein rundes Gebetskäppchen tief ins Gesicht, schlang mir einen Schal um den Kopf, bettete die Stirn auf meine Unterarme und tat, als schliefe ich. Nur ab und zu schaute ich hoch und erkannte das vertraute Straßenbild: die traditionellen ummauerten Festungshäuser, die Forts, die sorgfältig auf den Fels gemalten Regimentszeichen, Polizisten mit alten Lee-Enfield-Gewehren und schwarzen Uniformen, dunkle Schatten vor den Öllampen ihrer Wachhäuschen. Ich sah ein Kind, das mit einem Reifen spielte, zwei Frauen in Burkas, dann ein Feuer, dann die hohen, nackten Felswände beiderseits des Passes.

Als wir den fünften Kontrollposten passierten, war es bereits dunkel. Wir bogen nach rechts auf einen Feldweg und waren unversehens inmitten einer Landschaft aus Felsklippen und trockenen Tälern. Nach fast einstündiger Fahrt stiegen wir aus und gingen zu Fuß hinter mehreren bewaffneten Männern einen pechschwarzen Felsrücken entlang. Die Nacht war sternenklar, ein heller Mond beleuchtete die Landschaft. Breite Sternenbänder wölbten sich über den Himmel. Wir waren jetzt unmittelbar an der Grenze und betraten immer wieder afghanisches Territorium. Im Tal unter mir erkannte ich eine Linie, die die Straße nach Jalalabad sein musste. Es war außerordentlich still, nur das gelegentliche metallische Klirren der Waffen und das Geräusch unserer Schritte im feinen Staub waren zu hören. Wir marschierten eine Zeit lang schweigend und hielten dann am Rand einer weitläufigen Anlage mit einer hohen Mauer auf einem Berg. Einer der Bewaffneten schlug gegen eine einfache Eisentür. Ein junger Mann führte uns in einen kleinen Hof.

»Mein Cousin«, sagte der Schmuggler Abdullah. Er lehnte seine Kalaschnikow gegen eine Mauer und verschwand in dem Gewirr von

Durchgängen zu einem Telefon. Der junge Mann geleitete uns in ein Zimmer neben dem Hof und brachte uns grünen Tee, während wir uns auf Kissen an den Wänden niederließen. Weitere Familienmitglieder setzten sich zu uns, und nach einer halben Stunde gesellte sich ein schlanker, drahtiger Mann mit scharfen Augen in einem zerfurchten Gesicht, mit kurzem Haar, grau meliertem Bart und ohne ein Gewehr zu uns. Abdullah stellte ihn als Lehrer für Islamwissenschaften vor. Er sei vor einer Woche aus Kabul gekommen; offensichtlich wohnte er aber in Peschawar. Er wirkte körperlich fit, und als ich ihm die Hand drückte, spürte ich die Schwielen. Er war der Mann, den ich hier treffen wollte. Wir tauschten Höflichkeiten aus. »Was wollen Sie wissen?«, fragte Daoud, der für mich übersetzte.

»Wann haben Sie Osama bin Laden zum letzten Mal gesehen?«

»Schon länger nicht mehr.«

»Was sind Sie genau? Ein Mitglied, ein Helfer, ein Anhänger oder was?«

Der Mann verzog das Gesicht zu einem schmalen Lächeln und schwieg lange. Das überraschte mich nicht. Ekram hatte mir bereits gesagt, dass mein Gegenüber vor kurzem einem afghanischen Freund gegenüber geprahlt hatte, die Uhr, die er trug, hätte ihm »der Scheich« gekauft. Von anderen hatte ich erfahren, dass er jahrelang regelmäßig Nachrichten von al-Qaida an Gruppen in Pakistan übermittelt und bin Laden zwei Monate zuvor getroffen hatte. Ich wusste auch, dass er für einige aus bin Ladens engstem Kreis als inoffizieller religiöser Ratgeber fungiert hatte.

»Ich bin Lehrer«, sagte er schließlich.

Ich fragte ihn, ob bin Laden hinter den Anschlägen vom 11. September steckte. »*Bismillah-i rahman-i rahim,* im Namen des barmherzigen und gnädigen Gottes, es spielt keine Rolle, ob Scheich Osama etwas damit zu tun hat«, sagte er. »Ich bin nicht der Rechtsanwalt des Scheichs, aber ich werde Ihnen einiges erklären.«

Und das tat er in der folgenden Stunde. Mit dem meisten, was er sagte, war ich nicht einverstanden, aber ich war nicht hier, um mit ihm zu diskutieren, ich wollte seine Denkweise verstehen. Und dies war die Logik seiner Argumentation: Erstens: Der Krieg gegen Amerika sei ein Verteidigungskrieg und daher nach den strengen islamischen Rechtsvorschriften über gerechte und ungerechte Kriege als Dschihad gerechtfertigt; das muslimische Volk als Ganzes sei angegriffen worden, daher sei der Dschihad die Pflicht eines jeden Muslim. Zweitens: Amerika sei gleichbedeutend mit Tyrannei, *zulm,* es stehe im Dienst der Ungerechtigkeit, deshalb sei es eine religiöse Pflicht, es zu bekämpfen. Drittens: Es sei zwar unislamisch und falsch, Unschuldige zu töten, dennoch aber durchaus verständlich, dass Menschen, die »empört« seien über »Amerikas unablässige Einmischung und die Unterdrückung der Muslime überall auf der Welt«, Anschläge wie die in New York und Washington verübten und sich darüber »freuten«. Ja, der Koran erlaube die Anwendung von Strategien, bei denen Unschuldige getötet werden, wenn es keine Alternativen gebe. »Ich glaube, Sie nennen so etwas ›collateral damage‹ [Kollateralschaden]«, fügte er hinzu und benutzte das englische Wort.

Osama bin Laden, sagte er, sei einer jener »Wütenden«, die, wie er eigens betonte, das Blutbad in Amerika zwar »begrüßt«, aber nicht »organisiert« hätten.

»Und Amerikas Verbündete? Sind sie auch ein Angriffsziel?«, fragte ich.

»Es gibt drei Kategorien von Ungläubigen«, erklärte er und verwendete das arabische Wort *kufr.* »Diejenigen, die uns angegriffen haben und mit denen wir im Krieg sind; diejenigen, die in Ländern leben, mit denen wir Abkommen geschlossen haben, und diejenigen, die mit uns in unserem eigenen Land zufrieden leben. Das Blut der zweiten und der dritten Kategorie von Ungläubigen ist für uns genauso wertvoll wie das Blut der Muslime. Aber Amerika zählt zur ersten Kategorie; ihm müssen wir uns entgegenstellen, das ist unsere Pflicht. Und wer Amerika hilft, wird ebenfalls zum Feind. In Ihren westlichen Demokratien wählt man die Regierungen und zahlt Steuern und ist daher mitverantwortlich für das, was die Regierungen tun. Das bedeutet, jeder wird zum Angriffsziel.«

Er unterbrach das Gespräch, als das Essen kam, Hammelfleisch und Okraschoten. Interessant war für mich, dass er ganz ähnlich argumentierte wie die Selbstmordattentäter in Israel. Von dort bis hierher war es ein weiter Weg, und ich fragte mich, wie weit sich dieses Denken noch ausbreiten würde. Der Raum war jetzt gefüllt mit Stammesältesten. Sie kamen in Begleitung ihrer ältesten Söhne und hängten ihre Kalaschnikows an den Kleiderständer neben der Tür. Dann setzten sie sich mit überkreuzten Beinen auf den Boden um die mit Essen gefüllten Schüsseln, die auf einem Plastiktuch standen, aßen mit einer Hand und schwiegen, bis die Mahlzeit beendet war.

»Wie können weitere Konflikte vermieden werden?«, fragte ich den Lehrer.

»Um einen dritten Weltkrieg zwischen Muslimen und Nichtmuslimen, zwischen dem Westen und dem Osten zu verhindern, muss die Weltgemeinschaft ihre politischen Führungen fragen, warum sie sich in die inneren Angelegenheiten anderer Länder einmischen, warum sie Menschen unterdrücken, warum sie Regime unterstützen, die Menschen ganz offen unterdrücken und brutal behandeln, warum freiheitsliebende Menschen, die in ihrem eigenen Land frei leben wollen, als Terroristen bezeichnet werden.«

Ringsum zustimmendes Gemurmel. Die Männer redeten schnell und angeregt in unverständlichem Paschtu, aber immer wieder hörte ich das arabische Wort *zulm,* Tyrannei. Der Lehrer, der das Gefühl hatte, alles Wesentliche gesagt zu haben, sprach für den Rest des Abends nur noch wenig. Die anderen Gäste redeten viel, bis auf die Minuten, in denen sie verstummten, um den BBC-Nachrichten in Paschtu zu lauschen. Dann begann die Diskussion von neuem. Alle waren sich einig. Es sei zwar sehr traurig, sagten sie, aber jede Generation müsse sich gegen die Unterdrücker wehren. Das sei ihre Pflicht. Die Älteren unter den Anwesenden hatten gegen die Sowjets gekämpft. Wenn jetzt die Amerikaner und die Briten kämen, sagten die Jüngeren, wäre das ihr Dschihad.

Ich schlief in einem einfachen Bett im Hof. Ab und zu Hundegebell, das Echo von Gewehrsalven, ansonsten war es sehr ruhig. Am nächsten Morgen war Abdullah verschwunden, und Daoud und ich fuhren auf dem Rücksitz des Jeeps eines 70-jährigen Stammesoberhaupts nach Peschawar zurück, der sich freute, einem »Briten« helfen zu können. Er erzählte von der »guten alten Zeit« der britischen Verwaltung Pakistans. Während der Fahrt dachte ich darüber nach, was der Lehrer über die Hintergründe von bin Ladens Strategie gesagt hatte. Das meiste davon stimmte wohl. Aber der Lehrer hatte auch vieles verschwiegen. So war beispielsweise klar, dass bin Laden, wie viele palästinensische Selbstmordattentäter auch, Menschen schaden wollte, die er hasste und gegen deren selbstzufriedenes, bequemes und selbstbewusstes Leben er einen tiefen Unmut hegte. Bin Laden hoffte auch, durch Gewalt, Leid und wirtschaftlichen Schaden politische Zugeständnisse zu erzwingen, beispielsweise den Abzug amerikanischer Truppen aus Saudi-Arabien oder das Ende der amerikanischen Hilfe für Israel. Dann gab es noch persönliche und berufliche Gründe. Nach allem, was ich über bin Laden wusste, war er ein ehrgeiziger und egoistischer Mensch. Ein erfolgreicher und spektakulärer Anschlag, das wusste bin Laden aus seiner Erfahrung der Attentate in Ostafrika 1998, würde einen stetigen Strom von Spendengeldern und Rekruten zur Folge haben und darüber hinaus auch seine Stellung als wichtigsten Führer des militanten Islam festigen.

Vor allem aber war ich überzeugt, dass bin Laden Gewalt, durch die Medien weltweit verbreitet, als eine Art »Propaganda durch Taten« benutzen wollte. Er wusste, dass er allein oder mit ein paar tausend Anhängern wenig ausrichten konnte und dass es sein vorrangiges Ziel sein musste, die viele hundert Millionen Menschen in der islamischen Welt zu radikalisieren und zu mobilisieren, die bis dahin seinem Ruf zu den Waffen nicht gefolgt waren. Er hatte erkannt, wie verbraucht die Politik in der islamischen Welt war, insbesondere in den arabischen Kernländern, deren Herrscher oder Dynastien seit Jahrzehnten die Macht innehatten. Seiner Ansicht nach litten die Muslime weltweit an einem kollektiven Mangel an Phantasie, der durch gleichgültige beziehungsweise gelenkte regionale Medien noch verstärkt wurde, und sie mussten aufgerüttelt und zum Handeln gezwungen werden. Bin Laden war daher bereit, alles auf eine Karte zu setzen und mit einem Anschlag die latente Unterstützung, die er für seine radikalen Pläne zu haben glaubte, zu mobilisieren und die Massen zu jenem Aufstand zu bewegen, von dem er immer geträumt hatte.

Es war nur folgerichtig, dass bin Laden auf ein Hassobjekt zurückgriff, das vielen Menschen in der islamischen Welt vertraut war. Verschiedene Versuche Anfang der neunziger Jahre, die Muslime auf nationaler Ebene wachzurütteln, waren an der Engstirnigkeit seines Zielpublikums gescheitert. Ein gemeinsamer Feind, so erkannte bin Laden, war die Lösung, nachdem die Kampagnen gegen einzelne Regierungen fehlgeschlagen waren. Kaum jemand im Westen konnte sich vorstellen, dass ein Handelszentrum, in dem viele tausend Zivilisten arbeiteten, gerechtfertigtes Ziel einer »militärischen« Aktion sein könnte. Doch in der islamischen Welt waren die Zwillingstürme das Symbol für den wirtschaftlichen, technologischen und kulturellen »Neoimperialismus«

Amerikas. Schon allein die Größe der Gebäude stand nach Ansicht vieler für die Arroganz Amerikas und des Westens. Der »Märtyrertod« der Attentäter verlieh der spektakulären Aktion Legitimität und Macht, beschwor die lange Tradition des Selbstopfers und demonstrierte die Bereitschaft einiger Muslime, sich zu erheben und alles auf eine Karte zu setzen.

Die Logik in bin Ladens Planung war klar. Das Bild der brennenden Zwillingstürme würde, so hoffte er, die gemeinhin tabuisierten Gefühle von Rache, Wut, verletztem Stolz und Demütigung nach außen kehren – all jene dunklen Gefühle, die viele in der islamischen (und auch in der nichtislamischen) Welt tief in ihrem Innern hegten. Die Angriffe würden die Komplizenschaft und Solidarität schaffen, die er sich seit langem erträumte. Bin Laden appellierte an sein Zielpublikum über Satellitenfernsehen und Internet. »Ich weiß«, sagte er, »ihr wisst insgeheim, dass ihr euch darüber freut und dass ihr die Männer bewundert, die es getan haben. Vielleicht nur auf einer intuitiven, kaum artikulierten Ebene, und vielleicht hält euch vieles davon ab, es zuzugeben, und ihr habt widerstreitende Gefühle. Aber diese Freude ist dennoch vorhanden. Ihr habt sie empfunden, und jetzt gehört ihr zu uns. Macht euch dies klar, steht dazu und handelt danach. Es gibt viele wie euch.« Durch diese Äußerung erklärt sich eine rätselhafte Bemerkung bei einer Pressekonferenz 1998, als er die weltweite Gemeinschaft der Muslime aufgefordert hatte, »sich selbst zu definieren«. Im Grunde genommen stellte er die Frage: »Seid ihr für uns oder gegen uns?«

Ich dachte an Algerien und daran, dass dort die zunehmende Gewalt zu einer schwindenden Unterstützung der einst so populären Militanten durch die Bevölkerung geführt hatte. Ich dachte an den Gazastreifen und daran, dass Groll und Wut der Palästinenser, verstärkt durch die brutalen Taktiken, die man gegen sie anwandte, es den Radikalen erleichtert hatten, für den Märtyrertod zu werben. Und ich fragte mich, ob die Anschläge auf die Zwillingstürme der Anfang einer neuen globalen und globalisierten Welle des Terrors waren oder nur der letzte, gewalttätige Ausbruch eines scheiternden Versuchs, eine unpopuläre Ideologie durchzusetzen. Viel hing davon ab, welche Strategien der Westen in dem nun erklärten »Krieg gegen den Terror« verfolgte, und natürlich davon, wie die Muslime überall auf der Welt reagierten. Meine Sorge war, der Krieg in Afghanistan würde bin Laden in die Hände spielen und die in der islamischen Welt ohnehin verbreiteten antiwestlichen Gefühle verstärken. Ich hätte, so erkannte ich jetzt, den Lehrer in der *qala* am Khyber-Pass nicht fragen sollen, was bin Laden wollte, sondern ob bin Laden sein Zielpublikum richtig einschätzte. Würden die Menschen, die er zu erreichen versuchte, die Anschläge vom 11. September als legitim betrachten und seinem Kampfaufruf folgen, oder würden sie sich mit Abscheu, Hass und Angst von ihm abwenden?

Nachdem ich acht Wochen darauf gewartet hatte, dass die Nordallianz, die einst von Ahmed Shah Massud geführte bunt zusammengewürfelte Koalition verschiedener Splittergruppen, gegen die Taliban vorging, kam ich zu dem Schluss, dass der Krieg im afghanischen Winter nicht weitergeführt würde. Ich flog nach Hause und traf an einem Mittwochabend in London ein. Mazar-i-Sharif, eine strategisch wichtige Stadt im Norden, fiel am Freitag, nachdem ein wichtiger Befehlshaber der Taliban für Millionen amerikanische Dollars seine Stellungen geräumt hatte. Kabul fiel zwei Tage später nach Flächenbombardements, und weitere CIA-Gelder rissen riesige Löcher in die Frontlinien nördlich der Stadt, so dass die unfähigen und uncharismatischen Kommandeure der Nordallianz mit ihren Truppen über die Shomali-Ebene in die Hauptstadt einmarschieren konnten. Einen Tag später war ich wieder in Peschawar.

Die Stadt befand sich in einem Zustand fiebriger Erregung, als ich aus Islamabad kommend in der Morgendämmerung die Grand Trunk Road entlangfuhr. Die Taliban, deren westliche Flanke nach der Einnahme Kabuls ungedeckt war, hatten sich soeben aus Jalalabad zurückgezogen, und die Geheimpolizei des pakistanischen Inter-Services Intelligence (ISI) versuchte verzweifelt, eine neue Frontlinie aufzubauen, um die Stadt zu halten. Alle möglichen lokalen, regionalen und globalen politischen Kräfte waren in Aktion. Die Pakistani, die bis zum 9. September die Taliban als ihre Stellvertreter unterstützt hatten, waren fassungslos, dass sich Kabul in der Hand der Nordallianz befand, der traditionellen Verbündeten der zentralasiatischen Republiken, des Iran und – noch viel schlimmer – Indiens. Wenn es den Pakistani nicht gelänge, ein neues Bündnis von Warlords zu schmieden, sie zu bewaffnen und nach Jalalabad zu bringen, würde bald eine zweite wichtige Stadt von der Nordallianz kontrolliert werden. Die Sache wurde dadurch noch komplizierter, dass die Befehlshaber, mit denen der pakistanische Geheimdienst ISI zusammenarbeitete, untereinander rivalisierten und ihre eigenen Machtspielchen trieben. Der Wettlauf um Jalalabad war in vollem Gange. Auch die Hunderte von Reportern wetteiferten miteinander. Jeder wollte als Erster in der Stadt sein. Das Problem war nur, dass die Grenzen dicht waren und dass es im ganzen Land Scharmützel gab, weswegen keiner wusste, wie er in die Stadt gelangen sollte.

Stunden nach meiner Ankunft in Peschawar schlug mir Ekram eine Lösung vor. Er machte mich mit einem eher unbedeutenden Mudschaheddin-Kommandanten bekannt, einem Mann namens Hadschi Zargoun, der sich nach den Kämpfen gegen die Sowjets in den achtziger Jahren den Ruf eines der habgierigsten Banditen erworben hatte, die in der Zeit der Anarchie, das heißt vor dem Erscheinen der Taliban 1996, in der Gegend um Jalalabad ihr Unwesen getrieben hatten. Seitdem lebte er in Peschawar und tat nichts weiter, als fetter und fetter zu werden und abzuwarten. Er war politisch so unwichtig, dass der pakistanische Geheimdienst sich nicht einmal die Mühe gemacht hatte, ihn auszuweisen. Dieser Mann war es, der mir den Zutritt nach Afghanistan verschaffen sollte. »Gute Reise«, sagte Ekram fröhlich.

Wir trafen uns vor dem Hauptquartier der »Opposition« in Peschawar. Zargoun, rund und bärtig, musterte mich mit seinen Schweinsäuglein und grinste spöttisch zwischen seinen schadhaften Zähnen. In seiner Begleitung ein kleiner, sehr magerer junger Mann in einem schmutzigen Shalwar Kameez, der ohne ersichtlichen Grund häufig meckernd lachte. Wir fuhren mit dem Taxi an den Stadtrand und warteten in einer Art Holzfällerhütte, während es dunkel wurde. Eine Stunde verging, und wir waren immer noch allein. Aber Zargoun schien unbesorgt. Und dann kamen in Zweier- und Dreiergruppen Männer aus ganz Peschawar und den umliegenden Flüchtlingscamps. Einige waren alte Freunde und Kampfgefährten, andere spekulierten nur auf Bares oder die Chance, Beute zu machen, und hatten von Freunden oder Bekannten gehört, was da im Gange war. Gegen 22 Uhr hatte Zargoun rund 100 Männer versammelt, die er in ein Dutzend Pritschenwagen lud. Wir fuhren den Khyber-Pass hinauf nach Landi Kotal, eine von hohen Felswänden umschlossene Stadt ganz oben auf dem Pass, und stiegen auf einem großen ummauerten Gelände ein Stück abseits der Hauptstraße aus. An alle wurden Waffen verteilt, außer an mich.

Siebzehn Stunden später waren wir immer noch hier. Inzwischen waren zwei neue Kontingente eingetroffen, jetzt befanden sich insgesamt 300 Männer mit ein paar Gewehren und wenig Essen auf einer Fläche von der Größe eines Tennisplatzes ohne sanitäre Anlagen. Die Männer beteten, rauchten den hier üblichen starken Haschisch, schliefen und tranken Tee. Ich hörte Kurzwellenradio, erfuhr von vielen aufregenden Dingen, die sich anderswo ereigneten, wurde nervös, rauchte starken Haschisch aus einheimischer Produktion, schlief und trank Tee. Es stellte sich heraus, dass Zargoun bei einem höherrangigen Befehlshaber unter Vertrag stand, der kleine Haufen wie den unsrigen überall am Khyber-Pass zusammengezogen hatte, und dass wir erst dann aufbrechen konnten, wenn das behelfsmäßig an die Umzäunungsmauer genagelte uralte rosarote Plastiktelefon läutete. Um 16 Uhr läutete es. Wir bildeten eine lange Kolonne und marschierten leicht benommen durch Landi Kotal hinunter auf die Hauptstraße, von wo aus wir mit herangewunkenen Taxis zur Grenze gelangten. Von dort aus ging es zu Fuß weiter. Das Dorf Torkham war nahezu unbewohnt. Ich schlang mir eine Decke um den Kopf und kam solcherart verkleidet durch zwei Checkpoints, bevor einem Polizisten meine blauen Augen auffielen. Er machte einen Schritt vorwärts und packte mich, ich machte einen Schritt vorwärts und klammerte mich an die Hecktür eines vorbeifahrenden Pritschenwagens, um die letzten Meter bis zur Grenze mit einem Polizisten zurückzulegen, der mich am Schlafittchen gepackt hatte und dessen Absätze über den Boden schleiften. Als pakistanisches in afghanisches Territorium überging, musste er notgedrungen loslassen. Während wir auf die Lkws warteten, die uns angeblich irgendjemand versprochen hatte, kauften die Kämpfer einem sehr stillen Jungen mit Engelsgesicht und Hasenscharte kleine, saure Granatäpfel und fleckige Äpfel ab. Ich hatte mir inzwischen allen Ernstes eingebildet, demnächst als erster Journalist in Jalalabad anzukommen. Auf dem Dach des Unterstands auf der afghanischen Seite der Grenze, der als Zollamt diente, hing im schwindenden Tageslicht immer noch schlaff und gespenstisch die weiße Fahne der Taliban. Ich war versucht, sie herunterzuholen und als Souvenir mitzunehmen.

In Jalalabad überredete ich dann Zargoun, mich vor dem Spinghar-Hotel abzusetzen, wo ich mit Ekram fast auf den Tag genau vor drei Jahren gewohnt hatte. Es war geöffnet, ohne dass auch nur ein weiterer Reporter zu sehen gewesen wäre. Ich schritt die lange Kiesauffahrt durch den verwilderten Garten hinauf zur Rezeption. Außer dem störrischen

Alten, der mich schon bei meinem letzten Besuch empfangen hatte, schien das Hotel menschenleer. Der Mann wirkte kein bisschen überrascht, mich zu sehen. Ich war müde, hungrig und schmutzig, ich hatte nur die Kleider, die ich am Leib trug, dazu mein Kurzwellenradio, ein Notizheft und einen Stift, aber ich war in Hochstimmung.

Ich stand etwa eine Minute da und beglückwünschte mich selbst, als ich ein Geräusch vernahm, das sich, so unwahrscheinlich es war, anhörte wie ein sich nähernder Reisebus. Tatsächlich waren es drei Busse, und sie waren voll mit Journalisten. Während ich in dem Pferch da oben auf dem Khyber-Pass gewartet hatte, hatten andere Kommandeure der Opposition Jalalabad eingenommen und zum Beweis, dass die Stadt ihnen gehörte, Busse organisiert, um die Presse aus Pakistan hierherzuschaffen. Ich stand da und beobachtete wie benommen, wie Hunderte Journalisten mit Koffern, Kleidern, Ausrüstung und Übersetzern in das Hotel strömten und anfingen, Satellitenschüsseln und tragbare Edit-Suites aufzustellen und mit London, New York oder Tokio zu telefonieren. Wenigstens hatte ich ein Zimmer.

Die folgenden Tage vergingen in Lärm und Hektik, und dann wieder, ganz unvermittelt, gab es ruhige Momente äußerster Stille. Auf den Straßen von Jalalabad tauchten alle möglichen Gruppen auf. Halbwüchsige, die noch nie zuvor ein Auto gefahren hatten, stahlen Landcruiser aus den Büros der Nichtregierungsorganisationen und rumpelten damit im zweiten Gang durch die Stadt. Durch die Nächte hallte das Dröhnen der unablässigen amerikanischen Bombardements von Orten ganz in der Nähe. Eines Abends organisierten ein paar freiberufliche Journalisten im Spinghar-Hotel ein »Festessen« und kauften ein Schaf, das unser verwirrtes Hotelpersonal zubereiten sollte. Ein amerikanischer Fotograf gab mit erhobener Stimme die vermeintlich lustige Geschichte zum Besten, wie vor ein paar Tagen zahllose Taliban bei einem Luftangriff ums Leben gekommen waren, nachdem sich einer von ihnen eine Zigarette angezündet und so ihre Position verraten hatte. Seine Geschichte machte mich sehr wütend, teils weil ich keine Genugtuung empfinden konnte, wenn die technologisch modernste Militärmacht der Welt Bauernjungen aus der Provinz Oruzgan tötete, denen das Leben ohnehin nicht viel zu bieten hatte, teils aber auch, weil ich Afghanistan nicht mit so vielen anderen Reportern teilen wollte.

Überall im Land machte sich die Presse in die al-Qaida-Camps auf.

Ich begab mich zuerst zu dem größten und am nächsten gelegenen militärischen Ausbildungslager unweit von Jalalabad, dem »Darunta-Camp«. Dort fand ich neben den veralteten Luftabwehrgeschützen, der einzigen Verteidigung der Taliban gegen die amerikanischen Raketen und Kampfflugzeuge, ein kleines Lager aus mehreren Räumen, in denen Chemikalien, Gasmasken und zerlegte Minen lagerten und auch ein Packen Seiten aus der *Enzyklopädie des Dschihad*, einem Handbuch für die Guerilla- und Terrorausbildung, das Anfang der neunziger Jahre in Peschawar entstanden war. Keine der Chemikalien – Äther, Aceton, Salpeter und Salpetersäure, Blei und Natriumnitrit – deutete darauf hin, dass hier jemals etwas anderes als konventionelle Sprengstoffe hergestellt worden waren. Trotzdem war am nächsten Tag in den Zeitungen zu lesen, es handle sich um eine Fabrik von al-Qaida zur Herstellung chemischer Waffen. Von Darunta fuhr ich in die Stadt zurück und dann weiter nach Süden zur Hadda-Farm, wo Ekram und ich vor fast genau zwei Jahren nach bin Laden gesucht hatten. Hätten wir uns damals etwas genauer umgesehen, hätten wir gefunden, wonach wir suchten. Auf der Rückseite der Farm, auf einem Hügel neben dem Haus eines wichtigen Warlords, stand ein Komplex aus mehreren kleinen Gebäuden. Das war die al-Qaida-Basis, hinter der wir damals her gewesen waren. Die Anlage war unbewacht und leer, und vor mir hatten bereits andere Journalisten die etwa 20 Bungalows und Höfe durchstöbert. Ich fand mehrere verkohlte Übungsbücher mit Vortragsskripten in Arabisch, Türkisch, Usbekisch, Tadschikisch und Urdu über Taktiken der leichten Infanterie und Mordanschläge. Ein Kollege fand eine lange Unterhose in Übergröße, die er als bin Ladens Unterhose deklarierte und in seinem Hotelzimmer aufhängte.

Die Taliban hatten kaum Spuren hinterlassen. Ihre einheimischen Rekruten hatten ihre typischen schwarzen Turbane weggeworfen und beteuerten, mit den Männern aus Kandahar nie etwas zu tun gehabt zu haben. Im Krankenhaus von Jalalabad lagen mehrere Araber blutverkrustet in schmutzigen Betten und wurden zusammen mit einem Dutzend bei Bombenangriffen verletzten Zivilisten notdürftig versorgt. Der Vater eines verletzten Jungen sagte mir, wie glücklich er sei, dass die Amerikaner sein Land befreit hätten. Ein Arzt sagte mir, »Scheich Osama« sei ein »sehr, sehr guter Muslim« und die Amerikaner hassten den Islam und »eroberten Afghanistan mit Gewalt«. Ich fragte eine alte

Frau, die auf die Behandlung ihrer verletzten Tochter wartete, was sie von bin Laden hielte. »Aus welchem Dorf stammt er?«, fragte sie zurück.

Die Autos auf den Straßen waren voll mit pakistanischen Kämpfern, die sich entweder den Taliban angeschlossen hatten oder verbündeten Gruppen angehörten. Sie alle versuchten verzweifelt, über die Grenze zurückzugelangen. An einem Kontrollposten, der nunmehr von Kämpfern der Nordallianz besetzt war, bekam ich vier schmalschultrige pakistanische Halbwüchsige zu sehen, die gerade von afghanischen Kämpfern zusammengeschlagen wurden. Einer nach dem anderen wurde zu Boden gestoßen, und beim ersten Versuch, sich wieder aufzurappeln, kam ein neuer Schlag. Einer versuchte zu lächeln, das Gesicht mit Schleim, Blut, Speichel und Staub verschmiert. Ich beobachtete das Geschehen vom Auto aus, und als nach ein paar Minuten die vier in eine Hütte geschubst wurden, folgte ich ihnen. Sie knieten vor ihren Peinigern, die Augen weit aufgerissen, die Blicke umherirrend. »Ihr seid Muslime, und Muslime lügen nicht«, sagte der Größte und Älteste der Afghanen, ein stämmiger Mann in Militärhemd und mit dicken, fleischigen Unterarmen. »Was macht ihr hier? Was wollt ihr in meiner Heimat? In meinem Land?«

Die Jungen stammelten etwas in Urdu und schluckten, atemlos vor Angst. Sie hätten Verwandte besuchen wollen, sagten sie. An Kämpfen seien sie nicht beteiligt gewesen. »Ich wollte meinen Bruder besuchen. Ich bin kein Mudschaheddin. *Me mudschahid nahi huu*«, schluchzte der eine. Einer der Afghanen durchsuchte sie und fand Ausweise, Pässe, eine Hand voll schweißgetränkter 100-Rupien-Scheine und einen zusammengefalteten Brief mit Eselsohren, den er dem Anführer gab. Es war ein Empfehlungsschreiben an den Ableger einer pakistanischen militanten Gruppe in Kabul, die im Krieg an der Seite der Taliban gekämpft hatte. Der Anführer der Afghanen las den Brief laut vor, warf einen Blick auf die vier vor ihm am Boden knienden jungen Männer, versetzte einem von ihnen einen Fußtritt und winkte einem Kameraden, der ihm ein altes, 30 Zentimeter langes Bajonett in die Hand drückte. Er zog es halb aus der Scheide, wandte sich zu mir und sagte, ich solle gehen. Ich zögerte eine Sekunde – Zeit genug, um die winzigen Schweißperlen zu sehen, die ein regelmäßiges Muster auf seiner Stirn bildeten, und eine vernarbte Stelle über seiner linken Schläfe. Ganz deutlich hörte ich, wie hinter mir ein Magazin in eine Kalaschnikow einrastete. Ich widersprach nicht. Ich ging zum Auto zurück und fuhr nach Jalalabad, darauf bedacht, nicht an das zu denken, was ich soeben gesehen hatte.

Am nächsten Morgen kam Ekram aus Peschawar, und wir machten uns auf den langen Weg nach Kabul.

7 Afghanischer Winter

Kabul war ein einziger Zirkus. Die Taliban waren vor kaum einer Woche abgezogen, und jeder, der glatt rasiert war, eine Lederjacke trug oder sonstwie offenkundig gegen die Vorschriften des gestürzten Regimes verstieß, wurde jetzt mehrfach interviewt. Frauen in Burkas wurden von Fernsehteams durch den Basar verfolgt, und die einheimischen Porträtfotografen erhielten von ihren Kollegen der internationalen Agenturen an einem Tag mehr Trinkgeld, als sie in den vergangenen fünf Jahren eingenommen hatten. Im Hotel Intercontinental drängten sich Reporter, Produzenten, Fotografen und Techniker aus der ganzen Welt, die alle ein Zimmer, eine Dusche, eine Tasse Kaffee und eine Batterie für ihr Satellitentelefon wollten. Ich bekam eines der letzten Zimmer. Es verfügte weder über Heizung noch Wasser, und durch die Risse in der Wand pfiff der Wind. Mit den Leuten von CNN eine Etage über mir und denen von der BBC, die fast den ganzen zweiten Stock gebucht hatten, verbrachte ich hier frierend eine Nacht, bevor ich die Stadt in Richtung Südosten verließ, um vagen Berichten nachzugehen, wonach amerikanische Bomben Zivilisten in Gebieten getötet hatten, die von den Taliban bereits geräumt waren.

Die Straße führte durch eine tiefe Schlucht zwischen den Bergen rund um Kabul in das relativ fruchtbare Ackerbaugebiet der Provinz Logar. Von der Dürre der letzten drei Jahre schwer getroffen, bot es dennoch einen grandiosen Anblick. Die Blätter der schlanken Pappeln, die die Bewässerungskanäle säumten, hatten sich rot und golden verfärbt, und Frauen, die mit Ziermünzen bestickte Kleider und Kopftücher in leuchtenden Farben trugen, droschen Stroh auf Binsenmatten auf dem trockenen gestampften Erdreich neben ihren Häusern. Die Kanäle zweigten von einem schnell fließenden, plätschernden Fluss ab, in den Jungen Angeln mit selbst gebastelten Haken warfen. Männer auf klapprigen Fahrrädern bahnten sich schlängelnd ihren Weg auf der zerfurchten Straße, eine lebende Fracht gackernder Hühner über der Schulter und verfolgt von rotznasigen barfüßigen Kindern. Doch die Lehmwände der

Bauernhöfe waren durchlöchert und verfallen, es gab nur wenige Ziegen und Schafe, und viele Häuser waren schon vor Monaten von ihren Bewohnern verlassen worden.

Hundert Kilometer südöstlich von Kabul verlief die neue Frontlinie. Hier lagen Kämpfer der Nordallianz in Stellung, die sich die Langeweile und den Hunger dadurch vertrieben, dass sie vorbeifahrende Fahrzeuge anhielten und sich nahmen, was sie brauchten. Von da aus ging es über trockene Bergkuppen bergauf zu einem Pass, der kaum mehr war als eine Kerbe im nackten Felsband der Horizontlinie. Die Straße war mit kreisrunden Trichtern von 60 Zentimeter Durchmesser übersät, die die amerikanischen Bomben hinterlassen hatten. Vom Scheitelpunkt des Passes aus, wo neben einer baufälligen Hütte ein vor sich hinrostender Skilift stand, konnte man mitten auf einem hohen, windgepeitschten Plateau ein Marktstädtchen erahnen – Gardez, das von den Bombardements der letzten Tage mit am schlimmsten getroffen worden war. Hadschi Saifullah, der Gouverneur der Stadt, ein hagerer Alter mit langem weißem Bart, ließ mich von seinen Leuten zu einem Haus am Stadtrand bringen. Es war tags zuvor um 2 Uhr früh von einer »gelenkten M114-Rakete für den Landzieleinsatz« (wie die Prägung auf der Ummantelung lautete) getroffen worden. Die Rakete war im Erdgeschoss explodiert, wo vier Mädchen schliefen. Sie waren sofort tot. Saifullah hatte mir erzählt, die Taliban seien vor fast einer Woche aus Gardez abgezogen. Und in der Umgebung des Hauses entdeckte ich keine militärischen Ziele, nur trockene Felder, einen großen Baum, ein paar Kamele und einen Brunnen. Im Garten des Hauses hingen noch die Kopftücher von zwei der getöteten Mädchen an der Wäscheleine, ein blaues und ein rosafarbenes. Sie waren von Granatsplittern zerfetzt.

In der Nähe wohnten 15 Flüchtlingsfamilien in einer zerstörten Schule. Sie hatten ihre Häuser nördlich von Kabul sechs Wochen zuvor verlassen, um dem Bombardement der »Amriki« zu entfliehen. Sie hatten gehofft, es bis nach Pakistan zu schaffen, aber in Gardez war ihnen das Geld ausgegangen. Jetzt versuchten sie, mit ein paar Brocken Nahrung, hauptsächlich altem Brot, zu überleben, das sie von den Einheimischen erbettelten. Im Halbdunkel der Schule konnte ich ausgezehrte Frauen in Lumpen um einen rußgeschwärzten Kochtopf kauern sehen, der in erloschener Asche versank. Sie hatten altes Brot eingeweicht, um es halbwegs genießbar zu machen, und hofften, dass die letzte Ascheglut es ein wenig erwärmte. Aus dem Dunkel berührte mich die Hand eines Alten mit knochigem Gesicht und zog mich am Arm. Von irgendwoher hörte ich einen trockenen bellenden Husten. Draußen an der Mauer, die von den letzten Sonnenstrahlen beschienen wurde, lehnten Kinder mit blassen, erschöpften Gesichtern.

»Wir haben nichts«, sagte mir ein Mann und zuckte die Schultern. Seine Kleidung war schmutzverkrustet, die Augen blutunterlaufen, das Gesicht von unglaublich tiefen Furchen durchzogen. Er sagte, er sei einunddreißig, aber er sah zwanzig Jahre älter aus. »Wir haben nichts zu essen und nur ein paar Decken. Seit vier Tagen stirbt jede Nacht ein Kind. Wir haben kein Geld mehr, um nach Hause zurückzufahren oder weiter nach Pakistan«, sagte er. Ich gab ihm das Geld, das ich bei mir hatte, und versprach, das Rote Kreuz oder eine andere Hilfsorganisation zu benachrichtigen. Der Mann bedankte sich, dann packte er mit wilder Eindringlichkeit meinen Oberarm. Seine rauen schmutzigen Finger gruben sich in den Muskel über meinem Ellbogen, bevor er plötzlich wieder losließ.

Ich drehte mich um und ging weg. Ein schlagartiges Gefühl der Schwäche und Zerbrechlichkeit überkam mich, als wäre irgendwo etwas aus dem Gleichgewicht geraten. Die Geste des Mannes, sein fester Griff hatte mir das, was er und seine Familie durchmachten, ganz real und unmittelbar vor Augen geführt. Plötzlich fielen mir wieder die vier am Boden knienden pakistanischen Halbwüchsigen in der Hütte in Jalalabad ein, und dann erinnerte ich mich, ohne zu wissen, warum, an das Gesicht einer Frau, die ich einen Monat zuvor in Peschawar interviewt hatte. Sie hatte vor ein paar Monaten bei ihrer Flucht aus Afghanistan ihre Kinder im Gewühl verloren und nicht mehr wiedergefunden. Mir war übel, und ich blieb ein paar Minuten ans Auto gelehnt stehen. Irgendwo in der Ferne flackerte Gewehrfeuer auf, dann war es wieder still. Ich stieg in meinen Wagen, saß noch eine Weile da und fuhr dann los, zuerst zum Rot-Kreuz-Büro, das nicht besetzt war, dann zurück zum Haus am Stadtrand von Gardez, wo ich die Nacht zuvor verbracht hatte.

Wie die benachbarten Provinzen Paktia und Paktika wurde auch Gardez von zwei rivalisierenden Warlords beansprucht. Der eine war der Gouverneur, der sanfte und höfliche Hadschi Saifullah, den ich bereits kennen gelernt hatte, der andere Bacha Khan Zardran, Stammesoberhaupt und ehemaliger Kommandeur der Mudschaheddin. Zardran hielt sich mit seinem Gefolge von 100 Soldaten und Stammesoberhäuptern im Haus eines reichen Geschäftsmannes der Gegend auf, wo auch ich untergekommen war. Auf dem Fußboden der drei riesigen Zimmer seines »Gästehauses« gab es Platz genug für uns alle.

Ich war gegen 16 Uhr wieder im Haus zurück. Es war Ramadan, und seit dem Morgengrauen hatte keiner von ihnen etwas gegessen. Vor dem Fastenbrechen, das traditionell mit Datteln begann, versammelten sich alle Männer zum Gebet. Ein alter Mann trat vor und leitete das vertraute Ritual. Ich saß im Hintergrund neben dem Holzofen und ein paar Öllampen und beobachtete, wie die Schatten der Männer über die an der Wand aufgereihten Waffen glitten, während sie in Richtung Mekka niederknieten und mit der Stirn den Teppich berührten, um ihre Unterwerfung unter Gott zu bekunden. Später, beim gemeinsamen Abendessen, saß Bacha Khan, ein Kissen im Rücken, neben mir und schaufelte sich mit den Fingern große Portionen Fleischbällchen, Soße und Reis in den Mund. Er trug eine Pistole im Gürtel und einen Ledergurt mit kurzen stumpfen Patronen um die mächtige Brust; neben ihm lehnte eine Kalaschnikow. Sein langer Schnurrbart hing über seine kräftigen Unterkiefer. Er erzählte mir, auf der Straße von Jalalabad nach Kabul seien vier Journalisten getötet worden, einen Tag nachdem ich dort unterwegs gewesen war, und bekundete mir sein Beileid. Im Land herrsche »die reinste Anarchie«, sagte er.

Voller Stolz brüstete er sich jedoch, das von ihm kontrollierte Gebiet um die Stadt Khost, 65 Kilometer weiter östlich, sei sicher. Ich bat ihn, mich zum Beweis dorthin zu bringen. Seit Jahren war kein Besucher aus dem Westen mehr in Khost gewesen, und ich wusste, dass die Stadt das logistische Zentrum der verschiedenen, ehemals in Afghanistan operierenden radikalen Gruppen war, unter anderem von al-Qaida. Es gab also eine gute Chance, Dokumente zu finden, die ein neues Licht auf bin Ladens Gruppe werfen konnten. Und außerdem konnte ich, nach der Enttäuschung in Jalalabad, Khost zu meinem ganz persönlichen, wenn auch nur eingebildeten »Freiraum« erklären.

Im Morgengrauen des folgenden Tages brach ich mit Wazir Khan auf, Bacha Khans 18-jährigem Bruder. Mit seiner runden Mütze mit silberner Tresse und Ziermünzen, dem ledernen Patronengurt und der Pistole war er ein kleiner Prinz, vom Scheitel bis zur Sohle. Bald schon wurde klar, dass der Warlord mit seiner Prahlerei von Recht und Ordnung übertrieben hatte. Ich trug die einheimische Kleidung, die ich schon bei der Überquerung des Khyber-Passes getragen hatte, und statt die Hauptstraße zu nehmen, fuhren wir über die Berge östlich von Gardez auf gewundenen Nebenwegen durch Bacha Kahns Stammesgebiet nach Khost.

Die Fahrt dauerte den ganzen Tag. Wir holperten über Bergflüsse und erklommen 2000 Meter hohe Gebirgspässe in einem Jeep mit Allradantrieb, den Wazir Khan lenkte wie der Reiter ein Pferd, das bockige Sprünge macht. Wir sprengten über umgefallene Baumstämme und Felsbrocken, wobei der Motor aufheulte, während uns das halbe Dutzend bewaffnete Männer auf der Ladefläche unserer beiden Lkw anfeuerte und die Mündung eines seitlich montierten Maschinengewehrs wie verrückt hin- und herschwenkte. Auf dem hohen Plateau angelangt, fuhren wir kilometerweit durch ehemals bewaldetes Gelände, das bis auf ein paar vertrocknete Kiefernbäume vollständig abgeholzt war. Dazwischen ab und zu kleine Siedlungen – dicht aneinandergedrängte, geduckte Häuser aus Stein und Lehm mit flachen Dächern. Mehrere Male querten wir abschüssige, ausgedörrte Terrassen am Rand von Schluchten – tiefe Einschnitte, die die jahreszeitlichen Überschwemmungen gebildet hatten. Wir machten nur ein einziges Mal auf einer von Berggipfeln umrahmten Lichtung Halt, und Wazir Khan, der zu Recht annahm, dass ein Ungläubiger wie ich nicht daran gewöhnt war, den ganzen Tag zu fasten, steckte mir heimlich einen Apfel zu. Wir wuschen unsere Gesichter in einem Bergbach, beobachtet von einem wirklich sehr hübschen Mädchen mit großen, ovalen, grünen Augen, das einen neugeborenen Ziegenbock in den Armen hielt. Es war ein erschreckend armes Land, noch viel ärmer als unten die Ebenen, ständig von Hungersnot bedroht. Während unserer zehnstündigen Fahrt begegnete ich nur wenigen Lebewesen.

Bei Einbruch der Dunkelheit waren wir wieder auf der Hauptstraße und kamen jetzt durch die Kiesebene im Umkreis der Stadt Khost schneller voran. Ein Geröllhaufen markierte den Ort einer Moschee, die bei einem amerikanischen Angriff wenige Tage zuvor zerstört worden war. Sie gehörte zu einem Komplex mit einer Medrese und einem Gästehaus, in dem offensichtlich über 100 arabische Militante, pakistanische Studenten und Taliban-Kämpfer ums Leben gekommen waren. Dutzende bunter Fahnen auf den Beton- und Zementbrocken deuteten darauf hin, dass der Ort, ein Massengrab, allmählich zu einer heiligen Stätte wurde. Khost selbst bestand aus Gebäuden, die ähnlich anmuteten. Als die Taliban 1996 die Stadt eroberten, beließen sie es bei einem Gouverneur, um den Anschein einer Verwaltung zu wahren. Praktisch befand sich Khost fast fünf Jahre lang unter der Kontrolle von bin Laden, seiner Gruppe, pakistanischer Militanten und deren Verbündeten unter den örtlichen Stämmen. Die Skyline der Stadt wurde von einer riesigen, halb fertiggebauten Moschee beherrscht, die, wie man mir sagte, mit den Spenden reicher, frommer Privatleute aus dem Golf finanziert wurde. Daneben ein Krankenhaus, das gleichfalls mit Geldern aus dem Nahen Osten erbaut worden war.

Wazir Khan und ich schliefen im Haus des Gouverneurs im Stadtzentrum auf Bänken, in einfache Decken gehüllt. Es gab weder Strom noch Essen, und in den dunklen Korridoren schliefen viele bewaffnete Männer. Mein Satellitentelefon war immer noch in Pakistan; ich hatte es bei meinem Wechsel über die Grenze vor gut einer Woche dort zurückgelassen und rief jetzt mit Wazir Khans Gerät in meinem Büro an. Die Sonne, die für ein paar kurze Minuten herauskam, tauchte die Stadt Khost in ein klares goldenes Licht, in dem sich die Umrisse der Stände in dem verfallenen Basar, die in Decken gehüllten Wachen, die staubigen Blumen neben den unbefestigten Straßen in fast mineralischer Reinheit abzeichneten. Wazir Khan fuhr mich zu dem – wie er es nannte – »arabischen Camp« am Rand der Stadt, einem Komplex ähnlich dem neben der Hadda-Farm, bestehend aus eintönig grauen Bungalows. Sie waren verlassen, und durch die kahlen Fenster sah man schmutzige, abgestoßene Wände und Betonfußböden, nackt wie in einer Gefängniszelle. Im Hof wirbelte der Wind den Staub auf.

Am Boden eines der Zimmer fand ich eine kleine Plastiktüte mit Briefen. Sie waren in Arabisch und Urdu geschrieben und adressiert an Abu Sayid al-Kurdi, den Chefausbilder des »Camp New Khaldan«. Daneben eine Seite aus der Abhandlung eines in London lebenden saudischen Dissidenten und ein Bündel Handbücher mit Anleitungen zur Herstellung chemischer Waffen; die meisten dieser Handbücher waren im Original zuerst von rechtsgerichteten amerikanischen Milizen veröffentlicht worden. Die Briefe, von Studenten an ihren Lehrer geschrieben, waren sehr persönlich gehalten. Einige nahmen Bezug auf bin Laden selbst, andere dankten lediglich Abu Sayid für seine Unterweisungen.

Wieder andere gaben ihrer Hoffnung Ausdruck, sich als Märtyrer zu opfern, oder sprachen von ihrem Plan, nach Hause zurückzukehren, um eigene Gruppen zu gründen. Die Rede war auch von verwundeten Gefährten oder von den Schwierigkeiten, überhaupt nach Afghanistan zu gelangen. Einer der Briefeschreiber beklagte sich über den mangelnden Kontakt zwischen den verschiedenen nationalen Kontingenten im Camp und hielt dem Ausbilder vor, er habe keinen Sinn für Humor. Ich nahm so viele Briefe mit, wie ich konnte. Ansonsten gab es hier so gut wie nichts. Ich ging zum Jeep zurück, dann fuhren wir wieder nach Kabul.

Die Briefe ließen mir keine Ruhe. Es war klar, dass die Männer, die sie geschrieben hatten, hoch motiviert waren. Sie hatten enorme Hindernisse überwunden und beträchtliche Opfer gebracht, um in dieses Lager zu kommen. Nichts deutete darauf hin, dass man sie einer »Gehirnwäsche« unterzogen hatte. Die Briefe waren somit ein weiterer Beleg für etwas, das ich schon länger vermutete. Bin Laden war zwar mit Sicherheit an der Planung, Organisation und Ausführung terroristischer Anschläge beteiligt, seine Hauptaufgabe aber war es wohl gewesen, vorhandene Impulse zu gewalttätigen Aktionen zu verstärken, zu kanalisieren und zu unterstützen. Es gab keinen Grund anzunehmen, dass die Anziehungskraft militanter Gewalt, des Dschihad, mit der Räumung dieser Camps einfach verschwunden war.

Bin Laden nahm dies mit Sicherheit nicht an. Während des Krieges hatte er per Video eine Reihe von Erklärungen abgegeben, die viele hundert Millionen Menschen gesehen hatten. Diese ungeheure Zahl von Zuschauern erklärt sich zwar teilweise dadurch, dass kaum andere Bilder des Krieges existierten, aber sie war auch ein eindrucksvoller Beleg dafür, dass bin Ladens schon vor Jahren erarbeitete Strategie aufging. Er hatte erkannt, dass die Verknüpfung moderner Kommunikationstechnologie mit spektakulären Gewaltakten eine ganz besondere Wirkungsmacht entfaltet. In allen seinen Videobotschaften hatte bin Laden die Ikonographie sorgfältig geplant. Er kniete in einer Höhle, flankiert von bewaffneten Mitstreitern, meist trug er einen weißen Turban und eine Schutzweste über einem weißen Shalwar Kameez. Diese Inszenierung weckte in jedem muslimischen Zuschauer bestimmte Assoziationen. Er sah nicht nur einen reichen Mann, der dem Luxus zugunsten strenger Askese abgeschworen hatte; er erkannte auch deutliche Bezüge zum Propheten Mohammed. Denn Mohammed hatte nicht nur seine Offenbarungen in einer Höhle erhalten, er hatte sich vor seinen Verfolgern auch in einer Höhle versteckt. Mit Kleidung und Aufmachung stellte sich bin Laden ganz bewusst in die Tradition jener – afghanischen ebenso wie arabischen – Kämpfer, die sich gegen die Sowjets gestellt hatten, ohne jedoch den Bezug zu seiner heutigen Zuhörerschaft zu verlieren. Sein makellos sauberer Turban war der eines Scheichs, eines weisen, gerechten und tapferen Führers.

Auch bin Ladens Botschaft war sehr sorgfältig bedacht: »Von Nord nach Süd und von Ost nach West wurde Amerika mit Schrecken erfüllt, und *alhamdullillah,* Gott sei Dank, ist das, was Amerika jetzt erlebt, nur ein Abklatsch dessen, was wir erlebt haben«, sagte er in seiner ersten und bekanntesten Videobotschaft. Sodann zählte er alle größeren Missstände auf, die vielen hundert Millionen Menschen in der islamischen Welt vertraut sind: die UN-Sanktionen gegen den Irak, die Lage der Palästinenser und die Unfähigkeit der Regime im Nahen und Mittleren Osten, bessere Bedingungen für ihr Volk zu schaffen. Besonderen Nachdruck legte bin Laden auf die »Demütigung und Schmach«, die seit der Abschaffung des Kalifats durch ein sich modernisierendes, laizistisches Regime in der Türkei vor fast 80 Jahren über die islamische Welt gekommen sei. Dieses Kalifat war das ursprüngliche politische Band der Einheit aller Gläubigen unter einem Führer, der aus der vermeintlich ununterbrochenen Linie der Nachfolger des Propheten Mohammed stammte. In seinen ersten Videobotschaften vermied es bin Laden auch sorgfältig, direkte Verantwortung für die Anschläge vom 11. September zu übernehmen; er behauptete, er habe sie nur inspiriert. Angesichts dessen, was Amerika als Vergeltung dieser Anschläge bereits entfesselt hatte, kann diese Zurückweisung der Verantwortung nicht in der Angst bin Ladens begründet liegen, seine Gegner zu provozieren. Es schien, als wolle er noch abwarten, welche Wirkung seine Aktionen in breiten Bevölkerungsschichten der islamischen Welt hervorriefen. Gegen Ende des Monats zeigte er sich zuversichtlicher in seiner Einschätzung: »Ganz gleich, ob ich getötet werde oder überlebe«, sagte er in einer letzten Erklärung Ende Dezember 2001. »Das Erwachen hat begonnen.«

Die Schlussphase des Krieges in Afghanistan begann in den Bergen südlich von Jalalabad, dem alten Mudschaheddin-Stutzpunkt Tora Bora. Die Höhlen von Tora Bora, die bin Laden bald nach seiner Ankunft in

Afghanistan 1996 kurzzeitig als Unterschlupf gedient hatten, wurden zu einem der sagenumwobensten Orte und Schlachtfelder im neu erklärten »Krieg gegen den Terror«. Die Höhlen selbst, so hieß es, seien riesige Stahlbetonkonstruktionen, ausgestattet mit High-Tech-Geräten (es waren einfach nur große Höhlen); Tausende al-Qaida-Kämpfer, so hieß es, kämpften hier bis zum letzten Mann (ein paar hundert Nachzügler kämpften ein Rückzugsgefecht, um bin Ladens hastige Flucht zu decken); und afghanische Verräter, so hieß es weiter, hätten Bestechungsgelder angenommen und es so dem weltweit meistgesuchten Terroristen ermöglicht zu entkommen (keine Armee der Welt kann einen Kordon aufrechterhalten, wenn die Flüchtlinge, die ihn zu durchbrechen versuchen, von der halben einheimischen Bevölkerung als Helden verehrt werden). Die Geschichte des afghanischen Kriegs benötigte ein dramatisches Ende, und Tora Bora war dafür wie geschaffen, nicht zuletzt, weil es ein Ort von atemberaubender Schönheit und weil die Schlacht, die hier stattfand, gleichfalls atemberaubend schön war.

Es mag falsch sein, eine Schlacht, in der Menschen ums Leben kamen, mit ästhetischen Begriffen zu beschreiben, aber die Tage und besonders die Nächte, die ich an den Frontlinien unterhalb der Felsüberhänge des Spin-Ghar-Gebirges verbrachte, waren von einer gewaltigen visuellen Faszinationskraft. Nach einer vollkommen ereignislosen Fahrt auf der theatralisch als »Todesstraße« bezeichneten Route aus Kabul war ich in Jalalabad angekommen. Mit einem brasilianischen Reporter, einem interessanten und gewinnenden Mann namens Pablo, der zuvor auch schon experimentelle Romane geschrieben und als Modejournalist gearbeitet hatte, verließ ich auf der mir inzwischen vertrauten Straße die Stadt. Wir passierten Hadda und gelangten nach dreistündiger Fahrt auf Feldwegen zu einem Felsvorsprung oberhalb des tief eingeschnittenen Milawa-Tals, wo die Kämpfer der Nordallianz in Stellung lagen – eineinhalb Kilometer vom Hauptgebirgswall entfernt, der Grenze zu Pakistan, wo die Militanten, offensichtlich unter Führung bin Ladens selbst, sich verschanzt hatten.

Bin Laden war im September in Kandahar gewesen und in den folgenden Wochen nach Norden weitergezogen. Er verbrachte ein paar Tage in Kabul, bevor er auf Schleichwegen nach Tora Bora gelangte. Als sein Versteck bekannt wurde, setzten die Amerikaner eine Operation in Gang, um ihn zu töten oder gefangen zu nehmen; aber mit nicht viel mehr als 100 Soldaten in Afghanistan waren ihre Möglichkeiten begrenzt. Die pakistanische Armee wurde aufgefordert, die hinter dem Gebirge verlaufende Grenze abzuriegeln, während zwei rivalisierende örtliche Kommandanten, der feingliedrige, frankophone Haschi Zaman und der bodenständige, bullige Hazrat Ali, beträchtliche Geldsummen erhielten, um mit ihren Kämpfern einen Kordon um die Vorderseite des Gebirges zu bilden und von dort aus zu den Höhlen vorzustoßen. Unterstützt werden sollten sie von kleinen Einheiten amerikanischer und britischer Spezialkräfte, die die Luftschläge der am Himmel kreisenden riesigen Kampfflugzeuggeschwader koordinieren sollten.

Von dem Stützpunkt der afghanischen Kämpfer aus konnten wir die Schlacht bestens verfolgen. Vor uns der Gebirgszug mit seinen aneinandergereihten Kämmen, schwarz von Kiefern unten, weiß vom Schnee weiter oben. Die Höhlen, in denen sich die Militanten versteckt hatten, befanden sich an den tiefer liegenden Flanken. Sie waren überzogen von riesigen Brandnarben dort, wo die Bomben ganze Baumbestände weggefetzt und den felsigen Untergrund verkohlt hatten. Wenn wir den Blick nach oben richteten, lag rechterhand ein großes, kahles Felsplateau, leer bis auf gelegentliche Geröllhaufen und eine karge Schutzhütte für Hirten. An seinem Rand verliefen trockene Erosionsrinnen hinunter zu kleinen braunen Feldern und ausgedehnten Obsthainen. Links von diesem Plateau, gegenüber dem Stützpunkt der afghanischen Kämpfer, verlief tief eingeschnitten der Fluss, in dem sich das Schmelzwasser aus den Bergen sammelte. Und direkt hinter uns das Tal von Jalalabad, frühmorgens durchzogen von Nebelbändern, die sich im Laufe des Tages lichteten und den Blick auf Obsthaine, bewässerte Felder und Häuser freigaben, um sich am Abend wieder neu zu bilden. Jenseits der Stadt, in nahezu perfektem Gleichklang mit der Landschaft auf unserer Seite des Tals, ging das Ackerland in ein Plateau über, dann folgte ein dunkler Streifen Wald und darüber die schneebedeckten Berggipfel. Diese Symmetrie bescherte prachtvolle Sonnenauf- und Sonnenuntergänge. In aller Frühe stieg die Sonne über Tora Bora auf, überzog die Gipfel auf der anderen Seite des Tals mit einem rosa- und dunkelroten Glanz. Wenn der Abend dämmerte, glitt Tora Bora selbst von Weiß ins Rosa, bis die Berge nur noch ein weißes Schimmern unter einem dunklen, von Sternen übersäten Firmament mit dünnen, im Mondlicht über den Gipfeln leuchtenden Zirruswolken waren. Und dann kamen die Bomben.

Das Bombardement dauerte den ganzen Tag und die ganze Nacht. Tagsüber, wenn wir zu den Frontlinien hinaufstiegen, schlugen die Treffer so nah ein, dass uns der Knall und die Druckwellen buchstäblich den Boden unter den Füßen wegzogen. Selbst wenn wir wieder am Stützpunkt der afghanischen Kämpfer auf dem Felsvorsprung drei bis vier Kilometer entfernt angelangt waren, zerrte die Druckwelle an unseren Kleidern und ließ den Boden erzittern. Am spektakulärsten waren die Streubomben, die meist aus kleineren Flugzeugen abgeworfen wurden. Eine Explosion in mittlerer Höhe, nur eben ein weißer Rauchfleck vor dem blauen Himmel; dann, beim Einschlag, ein rollendes Nacheinander weiterer Explosionen, ein Sieden, wenn die Minibomben detonierten und die Bergflanke hinuntersprangen und ölig schwarze Flammen, Rauch und Felsbrocken in die Luft schossen. Dann gab es die riesigen B52-Bomber, deren Sprengladung eine gewaltige Rauchfahne in die Luft aufsteigen ließ, die sich zu einer kleinen, im unteren Teil orangerot gesprenkelten Pilzwolke entwickelte. Wenn im Morgengrauen die B52-Bomber von Norden herankamen, fing das Sonnenlicht über Tora Bora die unverwechselbaren vierfachen Kondensstreifen auf und färbte sie rosa.

Die afghanischen Kämpfer blieben von dem Spektakel und der Militärtechnologie vollkommen unbeeindruckt. Viele waren in Tora Bora von den Sowjets bombardiert worden und wussten, dass die Zahl der Opfer unter den al-Qaida-Kämpfern, wenn sie die Nerven behielten und im Innern der Höhlen blieben, eher gering war. Für sie war die Kampagne weder ein gerechter Kreuzzug zur Vernichtung der Bösewichter noch ein Dschihad, sondern ein harter und gefährlicher Job. Sie brachen das Ramadan-Fasten mit einem wässrigen, mit Brot, Karotten und Zwiebeln eingedickten Hühnereintopf, legten sich auf dem Boden der Hütten oder im Freien für ein paar Stunden zum Schlafen nieder und begaben sich dann bei eisigen Temperaturen auf den Weg nach oben, nur mit einer Decke über dem dünnen Shalwar Kameez. Die meisten machten sich nichts aus bin Laden, den Taliban, den Amerikanern oder Afghanistan. Soldat sein war für sie weder Beruf noch Berufung, es war körperliche Arbeit mit Gewehren, weitaus riskanter und nur geringfügig besser bezahlt als die Arbeit auf ihrem Stück Land, ihre eigentliche Tätigkeit.

Eines Morgens, als wir im Graben einer Frontlinie saßen und versuchten, etwas von der Wärme der gerade aufgegangenen Sonne zu erhaschen, hielt neben uns ein Pritschenwagen mit verdunkelten Fenstern und vier ordentlich gepackten, teuer aussehenden schwarzen Rucksäcken auf der Ladefläche. Ich trug noch immer meine einheimische Kleidung, dazu einen haarigen Wollpullover und einen langen Schaffellmantel, den ich mir vor einer Woche in Kabul gekauft hatte. Ich ging auf das Fahrzeug zu. Langsam kurbelte ein Mann mit blondem Haar, sehr blauen Augen, rötlichem Bart und sonnengebräunter Haut das Fenster herunter. Er trug ein Thermo-T-Shirt für Bergsteiger und hatte ein M4-Sturmgewehr zwischen den Knien.

»Hello«, sagte ich.

»How you doing?«

»Ein wunderschöner Morgen, nicht wahr?«

»Ja.«

»Woher kommen Sie?«

»Aber das wissen Sie doch, Sir.«

8 Nach dem 11. September

Es war Mai, gegen Mitternacht, und ich stand vor Zelt Fünf in Viper City auf dem Luftwaffenstützpunkt Bagram in der Shomali-Ebene, 65 Kilometer nördlich von Kabul. Abgesehen von den Soldaten, die gerade im Einsatz waren oder Wache schoben, schliefen hier 5000 Kämpfer samt technischen Mitarbeitern. Im Augenblick war es still. Eineinhalb Kilometer entfernt fand eine groß angelegte Schießübung statt, doch das an- und abschwellende Knattern der Maschinengewehre war so leise und beruhigend wie fernes Wellenrauschen. Die Helikopter, die uns gewöhnlich den Schlaf raubten, wenn sie in den Nachtstunden die Spezialeinheiten hin- und herflogen, gaben keinen Laut von sich. Ich konnte sie knapp 100 Meter entfernt als schwarze Schatten vor dem grauen Beton der Piste sehen: die dickbäuchigen, wuchtigen Chinooks mit ihren langen, schlaff herabhängenden Rotorblättern, die gedrungenen Black Hawks, die heimtückischen kleinen Apaches mit schmalem Rumpf und Raketenbehältern wie Insektenbeine. Ein riesiges C130-Transportflugzeug kam zur Landung herein. Es flog sehr niedrig und ohne Lichter, und ich hörte es erst, als es schon sehr nah war.

Zwei Geräusche sind für mich auf ewig mit meinem Aufenthalt in Bagram im Frühjahr 2002 verbunden: das »twop, twop, twop« der Rotoren der Chinook-Hubschrauber, das mir so vertraut ist und sofort Erinnerungen heraufbeschwört, sowie der fröhliche, harmlose, herzliche und idiotische Gruß »Hoo-har« der amerikanischen Soldaten. Damals befanden sich rund 8000 Amerikaner in Afghanistan, obwohl sich das Pentagon bezüglich der genauen Zahl sehr einsilbig gab. Man hörte dieses »Hoo-har« also ziemlich oft. Natürlich in allen möglichen Abwandlungen. Die US Rangers, eine Elitetruppe der leichten Infanterie, riefen: »Hoo-har, Rangers, lead the way, sir!« (»Hoo-har, Rangers, gehen Sie voran, Sir!«), wenn sie einem höherrangigen Soldaten begegneten. Sie artikulierten die beiden Silben sehr deutlich. Die US Marines dagegen verschliffen sie zu »Hoonnngaaa« mit einer Art ersticktem, explosivem Knacklaut in der Mitte. Die Special Forces wiederum, magere, bärtige

Gestalten, die vielfach einheimische AK47-Gewehre den modernsten High-Tech-Waffen vorzogen, verwendeten den Gruß vor lauter Coolness überhaupt nicht. Als ich schließlich fragte, was »Hoo-har« eigentlich bedeute, erklärte mir ein tüchtiger junger Captain der Luftwaffe, eigentlich sei es von »heard, understood, acknowledged« (»gehört, verstanden, akzeptiert«) abgeleitet, also H-U-A, HUA etc., was schließlich zu »Hoo-har« (oder Hooaah) geworden sei. Für mich war dieser Gruß gleichbedeutend mit den Amerikanern in Afghanistan. »Hoo-har« bedeutete Cheesy Nachos in der Shomali-Ebene und versiegelte Packungen mit Beefy Jerky, Teriyaki Flavor und Packungen mit Hot Tamales Chilli Sweets (»The Patriote's Choice« – »Die patriotische Wahl«) in den Bergen oberhalb von Khost. Es bedeutete Pop-Tarts, fruchtgefüllte Teigtaschen, in Kabul, Bibeln mit speziellem Tarnumschlag auf den Armaturenbrettern von Humvees, den einsamen Stern von Texas über Reihen staubiger Zelte auf einer schwer verminten, entwaldeten und zerstörten Ebene, die zuerst von den Sowjets, später dann von der Nordallianz und den Taliban erbittert umkämpft war. »Hoo-har« bedeutete T-Rationen, C-Rationen und A-Rationen und einen Lautsprecher, der in ohrenbetäubendem Lärm über das ganze Camp hinwegdröhte: »This is the Large Voice«, ohne jemanden Bestimmten anzusprechen. Es bedeutete QRFs (Quick Reaction Forces) und M16-Gewehre. Es bedeutete AQT (al-Qaida/Taliban) und AMF (Afghan Military Forces). Es bedeutete Sharps-Bier mit 0,5 Prozent Alkohol und das Verbot des befehlshabenden Offiziers, auf dem Stützpunkt private Waffen zu tragen. Es bedeutete 19-jährige Jungs aus Kentucky, die mit geschulterten M16-Gewehren Ball spielten, bevor sie sich auf die Suche nach einem unauffindbaren, hoch motivierten und gut bewaffneten Feind machten, der sich von der Bevölkerung dieses Landes durch nichts unterschied. Es bedeutete fünf Helikopter, die in Formation direkt aus der untergehenden Sonne herausflogen und auf deren tief hängenden Rumpfenden und Heckrotoren das Licht gleißte, bevor sie die Nasen senkten, um inmitten einer Staubwolke auf einer von diesigen Bergen umgebenen Piste zu landen. Die Soldaten nannten dies »The Stan«.

Und das waren ihre Kritzeleien an den Plastikwänden der »heads« (Aborte), der stinkenden Klohäuschen, wo man, wenn man nach 9 Uhr morgens kam, schon von einem eineinhalb Meter hohen Haufen Soldatenscheiße begrüßt wurde: In Toilette 7 hatte jemand geschrieben: »Ich bin der Tod, der Weltenzerstörer« – ein Zitat aus einem hinduistischen Text und zugleich von J. Robert Oppenheimer, der Amerikas Atombombe gebaut hatte. Ein anderer hatte eine Zeile hinzugefügt: »Ich bin die Langeweile, der Motivationszerstörer«. In Toilette 9 die Kritzelei: »Meine Frau Jodie treibt es mit einem anderen, von hinten, und es törnt mich an. Bin ich gaga?« In Toilette 3 hatte jemand erklärt: »Und wenn ich auch wandle im finsteren Todestal, ich fürchte kein Unheil … denn ich bin der mieseste Scheißkerl im ganzen Tal.« In Toilette 6 gab es eine erstaunliche Fülle anatomisch exakter Zeichnungen männlicher und weiblicher Geschlechtsorgane und zwei witzige Sprüche: »MARINE – Muscles Are Required Intelegance [sic] Not Essential« (MARINE – Muskeln sind gefragt, Intelligenz unwichtig), lautete der eine, und der andere: »Wie kommt man ungestraft davon, wenn man eine taubstumme Afghanin missbraucht hat? Brich ihr die Finger, dann kann sie es keinem sagen«. In Toilette 11 war Folgendes zu lesen: »Newark, NJ«, »Mansfield, Ohio«, »Brooklyn, NYC«, »Quidos, New Mexico«, »Pelham, Alabama«, »Montevideo, Alabama«. In Toilette 2, einer Damentoilette, nur ein einziges Graffito: »Ich vermisse meine Katze.«

Ich war gern unter den Amerikanern. Sie waren aufgeschlossen und freundlich, wohlmeinend und ohne Hintergedanken, großzügig und stets höflich. Die einfachen Soldaten stammten aus den ärmsten Gegenden der Vereinigten Staaten, aus den Industriestädten des Mittleren Westens, in denen es keine Industrie mehr gab, aus kleinen Gemeinden im tiefsten Süden und den Hispanic-Ghettos an der Westküste. Die amerikanische Armee finanzierte die Ausbildung, selbst wenn man nur relativ kurze Zeit gedient hatte, und viele trugen vor allem deshalb die Uniform, um diese Ausbildung bezahlt zu bekommen. »Ich bin zur Armee gegangen, weil ich zu oft *Full Metal Jacket* gesehen habe«, sagte mir der Kriegsfotograf der 10. Gebirgsjägerdivision in Anspielung auf Stanley Kubricks berühmten Film über Militärjournalisten und Marines im Vietnamkrieg. Er sagte, er habe sich ein Fulbright-Stipendium für das College vermasselt, weil er zu viele Partys gefeiert habe, und dann erzählte er, wie er vor einem Monat in einer sorgfältig geplanten Schlacht amerikanischer Soldaten gegen al-Qaida- und ehemalige Taliban-Kämpfer unter Beschuss geraten war. »Jetzt kann ich meinen Enkeln erzählen, dass ich wirklich in der Scheiße saß«, sagte er. Der Satz stammte aus dem Film. Später hörte ich einen Marine-Sergeant zu seinem Zug sagen:

»Hört her, Ladies« – ein Satz, den man von zahllosen Ausbildern in Hollywood-Filmen kennt.

Eines Abends nahm mich eine Patrouille der 101. US-Luftlandedivision (»The Screaming Eagles«) in ihrem Buggy mit hinunter zur Hauptstraße. Es war fast dunkel und nach der Hitze des Tages auch kalt. Auf der Straße liefen Männer und Frauen mit Waffen in der Hand herum. Wir fuhren an den polnischen Pionieren in Camp Abel vorbei, vorbei am Gelände der Spezialeinheiten in Diamond City und bogen dann nach links ab zu unseren eigenen Zelten.

Die Männer stammten aus Alabama. Wir befanden uns in einer verdunkelten Zone, aber der Patrouillenführer hatte seine Taschenlampe angeknipst, damit ich mein Zelt leichter fand. Ein anderer Soldat sagte zu ihm, er solle sie ausmachen.

»Ich bin verdammt noch mal auf Patrouille«, antwortete er. »Was glaubst du wohl, warum ich meine Schutzweste trage, du Scheißkerl. Doch nicht aus Scheißspaß? Also halt dein Scheißmaul.« Und ich dachte: Reden die wirklich so, oder haben sie auch nur zu viele Vietnam-Filme gesehen?

Meine Lektüre war, so hoffte ich, meinem Umfeld angemessen. Ich hatte Norman Mailers *Die Nackten und die Toten* dabei und ein Buch von Samuel Hynes, einem amerikanischen Veteranen aus dem Zweiten Weltkrieg, der später Professor für englische Literatur wurde. Er untersuchte, wie Männer ihre eigene Rolle im Krieg und vor allem im Kampfgeschehen zu begreifen suchen. Jeder Mensch, so Hynes, sucht in einer neuen Situation, die neue Verhaltensweisen von ihm verlangt, nach Orientierung bei anderen – oft bei den Eltern oder bei den Altersgenossen oder ganz allgemein bei den kulturellen, religiösen und geistigen Normen der Gesellschaft, in der er lebt. Soldaten im Krieg nehmen, wenig überraschend, einen vorausgegangenen Krieg als Bezugspunkt. Britische Soldaten im Ersten Weltkrieg orientierten sich an den Kriegen des British Empire, die von G. A. Henty, Kipling und der Zeitschrift *Boy's Own* romantisch verklärt wurden. Die amerikanischen Soldaten im pazifischen Raum während des Zweiten Weltkriegs blickten zurück auf die Erfahrungen der Generation ihrer Väter im Ersten Weltkrieg. In Vietnam blickten die amerikanischen Soldaten auf den Krieg im Pazifik zurück, und es war sonnenklar, woran sich die Soldaten in Afghanistan orientierten, wenn sie kurz vor der Heimkehr davon sprachen, »bald hier fertig zu sein«, und von »The Stan« redeten, das Peace-Zeichen angesteckt und »Born to kill«, »Zum Töten geboren«, auf den Helm gekritzelt.

Dasselbe galt in gewisser Weise auch für die Kriegsberichterstatter auf dem Stützpunkt. Kaum einer von uns in Bagram hatte vorher schon einmal so viel Zeit in einem militarisierten Umfeld verbracht, und ich war mir nicht ganz sicher, wie ich mich verhalten sollte. Auch wir blickten auf das nächstliegende Beispiel in der Geschichte unseres Berufs; nicht auf den Knock-out in der ersten Runde, jene Farce des ersten Golfkriegs, sondern auf Vietnam. Und ob es uns passte oder nicht, wir wurden bereits darauf konditioniert. Wir aßen Armeerationen, arbeiteten und schwitzten in einem Armeezelt, schliefen in aufgereihten Feldbetten und lebten inmitten der Routineabläufe einer im Krieg befindlichen Armee. Wenn wir vor dem riesigen, zur »chow hall« (Kantine) umfunktionierten Hangar Fußball spielten, mussten wir unseren Ball oft vom Gelände der Spezialtruppen zurückerbitten. Einmal, als wir ihn zu fest in die Gegenrichtung schossen, landete er in einem der vielen Minenfelder um das Camp. Keiner bot sich an, ihn zu holen. Alles war derart fremd für uns, dass wir außergewöhnliche Geschichten brauchten, die uns eine Vorstellung davon vermittelten, wie wir uns zu verhalten hatten. Das erklärt vielleicht, warum wir uns auf einem Laptop von CNN fast jeden Abend von Anfang bis Ende die Raubkopie einer DVD von *Full Metal Jacket* anschauten, die wir in Kabul aufgetrieben hatten. Eine lohnende Übung, schon allein deshalb, weil das Geräusch der Helikopter im Film vom Geräusch der realen Helikopter draußen überblendet wurde. Nach einer Woche wussten wir ganze Dialogpassagen auswendig.

In Bagram gab es auch die bekannteren Aspekte des Journalismus, wenngleich in leicht verfälschter Form. Täglich um 9 Uhr morgens versammelten Major Bryan Hilferty und sein britischer Kollege die Presse wie Schulkinder in einem Freiluftklassenzimmer auf Bänken vor der Hauptkantine, um uns auf den neuesten Stand zu bringen. Hilferty begann stets damit, dass er uns in Erinnerung rief, weshalb wir da waren. »Heute ist der 233. Tag nach dem Anschlag von al-Qaida-Terroristen auf das World Trade Center in New York, bei dem mehr als 3000 unschuldige Männer, Frauen und Kinder ermordet wurden«, sagte er. »Unter denen, die ums Leben kamen, war …« Es folgte ein kurzer Nachruf für eines der Opfer, entnommen der Website der *New York Times.* So erfuhren wir von »Robert McCarthy, 33, Wertpapierhändler bei Cantor Fitzgerald, der seiner Frau zum Hochzeitstag sechs Dutzend Rosen schenkte. Fünf für jedes Jahr und ein Dutzend für ihre Kolleginnen«, oder von »Ricardo Quinn, 40, Sanitäter, der am Jones Beach, den er mit seiner Familie so gern aufsuchte, lebensgroße Sandskulpturen schuf.« Hilferty beendete die Pressekonferenz stets mit demselben Satz: »Die Jagd geht weiter, und der Krieg gegen den Terrorismus in Afghanistan dauert an.«

Eines Morgens erschien Hilferty in Begleitung von Colonel Patrick Fetterman, einem untersetzten Mann mit kurz geschnittenem grauem Haar und Kampfuniform. Er sollte uns beschreiben, welche Rolle seine Einheit, das 187. Bataillon der 101. Luftlandedivision, bei dem einzigen »Kontakt« mit dem Feind spielte, den sie in den vergangenen zehn Wochen hatten. Vier mutmaßliche al-Qaida-Kämpfer waren getötet worden, nachdem sie auf eine Patrouille der australischen Spezialeinheiten das Feuer eröffnet hatten. Die Patrouille hatte Unterstützung angefordert, und zweihundert Soldaten des 187. Bataillons waren per Flugzeug eingetroffen. Der Colonel erzählte: »Wir landeten auf dem harten Boden eines sehr steilen Terrains oberhalb eines Dorfes. Wir gingen in das Dorf hinunter und entdeckten Blutspuren und drei große Munitionslager. Wir waren bei weitem in der Überzahl, und obwohl einige Dorfbewohner nicht gerade begeistert waren, forderten wir sie auf, ihre Türen aufzuschließen, und wir durchsuchten das Dorf. Einige Türen mussten wir mit Gewalt aufbrechen, und das war hart für meine Jungs, die vom grellen Sonnenlicht in einen stockdunklen Innenraum kamen, in dem womöglich ein Feind saß. Mitglieder von AQT hatten keine Chance zu fliehen, weil wir ›Luft‹ hatten.«

»Was heißt ›Luft‹?«, fragten wir einigermaßen entgeistert.

»Helikopter«, antwortete er.

Ich fragte den Colonel, woher er stamme. »Ich bin aus Fort Campbell, Kentucky«, sagte er. »God's Own Country.«

Ich verbrachte einen Nachmittag auf dem Hauptkontrollposten vor der Basis. Der Checkpoint war ausgestattet mit einem Zelt, mehreren Maschinengewehren, zwei Humvees, jeder Menge übergroßer, explosionssicherer Sandsäcke und besetzt mit fünf jungen Amerikanern und einem Afghanen, dem sie den Spitznamen »Crazy« gegeben hatten. Er hatte drei Sätze Englisch gelernt: »Fuck you« (Leck mich am Arsch),

»Suck my dick« (Lutsch mir den Schwanz) und »I am a crazy mo' fo'« (Ich bin ein durchgeknallter Motherfucker). Er war glücklich über die paar Brocken Englisch und machte großzügig Gebrauch davon. Die Soldaten verrichteten einen Zwölf-Stunden-Dienst und langweilten sich sehr. »Es gibt nichts auf der Welt, auf das man sich zwölf Stunden konzentrieren kann, sei denn aufs Bumsen«, meinte einer. Aber gegenüber den afghanischen Fahrern, die mit ihren klapprigen bemalten Lkws in Staub und Hitze eine lange Schlange bildeten, waren sie von ausgesuchter Höflichkeit. Ich beobachtete zwei Einheimische, die sich dem Checkpoint näherten. Sie saßen auf bemalten Fahrrädern, einer mit einem kleinen Plastikmechanismus am Dynamo seines Reifens, der unablässig »My Darling Clementine« spielte, der andere mit einem Sträußchen Plastikblumen an der Lenkstange.

»*Salaam.* How you doing?«, sagte der Gefreite Parker, der vor seinem Eintritt in die 101. Luftlandedivision als Automonteur in Oregon gelebt hatte. »My Darling Clementine« verstummte abrupt.

Parker, der sich bis Januar noch nie außerhalb Amerikas aufgehalten hatte, war erst vor kurzem aus Kandahar, einem weiteren großen amerikanischen Stützpunkt, hierher versetzt worden.

»Kandahar ist die Müllkippe für alles, was Gott nach der Erschaffung der Welt nicht mehr gebrauchen konnte«, sagte er, während er den beiden afghanischen Radfahrern ein rotes Kreuzchen auf die Hand malte und sie durchwinkte. Die anderen Soldaten saßen im Zelt, reichten Reisemagazine mit Bildern von Stränden und Palmen herum und unterhielten sich über kubanische Frauen.

»Das zweite Bataillon war da unten in Kandahar, aber ich schätze, dort hat man sie das Fürchten gelehrt. Sie haben Horrorgeschichten erzählt, wie sie die Berge rauf und wieder runter mussten. Ein paar von ihnen wurden kurz und klein geschossen. Man kann sagen, dass der 11. September durchaus etwas Gutes hatte«, fuhr Parker fort. »Schlecht für uns Amerikaner, aber vielleicht gut für diese Afghanen. Haben uns veranlasst, uns über den Rest der Welt mal ein paar Gedanken zu machen, was ja durchaus nicht unsere Stärke ist.«

Vor der Basis war ein kleiner florierender Markt entstanden. An einem halben Dutzend Ständen wurden Teppiche, *pakol*-Mützen, alte sowjetische Militärkoppel, usbekischer Wodka und ansehnliche Stangen Cannabis aus einheimischer Produktion verkauft. Außerdem hatten sie

Hunderte geklaute amerikanische Essensrationen, Kartons mit Ahornsirup, riesige Kanister Orangensaft und Erfrischungsgetränke im Angebot.

Die Logistik der amerikanischen Verpflegung blieb mir, wie so vieles andere auf dem Stützpunkt Bagram, während meines ganzen Aufenthalts ein Rätsel. Fast alles, was zum Frühstück, Mittag- und Abendessen serviert wurde, war in Deutschland hergestellt, 5000 Kilometer weit hierhergeflogen, aufgewärmt und in dem Hangar auf Papptabletts ausgegeben worden. Wenig überraschend, war das meiste davon nahezu ungenießbar. Das Mittagessen bestand aus einer amerikanischen Feldration, dem so genannten MRE (Meal Ready to Eat). Dreißig Menüs standen zur Auswahl. Das beste war Nr. 21, Chicken Terazzini, bei dem man zusätzlich zum Hauptgericht ein Päckchen Skittles-Süßigkeiten, eine Ecke Schmelzkäse mit Jalapeño-Pfeffer, ein paar Cracker und gezuckertes Eisteepulver bekam. Jede MRE-Ration enthielt außerdem ein Minifläschchen Tabascosauce, ein Erfrischungstuch und ein chemisches Kissen, das mit Wasser reagiert und das Essen halbwegs erwärmt.

Weil das Essen so schlecht war, holte man sich etwas aus dem PX, dem Supermarkt für die Soldaten auf dem Stützpunkt. Hier wurden nicht nur Riesenpackungen Brezeln und Beef Jerky, eine Art Dörrfleisch, verkauft. Es gab PlayStations (und das Spiel »Soldier of Fortune«), CD-Player und ein breites Angebot von Hip Hop-, Soul- und Rhythm & Blues-CDs, alle möglichen aktuellen Zeitschriften von *Sports Illustrated* bis *Shotgun News,* es gab Anhänger, Schlüsselringe und Poster mit der amerikanischen Fahne und »Operation Enduring Freedom«-T-Shirts mit einem New Yorker Feuerwehrmann darauf, der in den Ruinen des World Trade Center steht und einem Soldaten die amerikanische Fahne reicht mit den Worten »Over to you, buddy« (Hier, mein Freund). Es gab feuchtes Toilettenpapier, »strategische« Handtücher (stark saugfähiger Zellstoff in Tarnfarben und so groß wie ein altmodisches Stofftaschentuch) und Special-forces-Kopftücher, aber auch afghanische Halskettchen und handgearbeitete Teppiche mit der Karte des Landes und darum herum, sorgfältig eingestickt, Gewehre und Helikopter.

Nach einer Woche in Bagram erfuhren wir, dass der amerikanische Außenminister Donald Rumsfeld, Architekt der amerikanischen Vergeltung für die Anschläge vom 11. September, den Stützpunkt besuchen werde. Am folgenden Vormittag um 11 Uhr versammelten wir uns alle auf der Landebahn und warteten auf ihn. Major Hilferty hatte mit weißem Klebeband eine Art Pferch für die Journalisten markieren lassen und wich keinen Augenblick von unserer Seite, wie eine Glucke, die ihre Küken bewacht. Er deutete auf ein Transportflugzeug, dessen Nase mit Überwachungstechnik nur so gespickt war. »Das ist ein sensibler Bereich, dieses Flugzeug«, sagte er. »Ich habe zwar absolut keine Ahnung, was genau es mit dem Mist auf sich hat, aber es ist ein sensibler Bereich. Also bitte keine Aufnahmen davon.«

Um 11.05 Uhr schwebten aus südlicher Richtung zwei riesige Militärtransportflugzeuge heran. Dem einen entstieg Rumsfeld. Er wurde von dem Kommandanten des Stützpunkts und dem amerikanischen Botschafter in Kabul begrüßt und entschwand dann in einem Auto. Er war kleiner, als ich erwartet hatte, und mir fiel auf, dass die Hosenbeine seines schlichten schwarzen Anzugs etwas zu kurz waren und beim Gehen flatterten, so dass man seine bleichen Fußknöchel sah.

Vor einer eigens aufgebauten Bühne in einem nahe gelegenen Hangar warteten ein paar hundert Soldaten. Aus riesigen Lautsprechern ertönte amerikanische Rockmusik und Country & Western. Viele Songs handelten vom 11. September, einige trotzig und kämpferisch, andere eher rührselig. Ich schrieb mir die Texte in ein Notizheft. Zu den klagenden Akkorden sanft gezupfter Gitarrensaiten bekannte der Sänger, er sei »kein wirklich politischer Mensch«; und obwohl er »CNN schaue«, sei er »nicht sicher«, ob er sagen könne, »was der Unterschied zwischen Irak und Iran ist«. Aber, so der Sänger weiter, jetzt eindringlicher und kraftvoller begleitet von Orgel, Saiten- und Blechblasinstrumenten, er kenne Jesus, er habe mit Gott gesprochen und erinnere sich an etwas aus seiner Jugend. Dass nämlich »Glaube, Hoffnung und Liebe das Beste ist, das er uns gegeben hat; am größten aber ist die Liebe.« Dieses Lied wurde ein paar Mal gespielt.

Rumsfeld sprach etwa 15 Minuten über den Krieg gegen den Terrorismus und darüber, wie der Wiederaufbau Afghanistans organisiert werden müsse, damit es nie wieder ein Zufluchtsort für »Feinde der Vereinigten Staaten und der freien Welt« werden könne.

»Dies ist ein bedeutsamer Augenblick«, sagte er, »und ihr Soldaten habt eine bedeutsame Mission.«

»Hooar.«

»Ihr seid von der Geschichte beauftragt.«

»Hooar.«

»Wenn der Krieg zu Ende ist, und er wird zu Ende gehen, werdet ihr sagen können: Ich habe mit den Koalitionstruppen in Afghanistan gekämpft.«

»Hooar.«

Eines Morgens suchte ich die Kapelle des Stützpunkts auf, eine der größten Anlagen der Basis mit neun verschiedenen Gottesdiensten pro Woche: Gospel, jüdisch, liturgisch, koreanisch-protestantisch, Kirche der Heiligen der Letzten Tage, Siebten-Tags-Adventisten, protestantisch, muslimisch und römisch-katholisch. Während ich das Gotteshaus besuchte, kam ein Soldat der Spezialtruppen herein, legte sein Gewehr auf den Boden, kniete nieder, betete ein paar Minuten, stand auf, nahm sein Gewehr und ging wieder. So sehr ich die Offenheit und Aufrichtigkeit der Amerikaner, ihren tätigen Optimismus und ihre Energie zu schätzen wusste, diese unverhüllte Bekundung religiöser Überzeugungen, wie ich sie bei so vielen beobachtete, berührte mich ausgesprochen unangenehm. Ich sah, was für eine Zuversicht sie aus ihrem Glauben schöpften und wie nützlich das war. Es ließ sich aber auch erkennen, wie leicht diese Zuversicht in Arroganz umschlagen konnte.

Die Zuversicht der Amerikaner speiste sich ganz unverkennbar auch aus den Ressourcen, die ihnen zur Verfügung standen. Erstaunliche Ressourcen. Der Anblick der dichten Reihen von Flugzeugen und Helikoptern auf dem Landeplatz in Bagram konnte einem wirklich die Augen öffnen. Wenn schon ich mit meiner begrenzten Afghanistan-Erfahrung das plötzliche Auftauchen der »green machine«, wie die amerikanischen Soldaten die Armee nannten, als eine bizarre und schockierende Einmischung empfand, was mussten dann erst die Afghanen davon halten? Meine Zeitung hatte sich weniger als andere englische Presseorgane der Berichterstattung über die Soldaten verschrieben, die auf der »Jagd nach bin Laden« im Einsatz waren, daher konnte ich im Land umherreisen, um meine eigenen Beobachtungen zu machen. In Bamiyan, jenem atemberaubenden Tal im zentralen Hochland, wo tiefe Aushöhlungen in einer Felswand die Stelle markierten, wo die Taliban gut ein Jahr zuvor unter dem Druck kuwaitischer und saudi-arabischer Geistlicher zwei riesige uralte Buddhastatuen zerstört hatten, begegnete mir bitterste Armut, jedoch kaum Ressentiments gegenüber der Anwesenheit der fremden Truppen. Südlich von Kabul, in dem von Paschtunenstämmen beherrschten Gebiet im Umkreis der Stadt Ghazni, fand man oft Anzeichen vorsichtiger Freundlichkeit gegenüber den Amerikanern. Bald war mir klar, dass die meisten Afghanen keineswegs unglücklich darüber waren, dass endlich jemand gekommen war, um ihnen zu helfen; das hatte ich schon während der Kämpfe im Herbst und Winter bemerkt. Die Tatsache, dass die Amerikaner, Briten, Franzosen und Spanier und alle anderen, die ihnen Hilfe brachten, keine Muslime waren, spielte offensichtlich keine Rolle, solange sie den Wiederaufbau des Landes finanzierten. Die Sympathie der breiten Bevölkerung hatte natürlich ihre Grenzen und war großteils abhängig von einem raschen Fortschritt bei der Lösung der immensen Probleme des Landes. Und obwohl niemand daran zweifelte, dass große Anstrengungen nötig waren, um den Lebensstandard in einem der ärmsten Länder der Erde auf ein halbwegs erträgliches Niveau anzuheben, waren viele, zumindest in dieser Phase, nicht ohne Hoffnung.

Ich fuhr auch hinunter nach Gardez, nicht zuletzt deshalb, weil mich der Gedanke an die Flüchtlinge, denen ich hier fünf Monate zuvor in der zerstörten Schule begegnet war, nach wie vor nicht losließ. Die Schule war unverändert, doch Bewohner der umliegenden Häuser sagten mir, die Überlebenden der Familien, die sich hier aufgehalten hatten, seien vor ein paar Wochen aufgebrochen. Niemand wusste, wohin. Statt ihrer lebten neue Flüchtlinge inmitten von Schutt und Geröll und rußgeschwärzten Wänden. Auch sie hatten Hunger und kein Dach über dem Kopf, aber da es inzwischen wärmer war, würden sie zumindest nicht an nächtlicher Unterkühlung sterben. Deshalb ging es mir etwas besser.

Doch Gardez hatte andere Probleme. Bacha Khan Zardran war nicht nur mit seinem Versuch gescheitert, die Stadt einzunehmen, er war auch aus all den Gebieten vertrieben worden, die er in den Tagen nach dem Sturz der Taliban durch Hamid Karzai, den neuen, von Amerika unterstützten afghanischen Präsidenten, unter seine Kontrolle gebracht hatte. Der Warlord hatte sich weit oben in den Bergen verschanzt – in jenen Bergen, die ich auf meiner Fahrt nach Khost sechs Monate zuvor überquert hatte. Ihm blieb nicht viel mehr, als zu schmollen und ab und zu wahllos Mörsergranaten in die umliegenden Täler und Ortschaften zu feuern. Wie nicht anders zu erwarten, kamen dabei auch Zivilisten ums Leben. Ich besuchte einen Mann, dessen Frau und fünfjährige Tochter einen Tag zuvor bei einem solchen Angriff getötet worden waren. »Ich weiß, es ist Gottes Wille, aber ich frage einfach, warum er mir nach so viel Schrecklichem, was geschehen ist, auch noch meine Familie genommen hat«, sagte er.

Kabul selbst hatte sich in eine quirlige, hektische Großstadt verwandelt. Ich kannte den Ariana Square im Zentrum als einen öden Platz, über den der Wind fegte. Jetzt staute sich hier der Verkehr. Die Autoschlange reichte vom überfüllten Gefängnis über das Innenministerium mit seinen feschen, vom Ausland ausgebildeten afghanischen Soldaten, die Polizeistation mit ihrem neuen Funksystem und den Komplex der Vereinten Nationen mit den Reihen nagelneuer komfortabler weißer Landcruiser bis zu den neuen Botschaften von einem Dutzend ausländischer Staaten. Gegenüber dem Park im Stadtzentrum machten neue Restaurants gute Geschäfte. Sogar einen Computerladen und ein Internetcafé gab es. Ein Mobilfunknetz wurde gerade eingerichtet. Die Kehrseite war natürlich eine stark gestiegene Kriminalität, Mietpreise so hoch, dass selbst relativ begüterte Flüchtlinge, die in die Stadt zurückkehrten, sich kaum eine angemessene Unterkunft leisten konnten. Im Basar gab es geschmuggelten Whisky, die Flasche für 100 Dollar, Manchester United-T-Shirts für 50 Dollar, und wenn man wusste, wen man fragen konnte, sogar Hardcore-Pornos mit Zwergen und fettleibigen Frauen. Doch Ekram, den ich besuchte, war sehr froh, wieder hier zu sein, und hatte schon Pläne, seine Familie aus Peschawar zurückzuholen. Ich hatte befürchtet, dass der Krieg in Afghanistan kontraproduktiv sein, die Wut in der islamischen Welt schüren und den Westen in einen Guerillakrieg verwickeln würde, der das zerstörte, was von dem Land noch übrig war. Als jedoch Ekram und ich im Oktober 2001 nach Jalalabad zurückkehrten, schob ich auch meine letzten Vorbehalte beiseite. In einer frisch renovierten Schule im Süden der Stadt drängten sich viele hundert Mädchen in den Klassenräumen, auf den Fluren und sogar im Garten, plaudernd, rufend und lesend; sie mussten zur Strafe in einer Ecke stehen und auf Schiefertafeln oder in zerschlissene Übungshefte schreiben. Die Szene war vielleicht nicht repräsentativ, ja, sie hatte sogar etwas Kitschig-Sentimentales, aber zu meiner eigenen Überraschung und Ekrams großem Erstaunen war ich davon so gerührt, dass Ekram unser Interview mit der Rektorin allein zu Ende führen musste, während ich draußen unter einer großen Esche stand, nach Luft rang und mir die Nase putzte.

In jenem »Krieg gegen den Terror«, den Präsident Bush nach dem 11. September ausgerufen hatte, war Afghanistan der einfachere Teil. Es war verhältnismäßig leicht gewesen, die Verantwortlichen für die Anschläge auf New York und Washington zu identifizieren und ihre Hintermänner und Basen zu zerstören. Die Militanten und die Taliban unter ihnen waren ein Ziel, das Amerika mit seiner massiven technologischen und militärischen Überlegenheit gerade noch bewältigen konnte. Der Feldzug im Herbst und frühen Winter 2001 war ein Erfolg, wenn man davon absieht, dass der Führung von al-Qaida die Flucht aus Tora Bora gelungen war. Dieser Feldzug war, trotz meiner Bedenken, notwendig gewesen. Es war ein katastrophaler Fehler der westlichen Regierungen gewesen, zuzulassen, dass in den vorausgehenden zwei Jahrzehnten in Afghanistan eine so große und effiziente militärische Infrastruktur hatte entstehen können. Die Militäroperation zur Zerschlagung dieser Infrastruktur hatte weit reichende Unterstützung gefunden, auch in der muslimischen Welt, wie das Scheitern radikaler pakistanischer Gruppen, größere Kundgebungen gegen den Krieg zu organisieren, deutlich zeigte. Für die Afghanen, so mein Eindruck, war so gut wie alles besser als der Status quo. Die Frage im Frühjahr 2002 lautete: Was war der nächste Schritt?

Das Problem bestand darin, dass niemand genau wusste, wer oder was der Feind war. Vor dem 11. September und im Herbst 2001 war auf höchster politischer Ebene nie viel von al-Qaida die Rede gewesen, und nach dem Ende der Militäroperation in Afghanistan gab es wenig, was eine vernünftige und unvoreingenommene Diskussion hätte beflügeln können. Die Folge war ein Vakuum, das mit Analysen auf der Basis spärlicher, einseitiger und ideologisch vorbelasteter Quellen gefüllt wurde. Während meiner Zeit in Pakistan und Afghanistan war mir vieles entgangen, was in Großbritannien und Amerika über den militanten Islam gesagt wurde, und so war ich nach meiner Rückkehr überrascht, dass sich im Bewusstsein der Öffentlichkeit so eklatant falsche Vorstellungen über al-Qaida etabliert hatten. Al-Qaida wurde als eine in sich geschlossene Organisation angesehen, wie es die terroristischen Gruppen der sechziger und siebziger Jahre gewesen waren, mit einer hierarchischen Struktur, Mitgliedern, Kadern, Zellen und internationalen Akteuren. Schlimmer noch: Zahlreiche Gruppen aus der gesamten islamischen

Welt, die mit bin Laden nichts zu tun hatten und von deren Existenz man vor dem 11. September im Westen keine Ahnung gehabt hatte, wurden jetzt als al-Qaida oder als Ableger von al-Qaida definiert. Das Bild bin Ladens als eines Schurken à la James Bond, der in einer Höhle saß und, umgeben von Computern, eine globale Kampagne der Gewalt koordinierte, wurde nahezu einhellig akzeptiert. Allgemeiner gesagt, wurde der Terrorismus oder zumindest dessen muslimische Variante häufig als Ausdruck von irrationaler Wut oder eingefleischtem Hass auf Wohlstand und Freiheit beschrieben, als Teil eines umfassenden Plans zur Eroberung der Welt. Die implizite Botschaft lautete, dass es wenig Sinn habe, nach »tiefer liegenden Ursachen« zu suchen, und dass derjenige, der dies dennoch tue, zu »weich« sei. Die Selbstmordattentäter wurden als Verrückte oder sexuell Gestörte abgetan, und die politischen Entscheidungsträger ließen es sich angelegen sein, daran zu erinnern, dass allein resolutes und entschlossenes Handeln die Terroristen abschrecke, während Schwäche sie nur ermutige.

Diese Denkweise, der »harte« antiterroristische Diskurs, beherrschte aus verschiedenen Gründen die Debatte. Erstens spiegelte sie die Sympathien der Strategen im Weißen Haus und ihrer Wählerschaft und stand weitgehend im Einklang mit einer Kultur, die individuellem Handeln und Fleiß als Determinanten des Verhaltens und der Geschichte sowie als Garanten für Erfolg und Misserfolg gegenüber gesellschaftlichen und Umweltfaktoren den Vorzug gab. Zweitens wurde sie von den mehrheitlich konservativen Verteidigungs- und Sicherheitskreisen in Amerika, Europa und der ganzen Welt befürwortet. Der kollektive Beitrag der Terrorismus- und Sicherheitsexperten – von denen viele aus dem Militär- oder Polizeiapparat stammten – zur politischen Entscheidungsfindung und zur öffentlichen Debatte war notgedrungen stark rechtslastig. Ein dritter Grund für die Dominanz des politisch rechten Diskurses war dessen enorme Popularität bei zweifelhaften Regimen weltweit. Denn für die Regierungen Algeriens, Usbekistans, der Philippinen, Russlands etc. war es äußerst vorteilhaft, für Aufstände im eigenen Land das neu entdeckte internationale Schreckgespenst al-Qaida verantwortlich zu machen. Denn dies sicherte ihnen die diplomatische, militärische und finanzielle Unterstützung Washingtons, während sie gleichzeitig vertuschen konnten, wie sehr Korruption, Vetternwirtschaft und Missmanagement, die auf ihr eigenes Konto gingen, für diese

Gewalt mitverantwortlich waren. Ein vierter Grund lag in der breiten Mitwirkung der Medien in Großbritannien und den Vereinigten Staaten. Sei es aus Unwissenheit, Willfährigkeit oder Bequemlichkeit, übernahmen Journalisten mit wenigen Ausnahmen bereitwillig das, was Politiker und »Sicherheitsexperten« erklärten. Sie waren froh, ein neues und prägnantes Etikett für die ansonsten eher diffuse neue Bedrohung gefunden zu haben, und gaben sich damit zufrieden, mehr oder weniger alle Anschläge weltweit »al-Qaida« zuzuschreiben. Ein letzter Grund für die Dominanz des rechten Diskurses war schließlich die Schwäche der Linken, deren Reaktion von billigem Antiamerikanismus bis hin zur Favorisierung allgemeiner liberaler Theorien ohne jede Stringenz und Klarheit reichte. Außerdem gab es auf Seiten der Linken oder auch der politischen Mitte nur wenige, die mit dem Nachdruck und der Sicherheit ihrer Gegner zu argumentieren vermochten.

Diese verquere Debatte über die Art der Bedrohung, die im September 2001 scheinbar aus dem Nichts aufgetaucht war, hatte politisch ganz unmittelbare Folgen. Die Stoßrichtung der Strategie des »Kriegs gegen den Terror« wurde natürlich maßgeblich vom Weißen Haus bestimmt und beruhte fast ausschließlich auf den traditionellen »harten« Taktiken der Terrorismusbekämpfung. Amerika begann sich in eine Festung zu verwandeln, während außerhalb der Vereinigten Staaten Geheimdienst und Militär mit ihrer technologischen Überlegenheit in Aktion traten, um die Schurken zu jagen und zu vernichten. Es wurden zwar Lippenbekenntnisse zur Errichtung von mehr Demokratie und wirtschaftlichem Wachstum im Nahen und Mittleren Osten abgelegt, aber die komplizierten Wurzeln des islamischen Terrorismus, die Vielgestaltigkeit der muslimischen Welt, die Notwendigkeit, die entscheidende, gemäßigte Schicht für sich zu gewinnen und der Ideologie entgegenzutreten, die den Nährboden der Militanz bildete – all das war kaum Gegenstand der Diskussion. Die Lektion des jahrzehntelangen Kampfes gegen Aufstände wie auch der jüngsten Ereignisse in Algerien, Afghanistan, Israel/Palästina und anderswo war vergessen oder wurde ignoriert. Auf Gewalt reagierte man im Großen und Ganzen mit Gegengewalt.

Die Sache wurde dadurch noch schlimmer, dass die islamische Öffentlichkeit immer wieder Kränkungen erdulden musste, was bin Laden sicherlich freute. Eine ganze Reihe von Taktlosigkeiten – Präsident Bushs wiederholte Rede von einem »Kreuzzug« gegen den Terrorismus ist nur ein Beispiel von vielen – rief bei einer ohnehin überempfindlichen Zuhörerschaft Empörung hervor. Unterdrückerische Regime wurden hofiert und unterstützt. Die »moralische Klarheit« – ein Schlagwort aus dem Kalten Krieg, welches besagte, dass man sich an »überholte liberale Werte« nicht gebunden fühlt – hatte in den neu errichteten Gefängnissen in Guantanamo und in Afghanistan ganz unmittelbar eklatante Menschenrechtsverletzungen zur Folge, die den Ruf Amerikas beschädigten und dem alten, in der muslimischen Welt weit verbreiteten Vorwurf der »Doppelmoral« neue Nahrung gaben. In all den Gesprächen, die ich im Laufe der Jahre mit islamischen Militanten führte, stand der Gedanke im Vordergrund, sie würden angegriffen. In Anbetracht dessen konnte es nicht verwundern, dass all diese Fehler katastrophale Auswirkungen hatten. Aus der breiten Unterstützung, die Amerika nach dem 11. September selbst in der muslimischen Welt genoss, wurde – erneut – erbitterte Feindseligkeit. Und es sollte noch schlimmer kommen.

Die Prämissen, die der Anti-Terror-Strategie des Weißen Hauses und damit auch der meisten Verbündeten Amerikas nach dem 11. September zugrunde lagen, trugen den deutlichen Stempel des Kalten Kriegs. Auch damals hatten Konservative in Amerika und Europa für den weltweiten Terrorismus und gewalttätige Aufstände obskure Netzwerke verantwortlich gemacht, hinter denen sie ein Zentralkomitee vermuteten. Sozioökonomische Missstände wie Armut und Unterdrückung als Ursache für die Attraktivität linker Ideologien wurden geleugnet und stattdessen auf den staatlich geförderten Terrorismus als entscheidenden Faktor verwiesen. Da viele Mitglieder der Bush-Regierung, nicht zuletzt Rumsfeld selbst, am Kräftemessen mit den Sowjets führend beteiligt waren, konnte eine solche Kontinuität nicht weiter verwundern. Es waren nicht einfach bloß die Soldaten und die Journalisten in Bagram, die in ihren Köpfen alte Kriege neu ausfochten.

In einer anderen Situation wäre dies gravierend weiter nicht gewesen, doch im aufgeheizten Klima des Jahres 2002 hatte es schwerwiegende Konsequenzen. Der Nachdruck, mit dem man von einer staatlichen Förderung des Terrorismus sprach, sowie die Vernachlässigung der Frage nach den »tiefer liegenden Ursachen« ließen für die politischen Entscheidungsträger Amerikas nur eine Schlussfolgerung zu. In den Theorien vieler einflussreicher Strategen kam die größte Bedrohung der »zivilisierten Welt« nicht von einer amorphen und verwirrenden

Konstellation unabhängiger radikalislamischer Gruppen, die uralte soziale, kulturelle, politische und ökonomische Missstände in eine religiöse Sprache übersetzten, sondern von einem einzigen Staat: dem Irak.

9 Rückkehr nach Kurdistan

Ich breitete die Fotos aus und trat einen Schritt zurück. Ali Hamad Massud, Bürgermeister von Qala Diza, betrachtete sie schweigend und schob sie mit den Fingerspitzen auf der Glasplatte seines Schreibtischs hin und her – mit einer Behutsamkeit, die ich von einem so massigen Mann nicht erwartet hätte. Eine Minute verging. Das Büro glich Tausenden anderen im Nordirak oder im Irak überhaupt. An der Wand hing das Bild eines politischen Führers, in diesem Fall Dschalal Talabanis, des altgedienten Führers der Patriotischen Union Kurdistans; auf niedrigen verschnörkelten Couchtischen aus dick lackiertem Kirschholz standen Väschen mit grell bunten Plastikblumen; und auf riesigen grünen Sofas saß ein halbes Dutzend leicht übergewichtiger Männer mit Schnurrbart und stoppeligem Kinn, die orangefarbene oder rote Gebetsperlen durch ihre dicken Finger gleiten ließen. Jeder von ihnen hatte ein Gläschen Tee vor sich stehen, so stark gesüßt, dass im unteren Drittel der reine Zucker stand. Es roch stark nach abgestandenem Schweiß. Der Bürgermeister hob den Kopf, ging um seinen Schreibtisch herum, ergriff meine Hand, legte mir einen Arm um die Schulter und drückte mich an sich.

»Es freut mich sehr, Sie hier begrüßen zu dürfen«, sagte er zu mir oder vielmehr zu Ala, meiner Dolmetscherin, die gut einen Meter entfernt saß. Sie übersetzte: »Da Sie schon einmal als Peschmerga hier waren, sind Sie ein guter Freund und in Qala Diza sehr, sehr herzlich willkommen. Und da Sie nach zehn, nein, elf Jahren zurückgekommen sind, ist es für uns so, als wären Sie die ganze Zeit über Peschmerga gewesen.«

Ich hatte schon seit Jahren wieder nach Kurdistan fahren wollen, aber keiner der umliegenden Staaten, die den Zugang zu den Kurdengebieten kontrollierten, hatte mir ein Transitvisum geben wollen. Dann, im Sommer 2002, verhalfen mir alte Kontakte zur Kurdischen Demokratischen Partei in London zu einer Einreiseerlaubnis der syrischen Behörden, und so flog ich von Großbritannien aus nach Damaskus und gelangte nach einer nächtlichen Autofahrt durch die Wüste in den äußersten Nordosten Syriens, wo ein Grenzübergang geöffnet war. Jenseits des Schlagbaums existierte seit zehn Jahren ein halbautonomer kurdischer Staat innerhalb von Grenzen, die großteils nach den Kämpfen im Sommer 1991 gezogen worden waren. Ein gelangweilter syrischer Beamter hatte einen Stempel in meinen Pass gedrückt, und dann hatte ich meine Taschen auf einem sandigen, von hohen Binsen gesäumten Weg hinunter ans Tigrisufer getragen.

Hier oben im Norden war der große, schlammig trübe Fluss der irakischen Ebenen kühl, munter plätschernd und so klar, dass ich die Kieselsteine auf dem Grund in ihren grauen und braunen Farbschattierungen sehen konnte. Das Wasser war kaum einen Meter tief. Der Fährmann hatte sein Boot, ein breites, flaches Kanu, auf das steinige gegenüberliegende Ufer gezogen, und schon war ich, der einzige Passagier, im »freien Kurdistan«, wie eine Aufschrift an einer Mauer verkündete. Ich war sehr glücklich, hier zu sein, und sehr glücklich darüber, dass all meinen gegenteiligen Erwartungen zum Trotz ein Freies Kurdistan immer noch existierte.

Ich war auf dem schnellsten Weg nach Qala Diza gefahren, in die in Trümmern liegende Stadt, die man mir zehn Jahre zuvor gezeigt hatte. Und ob der Bürgermeister es mit seinen freundlichen Worten nun ernst meinte oder nicht, ich war sehr gerührt, als die Männer in seinem Büro die Fotos betrachteten und lachend auf alte Kameraden zeigten und von der Vergangenheit erzählten. Keiner der Bewohner Qala Dizas oder Kurdistans überhaupt hatte es in der Zwischenzeit leicht gehabt. Der Krieg von 1991 und die darauf folgenden UN-Sanktionen, deren Wirkung durch Saddam Husseins diskriminierende Maßnahmen gegen die Kurden noch verstärkt worden waren, hatten die lokale Wirtschaft ruiniert. Ein paar Jahre lang hatte es nicht einmal genug zu essen gegeben. Nach dem Krieg von 1991 wurden zwar schnell freie und faire Wahlen abgehalten, aber die politische Führung der Kurden war nicht der Lage gewesen, ihre uralten internen Konflikte und Rivalitäten zu überwinden. Der verheerende Bürgerkrieg war erst 1998 zu Ende gegangen. Obwohl jetzt, vier Jahre später, die Spannungen nachgelassen hatten und die Wirtschaft sich allmählich erholte, gab es auf der Straße zwischen Erbil, dem Hauptquartier der KDP, und Suleimaniye, dem Hauptquartier der PUK, immer noch einen Kontrollposten. Bei meiner Fahrt durch Kurdistan hatte ich gesehen, wie schleppend die Aufbauarbeiten vorangingen. Der Großteil des Landes war nach wie vor bitterarm, und die zahllosen von

Saddams Soldaten zerstörten Dörfer waren kaum erkennbare Erdaufschüttungen auf weit entfernten Berghängen, deren einstige Bewohner entweder in Übersee arbeiteten oder längst in die rasch wachsenden Städte abgewandert waren.

Qala Diza jedoch war vollständig wiederaufgebaut worden. Über den Zab führte jetzt eine Brücke, die Straße in die Stadt war asphaltiert, und aus dem Trümmern, die ich 1991 gesehen hatte, erhob sich eine neue, etwas schmuddelige Stadt mit Basaren, staubigen Brachen und nagelneuen Wohnhäusern in planlosen Reihen entlang der steilen Schluchten. Sie führten zum Dokan-See hinunter, der nach wie vor in der Ferne jenseits der grünen Ebene glänzte.

»Diese Stadt war zu einhundert Prozent kurdisch, deshalb wurde sie zu einhundert Prozent zerstört«, sagte der Bürgermeister. »Die Bewohner wurden in Kollektivdörfer 160 Kilometer entfernt zwangsumgesiedelt. Alles, was Sie hier sehen, ist neu. Hier leben 48 000 Menschen. Wir haben 19 Grund- und Hauptschulen gebaut, sieben weiterführende Schulen, drei Kliniken und drei Krankenhäuser.«

Ich nahm das Foto mit dem Apotheker zur Hand, der 1991 in den Ruinen der Stadt die provisorische Krankenstation aufgebaut hatte. Ich wollte wissen, wie er hieß und ob er noch am Leben war. Sein Name sei Mahmud Hamza, sagte der Bürgermeister, und gab mir seine Adresse. Ich zeigte ihm ein anderes Foto, die Aufnahme von einem Mädchen, das vor seinem zerstörten Haus fegte. Wer war sie? Die Männer umringten das Foto. Sie hieß Zara Mohammed Hama und wohnte gleich um die Ecke.

Der Bürgermeister wies uns den Weg über eine staubige Straße zwischen niedrigen Häusern aus Schlackensteinen am äußersten südlichen Stadtrand, bevor es nach links abging. Die Häuser in den wohlhabenderen Vierteln der Stadt waren aus Beton gebaut, die Straßen asphaltiert, teilweise sogar mit Gehsteigen und Rinnsteinen versehen. Hier dagegen türmten sich Kies- und Zementhaufen auf der Straße, Kanalisation gab es noch nicht, und von schief stehenden Holzmasten baumelten die Stromkabel. Hunde hatten sich mit heraushängender Zunge im Schatten ausgestreckt. Im Wasser aus irgendeiner Quelle, das man in einen Betontank geleitet hatte, spielten Kinder. Dann bemerkte ich ein einfaches rotes Kleid, das in der mittäglichen Sonne leuchtete.

Zara war im Garten und wässerte eine Fläche dunkelgrünen Rasens, die von zarten Pfingstrosen, Frangipani und Jasmin eingerahmt war. Ich blieb im Auto sitzen, während Ala mit ihr sprach, und beobachtete, wie eine ältere Frau aus dem Haus auf die beiden zutrat. Das musste Zaras Mutter sein. Dann drehten sich die drei zu mir um und winkten mich heran. Ala hatte erklärt, warum wir gekommen waren, und sie lachten. Zaras Mutter holte ihren Ausweis aus einer kleinen Brieftasche und gestattete mir, ihren Namen zu notieren: Ayesha Ibrahim Hassan. Dem Ausweis entnahm ich, dass sie 60 Jahre alt war.

Wir setzten uns auf dünne Teppiche, die am Boden ausgebreitet waren. Ayesha, eine hochgewachsene, schlanke Frau mit großen Augen, einer geraden kräftigen Nase, leicht nach unten gezogenen Mundwinkeln und infolgedessen tief in die Wangen eingegrabenen Linien, hatte außer Zara noch sechs Kinder. Zara, erzählte Ayesha, war 1976 geboren worden, in einem fünf Kilometer entfernten Dorf, wo die Familie seit neun Generationen gelebt hatte. Ihr Mann sei zwar schon 1986 gestorben; trotzdem sei das Leben im Dorf »vorzüglich« gewesen, beteuerte sie.

»Wir konnten uns selbst versorgen«, sagte sie. »Wir haben das Land bestellt, und es gab alles, was wir brauchten. Dann kam die irakische Regierung und brannte die Häuser nieder, und wir gingen nach Qala Diza. Dann kamen wieder die Iraker und zerstörten die Stadt. Wir wurden in ein kollektives Dorf gebracht, wo das Leben sehr schwierig war. Es gab kein Wasser, die Häuser waren aus Beton und sehr heiß, es gab nur einen einzigen Raum, keine Schulen, Läden oder sonst irgendetwas. Einige meiner Kinder flohen in den Iran. Nach dem Ende der Kämpfe konnten wir schließlich hierher zurückkehren. Wir waren sehr glücklich, dass wir zurückkommen konnten, auch wenn wir kein Haus hatten. Gott weiß, wie glücklich wir waren.«

Zara hörte uns zu, fächelte sich mit dem Foto von 1991 Luft zu und warf hin und wieder, wenn sie sich unbeobachtet glaubte, einen verstohlenen Blick darauf. Sie hatte sich kaum verändert, hatte immer noch dieselben dicken braunen Haare und Augenbrauen, die großen dunklen Augen ihrer Mutter und dieses zögerliche, schüchterne Lächeln. Das lange rote Kleid, das sie trug, war fast dasselbe wie auf dem Foto. Sie sprach sehr wenig, hörte aber intensiv zu. Ich sah, wie sie das Foto umdrehte und die Buchstaben der englischen und kurdischen Beschriftung mit dem Zeigefinger nachzeichnete. Sie tat sich sichtlich schwer mit dem Lesen, obwohl nur ihr eigener Name und ihre Adresse zu entziffern waren.

»Wir waren schockiert und überrascht, als wir nach Qala Diza zurückkamen«, sagte jetzt ihre Mutter. »Hier gab es nichts mehr. Die Iraker hatten alles zerstört. Also fingen wir mit dem Wiederaufbau an. Alle zwei Jahre ein weiteres Zimmer und dann den Garten und den kleinen Hof.«

Das Haus, das die Familie gebaut hatte, war ein einfaches Rechteck von 9 x 4,5 Meter Grundfläche, mit vier Mauern aus Schlackensteinen, unterteilt in ein Schlafzimmer, ein Esszimmer und ein Besucherzimmer, darüber ein leicht geneigtes Wellblechdach. Ein kleiner Anbau, ebenfalls aus Schlackensteinen, diente als Küche. Darin entdeckte ich einen kleinen Gaskocher mit einem einzigen alten eisernen Ventilaufsatz, einen Rost für ein offenes Feuer, aufeinander gestapelte rußgeschwärzte Töpfe und Pfannen und ein paar Säcke Reis, Salz und Zwiebeln. An den Wänden hingen Bilder eines mir unbekannten Heiligen. Das Toilettenhäuschen stand separat. Hinter dem kleinen gepflegten Garten lag der »Hof«, der mir schon bei meiner Ankunft aufgefallen war: eine kleine, mit gelbem Kies bestreute Fläche, eingefasst mit einem niedrigen Holzzaun.

Ein Nachbarsjunge, den Ayesha bei unserer Ankunft losgeschickt hatte, kam mit Erfrischungsgetränken für Ala und mich aus dem Basar zurück. Wir saßen da und tranken. Zara legte ihre Scheu nicht ab. »Alles ist jetzt gut«, sagte sie. »Es wird uns besser gehen, *inschallah.* Ich würde gern meine Brüder sehen, aber sie arbeiten in der Stadt. Ich war noch nie in Suleimaniye, und ich würde es gern sehen.«

Ayesha fuhr scharf dazwischen, beinahe ungeduldig über die ruhigen Worte ihrer Tochter. »Wenn es einen neuen Krieg gibt, mir ist es egal, ob mein Haus noch einmal zerstört wird, Hauptsache, nicht durch Saddam«, sagte sie. »Wir werden uns ein neues bauen.« Zara hielt das Foto, das ich vor über zehn Jahren gemacht hatte, ins Licht, das durch den Rauch des Holzfeuers in der Küche hereinsickerte. Als wir aufbrachen, standen die beiden auf dem Stück Rasen ihres Gartens inmitten der Blumen und winkten uns nach.

In seinem weißen Hemd und der sauberen Hose war Dr. Mahmud Hamza noch immer eine elegante Erscheinung. Er versuchte zu lächeln, als ich ihm das Foto zeigte, auf dem er elf Jahre zuvor in den Ruinen der Stadt vor seiner provisorischen Krankenstation zu sehen war, aber das

Lächeln gelang ihm nicht. Seit dem schweren Schlaganfall vor einem Jahr, kurz nach seinem einundvierzigsten Geburtstag, fiel ihm das Sprechen schwer. Wir saßen auf der Terrasse seines neuen Hauses, eines soliden zweistöckigen Baus mit einem ummauerten eindrucksvollen Garten. Seine Frau übersetzte Ala, was er sagte, und Ala dolmetschte für mich. »Ich weiß, ich weiß«, sagte er, als wir ihn fragten, ob er sich noch an mich erinnere. »Sie waren schnell wieder weg. Wir haben uns sehr gefreut, Sie zu sehen, aber wir waren auch sehr überrascht. Es gab viele Cholera-Fälle und keine Medikamente. Heute ist vieles anders.«

Er nahm das Foto noch einmal zur Hand und sprach stockend, unfähig, die Lippen richtig zu bewegen. »Ja«, übersetzte uns seine Frau. »Ich betrachte dieses Foto und bin glücklich, weil ich das bin.« Sie lächelte still in sich hinein, eine Hand in der ihres Mannes.

Wir sprachen noch ein paar Minuten. Mahmud erzählte von seinen Kindern und von dem Gemüse, das er in seinem Garten anbauen wollte, und erkundigte sich nach den Apotheken im Westen, aber es strengte ihn sichtlich an. Als ich aufstand, um zu gehen, stützte er sich auf einen Stock, mühte sich hoch und schüttelte mir die Hand mit einer solchen Kraftanstrengung, dass er zitterte.

Der Mann, an dessen Begegnung mir am meisten lag, war Firyad Barzani, der schneidige Peschmerga und KDP-Funktionär, der sich damals, 1991, um Iain und mich gekümmert hatte. Ich hatte erfahren, dass er sich in dem Bergort Salahadin aufhielt, wo sich das militärische Hauptquartier der KDP befand, und immer noch ein Peschmerga war, auch wenn man mir nicht sagen konnte, worin seine gegenwärtige Aufgabe bestand. Ich erreichte Salahadin an einem späten Nachmittag, und da ich nicht bis zum nächsten Morgen warten wollte, suchte ich zu Fuß den militärischen Stützpunkt auf, wo Firyad sein Büro hatte. Ich fand, dass unser Wiedersehen nicht länger hinausgezögert werden durfte. Elf Jahre waren lang genug. Firyad, davon war ich überzeugt, würde inzwischen ein wichtiger Kommandant sein, der Hunderte junger Peschmerga befehligte. Wir würden in Erinnerungen an die alten Zeiten schwelgen und darüber lachen, was für ein schlechter Soldat ich gewesen war; wir würden über die Schlachten sprechen, die er geschlagen, und über die Männer, die er getötet hatte, über den langen und grausamen Bürgerkrieg und, vielleicht bei einer Flasche Whisky, unsere Freundschaft erneuern. Ich fand Firyads Büro in der Druck- und Verlagsabteilung des

Stützpunkts. Ein Peschmerga-Wachposten bat mich zu warten, ging in das Büro, kam heraus und forderte mich auf einzutreten. Firyad erkannte mich nicht, und selbst nach zehn Minuten war ich mir nicht ganz sicher, ob er sich überhaupt noch an mich erinnerte.

Aber auch ich erkannte Firyad kaum wieder. 1991 war er Anfang dreißig gewesen, obwohl er jünger ausgesehen hatte. Jetzt wirkte er ausgezehrt, und der Kurzhaarschnitt konnte sein graues, schütteres Haar nicht verbergen. Er lächelte gequält, und seine Bewegungen waren fahrig. Ich hatte ihn als gesund und athletisch in Erinnerung. Jetzt schlotterten seine Jeans und sein Hemd um seine mageren Hüften und Schultern, und als ich ihm einen Stoß Fotos aus unserer gemeinsamen Zeit im Jahr 1991 in die Hand drückte, schaute er sie kaum an. Er sei jetzt in der Öffentlichkeitsarbeit tätig, sagte er. Er organisiere Radioprogramme, gebe eine Zeitschrift heraus und bringe den Soldaten Lesen und Schreiben bei. Er habe ein Buch mit den Reden hochrangiger KDP-Kommandeure herausgegeben, berichtete er stolz, außerdem einen Band mit Aphorismen, eine Hitler-Biographie in einer Übersetzung aus dem Persischen und einen Band mit Nachrufen auf Peschmerga, die als Märtyrer *(schahid)* gefallen waren. Er habe sehr viel zu tun.

Ich fragte ihn, was aus den anderen Männern der Einheit geworden sei. Ibrahim Mustafa, den wir den Kommissar nannten, hatte infolge seiner Schussverletzungen ein schweres Nierenleiden bekommen und war im Iran zur Behandlung. Abdul Rahmani, den ich als einen schlanken, allem Anschein nach befähigten Kämpfer in Erinnerung hatte, war tatsächlich ein »großer Kommandant« geworden, dann aber im Bürgerkrieg, den die PUK und die KDP gegeneinander führten, ums Leben gekommen. Auch andere waren tot, verkrüppelt oder in Übersee. Wir redeten noch eine Weile. Viel mehr war nicht zu sagen. Firyad hatte geheiratet. Er hatte zwei Kinder. Es ging ihnen gut. Er war in Amerika gewesen. Ich machte ein Foto von ihm vor seinem Büro, dann kehrte ich in mein Hotel zurück.

Die Kurden waren frei, mehr oder weniger, ging mir auf dem Heimweg durch den Kopf. Saddam ließ sie jetzt in ihrer Enklave so ziemlich in Ruhe. Ich hatte Anzeichen eines beginnenden Wohlstands wahrgenommen, zumindest bei einigen. In der Stadt Dohuk gab es jetzt einen großen Supermarkt, wo man alles bekam, vom BMX-Fahrrad bis zu importiertem tiefgefrorenem Fleisch, und es gab Restaurants, die französischen Wein und »Chateau Bryan«-Steak auf der Speisekarte hatten. Ihre Gäste waren einheimische Kaufleute, die mit geschmuggeltem Öl satte Gewinne machten, und Leute, die für die Vereinten Nationen arbeiteten und doppelt so viel verdienten wie ein kurdischer Minister. Qala Diza war wieder eine aufstrebende Stadt. Die Kurden verfügten über ein funktionierendes Parlament, und jetzt, da der Bürgerkrieg vorbei war, auch über ein gewisses Maß an Gesetz und Ordnung. Der Himmel war strahlend blau wie eh und je, die gelben Ebenen reichten nach wie vor bis weit an den südlichen Horizont, die langen Grashalme wurden von dem rasch die Richtung wechselnden Wind noch immer hin- und hergewiegt. Die dunklen Bergkämme bildeten die alte Horizontlinie jenseits der Wälder und reißenden Flüsse im Norden. Die Menschen waren innerhalb gewisser Grenzen relativ zufrieden. Doch diejenigen, die ich vor elf Jahren kennen gelernt hatte, waren entweder tot, krank und gebrochen oder steckten so tief in Unwissenheit und Armut, dass sie kaum eine Ahnung hatten, wie schlecht es ihnen wirklich ging. Gewiss, es gab vieles, worüber man sich freuen konnte, und ich war sehr glücklich, dass die leidgeprüften Kurden, die sich so oft ins eigene Fleisch geschnitten hatten, endlich ein gewisses Maß an Stabilität, so fragil auch immer, erreicht hatten. Ich war auch nicht enttäuscht, dass kein Feuerwerk, kein Nationalfeiertag, keine persönliche Offenbarung meine Rückkehr angezeigt hatten. In keiner Weise hatte ich so etwas erwartet. Aber an jenem Abend war mir ohnehin nicht nach Feiern zumute.

Ich war mit der Politikerin und Frauenrechtlerin Shirin Ahmadi zum Abendessen verabredet. Funktionäre der KDP, die ich über Ehrenmorde in Kurdistan befragt hatte, hatten mich an Ahmadi verwiesen, das einzige weibliche Mitglied in der Parteiführung.

Ahmadi, 1967 geboren, war die Tochter eines bekannten KDP-Aktivisten und hatte in der ethnisch gemischten Stadt Mossul am Rand der kurdischen Gebiete des Irak ein Jurastudium abgeschlossen. Nach einem irakischen Angriff musste sie 1988 mit ihrer Familie in die türkischen Berge fliehen. Bis 1991 wohnte die Familie in einem Dorf, wo Shirin täglich mehrere Stunden damit beschäftigt war, Wasser zu holen. Sie wolle nicht über ihr Leben sprechen, sagte sie. »Reden wir über Frauen«, schlug sie vor. Das taten wir.

»Anfangs interessierten mich die Probleme der Frauen nicht«, erzählte sie, »aber während der Kämpfe 1991 und danach hatte ich mit Verhören zu tun.«

»Mit Verhören?«

»Ja. Man bat mich, in einem Gefängnis Verhöre durchzuführen. Ich hatte mit den weiblichen Gefangenen zu tun.«

»Was für Verhöre?«

»Ich sollte die Frauen, die die Kurden verraten hatten, zum Reden bringen.«

»Wie haben Sie das gemacht?«

Pause. Dann eine sehr indirekte Antwort.

»Ich war damals sehr wütend.«

Wir wechselten vom Garten des Hotels in den Speisesaal. Ahmadi trug ein weißes Kopftuch, eine blaue Hose und eine dazu passende Jacke mit breiten Schulterpolstern und eine schwarze Tasche mit Goldkette. Ich wunderte mich über das Kopftuch. Ahmadi erriet meine Gedanken.

»Wissen Sie, dass der Schleier eine byzantinische Tradition ist, also älter als der Islam?«, fragte sie. »In Kurdistan wurde die Verschleierung von den Osmanen eingeführt. Sie entspricht überhaupt nicht der kurdischen Tradition. Schon gar nicht unter den Stämmen. Eine Frau, die auf den Feldern arbeitet, kann keinen Schleier tragen. Sie braucht auch keinen. Die irakische Regierung hat die Frauen aufgefordert, den Schleier zu tragen. Vor dem Aufstand trugen 65 Prozent der kurdischen Frauen einen Schleier. Jetzt sind es nur noch 25 Prozent.«

Eine weitere »Tradition«, die man den Kurden aufgezwungen hat, sei die Gesetzgebung bezüglich der Gewalt gegen Frauen, fuhr Ahmadi fort. »Das Gesetz wurde von den Regierungen in Bagdad geändert. Heute gibt das Gesetz einem Mann Recht, der seine Frau oder seine Tochter in der Annahme umbringt, sie habe einen sexuellen Verstoß begangen. Ich habe in unserem Parlament gegen dieses Gesetz gekämpft. Die meisten Männer hier unterstützten mich, aber einige religiöse Konservative stellten sich mir in den Weg. Aber ich weiß, dass der Islam den Ehrenmord nicht befürwortet. Viele Koranverse besagen, dass Frauen beschützt werden sollten.« Und Ahmadi fing an, unentwegt zu zitieren; sie verwies auf religiöse Quellen, politische Slogans, Fakten und Statistiken, und während die Sätze nur so aus ihr heraussprudelten, löste sich ihre englische Syntax zunehmend auf.

»Eine Abordnung moderater muslimischer Geistlicher kam ins Parlament, um zu erklären, dass der Islam diese Gewalt nicht befürwortet. Oft werden die Frauen nur auf Verdacht getötet. Wir haben es durchs Parlament gebracht, das Gesetz gegen Ehrenmorde. Wir haben es durchgebracht. Ich bin froh über dieses Gesetz, aber das Problem ist die Zivilgesellschaft. Seit 1998 wurden im Gebiet der KDP 372 Frauen getötet. Der jüngste Fall ist ein Mädchen, das von seinem Onkel umgebracht wurde. Er wollte, dass sie seinen Sohn heiratet. Sie weigerte sich, und deshalb beschuldigte er sie eines moralischen Vergehens und tötete sie. Das geschah in Erbil, in der Stadt; sie war 22 Jahre alt und stammte aus einer bäuerlichen Familie, die nicht wusste, dass es gesetzwidrig ist.«

Sie hielt inne. Ein KDP-Funktionär hatte mir den Fall bereits geschildert, die Geschichte interessierte mich. In Pakistan hatte ich den Eindruck gewonnen, dass es eben nicht die Männer aus den konservativsten Gemeinschaften waren, die diese Gewalt gegen Frauen ausübten, sondern solche aus Gemeinschaften im Umbruch. Die Frauen, die in der Nordwestlichen Grenzprovinz getötet wurden, mussten sterben, nur weil sie versucht hatten, Rechte in Anspruch zu nehmen, die sie zehn Jahre zuvor noch gar nicht gekannt hatten. Auch Frauen in afghanischen Flüchtlingslagern oder in den weitläufigen Barackensiedlungen am Rande von Städten wie Karatschi verhielten sich lediglich so, wie es ihrer neuen Lebenswelt angemessen war – und verstießen damit gegen althergebrachte Gebräuche, die sich aus dem dörflichen Zusammenleben entwickelt hatten. Ich wusste, die Gewaltakte gegen Frauen in der westafghanischen Stadt Herat hatten seit dem Sturz der Taliban zugenommen: ein Beleg für die These, dass sozialer Wandel und größere Freiheitsräume für Frauen derartige Gewaltakte förderten. Es gab natürlich auch die vielen Angriffe gegen Frauen in Gemeinschaften, die einem besonders radikalen und rapiden Wandel unterworfen waren, nämlich unter den Einwanderern im Westen. Auch hier war ein integraler Bestandteil der Gewalt, dass sie in aller Öffentlichkeit geschah oder wenigstens öffentliche Zustimmung fand.

»In den Dörfern werden die Frauen nicht reglementiert«, sagte Ahmadi. »Das geschieht erst, wenn sie in die Stadt kommen. Muslimische Frauen in Schweden, Frankreich und Großbritannien werden alle aus demselben Grund getötet, und Frauen, die nach einer Ausbildung in Europa in ihr Dorf zurückkehren, werden mit Steinen beworfen. Es ist eine Gesellschaft im Übergang.«

Sie hielt inne.

»Wissen Sie, wo das eigentliche Problem liegt? Das eigentliche Problem für uns?«

Ich schüttelte den Kopf.

»Die Saudis. Die Wahhabiten. Aber darüber sollten Sie mit den Religiösen sprechen, nicht mit mir.«

Sie nannte mir die Namen einiger eher moderater Geistlicher, die sie unterstützt hatten.

Ich fragte, warum sie ein Kopftuch trug.

»Man hat mir gesagt, dass es mir steht«, gab sie zur Antwort.

Ala und ich nahmen ein Taxi Richtung Osten nach Suleimaniye. Elf Jahre zuvor war ich auf Nebenwegen durch die Berge des Nordirak tagelang unterwegs gewesen. Die schnellste Straße, die über Kirkuk führte, wurde zwar immer noch vom Regime in Bagdad kontrolliert, aber die Fahrt dauerte nur ein paar Stunden. Sie führte durch sanft geschwungenes Hügelland und Ebenen, deren kleine Häuser in den Falten der Landschaft lagen wie Samenkörner in einer Schote; dann ging es weiter über die steileren granitenen Ausläufer des Zagrosgebirges, vorbei an wuchtigen grauen Felsformationen. Eine davon markierte einen Rastplatz mit mehreren Straßenrestaurants, wo man traditionelle kurdische Gerichte essen konnte: mit Wasser verdünnten Quark mit Eisstücken darin gegen die sommerliche Hitze, *fasoli* (grüne Bohnen in Tomatensoße), *awe marish* (Hühnerbrühe), Geflügel oder Lamm auf Reis mit Linsen und Nudeln, geschmorte Aprikosen und Kebab. Die Straße verlief weiter zum südlichen Ufer des Dokan-Sees, bevor sie sich zwischen breiten, aus Dutzenden kleinerer Zuflüsse bestehenden Wasserläufen hindurchwand. Die grasüberwachsenen Hänge waren in der Sommerhitze gelb geworden, und knorrige Olivenbäume warfen schmale Schatten, in denen Ziegen samt ihren Hirten und kleine Gruppen farbenprächtig gekleideter Frauen Schutz suchten. Noch eine Linkskurve, vorbei an einem riesigen Zementwerk und einem Kontrollposten mit Peschmerga der PUK, der im Osten beheimateten Patriotischen Union Kurdistans, dann ging es auf einer ehemaligen Landepiste in die Stadt Suleimaniye.

Die Front verlief 65 Kilometer südlich der Stadt und schien sich seit meinem letzten Besuch im Nordirak nicht nennenswert verschoben zu haben. Saddam hatte seine Soldaten mehrmals in die kurdische Enklave geschickt – am erfolgreichsten war der Einsatz, zu dem er während des kurdischen Bürgerkriegs von der KDP aufgefordert wurde. Aber die meiste Zeit blieb es ruhig an dieser Front. Ab und zu gaben irakische Soldaten Schüsse auf kurdische Hirten ab, die zu nah herankamen. Im Niemandsland verloren immer wieder Menschen durch Minen ihr Leben oder wurden verstümmelt, und Kurden, die die Frontlinie überschritten, um Verwandte zu besuchen oder eine Arbeit zu finden, wurden oft schikaniert, geschlagen und ausgeraubt. Aber Saddam wusste, dass sich eine regelrechte Invasion des Nordens mit all den unvermeidlichen Toten, der humanitären Katastrophe und der zwangsläufigen Reaktion des Westens nicht lohnte. Er gab sich daher mit planmäßig durchgeführten ethnischen Säuberungen in und um Kirkuk zufrieden – verdeckte Operationen, die die ohnehin brüchige Einheit der Kurden schwächen sollten. Gleich nach unserer Ankunft in Suleimaniye fuhren Ala und ich in die heruntergekommene Stadt Chamchamal. Hinter den letzten Slums, in denen Flüchtlinge aus Kirkuk lebten, lag ein breites Tal mit Getreidefeldern und sanften Hügeln, die mich an die South Downs erinnerten, nur dass es dort in England keine Bunker und Schützengräben gab. Durch mein Fernglas sah ich irakische Soldaten vor den Gräben sitzen und Sandsäcke füllen. Sie waren sehr wahrscheinlich zwangsrekrutiert worden, viele von ihnen Schiiten aus dem Süden, die über ihr Hiersein ebenso wenig begeistert waren wie die Kurden. Ala, eine eingefleischte PUK-Aktivistin und aus Kirkuk stammend, lieh sich mein Fernglas und beobachtete die Soldaten. »Bald werden die Amerikaner kommen und sie von da oben vertreiben«, sagte sie und machte eine dramatische Handbewegung. »Dann können sie nach Hause zurück.«

Einer der Geistlichen, die Shirin Ahmadi bei ihrer Kampagne gegen Zwangsheirat und Gewalt gegen Frauen unterstützt hatten, war der Imam der größten Moschee Suleimaniyes, Majid Ismael Mohammed. Wir trafen uns in seinen schlichten Amtsräumen hinter der Moschee, wo das geschäftige Treiben der Stadt nur noch als fernes Summen zu hören war und Schüler mit Büchern unterm Arm durch stille Korridore wandelten. Ab und zu drangen lautes Lachen und Gesprächsfetzen einer Debatte herüber, die vernünftig und offen anstatt hitzig und schrill zu verlaufen schien. Ismael Mohammed, ein hoch gewachsener, dünner Mensch mit freundlichen Augen, trug einen weißen, fest gebundenen Turban und das lange graue Gewand eines kurdischen Geistlichen. Er war mitten in den Vorbereitungen auf das Nachmittagsgebet, aber er nahm sich Zeit für ein Glas Tee mit uns. Wie die meisten Kurden war auch er Sunnit aus der schafiitischen Schule. Er erklärte mir, der sunnitische Islam sei vor fast 1000 Jahren von den religiösen Autoritäten der arabisch-islamischen Reiche in vier Hauptschulen aufgeteilt worden, die sich in Theorie und Praxis unterschieden. Die nach ihren jeweiligen herausragenden Rechtsgelehrten benannten Schulen bestimmten bis heute die Glaubenspraxis in großen Teilen der islamischen Welt. Die strengste und konservativste ist die hanbalitische Schule, die sich vor allem in Saudi-Arabien und in den Golfstaaten etabliert hat und vom Wahhabismus am entschiedensten verkörpert wird. Die am wenigsten konservative ist die hanafitische Schule im Irak, in der Türkei und im süd- und südwestasiatischen Raum. Die malikitische Schule ist vor allem bei Muslimen im Maghreb und im subsaharischen Afrika verbreitet. Die schafiitische Schule, so Ismael Mohammed weiter, sei eher gemäßigt und insbesondere im Fernen Osten stark vertreten, im Nahen und Mittleren Osten dagegen gehöre ihr nur eine Minderheit an.

Seine Familie stammte zwar aus Suleimaniye, aber Ismael Mohammed war in der großen kurdischen Gemeinde Bagdads aufgewachsen, bevor er 1985 aufgrund der Diskriminierung gezwungen wurde, in den Iran zu fliehen. Sein Leben in den nachfolgenden zehn Jahren ist ein Paradebeispiel dafür, wie eng die Ereignisse im Nahen und Mittleren Osten aufeinander bezogen sind: die Aufstände in Saudi-Arabien, der Krieg gegen die Sowjets in Afghanistan, der Krieg zwischen Iran und Irak, die Innenpolitik in mindestens vier Ländern und die religiösen Auseinandersetzungen in großen Teilen der Region. Für ihn war Geschichte nicht nur ein Unterrichtsfach in der Schule oder eine thematische Abteilung in einer Buchhandlung.

Ismael Mohammeds Leben zeigt auch, wie Staatsgrenzen – in großen Teilen dieser Region ein sehr junges Phänomen – überschritten oder zumindest ignoriert werden konnten. Jahrelang bewegte er sich innerhalb eines religiösen, sozialen und politischen Netzwerks, das – fast wie ein Gegenstück zum säkularen Ordnungssystem – Dutzende von Ländern überspannte. Während das säkulare Netzwerk aus Staaten, Regierungen, Zollstellen und Grenzen bestand, umfasste Ismael Mohammeds Netzwerk Seminare, hochrangige Geistliche, Denkschulen und Stätten, die eine besondere religiöse Bedeutung besaßen. Gewiss, diese beiden

Systeme überschnitten sich oft, besonders dann, wenn die Geistlichen einer Region von einem Regime vereinnahmt wurden oder wenn, wie in Saudi-Arabien, religiöse und säkulare Einrichtungen schwer zu trennen waren. Aber es erstaunte mich dennoch, dass Ismael Mohammed sich mit einem Orientierungsplan durchs Leben bewegte, der sich von dem meinen oft grundlegend unterschied. Die Landschaften auf seiner Karte wiesen Charakteristika auf, die auf meiner eigenen vollständig fehlten.

Bei seiner Ankunft im Iran war er in einem Flüchtlingslager interniert worden und mit radikalen Predigern in Kontakt geraten. Er selbst entstammte, wie die meisten Kurden, einem toleranten, von religiöser Offenheit geprägten Elternhaus, doch die Selbstgewissheit und die Kraft der radikalen Botschaft, die die Lehrer in den Schulen der Flüchtlingslager predigten, faszinierten ihn. Die Männer waren Wahhabiten, Ultrakonservative aus Saudi-Arabien, die nach einem gescheiterten Aufstand gegen das Regime ihres Landes in den Iran geflohen waren.

»Ich stamme aus einer großen religiösen Familie, mein Urgroßvater hat sogar seinen Sohn mit einer Christin verheiratet. Aber in den Flüchtlingslagern im Iran wussten wir nichts«, sagte Ismael Mohammed. »Wir waren Flüchtlinge, verwirrt und verängstigt. Wir sahen die Medresen, die Religionsschulen, und die dortigen Lehrer waren unsere ersten wirklichen Lehrer. Wir glaubten, was sie uns sagten.«

Der Unterricht im Flüchtlingslager dauerte fast ein Jahr. Als die iranischen Behörden merkten, was dort geschah, schlossen sie die Schulen und verwiesen die radikalen Lehrer des Landes, erzählte Ismael Mohammed. Die meisten wahhabitischen Prediger gingen mit ihren motiviertesten Schülern nach Pakistan, um gegen die Sowjets zu kämpfen.

Auch Ismael Mohammed ging nach Pakistan, erkannte allerdings schon bald, dass dieser strikte Radikalismus, der damals in Peschawar und anderswo vorherrschte, nichts für ihn war. Er studierte bei gemäßigten Geistlichen in Lahore im östlichen Landesteil und kehrte 1993 nach Hause zurück, gleichzeitig mit vielen kurdisch-militanten Hardlinern, die in Afghanistan gekämpft hatten. Seither bemühte er sich darum, seine Gemeinde auf den »islamischen Weg der Mitte« zu führen. Ich fragte ihn, ob er glaube, er spiele eine politische Rolle.

»Selbstverständlich«, sagte er, »wie kann es anders sein, wenn ich am Freitag vor meiner Gemeinde stehe und predige? Ich muss über Dinge sprechen, die sie angehen, also über das praktische Leben.«

Ich sagte, ich hätte unterwegs von Erbil hierher Dutzende neuer Moscheen entlang der Straße gesehen, alle mit den Anfangsbuchstaben der großen, halbstaatlichen saudi-arabischen Wohlfahrtsorganisation IIRO (International Islamic Relief Organization) versehen. Ismael Mohammed beugte sich vor und legte den Zeigefinger auf mein Notizheft.

»Diese Moscheen wurden von den Saudis gebaut, und sie bezahlen auch die Prediger. Sie haben eine sehr intolerante, sehr eifernde Glaubensauffassung. Diese Art Predigten sind die größte Bedrohung«, sagte er.

Ich konnte Ismael Mohammeds Feindseligkeit gegenüber den Saudis gut verstehen. Ereignisse, die sich im Königreich Saudi-Arabien abgespielt hatten, hatten sein Leben unheilvoll beeinflusst. Wahhabitische Prediger führten ihn, wie er fand, in die Irre. Er erlebte mit, wie diese unerbittlichen Ideologien durch den Krieg in Afghanistan gestärkt wurden, als private und staatliche Geldgeber aus Saudi-Arabien arabische Radikale unterstützten. Und schließlich musste er mit ansehen, wie Muslime in seinem eigenen Land unter den Einfluss des Wahhabismus gerieten, den das saudische Königshaus planmäßig exportierte, um seine religiösen Glaubensvorstellungen in der islamischen Welt zu verbreiten. Dasselbe war, wie ich wusste, in Pakistan, Afghanistan, Ostafrika, im Fernen Osten und im Maghreb geschehen. Tolerante, pluralistische Glaubensrichtungen, die oftmals vorislamische Traditionen oder mystisch-sufische Strömungen des Islam in sich aufgenommen hatten – jene zum Beispiel, die ich Jahre zuvor im Bari-Imam-Schrein außerhalb von Islamabad kennen gelernt hatte –, wurden von einer finsteren, unerbittlichen und rigorosen Strömung verdrängt, die erst vor 200 Jahren von einem dissidenten Geistlichen auf der Arabischen Halbinsel ins Leben gerufen worden war.

»Vor zwei Jahren gründete ich eine Vereinigung von über 1000 moderaten Religionsgelehrten und Predigern in Kurdistan, um die Extremisten zu bekämpfen, die den Dorfbewohnern und den jungen Menschen diese schlimmen Ideen in den Kopf setzen. Aber wir sind sehr arm und haben kein Geld, um gegen die großen saudischen Organisationen anzukommen, die sich hier einnisten«, sagte Ismael Mohammed. »Sie unterstützen die Witwen und Waisen, schicken ihre Prediger in die Dörfer und bauen ihnen große Moscheen, damit können wir nicht konkurrieren. Man muss den Wahhabismus mit seinen eigenen Waffen schlagen, mit ideologischen Waffen, mit wahrhaft religiösen Ideen über das wahre Wesen des Islam – des sanften, wahren Islam, der die Freundschaft aller Religionen befürwortet. Die Wahhabiten sind zur Zeit sehr stark und aggressiv, und einige unserer Gelehrten haben Angst vor ihnen. Angst, das zu predigen, was sie predigen möchten.«

In Suleimaniye machte ich jeden Abend von meinem Hotel aus noch einen Spaziergang. Da ich die Stadt, die ich als Student besucht hatte, kaum wiedererkannte, streifte ich ziellos durch die Parks und die breiten, von Bäumen gesäumten Straßen. Irgendwie zog es mich immer nach Norden, Osten oder Süden. Eines Nachmittag erkannte ich plötzlich, warum. Am Ende einer Straße, gut eineinhalb Kilometer westlich des Hotels, entdeckte ich während einer Autofahrt das von Kugeln durchsiebte Gerippe eines Gebäudekomplexes, mehrere ineinandergefügte, rosa gestrichene Betonwürfel mit quadratischen Fenstern. Die »Amna Securita« oder Rote Staatssicherheit.

Die Rote Staatssicherheit war Saddams Geheimdienstzentrale Mukhabarat. 1991 war sie vier Tage lang Schauplatz erbitterter Kämpfe, als sich die Bevölkerung von Suleimaniye und die örtlichen Peschmerga gegen Saddam erhoben. Es war eines der ersten Gebäude der Stadt, die angegriffen wurden; Hunderte irakische Geheimdienstbeamte, die dort arbeiteten, kamen dabei ums Leben. Als ich 1991 hier war, hatte man zwar die Leichen längst weggeschafft, aber ich erinnerte mich jetzt, zehn Jahre danach, immer noch an den Gestank und die Spuren im Hof. Im Innern des Gebäudekomplexes war es noch schlimmer gewesen. Die größten Zellen maßen 6 x 9 Meter für jeweils 100 Gefangene. Es war so eng, dass jeder Häftling nicht mehr als eine Fußbodenfliese für sich hatte. Daneben befanden sich kleinere Zellen für Einzelhaft oder Folterungen; sie hatten schmale Fenster, durch die die Wärter den Kot oder die Unterwäsche vergewaltigter Verwandter warfen. An den Haken der Zellendecke wurden die Gefangenen aufgehängt. Ich hatte also bei meinen Spaziergängen stets vermieden, in die Nähe dieses Gebäudes zu kommen. Als ich eines Morgens gegen Ende meines Aufenthalts in Suleimaniye all meinen Mut zusammennahm und den Komplex betrat, stellte ich fest, dass man die Zellen gereinigt und als Museum erhalten hatte. Nach elf Jahren war der Geruch natürlich verschwunden. Die Haken an der Decke waren noch da.

10 Geheimnisse und Lügen

Die Kurden hatten natürlich ihre eigenen Geheimdienste. Die Geheimdienstzentrale der PUK war ein unauffälliger Komplex im Norden Suleimaniyes. Überall klapprige Jeeps und Männer in Jeans und Hemd und mit einer Pistole am Gürtel. Sie hatten zwei Aufgaben: erstens die Destabilisierung Kurdistans durch Saddams Agenten zu vereiteln und zweitens die radikalislamische Bewegung zu bekämpfen, die sich zwischen 1991 und 2002 in ihrer Heimat wie Unkraut ausgebreitet hatte.

Der Leiter der örtlichen Geheimdienstzentrale war Wasta Hassan. Wasta bedeutet in der kurdischen Umgangssprache so viel wie Vorarbeiter oder Boss, und Boss Hassan war Anfang vierzig, klein gewachsen, mit vollem schwarzem, aus der Stirn zurückgekämmtem Haar, langem Schnurrbart und breiten Schultern. Er trug Jeans, in deren Gürtel eine 9-mm-Pistole steckte, dazu ein hell kariertes Hemd und eine Lederjacke. Er hatte an zahllosen Feuergefechten teilgenommen, sprach und bewegte sich schnell, klopfte seinen Männern auf den Rücken und rief ihnen Befehle oder scherzhafte Bemerkungen zu. Die Gefangenen in den Zellen nur wenige Schritte von seinem Büro entfernt behandelte er mit träger Lässigkeit, und wie die meisten seiner Männer trug er viel öfter eine Sonnenbrille als unbedingt notwendig. Wasta Hassan hatte eindeutig zu viele amerikanische Kriminalfilme gesehen, aber dasselbe galt für mich, und ich mochte ihn.

Wasta Hassan und ich verstanden uns ausgezeichnet. An einem Vormittag unterhielten wir uns stundenlang über Pakistan, Afghanistan und al-Qaida; ich erzählte ihm von den Ausbildungslagern, die es dort gab, und von dem, was ich über die Verbindungen zwischen den Militanten in Südwestasien und im Irak wusste. Ein amerikanischer Reporter und Freund zeigte sich überrascht, als ich ihm davon erzählte, und meinte, derartige Kontakte zwischen Journalisten und dem Geheimdienst stellten ein schwer wiegendes ethisches Problem dar. Ich zuckte die Achseln und erwiderte, derartige Gespräche seien, wie meine Kontakte zu dem Mossad-Experten zuvor, für mich lediglich ein offener Gedankenaustausch zwischen zwei Privatpersonen und keine Hilfeleistung für staatliche Behörden. Wohl um mich zu rechtfertigen, betonte ich auch, dass ich im Unterschied zu anderen Reportern gegenüber Geheimdiensten grundsätzlich misstrauisch sei.

In meiner beruflichen Laufbahn hatte ich schon früh gelernt, dass es zwischen Wissen und geheimdienstlicher Information einen großen Unterschied gab und dass »Geheimnisse« genauso oft falsch wie richtig waren. Anfang der neunziger Jahre hatte ich in London Einblick in Dossiers des britischen Inlandsgeheimdienstes über islamische Militante gehabt, die grundlegende Fehler enthielten. In Pakistan hatte ich beobachtet, wie westliche und inländische Geheimdienste bestimmte Themen in den Medien zu lancieren versuchten und Journalisten unbestätigte Informationen zuspielten, wohl wissend, dass die Quelle, aus der diese »Informationen« stammten, ihnen eine Glaubwürdigkeit verlieh, die ihnen gar nicht zukam. Nach dem 11. September gab es Dutzende solcher Beeinflussungsversuche, angefangen mit der Verbreitung von Falschmeldungen nahöstlicher Geheimdienste über bin Laden als jugendlichem Playboy, der plötzlich religiös geworden sei, bis hin zu einer britischen Operation, die Heroinimporte nach Großbritannien im Wesentlichen al-Qaida in die Schuhe schieben wollte – ein vollkommen haltloser und, angesichts dessen, was bin Laden tatsächlich getan hatte, auch absolut überflüssiger Vorwurf. Dann gab es natürlich ungezählte Regierungen, die über ausgewählte »undichte Stellen« im Geheimdienst gezielt Behauptungen streuten – etwa, dass sie auf ihrem Territorium »al-Qaida«-Zellen entdeckt hätten. Die ungeheuerlichste derartige Manipulation stammte von den Makedoniern, die eine Gruppe pakistanischer Asylsuchender kurzerhand erschossen, deren Leichen anschließend in Kampfuniformen steckten und flugs verkündeten, sie hätten dem »Krieg gegen den Terror« einen schweren Schlag versetzt.

Vor diesem Hintergrund kam meinen Gesprächen mit Wasta Hassan eine besondere Bedeutung zu. Im Laufe der vergangenen Monate war ich zunehmend frustriert gewesen über mein Unvermögen, irreführende Statements von Kommentatoren oder Politikern zu widerlegen, besonders von jenen, die unter Berufung auf magische »Geheimdienstquellen« behaupteten, es bestünden Verbindungen zwischen Saddam Hussein und al-Qaida. Mit Wasta Hassan zu sprechen bedeutete, dass ich einer wirklichen Informationsquelle wenigstens ein Stück näher gekommen war. Mehr noch: Wasta Hassan gestattete mir, so gut wie jeden seiner Gefangenen zu interviewen.

Bei einem Glas Tee in seinem Büro legte er mir die Ursprünge der lokalen militanten Gruppe Ansar al-Islam dar. Vieles war mir bekannt und vergleichbar mit dem, was der Entwicklung radikaler Gruppen in Pakistan, Afghanistan, Algerien und anderswo zugrunde lag. Zum Beispiel die Gepflogenheit, den Islam als Instrument des Widerstands gegen Einmischung von außen zu benutzen oder die enttäuschten Hoffnungen nach dem Golfkrieg von 1991 zu instrumentalisieren. Er sprach über die großen sozialen und wirtschaftlichen Verwerfungen Mitte der neunziger Jahre, die Aktivitäten der von den Saudis finanzierten Prediger und die Einmischung der Iraner, welche die kurdischen Islamisten als ihre Stellvertreter zu benutzen suchten, und verwies auf ein weit verbreitetes vages Gefühl der »Ungerechtigkeit«. Zweimal waren Zuströme »afghanischer Veteranen« erfolgt, einmal Anfang der neunziger Jahre, dann nach der jüngsten Militärkampagne gegen die Taliban unter Führung der Amerikaner. Hinzu kam die schlichte Tatsache, dass die beiden wichtigsten lokalen kurdischen politischen Fraktionen, die für viele Probleme verantwortlich gemacht wurden, nationalistisch, säkular und sozialistisch geprägt waren. Mit der Folge, dass die Religion zu einem natürlichen Sammelbecken der Opposition wurde.

Einer der ersten Militanten, mit denen ich sprach, war der 25-jährige Rebuar Khadir, Sohn eines Ladenbesitzers aus Suleimaniye. Ala und ich saßen mit ihm in einem leeren Büro gleich neben dem Gefängnis. Er hatte sich vor ein paar Monaten dem kurdischen Geheimdienst gestellt und schilderte seinen Weg in den Radikalismus und die Militanz anschaulich und klug. Er sei, erzählte er, nicht besonders religiös gewesen, aber ein älterer Bruder, der sehr viel frömmer gewesen sei, habe ihn während des Freitagsgebets in einer Moschee mit Vertretern einer der moderateren islamischen Gruppen bekannt gemacht. Er habe an Unterweisungen im Koran teilgenommen und ein paar Monate später Vorträge gehört, die sehr viel politischer gewesen seien. Schließlich habe er sich einer der politisch aktiven islamischen Gruppen angeschlossen, nicht zuletzt wegen der Aussicht auf einen geringfügigen Lohn, und im Februar 2002 sei er zu einer Enklave in den Bergen nördlich der Stadt Halabdscha aufgebrochen, wo Ansar al-Islam einen Stützpunkt hatte. Er sei entsetzt gewesen über das, was er hier vorfand. »Sie hatten ein paar

Dörfer unter ihrer Kontrolle und versuchten, alles so zu machen wie die Taliban. Die Einheimischen waren alles andere als begeistert. Die Islamisten redeten ständig von der Befreiung Palästinas«, sagte er. »Ich wollte nur Kurdistan von den Ungläubigen befreien. Ich verstand nicht, warum die Islamisten so wütend und aufgeregt über etwas waren, das dermaßen weit entfernt von uns geschah.«

Khadir erzählte mir, die Gruppe habe sich im Laufe der vergangenen Jahre zunehmend radikalisiert und Verbindungen zum harten Kern von al-Qaida in Afghanistan aufgenommen. Im Sommer 2001 hätten die Führer der wichtigsten islamischen Gruppen in Kurdistan bin Laden in Afghanistan besucht und um Hilfe gebeten. Sie hätten Geld und Ausbildungsmöglichkeiten erhalten und nach dem Ende des Afghanistan-Kriegs in jenem Herbst rund 100 Militanten Unterschlupf gewährt, die vor einem amerikanischen Angriff geflohen seien. Dies war ein wichtiger Punkt, bewies er doch, dass Ansar al-Islam weder Teil eines einzigen globalen Dschihad unter Führung Osama bin Ladens war noch ausschließlich lokal operierte, sondern, wie so viele Gruppen, eine Mischung aus beidem war. Es war diese Ambivalenz, die dazu führte, dass Khadir nach ein paar Monaten in den Bergen desillusioniert war und sich verängstigt und krank vor Heimweh der PUK stellte.

Der zweite Gefangene, mit dem ich sprechen konnte, war der erst 19-jährige Didar. Mit einem lauten *salaam aleikum* und einem Lächeln betrat er den Raum. Der schlaksige Junge mit dünnem Bartflaum, mittellangem braunem Haar und Akne trug ein altes grünes Hemd und eine gestreifte Pluderhose. Er redete schnell und ohne zu stocken; er gab sich zwar nicht zerknirscht, legte aber eine merkwürdig verschämte Befangenheit an den Tag, wie ein Kind, das zugibt, mit einem Ball eine Fensterscheibe eingeschlagen zu haben. Er stamme, sagte er, aus einer großen, relativ wohlhabenden Familie in Erbil und habe mit 16 die Schule verlassen. Eine Zeit lang habe er sich zu Hause herumgetrieben, und obwohl seine Familie nicht religiös sei, habe er immer öfter die Moschee besucht. Wie Khadir lud man auch ihn ein, sich einer Gruppe zum Studium des Koran anzuschließen, und nach ein paar rein theologischen Unterrichtsstunden wurde der Ton schärfer. Man sagte ihm, der Dschihad sei Pflicht eines jeden Muslim. Nach einem Monat schon verbrachte er jeden Abend in der Moschee. Der Lehrer erzählte ihm alles über bin Laden und die neue Gruppe, die die Schüler in Kurdistan als

Teil von al-Qaida bilden würden. Er sei, so sagte er mir, sehr aufgeregt gewesen.

Im November 2001 sagte man Didar, eine Gruppe von Militanten habe in Kurdistan einen Dschihad erklärt. Er fuhr mit seinem Lehrer im Bus nach Halabdscha und von dort mit dem Taxi zum Hauptquartier von Ansar al-Islam in den Bergen. »Für mich wurde ein Traum wahr«, sagte Didar. »Ich wollte unbedingt am Dschihad teilnehmen. Ich hatte erfahren, dass Gott mich im Paradies für meinen Dschihad belohnen wird. Es war ein großes Abenteuer.«

Nach zwei Wochen machten ihn seine Eltern in dem Lager ausfindig und besuchten ihn. »Ich umarmte und küsste sie, und meine Mutter sagte, ich soll mit ihr nach Hause zurückkehren«, sagte Didar. »Aber ich lehnte ab. Wir saßen vor dem Camp und redeten. Ich weinte. Meine Mutter und mein Vater weinten auch. Sie flehten mich an, nach Hause zu kommen. Aber ich dachte: Das ist ein Dschihad. Man hatte mir beigebracht, dass der Dschihad wichtiger war, als zu den Eltern zurückzukehren.«

In den folgenden drei Monaten erhielt Didar dieselbe Grundausbildung, wie sie in afghanischen Lagern praktiziert wurde. Er erlernte grundlegende Taktiken der Infanterie, wurde mit Sprengstoffen, Techniken des Kriegs in den Städten und der Durchführung von Anschlägen vertraut gemacht. Die Ausbilder waren, wenig überraschend, allesamt Veteranen aus Afghanistan, die Anführer der Gruppen ebenfalls. Der Gedanke von »Märtyrer-Operationen« wurde zwar zuerst von den arabischen Ausbildern vorgetragen, aber es war Didars Freund Hisham, ein 22-Jähriger, den er in der Moschee in Erbil kennen gelernt hatte, der ernsthaft davon zu reden begann, Selbstmordattentate durchzuführen. Getrennt von der größeren Gemeinschaft, stand er ganz unter dem Einfluss seiner neuen Gefährten. Ich musste an Walid denken, den Jungen, der im Gazastreifen ums Leben gekommen war, und an einen Universitätsdozenten in Israel, der mir ausführlich dargelegt hatte, wie maßgeblich die Entscheidung, ein Selbstmordattentäter zu werden, von gruppendynamischen Faktoren bestimmt wurde. Er hatte von der elementaren Bedeutung der »fiktiven Verwandtschaft« oder der Gruppe als Ersatz für die Familie gesprochen – ein wichtiger Faktor nicht nur für die Rekrutierung, sondern auch für die Herausbildung der Mentalität des Selbstmordattentäters. Ich dachte auch an einen ehemaligen Ausbilder der Irisch-Republikanischen Armee (IRA), einen Doppelmörder, der mir bei einem Glas Bier in einem Londoner Pub erzählt hatte, dass er mit Teenagern, die jeden Abend »nach Hause zurückkehrten«, nicht viel anfangen könne. »Gib mir drei Monate mit ihnen in einem Bauernhaus in den Bergen und ich gebe dir Killer zurück«, hatte er gesagt.

»Hisham meinte, wir sollten es gemeinsam machen«, erzählte Didar weiter. »Er zitierte alle Koranverse und die Unterweisungen des Propheten, und wir redeten jeden Tag darüber. Ich sagte zu unseren Anführern, ich sei bereit, und man rief mich übers Funkgerät und zeigte mir die Weste und demonstrierte mir, wie es funktionierte. Danach aßen wir zu Mittag.«

Während wir redeten, ging Wasta Hassan, der sich an seinem Schreibtisch in irgendwelche Schriftstücke vertieft hatte, zu einem Schrank und holte die Weste heraus, die man Didar abgenommen hatte, als man ihn verhaftete. Es war eine ärmellose blaue Nylonweste mit Sprengsätzen über der Brust und einer weiteren Sprengladung auf dem Rücken. Ein separater Gürtel, aus demselben billigen Stoff genäht, enthielt weitere Sprengsätze. Am Ende der miteinander verschlungenen Drähte befanden sich zwei kleine Metallschalter – einer für die Weste, der andere für den Gürtel –, die man mit einem satten metallischen Klick betätigen konnte.

»Wann war das?«, fragte ich.

»Am 12. Juni«, antwortete Didar. »Ich weiß es, weil da die Fußballweltmeisterschaft war.«

»Du hast die Fußballweltmeisterschaft verfolgt?«

»Nicht im Fernsehen, Fernsehgeräte waren verboten. Aber ich las darüber in der Zeitung.«

»Welche Mannschaft war dein Favorit?«

»England.«

»England ist dein Favorit, und du bist bereit, dich im Dschihad gegen Ungläubige in die Luft zu sprengen?«

»Politik ist eine Sache. Fußball ist etwas anderes. Ich habe in Erbil in der Dadowan-Mannschaft Rechtsaußen gespielt.«

»Findest du es nicht merkwürdig, dass jemand, der bereit ist zu sterben, sich für die Fußballweltmeisterschaft interessiert?«

»Ich fand es ganz normal.«

Einen Tag bevor er sterben sollte, fuhr man Didar in ein Haus am Stadtrand von Halabdscha. Die Woche zuvor hatte er vorwiegend mit den Ansar-Führern verbracht, er hatte gebetet und Vorträgen gelauscht über seine Pflicht, gegen die Unterdrückung der Muslime zu kämpfen, und über das Paradies, das den Märtyrer erwartete. Der Plan war, ein Ablenkungsmanöver zu starten, um dann das Selbstmordattentat durchzuführen. Man sagte Didar, wenn er am folgenden Morgen Schüsse höre, solle er zum örtlichen PUK-Büro aufbrechen und sich dort in die Luft sprengen. Er aß zu Abend und schaute sich anschließend zusammen mit seinem Gastgeber eine Jackie-Chan-DVD an. »Ich wusste, dass es meine letzte Mahlzeit war, aber ich dachte nicht weiter darüber nach«, sagte er und verzog das Gesicht zu diesem merkwürdigen, etwas verschämten und zugleich etwas anmaßenden Lächeln. Vorher hatte er gelacht, als ich mit der Aussprache einiger arabischer Wörter Schwierigkeiten hatte. Sein offenkundiges Phlegma fing an, mich zu nerven.

»Nachdem du dir also den Jackie-Chan-Film angesehen hast, hast du dich ins Bett gelegt und von 72 Jungfrauen geträumt?«, fragte ich ihn.

»Ich habe nicht geträumt. Ich habe gut geschlafen. Ich wusste, dass ich ins Paradies kommen würde, und war deshalb sehr ruhig.«

»Hattest du einen Wecker? Hattest du keine Angst zu verschlafen? Es hätte doch keinen guten Eindruck gemacht, wenn du es nicht rechtzeitig geschafft hättest, dich in die Luft zu sprengen.«

»Wie ich schon sagte, ich dachte an das Paradies.«

»Hast du an deine Mutter gedacht?«

»Nein, nur ans Paradies.«

Der erste Versuch wurde abgeblasen, als das Ablenkungsmanöver fehlschlug. Man brachte Didar ins Haus des Anführers der Gruppe zurück, eines jordanischen Kurden. Dort blieb er drei Tage. Am dritten Tag nach dem Frühabendgebet brachte man ihn wieder nach Halabdscha, in dasselbe Haus am Stadtrand, ein kleines Haus aus Lehm und Steinen mit drei Zimmern, und obwohl Didar die Frau und Kleinkinder seines Gastgebers hörte, bekam er sie nie zu Gesicht. Dann musste er sich erneut bereit machen.

»Ich schlief bis Mittag, dann betete ich und aß, und dann wartete ich bis zum Ende des Nachmittagsgebets, zog meine Weste an und ging zur Bushaltestelle. Ich war ruhig und kein bisschen nervös. Ich stieg in den Bus, der durch den Basar zum PUK-Büro fuhr.«

»Sind die PUK-Leute denn keine Muslime?«, fragte ich. Didar sah auf seine Füße, das merkwürdige Lächeln verschwand für einen Augenblick.

»Sie sind Ungläubige.«

»Die englische Fußballmannschaft auch.«

»Das ist etwas anderes.«

Wasta Hassan, immer noch an seinem Schreibtisch in einer Ecke des Zimmers, schnaubte wütend. »Ich bin Muslim, glaub mir«, sagte er und drückte seine Zigarette in einer Untertasse aus. »Bloß keiner wie du, Gott sei Dank. All dieser Quatsch mit dem Paradies. Es gibt keine einzige Stelle im Koran, wo einem wie dir das Paradies versprochen wird.«

Ala lächelte schwach, als sie mir seine Worte übersetzte. Didar fuhr mit seiner Geschichte fort.

»Ich verließ das Haus mit dem Mann, bei dem ich gewohnt hatte. Er begleitete mich bis zur Bushaltestelle. Es war gegen 16 Uhr, und ich schwitzte, weil ich unter der traditionellen kurdischen Tracht die Weste trug. Ich war nicht nervös. Ich stieg in den Bus, der Mann bezahlte dem Fahrer einen Dinar, und ich setzte mich. In dem Bus waren noch drei weitere Fahrgäste.«

»Was war das für ein Gefühl?«, fragte ich und dachte an Joseph Conrads scharfsichtigen Roman *Der Geheimagent* über Terroristen in London Ende des 19. Jahrhunderts. Der Attentäter genießt das Gefühl der Macht, als er auf dem Oberdeck eines Busses sitzt, eine Bombe und einen Zünder in der Hand.

»Hast du dich stark gefühlt? Wie ein Held?«

»Ich dachte nur an das Paradies. Die Busfahrt dauerte zehn Minuten, und als ich ausstieg, sah ich das Büro, mein Ziel, und ich ging auf den Peschmerga zu, der an der Tür stand, und nannte ihm den Namen eines Mannes, der sich, wie ich glaubte, in dem Büro befand, und sagte, ich hätte einen Termin. Und wenn der Mann herauskäme, würde ich den Schalter umlegen. Aber der Peschmerga fragte: ›Was hast du da unter deinem Hemd?‹, und ich sagte: ›Nichts‹. Und er fragte wieder, und ich sagte, ohne mir etwas dabei zu denken: ›TNT.‹ Und dann haben sie mich verhaftet. Ich war froh. Ich wusste, dass die Männer aus Erbil waren, und ich wollte niemanden aus meiner eigenen Stadt töten. Ich wollte nicht sterben.«

»Dann wolltest du es also gar nicht tun?«

»Der Mensch ändert doch ständig seine Meinung. Wenn ich jetzt darüber nachdenke, weiß ich, dass es ein Fehler war.«

Während dieser Woche in Suleimaniye verbrachte ich Dutzende von Stunden mit verschiedenen Gefangenen, aber das letzte Interview, das ich, schon müde und leicht gelangweilt, führte, erwies sich als eines der ergiebigsten. Im Mittelpunkt standen die mutmaßlichen Verbindungen zwischen al-Qaida und Saddam Hussein – ein Thema, über das seit den Anschlägen vom 11. September 2001 viel diskutiert worden war und das in den kommenden Monaten von großer Bedeutung sein sollte.

Es war 10 Uhr morgens und bereits drückend heiß. Die Hitze brütete im weiß getünchten Hof und stieg durch die Fenster ins Zimmer. Wasta Hassan musste zu einer Versammlung und hatte mich mit Ala und einem Häftling namens Mohammed Mansur Shahab allein gelassen. Eine Stunde vorher hatte ich ein paar Fotos von ihm gesehen: Er stand mit einem blutverschmierten Messer in der Hand über der Leiche eines Mannes, den man mit einem blauen Strick erhängt hatte. Er trug ein helles Hemd und eine graue Hose, lächelte in die Kamera, und angesichts der Tatsache, dass er das rechte Ohr des Mannes in der Hand hielt, das er diesem offensichtlich gerade abgeschnitten hatte, wirkte er bemerkenswert entspannt. Jetzt saß er vor mir, auch wieder lächelnd. Er trug Plastiksandalen, ein kariertes Hemd und die traditionelle kurdische Pluderhose.

Er war Anfang 2001 verhaftet worden, als er versucht hatte, von Kurdistan aus nach Bagdad zu gelangen. Die grausigen Fotos stammten von einem unentwickelten Film, den man in seiner Hosentasche gefunden hatte. Aufgrund dieser Fotos war er zu sieben Jahren Haft verurteilt worden. In den ersten sechs Monaten nach seiner Verhaftung hatte er seine Geschichte für sich behalten. Dann, im Oktober 2001, erzählte er sie einem Mitgefangenen, der sie den Wachen erzählte, die sie wiederum Wasta Hassan erzählten. Als im Frühjahr 2002 ein Reporter der Zeitschrift *New Yorker* in Suleimaniye war, erzählte Shahab auch ihm seine Geschichte. Sie war unter der Überschrift »The Threat of Saddam« (»Saddams Bedrohung«) erschienen; die Kurden, so hieß es darin, hätten möglicherweise »Belege für [Saddams] Verbindungen zu Osama bin Ladens Terrornetzwerk.« In dem Artikel wurden zahlreiche mutmaßliche Verbindungen zwischen dem irakischen Diktator und al-Qaida aufgelistet, doch Shahabs Geschichte bildete den Aufmacher.

Shahab erzählte mir, er sei ein iranischer Schmuggler und Analphabet. Anfangs habe er Fernseher und Videorekorder über die sumpfige iranisch-irakische Grenze geschafft und verkauft, bevor er angefangen habe, iranische Waffen nach Afghanistan und afghanische Drogen in den Iran zu schmuggeln. Nachdem er eine größere Ladung Munition nach Kandahar gebracht hatte, lernte er Ende 1999 über einen dortigen Kontaktmann Osama bin Laden kennen. Im darauf folgenden Jahr, so Shahab weiter, habe er im Iran Gewehre gekauft und sie seinem Partner an der Grenze übergeben, wohl wissend, dass sie für al-Qaida bestimmt waren. Er habe bin Laden erneut getroffen, diesmal in einer Höhle in den Bergen. Der habe ihm für seine Hilfe gedankt und ihn gebeten, »soweit möglich« noch mehr Waffen zu besorgen. Dann wurde die Sache kompliziert.

Zuerst, so Shahab weiter, habe ihn ein irakischer Schmuggler namens Uthman gebeten, zu einem geheimen Treffen in den Irak zu kommen. Dort habe er sich mit Saddam Husseins Schwager getroffen, der ihn gebeten habe, zehn Aggregate einer Klimaanlage über die Grenze in den Iran zu schaffen. Sechs Monate später übergab man ihm 300 82-mm-Mörser und 400 Panzerabwehrraketen, die er über die Grenze in den Iran bringen sollte. Zusammen mit fünf anderen fuhr Shahab das Kriegsgerät in drei Lkws zur Grenze, verlud das Material auf Boote, brachte es durch das sumpfige Gelände auf die iranische Seite, verlud es erneut auf Lkws, die, so Shahab, nach Kandahar fuhren. Anfang 2002 fand ein letztes Treffen im Irak statt. Ali Hassan Majid – von den Kurden »Chemie-Ali« getauft, da er Saddams Befehl 1988 und 1989, Giftgasanschläge gegen die Kurden zu führen, begeistert ausführte – habe ihn gebeten, 30 Kühlschrankaggregate in den Iran zu transportieren, deren Gehäuse mit einer, wie ihm gesagt wurde, hochgefährlichen Flüssigkeit gefüllt waren. Es seien chemische Waffen gewesen, erzählte Shahab. Im Iran habe dann sein Kontaktmann die Ladung übernommen und über die Grenze nach Kandahar zu bin Laden gebracht. Hier endete seine Geschichte.

Shahabs Schilderungen wurden in amerikanischen und auch in einigen britischen Medien ausführlich wiedergegeben; und auch Mitglieder der Bush-Regierung nahmen unter Berufung auf verschiedene Quellen mehrfach darauf Bezug. Die Geschichte wurde als Beleg für Saddams Verbindungen zu al-Qaida propagiert. Sie galt als Bestätigung dafür, dass einer der berüchtigtsten Männer aus Saddams Regime, der in der Vergangenheit bekanntermaßen an Aktionen chemischer Kriegsführung beteiligt gewesen war, Osama bin Laden heimlich mit Flüssigkeit gefüllte Behälter schickte. Es hätte tatsächlich ein Beleg sein können, wäre Shahab nicht ein Lügner gewesen.

Zum einen gab es beträchtliche Unstimmigkeiten zwischen dem, was Shahab anderen Journalisten erzählt hatte, und dem, was er mir erzählte. Beispielsweise hatte er gegenüber dem *New Yorker* behauptet, er habe bin Laden in einem Zelt, nicht in einer Höhle getroffen, und die mit Flüssigkeit gefüllten Kühlschrankaggregate habe er persönlich den Taliban übergeben. Zum anderen hatte seine Geschichte einen Haken, was die praktische Durchführbarkeit betraf. Die Waffen, die er für die Iraker geschmuggelt haben wollte, waren, so schätzte ich, über 20 Tonnen schwer. Es war daher schlichtweg unmöglich, dass sechs Männer ein solches Gewicht innerhalb von fünf Stunden hätten verladen und wieder entladen können, und das gleich zweimal.

Auch war vollkommen klar, dass Shahab niemals in Kandahar gewesen war. Als ich ihn bat, mir die Stadt zu beschreiben, erklärte er, sie sei »schmutzig«, was richtig war; die Häuser seien ganz aus Lehm gebaut, was grundfalsch war, es sei denn, man hätte die Häuser seit meinem letzten Aufenthalt in Windeseile abgerissen und anders wiederaufgebaut. Warum also log er? Wohl deshalb, wie Wasta Hassan vermutete, weil seine unvermittelte Wandlung von einem miesen kleinen Schmuggler zu einer wertvollen Quelle dazu beitragen konnte, seine Strafe um ein paar Jahre zu verkürzen. Und wie war er auf die Idee gekommen zu lügen? Woher bezog er den Stoff seiner Lügen? Einen Monat vor den Anschlägen am 11. September waren im Gefängnis in Suleimaniye Fernseher installiert worden.

Als ich Ende August 2002 nach Hause zurückkehrte, war die Entscheidung, den Irak anzugreifen, in Washington bereits gefallen. Sie schien mir auf recht einfachen Gründen zu basieren. In diesem Krieg, so mein Eindruck, ging es nicht um Öl; das hätte man sich mit genau jener Art Präferenzabkommen sichern können, das Saddam seit Jahren hatte abschließen wollen. Es ging nicht um weltweite Vorherrschaft, die durch diesen Krieg nicht erreichbar war. Es war schlicht und einfach ein Krieg, der für die Sicherheit geführt wurde – um einer Situation entgegenzutreten, die als aktuell oder potenziell extrem bedrohlich wahrgenommen wurde. Nach Ansicht führender Politiker der amerikanischen Regierung stellte der Irak für die Vereinigten Staaten eine Bedrohung dar, gegen die man vorgehen musste. Ihrer durchaus nachvollziehbaren Ansicht zufolge konnte nichts ignoriert werden, was zu einem neuen 11. September führen konnte. Weniger nachvollziehbar war ihre Ansicht, dass die seit zehn Jahren verfolgte Politik, den Irak in Schach zu halten, gescheitert war und dass sich die Vereinten Nationen und die internationale Staatengemeinschaft, die diese Organisation angeblich repräsentierte, als unfähig erwiesen hatten, sich dieser Bedrohung durch Saddam Hussein entgegenzustellen. Dieser Logik zufolge musste Amerika handeln, um sich selbst zu schützen. So einfach war das. Selbst wenn Amerika allein handeln musste.

Natürlich gab es auch andere Überlegungen. Unter dem Einfluss einer sonderbaren und irrationalen so genannten Denkschule betrachteten mehrere hochrangige Mitarbeiter des Weißen Hauses den Irak schon seit vielen Jahren als Quelle von Terror und islamischem Radikalismus. Andere glaubten, aufgrund von Schwäche, mangelnder Entschlossenheit und fehlender »moralischer Klarheit« hätten die amerikanischen Liberalen in den neunziger Jahren eine historische Chance vertan, die Welt nach dem Vorbild und im Interesse der »größten jemals existierenden Demokratie« zu gestalten. Wieder andere hatten die hehre Vision einer Neugestaltung »der islamischen Welt« durch Erzwingung eines Wandels im Irak. Sie argumentierten, die Kraft der liberalen Demokratie – auch wenn die Freiheit mit Panzern komme – werde den Gordischen Knoten der Politik im Nahen Osten zerschlagen, die Regime von Riad bis Algier zu grundlegenden Reformen zwingen und eine Welle des sozialen und politischen Fortschritts mit sich bringen, der »den terroristischen Sumpf austrocknen«, die strategische Position Israels bewahren und den weltweiten Zugang zu den Ressourcen der Region sichern werde. Trotz all dieser unterschiedlichen Denkansätze war die der Irak-Invasion zugrunde liegende Überlegung relativ einfach: Man müsse tun, was notwendig war, um Amerikas Sicherheit zu garantieren. Der britische Premierminister und die meisten Mitglieder seiner Regierung bekundeten offen ihre Sympathie für die Entscheidung der Amerikaner und schlossen sich ihnen an. Das Problem freilich war, dass die Analyse der Bedrohung sowohl durch Saddam als auch durch den militanten Islam auf falschen Voraussetzungen beruhte. Das Nachdenken darüber, wie man mit dieser Bedrohung umgehen sollte, so vernünftig es auch immer sein mochte, gründete auf sich gegenseitig verstärkenden falschen Vorgaben: Die islamische Militanz sei auf die Aktivitäten einer einzelnen Gruppe oder sogar eines Individuums zurückzuführen, und Saddam sei im Begriff, nukleare, chemische und biologische Waffen zu entwickeln, wenn er sie nicht bereits hatte. Von da aus war es einfach, einen Gedankensprung zu vollziehen und bin Laden mit Bagdad in Verbindung zu bringen, wodurch die Bedrohung exponenziell wuchs. Hatte man diesen Schritt getan, gab es, angesichts der Dominanz der »harten« Linie der Terrorismusbekämpfung, nur eine denkbare Linie des Handelns. Die Folge dieser sich selbst verstärkenden falschen Einschätzungen war ein kapitaler strategischer Fehler.

In den sechs Monaten zwischen August 2002, dem Zeitpunkt meiner Rückkehr aus dem Irak, und Februar 2003, als ich als Kriegsberichterstatter nach Kurdistan zurückkehrte, bemühten sich die amerikanische und die britische Regierung in einer konzertierten Aktion, für ihren Plan einer Irak-Invasion öffentliche Unterstützung zu gewinnen. Auch wenn es vielleicht nicht beabsichtigt war, handelte es sich dabei um eine der massivsten Täuschungsmanöver der demokratischen Öffentlichkeit in der jüngeren Geschichte. Ich war verwirrt, schockiert und in meinem Glauben an die politischen Institutionen Großbritanniens und anderer Staaten zutiefst erschüttert. Ich glaubte zwar nicht, dass die Politiker in Großbritannien und Amerika die Öffentlichkeit ganz bewusst belogen, aber ich glaubte sehr wohl, dass sie die Dinge ganz bewusst einseitig darstellten. Und angesichts der Tatsache, dass die Beweise, die sie präsentierten, fast komplett auf fehlerhaften Informationen beruhten, war es egal, ob die Täuschung absichtlich oder unabsichtlich geschah. Es lief auf dasselbe hinaus.

Die Werbung um Unterstützung für einen Irakkrieg beschränkte sich jedoch nicht auf politische Maßnahmen der britischen und amerikanischen Regierung. Wie immer musste auch die Propaganda Sinn machen. Das Unvermögen der Regierungen, das wahre Wesen der Bedrohung richtig einzuschätzen, spiegelte nur die Verwirrung ihrer Wählerschaft bezüglich des militanten Islam und der Gefahren in der Welt nach dem Kalten Krieg wider. Und es war Ausdruck eines tiefen allgemeinen Unbehagens, das durch Sensationsberichterstattung und oftmals ungeschickte und alarmistische Regierungsverlautbarungen nur noch verstärkt wurde. Durch derartige Verlautbarungen wurden zudem die Vorurteile gegen

Muslime und Araber verstärkt und die westlichen Bevölkerungen aufgeschlossener für den Gedanken, Saddam und al-Qaida seien die jüngste Manifestation einer alten islamischen oder arabischen Feindseligkeit. Tief verwurzelte kulturelle Traditionen, die bis in die Zeit der Kreuzzüge zurückreichten, erleichterten die Akzeptanz herabsetzender oder hetzerischer Kommentare über Muslime. Die in der westlichen Literatur und Kunst geläufige Vorstellung, orientalische Despoten seien doppelzüngig und grausam, bereitete beispielsweise den Boden für die Überzeugung, Saddam, der beide Eigenschaften oft zur Schau gestellt hatte, habe gelogen, wenn er behauptete, er besitze keine Massenvernichtungswaffen. In der Geschichte wurzelnde Feindbilder von »den Türken« oder »den Muselmanen«, ein über Jahrhunderte hinweg gängiger westlicher Diskurs, erleichterten es der aktuellen Propaganda über die »Bedrohung aus dem Osten«, an uralte, tief verankerte Vorurteile anzuknüpfen. Doch so wichtig all dies auch sein mochte, der Schlüssel zu einer erfolgreichen Vermarktung der Irak-Invasion war, insbesondere in Großbritannien, der Mythos, den ich in Suleimaniye zu entlarven versuchte: die angebliche Unfehlbarkeit und Unvoreingenommenheit unserer Nachrichtendienste.

In Großbritannien wurde nachrichtendienstliches Material auf verschiedene Weise in die Debatte eingespeist. Wichtige Parlamentsabgeordnete und Chefredakteure erhielten von Ministerien Hintergrundinformationen nach dem Motto: »Wenn Sie wüssten, was ich weiß.« Politiker sprachen immer wieder von »der Bedrohung«. Die Polizei sprach von »Dutzenden« vereitelter al-Qaida-Anschläge, ohne genauere Einzelheiten zu nennen. Die Regierung gab zwei »Dossiers« frei, die angeblich auf nachrichtendienstlichem Material basierten. Das erste Dossier war nicht das Resultat der erstaunlichen Fähigkeit der Regierung, geheime Informationen zu sammeln, sondern basierte auf der im Internet erschienenen Semesterarbeit eines Studenten und war eine Farce. Das zweite Dossier, das mit Zustimmung von M16 von der Regierung herausgegeben worden war, stützte sich zumindest auf echtes Geheimdienstmaterial. Leider stellte sich heraus, dass es weitgehend aus Halbwahrheiten und Unwahrheiten bestand. Wie nicht anders zu erwarten, bauschten beide Dossiers die Bedrohung durch Saddams angebliche Massenvernichtungswaffen auf, und obwohl sie nicht ausdrücklich einer Verbindung zwischen al-Qaida und dem irakischen Diktator das Wort redeten, deuteten sie doch an, dass es nur noch eine Frage der Zeit sei, bis es zu einer solchen Verbindung komme. Die Glaubwürdigkeit der Dossiers wurde von wiederholten öffentlichen und parlamentarischen Erklärungen bekräftigt, die in den Medien ausführlich zitiert wurden und die fieberhafte öffentliche Debatte nachhaltig beeinflussten.

In Amerika vollzog sich ein ähnlicher Prozess, wenn auch nicht mit Hilfe von Dossiers, sondern mit der gezielten Lancierung von Informationen aus undichten Stellen und begleitet von einer weit weniger intensiven öffentlichen Debatte. Die Behauptung, al-Qaida und Saddam seien gemeinsam für die Anschläge vom 11. September verantwortlich, hielt sich hartnäckig, obwohl sich der amerikanische Geheimdienst beeilte, sich von ihr zu distanzieren. Wie so oft, zählte jedoch auch in diesem Fall der allererste Eindruck, und der Gedanke, es gebe zwischen bin Laden und Bagdad einen Zusammenhang, setzte sich im Bewusstsein vieler Amerikaner fest und blieb weitgehend unwidersprochen. Verschärft wurde die Situation durch irakische Oppositionsgruppen, die die Nachrichtendienste und Medien beiderseits des Atlantiks mit Überläufern von unterschiedlicher Glaubwürdigkeit versorgten.

Die Marketing-Kampagne für den Krieg im Irak erreichte ihren Höhepunkt mit dem Auftritt des amerikanischen Außenministers Colin Powell vor der UN-Generalversammlung in New York im Februar 2003. Der Schwerpunkt seiner Rede war Saddams angebliches Programm zur Herstellung von Massenvernichtungswaffen, doch Powell sprach auch von Verbindungen des irakischen Diktators zu bin Laden. Selbstverständlich basierte seine gesamte Argumentation auf geheimen »nachrichtendienstlichen Informationen«, und seine Ausführungen, obwohl sorgsam formuliert, schienen die Summe aus den schlimmsten Faktoren zu ziehen, die in den Analysen zu al-Qaida und Saddam je zur Sprache gekommen waren. Der Gedanke, dass der militante Islam eine nebulöse, auf persönlichen Verbindungen und nicht auf hierarchischen Strukturen basierende Bewegung ist, hatte keine Spuren hinterlassen. Stattdessen war es die alte Geschichte von internationalen, staatlich geförderten Organisationen und psychopathischen Anführern. Die Möglichkeit, dass al-Qaida eine Ideologie und weniger eine Organisation war und dass eine Irak-Invasion den radikalmuslimischen Aktivismus eher verstärke als bekämpfe, hatte man offensichtlich noch gar nicht in Erwägung gezogen.

Meine Schwierigkeit im Vorfeld des Krieges war offenkundig: Ich glaubte den nachrichtendienstlichen Informationen nicht; ich war in Sorge, ein Krieg werde die Gewalt schüren, weil er den Verdacht bestätigte, der Westen führe einen Kreuzzug gegen den Islam; und ich war sehr wütend darüber, wie die Regierung die Öffentlichkeit manipulierte. Sorgen machten mir auch mögliche Verletzungen des Völkerrechts, auch wenn es keine Frage war, dass diese Art Rechtsnormen viele Auslegungen zuließen. Ich befürchtete zudem, dass ein solcher Krieg, und sei er noch so kurz, Ressourcen binden würde, die anderswo sinnvoller genutzt werden konnten, beispielsweise für den Wiederaufbau Afghanistans. Ich wusste aber auch, dass meine kurdischen Freunde, sämtliche Kurden, mit denen ich im Irak gesprochen hatte, und sämtliche Iraker, mit denen ich außerhalb des Irak gesprochen hatte, diese Invasion befürworteten. Desgleichen auch die große schweigende Mehrheit des Irak, vor allem die 55–65 Prozent Schiiten, da war ich mir sicher. Meine Reaktion mochte emotional gewesen sein, jedenfalls war sie heftig. Wer bin ich, fragte ich mich, dass ich Leuten, deren Familien ausgelöscht wurden und die in ständiger Angst lebten, sagen kann, es sei falsch, sich von diesem Terror befreit zu wünschen? Wer bin ich, dass ich ihnen sagen kann, sie verstünden die komplizierten weltpolitischen Probleme nicht und sollten lieber akzeptieren, dass ihre Befreiung den Preis nicht wert sei, den die Weltgemeinschaft würde bezahlen müssen? Zutiefst betrübten mich auch die Einwände vieler »Friedens«-Aktivisten, bei denen die Angst, ja der Hass auf Bush und die Vereinigten Staaten größer zu sein schien als die aufrichtige Sympathie mit dem irakischen Volk. Die immer wieder geäußerten Argumente, gegen Saddam solle man nichts unternehmen, weil es »viele andere Diktatoren und unterdrückerische Regime« gebe, und der Westen habe das irakische Regime in der Vergangenheit unterstützt, empfand ich als ausgesprochen schwach. Wenn es so viele Diktatoren gab, sollte man dann nicht jedes Bemühen gutheißen, einen von ihnen zu stürzen? Und Widersprüchlichkeit war nicht unbedingt gleichbedeutend mit Heuchelei. Der Gedanke, Saddam bewege sich ernsthaft auf eine Mehr-Parteien-Demokratie zu, den einer dieser Friedensaktivisten mir gegenüber äußerte, war einfach grotesk. Immerhin wurde auch das Argument vorgetragen, dass es doch das Beste sei, wenn Großbritannien die ohnehin kriegsentschlossenen Amerikaner unterstütze, um auf diese Weise den Verlauf des Kriegs und dessen Folgen zumindest beeinflussen zu können. Dieses Argument hatte meiner Ansicht nach durchaus eine gewisse Berechtigung.

Aber sicher war ich mir nicht. Wie die meisten gelangte auch ich in vielen dieser Fragen zu keiner klaren Entscheidung. Ich fand, es war der richtige Krieg aus den falschen Gründen und zu einem völlig falschen Zeitpunkt. Ich beteiligte mich, immerhin eine Stunde lang, sogar an der Antikriegsdemonstration in London. Vieles hing meiner Ansicht nach vom erfolgreichen Wiederaufbau des Landes nach einem Krieg ab. Wenn der Irak im Zuge der Absetzung Saddams ein Land werden würde, in dem die Menschen in Wohlstand und Sicherheit lebten, ein politisches System frei wählen und ihre Außenpolitik und Wirtschaft selbst gestalten konnten, dann hätte sich der Krieg mit all seinen Verwerfungen gelohnt. Es wäre ein starkes Signal für die Muslime der ganzen Welt, dass der Westen nicht darauf aus war, die islamische Welt zu beherrschen und unter sich aufzuteilen. Würde aber der Wiederaufbau des Irak misslingen, wären die langfristigen Folgen verheerend.

Am Ende blieb ich, wie so viele andere, unentschieden. Meine emotionale und moralische Unterstützung für die Iraker, die von den Amerikanern befreit werden wollten, und meine eher vernunftgeleiteten Bedenken gegenüber den Folgen eines solchen Krieges waren nicht miteinander in Einklang zu bringen. Doch anders als vielen anderen stand mir ein Ausweg offen, in persönlicher und in intellektueller Hinsicht. Als Journalist konnte ich mir den Luxus erlauben, eine distanzierte Haltung einzunehmen, ja, man ermutigte mich sogar dazu. Und so zog ich mich auf die neutrale Position des Journalisten zurück, wie ich es zum Teil bereits in Pakistan und Afghanistan gehalten hatte. Der Krieg, so dachte ich, würde mein Leben kaum beeinflussen. Ich lief nicht Gefahr, meine Heimat und meine Angehörigen zu verlieren. Ich konnte in meine schöne Wohnung im Norden Londons zurückkehren, wenn der Krieg zu Ende war. Gewiss, es gab eine geringfügige Gefahr, getötet oder verletzt zu werden, aber ich hatte nicht vor, größere Risiken einzugehen. Ich sorgte mich um meine Freunde im Irak, ich machte mir Gedanken über die Strategie im Krieg gegen den Terror, ich dachte an die Folgen des Kriegs für die Menschen, die ich in Afghanistan, Israel, Palästina, Algerien und anderswo kannte. Sobald ich aber anfing, konkrete Vorbereitungen zu treffen, reduzierte sich mein Interesse an dem bevorstehenden Krieg auf die nackten beruflichen Kernelemente. Ich würde in den Krieg gehen, um meinen Job zu erledigen, um zu beobachten und mir Notizen zu machen. Und ich würde gehen, weil ich im Februar 2003 nirgendwo anders sein wollte.

11 Die Magical Misery Tour

Ein herrlicher Tag. Nach wochenlangem Nieselregen und starker Bewölkung war der Himmel bis auf ein paar braune Rauchfahnen über der Brücke im Tal klar und blau und sehr weit. Die amerikanischen Kampfjets waren winzige, scharf umrissene Metallscherben aus Licht, sehr hoch oben und sehr weit entfernt, und sie wurden kaum größer, wenn sie sich herabsenkten, um ihre Raketen- und Bombenlast abzuwerfen.

Ich befand mich gut 30 Kilometer südlich der von den Kurden gehaltenen Stadt Erbil. Es war 13 Uhr, und vom Kamm eines kleinen Hügels, der sich zwischen den Bunkern der amerikanischen Spezialeinheiten und einem Fluss mit einer strategisch wichtigen Brücke erhob, beobachtete ich ein Gefecht. Die Peschmerga, im Umkreis der amerikanischen Stellungen zusammengezogen, hatten am Vormittag die Brücke angegriffen, und die Iraker hatten sich zurückgezogen, bevor sie ihren Gegenangriff starteten, der soeben von Luftangriffen unterbrochen worden war. Durch das billige Fernglas, das ich mir bei der Abreise aus Großbritannien vor fast zwei Monaten am Flughafen gekauft hatte, erkannte ich einen kleinen Konvoi irakischer Panzer und Lkws auf der Straße, die von der Brücke am südlichen Flussufer wegführte. Es sah so aus, als wären mehrere dieser Fahrzeuge in Brand geraten, während dicht daneben Menschen reglos auf der Straße lagen. Im Dorf, das zwischen mir und der Brücke lag, gab es immer noch Feuergefechte, und irgendwo zwischen den flachen Betondächern der Häuser und den verrammelten Läden entlang des Flusses stieg Rauch auf. Durch den Beschuss hatten einige der hohen Grasbüschel auf den weitgeschwungenen Hügeln und Feldern beiderseits der Brücke Feuer gefangen, und der Qualmgeruch war nicht unangenehm.

Ich überlegte gerade, ob ich mich nicht ein Stück tiefer Richtung Kampfgeschehen vorwagen sollte, als die erste Granate mit einem langgezogenen Kreischen über mir hinwegschoss, bevor sie Sekunden später mit einem lauten Knall 200 Meter entfernt einschlug. Zusammen mit etwa einem Dutzend anderer Reporter sprang ich einen kurzen Hang hinunter in einen Graben neben der Straße, die ins Dorf führte. Fast im selben Augenblick explodierte eine zweite Granate mit ohrenbetäubender Wucht im felsigen Boden, wo wir gerade noch gelegen hatten. Dann eine dritte, danach war plötzlich alles ruhig. Ich hatte mir Stirn, Ellbogen und Nasenrücken aufgeschnitten, als ich in den Graben gesprungen war. Jetzt tastete ich mit den Fingerkuppen über die Schnitte, schmeckte das Blut und den verbrannten Staub, der auf meiner Zunge lag. Ich überlegte, was ich jetzt machen sollte. Ich hatte in Afghanistan und anderswo mehrmals Granatenangriffe erlebt, und nie hatten sie sehr lange gedauert. Daher war ich nicht sonderlich beunruhigt.

Meine Situation war folgendermaßen: Aus Sorge, in einem Auto ein allzu offensichtliches Angriffsziel zu bieten, war ich zu Fuß hier heraufgekommen. Ein Fehler, wie sich jetzt herausstellte, denn die meisten anderen Reporter, die mit mir im Graben saßen, vorwiegend Fernsehteams mit schweren Kameras und Ausrüstung, waren mit dem Auto gekommen. Es stimmte zwar, dass die Jeeps, die weiter rechts nebeneinander aufgereiht in der Sonne glänzten, das Feuer auf uns hingelenkt hatten, aber sie waren eben auch das Mittel, sich in Sicherheit zu bringen. Noch während ich darüber nachdachte, hörte ich Motorengeräusche, und alle Reporter, die über Fahrzeuge verfügten, waren verschwunden. Dann ein pfeifendes Kreischen. Der Beschuss ging weiter.

Die nächste Granate schlug 100 Meter unter mir ein, eine fünfte 150 Meter über mir. Eine sechste explodierte wieder unterhalb und in noch größerer Nähe und spritzte eine Fontäne aus Feuer, schwarzem Qualm, Steinen und Erde in die Luft. Es roch stark nach Kordit, was mich plötzlich an England erinnerte, an Nächte mit Freudenfeuern und Knallkörpern. Erneut eine Pause, dann weitere Granaten in schneller Folge, eine näher als die andere, unter mir und über mir, und jedesmal rieselte ein Schauer aus Steinen und Metall zu Boden. Wer immer diese Schüsse abgab, er kreiste die Stellung immer besser ein – auf jeder Seite und mit immer geringerer Abweichung. Meine Ohren sausten. Im Abstand von einer Minute schlugen vier weitere Geschosse ein. Jedes schien ein kleines Stück näher gekommen. Ich hätte mich am liebsten in die Erde eingegraben, Urin gelassen oder beides. Dann hörte ich eine weitere Granate heranheulen.

Der Graben selbst war flach, aber der hohe Wall auf der einen und die erhöht liegende Straße auf der anderen Seite boten eine relativ gute

Deckung. Die Straße, die zu den amerikanischen Bunkern und in die Sicherheit hinaufführte, war ein weithin sichtbares geteertes Band, das sich durch offenes Gelände spannte. Die reinste Dummheit, sie zu benutzen. Doch als die nächste Granate kam, hatte ich bereits die Hälfte des Weges geschafft. Behindert durch eine 16 Kilo schwere Schutzweste samt Helm, stieß ich immer nur »Verfluchte Scheiße, das ist wirklich eine verfluchte Scheiße« hervor, hektisch wie im Fieber, und rannte, was das Zeug hielt. Ich weiß nicht mehr, was mich im Einzelnen dazu bewogen hat, den Graben zu verlassen und loszulaufen, ich weiß nur noch, dass ich plötzlich felsenfest überzeugt war, keine andere Wahl zu haben. Das ist Panik, dachte ich später. Es gab keinen Augenblick blinden Schreckens, ich konnte glasklar denken; da war nur das überwältigende Gefühl einer brennenden Qual, das Gefühl, dass meine unmittelbare Umgebung so unerträglich war wie ein Haarkleid, in dem es von Ungeziefer wimmelt, und dass allein dieser Schritt, der mich zugleich der allergrößten Gefahr aussetzte, absolut, unaufschiebbar und unbestreitbar richtig und notwendig war. Ich erinnere mich auch an das Gefühl, dass der weite Himmel über mir ungeheuer groß und ungeheuer hell war und voller stiebender Metall- und Sprengstoffteile, die wie riesige Fledermäuse auf mich zuschossen, während ich die Straße bergan lief. Die Zunge in meinem Mund war so groß und so trocken, und ich erinnere mich an das Gewicht der Schutzweste auf meinen Schultern und an die Schmerzen in den Knien, wenn meine Stiefel auf den harten Boden schlugen, und daran, dass ich plötzlich weniger in panischer Angst war als vielmehr sehr wütend.

Der Beschuss dauerte an. Bei jeder neuen Granate warf ich mich flach zu Boden, wartete, bis das Geprassel der Stein- und Lehmklumpen aufhörte, kam hoch, wischte mir Schweiß und Blut aus den Augen und fing an, keuchend und fluchend weiterzulaufen, bevor mich das Kreischen eines neuen Geschosses wieder zu Boden warf. Als ich nach langer Zeit – in Wirklichkeit waren es nur ein paar Minuten – in einem Grabenstück links von meiner Straße eine Gruppe von Reportern in einem Graben hocken sah, ließ ich mich in ihre Deckung sinken, schwer atmend, hustend vor Anstrengung und plötzlich regelrecht aufgebracht. »Das ist so verdammt lächerlich«, murmelte ich vor mich hin. Eine Granate heulte heran, schlug aber ein paar hundert Meter entfernt ein. »Ich meine, das Ganze ist ein verdammter Skandal«, sagte ich. Die anderen zeigten währenddessen auf einen Pfad, der durch grasbewachsene Felder und verlassene Gräben zurück zu den amerikanischen Bunkern und in die relative Sicherheit führte. Ich wusste aus Afghanistan, dass Landminen am wahrscheinlichsten in der Nähe ehemaliger militärischer Stellungen zu finden waren, an Wegrändern oder auf Pfaden durch hohes Gras. Und nach dem zu urteilen, was sie besprachen, wussten die anderen das auch. Als sie sich in langer Reihe aufstellten und hintereinander losgingen, entwickelte ich plötzlich ein gesteigertes Interesse daran, mir die Schnürsenkel auf- und wieder zuzubinden, bis die anderen ein Stück voraus waren. Ich ging hinter ihnen her und wollte nichts anderes, als in ihre Fußspuren treten.

Wieder in einer rückwärtigen Stellung, befiel mich zuerst Erleichterung, dann Erheiterung, eine kühles Interesse an meinem eigenen Verhalten, Wut auf die Fernsehteams, die so plötzlich verschwunden waren, und dann, sehr schnell, Euphorie und ein Gefühl, davongekommen zu sein. Bis auf ein paar Schnitte und Abschürfungen fehlte mir nichts. Es war nur ein geringfügiger Zwischenfall gewesen, der nicht mehr als 20 Minuten gedauert hatte. Kaum der Rede wert für jemand anderen. Für mich dagegen war er bedeutsam. Mein Irakkrieg hatte endlich begonnen.

Es war der 4. April 2003, drei Wochen nach meinem 33. Geburtstag, und ich war seit sechs Wochen im Irak. Ich saß neben einem der von amerikanischen Spezialkommandos gebauten Bunker und ließ mir die Sonne ins Gesicht scheinen. Neben mir Diyari, der junge kurdische Mechaniker, den ich als Fahrer angeheuert hatte. Wir aßen kaltes Grillhähnchen und Fladenbrot und tranken dazu warme Cola, dann fuhren wir, diesmal in unserem klapprigen alten Toyota Landcruiser, in Richtung der Brücke. Diyari lachte, während er den Jeep zwischen den Trichtern hindurchmanövrierte, die der morgendliche Granatenbeschuss hinterlassen hatte. Ich zeigte ihm, wo ich gelegen hatte, und dann die Stelle, wohin ich gelaufen war, und wir besahen uns die braunen Brandmale und die Einschläge der Granatsplitter im Straßenpflaster. Am Himmel über uns immer noch die metallischen Sprenkel der Kampfjets, und aus dem Dorf, den brennenden Fahrzeugen und dem glimmenden Gras stieg immer noch Rauch auf. Die Peschmerga hatten mehrere irakische Gräben auf der anderen Seite der Brücke gestürmt, und verwundete Männer mit rußgeschwärzten Gesichtern und leeren, weit aufgerissenen

Augen humpelten uns entgegen. Wir hielten an und stiegen aus, aber sie wollten nicht interviewt werden. Ich entdeckte zwei mir bekannte Fotografen, die ein Stück entfernt eine Mörserstellung inspizierten, und winkte, bis sie zurückwinkten. Zwei tote Iraker, die Körper verkohlt, die Zähne in den schwarzen, verbrannten Gesichtern grinsend entblößt, lagen eingeklemmt unter einem qualmenden Lkw. Ein Pritschenwagen mit zwei Zivilisten raste aus dem Dorf kommend an uns vorbei, einen geplünderten Kühlschrank auf der Ladefläche. Auf der irakischen Seite des Flusses wurde heftig gefeuert, und auf dem Bergkamm gegenüber sah ich Gestalten in Bewegung. Der Himmel war blau. Eine leichte Brise wehte. Es war immer noch ein wunderschöner Nachmittag.

Lange war ungewiss, ob ich überhaupt rechtzeitig zu Kriegsbeginn im Irak sein würde. Die irakischen Behörden verweigerten mir ein Visum, und nach meinen Erfahrungen in Bagram ein Jahr zuvor behagte mir die Vorstellung gar nicht, als offizieller Korrespondent in eine Kampfeinheit »eingebettet« zu sein. Eine Weile sah es so aus, als säße ich in Jordanien oder Kuwait fest und müsste, wie in Afghanistan, warten, bis die Grenzen geöffnet würden, nachdem der Krieg schon halb vorbei war. Dann erfuhr ich, dass die türkische Regierung die seit über zehn Jahren geschlossene südöstliche Grenze für Journalisten öffnen würde, die an einer in Irakisch-Kurdistan stattfindenden Tagung der irakischen Opposition in der ersten Februarwoche teilnehmen wollten. Die Grenze solle nur für einen Tag offen sein. Ich packte meine Schutzweste, Kleidung für warme Witterung, meinen ABC-Schutzanzug und 10 000 Dollar in bar ein und flog nach Istanbul, von wo ich mit einem überbuchten Flug in die Osttürkei gelangte und von dort in einem überfüllten Bus und schließlich mit einem Taxi weiterfuhr.

In der Grenzstadt Silopi, die ich schon 1991 unterwegs zu den Peschmerga passiert hatte, hatte sich nicht viel verändert. Die Nachricht, die Türken würden die Grenze öffnen, hatte sich wie ein Lauffeuer verbreitet, und die schmuddeligen Hotels der Stadt waren voll mit Reportern, Kameramännern und Fotografen, die allesamt in den Irak wollten, aber im Zweifel waren, ob die Türken ihr Versprechen halten würden. Es war ein großes Hallo, man tauschte Gerüchte aus und Erinnerungen an Kabul, die Intifada und den Balkan und brachte sich auf den neuesten Stand darüber, wer wen angeworben hatte und wer mit wem ins Bett ging, wer welchen Preis gewonnen oder einen Buchvertrag abgeschlossen hatte. Mittelsmänner, Fahrer und Übersetzer saßen in den Hotellobbys und hofften auf Arbeit. Einige Reporter waren echte Draufgänger, wie beispielsweise der Franzose, der allgemein nur der »Kriegsfrosch« hieß, andere eher phlegmatisch wie die Russen, die den Eindruck machten, als schliefen sie die ganze Zeit. Ein chinesischer Journalist im Anzug sprach kein Wort Englisch. Sein einziges Gepäckstück war offenbar ein schwarzer Aktenkoffer.

Wir wurden in Busse verladen und eine Stunde später wieder ausgeladen. Wir checkten aus unseren Hotels aus und checkten eine Stunde später wieder ein. Wir trugen uns in Listen ein, nur um festzustellen, dass es inzwischen neue Listen gab. Wir fuhren zur Grenze und wurden von den kurdischen Grenzposten zurückgewiesen. Zwei amerikanische Journalisten hatten sich in einer Metallkiste unter einer Ladung Kartoffeln über die Grenze schmuggeln lassen, in einem Lastwagen, in dem sonst illegale Einwanderer in die Gegenrichtung transportiert wurden. Andere trafen Vorbereitungen für einen Marsch über die schneebedeckten Berge. Der Gouverneur von Silopi, ein höflicher Beamter mit blauem Anzug und kleiner Brille, glattem schwarzem Haar und Schnurrbärtchen, hätte fast einen Aufstand provoziert, als er erklärte, Journalisten dürften ihre Satellitentelefone nicht mit über die Grenze nehmen. Es kam zu Schlägereien, als einige Journalisten versuchten, andere zu »beruhigen«. Ich selbst schlug schließlich einen Pfeife rauchenden französischen Journalisten in einem schwarzen Polohemd. Ich weiß aber nicht, was mich mehr aufgebracht hatte, seine Hysterie, sein Polohemd oder seine Pfeife. Nicht nachlassender Regen und Graupel hatte die Straßen von Silopi in Matsch verwandelt. Das Einzige, was diesem ganzen Hin und Her eine gewisse Würde verlieh, war die Anwesenheit des Kriegsfotografen Don McCullin, dessen Autobiografie mich zwölf Jahre zuvor inspiriert hatte, in den Irak zu reisen. McCullin, 68 Jahre alt und weitaus berühmter als alle anderen Journalisten, die als Kriegberichterstatter hier waren, war ein unaufgeregter, leiser und bescheidener Mensch. Endlich passierten fünf Busse mit 100 oder mehr Journalisten an Bord im strömenden Eisregen die Grenze und krochen auf verschneiten Straßen die Berge des Nordirak hinauf. Es dauerte 36 Stunden, bis wir am Ziel waren, der Stadt Erbil. Als wir am zweiten Tag während einer Essenspause auf dem schlammigen Vorplatz einer schäbigen Raststätte für Lkw-Fahrer standen, deutete Charlie Sennott, ein altgedienter Reporter des *Boston Globe,* den ich aus London kannte, mit seiner Zigarette auf die Busse. »Willkommen zur Magical Misery Tour«, sagte er. Das war, fand ich, eine schöne Beschreibung unseres Berufs.

Doch obwohl wir alle sehr zufrieden waren, dass wir es tatsächlich in den Irak geschafft hatten, wurde schon bald klar, dass wir am völlig falschen Ort waren. Ein paar Tage nach unserer Ankunft verweigerte nämlich das türkische Parlament den amerikanischen Streitkräften die Erlaubnis, ihr Territorium zu passieren, und machte damit Pläne des Pentagon zum Aufbau einer Nordfront zunichte. Der Krieg, jedenfalls anfangs, würde im Süden des Irak stattfinden, über 1600 Kilometer von unserem Aufenthaltsort entfernt. Diejenigen von uns hier in Kurdistan, die wie ich keine Möglichkeit hatten, den Irak zu verlassen – es sei denn, wie es ein Reporter formulierte, über den »Laura-Bush-Gedenk-Terminal im Flughafen von Bagdad« –, saßen hier fest. »Mein Gott, und ich habe meiner Frau gesagt, ich wäre in drei Wochen wieder zurück«, sagte Charlie.

Ich persönlich, der ich weder Frau noch Kinder hatte, war einfach nur froh, dass ich nicht in einer Pressekonferenz im Hauptquartier der Koalitionstruppen in Qatar, auf einem Schiff im Persischen Golf, in einem Militärlager in Kuwait mit einem Militäraufpasser an der Seite, in Washington oder in London festsaß. Nachdem ich seit fast 15 Jahren das Schicksal der Kurden verfolgt hatte, interessierte es mich außerdem, zu sehen, was jetzt aus ihnen wurde. Und ich brauchte Zeit, um mich zu organisieren. Ich fuhr nach Suleimaniye, suchte mir ein Hotelzimmer und erstellte dann eine Liste mit allem, was ich benötigte: einen Fahrer mit einem guten Auto, einen Übersetzer, sicheren Benzinnachschub, Benzinkanister, Lebensmittelvorräte, einen Wasservorrat, Wassertanks, einen Generator, Verlängerungskabel, wasserdichtes Segeltuch, Decken, ein Heizgerät, mindestens zwei Handys für das lokale Funknetz, Funkgeräte, falls ich welche auftrieb, und einen großen Erste-Hilfe-Kasten. Ich heuerte Diyari als Fahrer an. Er war Anfang zwanzig, grinste spitzbübisch und trug einen Ohrring. Entspannt und angenehm im Umgang, war er zugleich wissbegierig genug, um ein guter Kollege zu sein. Als Übersetzer verpflichtete ich Jazza, einen Studenten, der Arabisch und Kurdisch sprach. Jazza war weder entspannt noch angenehm im Umgang. Nach mehreren Tagen trieb ich für die beiden Schutzwesten und

Helme und zwei nagelneue iranische Militärgasmasken auf. Die Masken waren natürlich ein Witz. Aber auch meine eigene teure Ausrüstung mit Schutzanzug, Maske und Impfstoff half mir nicht zu erkennen, ob chemische oder biologische Kampfstoffe eingesetzt wurden. Dass ein Giftgasangriff stattfand, würden wir erst merken, wenn einer von uns umkippte. Die meisten Journalisten hatten dasselbe Problem. Als ich in Erbil das gemietete Haus eines Fernsehteams aufsuchte, machten sie mich mit ihren beiden Kanarienvögeln bekannt, Diehard (»Zäher Bursche«) Two und Diehard Three. Diehard One hatte eine Woche zuvor sein Leben ausgehaucht; er hatte sich überfressen.

Als ich mit meinen logistischen Vorbereitungen fertig war, saßen wir da und warteten. Irgendjemand hat einmal gesagt, Krieg bestehe zu neun Zehntel aus Langeweile und zu einem Zehntel aus Angst. Für einen Kämpfer mag dies zutreffen. Für einen Journalisten bedeutete Krieg wahrscheinlich weniger Angst, weniger Langeweile und mehr Beun-ruhigung. Charlie und ich taten uns zusammen, nicht aus Gründen der Geselligkeit und Sicherheit, sondern um Kosten zu sparen und damit jeder von uns ein Ersatzfahrzeug und ein zusätzliches Satellitentelefon zur Hand hatte.

Während des Wartens geschahen kuriose Dinge. Es gab ein Fußballspiel zwischen einer irakischen Mannschaft aus Bagdad und einer einheimischen Mannschaft aus Erbil. Erbil gewann mit 2:1, und als das Spiel zu Ende war, stieg die irakische Mannschaft in ihren Bus und fuhr über die Frontlinie in die Hauptstadt zurück. Die kurdischen Zuschauer hatten die ganze Zeit »Scheiß-Türken« skandiert. Als die amerikanischen Bomber mit Luftschlägen gegen Kirkuk und die irakischen Stellungen im Umkreis der Stadt begannen, mieteten wir ein verlassenes Haus in der Stadt Chamchamal. Die Bewohner waren wegen des anhaltenden, Granatenbeschusses der Stadt geflüchtet und hatten alles mitgenommen, bis auf die Steckdosen. Wir schliefen daher in unseren Schlafsäcken auf dem Betonfußboden, die nutzlosen ABC-Schutzanzüge griffbereit neben uns, wir lauschten den amerikanischen Luftangriffen auf Kirkuk, dem sporadischen Mörserfeuer, mit dem die Iraker antworteten, und verfolgten auf meinem Kurzwellenradio die Berichte über den realen Krieg im Süden. Eines Abends tauchten draußen auf der Straße zwei triefnasse irakische Deserteure auf, hochrangige Offiziere, frierend und voller Angst, erschüttert über die Treffsicherheit der Raketen, die nacheinander alle ihre Kommandobunker zerstört hatten. »Wenn sie am Boden gegen uns kämpften, wir wären zur Stelle«, sagten sie. »Aber so können wir nichts ausrichten.« Ich dachte an Ala, meine Übersetzerin im vorigen Sommer, die sich sehnlichst gewünscht hatte, die Amerikaner mögen kommen, und fragte mich, ob sie – und all die anderen Kurden, die mir gegenüber in den vorausgehenden Wochen denselben Wunsch geäußert hatten – ihre Begeisterung für den Krieg nicht noch bereuen würde. Dann traf ich mich mit Wasta Hassan, meinem Kontaktmann beim Geheimdienst, interviewte Mohammed Kassm und kam zu dem Schluss, dass sie es nicht bereuen würden, komme, was da wolle.

Mohammed Kassm, ehemals Folterer beim irakischen Geheimdienst Mukhabarat, war zwei Jahre zuvor von den Kurden gefangen genommen worden. Er war 39 Jahre alt, zwei Meter groß und 100 Kilo schwer; er hatte kleine Augen und feiste Wangen, trug ein ausgewaschenes rotes Sporthemd, eine graue Trainingshose und kaputte Plastiksandalen. Als er aus seiner Zelle herausgeführt wurde und in dem leeren Büro an einem Schreibtisch in der Geheimdienstzentrale Platz nahm, bemerkte ich seine ungewöhnlich großen Hände.

Kassm war mit fünfzehn in die Baath-Partei eingetreten, im selben Jahr, als Saddam Hussein an die Macht kam. »Ich habe von Anfang an daran geglaubt, wie ein Marxist an den Marxismus glaubt oder ein Buddhist an den Buddhismus«, sagte er. »Damals war die Baath-Partei anders als heute. Es gab keine Zwangsmitgliedschaft.«

Mit sechzehn begann Kassm in der Zentrale des Geheimdienstes Mukhabarat in Bagdad zu arbeiten. Mit zwanzig führte er Verhöre durch, fünf Tage die Woche. »Anfangs fiel es mir schwer, dann wurde es immer einfacher. Folter ist wie jede andere Tätigkeit auch. Man gewöhnt sich daran.«

Kassm saß mir gegenüber an dem Schreibtisch im oberen Stock der Geheimdienstzentrale und vermittelte mir nicht den Eindruck, als schämte er sich. Ich konnte ihn mir gut als den Raufbold in der Schule vorstellen, der dem Kleineren das Geld fürs Mittagessen wegnimmt und die Macht genießt, die er aufgrund seiner physischen Statur besitzt. Wenn man ein Folterer war, dachte ich, bleibt man entweder ein Folterer oder man zerbricht daran. Er machte fast den Eindruck, als sei er stolz auf das, was er getan hatte. Er sah nicht aus, als würde er daran zerbrechen.

»Die gesamte Opposition kennt mich. Meine Verhöre sind sehr intensiv«, sagte er und lächelte. »Anerkennen tun sie das allerdings nicht.«

»Wie haben Sie die Menschen gefoltert?«, fragte ich ihn. Er gluckste in sich hinein und lehnte sich zurück, die Hände über dem Bauch gefaltet.

»Es gibt verschiedene Arten. Wir ziehen sie über eine Stange, die Arme auf dem Rücken verschränkt. Wir legen ihnen heiße Gegenstände, zum Beispiel ein Bügeleisen, auf die Haut. Wir verwenden ein Stromkabel – hier, hier und hier«, sagte er und zeigte auf Ohren, Zunge und die Leistengegend.

»Und die Fingernägel?«, fragte ich und dachte an einen Kellner, der mich einen Tag zuvor bedient hatte und dessen Fingerkuppen weiche Hautstummel waren.

Kassm wirkte beleidigt. »Eine veraltete Technik, die wir heute nicht mehr anwenden. Obwohl wir auch ab und zu Zehen oder Finger abgeschnitten oder amputiert haben.«

»Haben Sie auch Kinder verhört?«, fragte ich.

»Manchmal«, sagte er und zuckte die Schultern. »Wir haben jeden gefoltert, Männer, Frauen und Kinder.«

»Wer waren die jüngsten?«

»Neugeborene Babys, würde ich sagen.«

»Sie haben neugeborene Babys gefoltert?«

»Na ja, nicht direkt, aber manchmal haben wir neugeborene Babys geholt und gedroht, sie verhungern zu lassen, um ihre Eltern zum Reden zu bringen. Wir ließen sie eine Weile hungern, um die gewünschte Wirkung zu erzielen, aber wir haben das Kind nicht getötet. Das war eine sehr effektive Technik.«

»Und die älteren Kinder?«

»Fünf-, Sechsjährige haben wir mit einem Kabel geschlagen.«

»Und Vergewaltigungen?«

»Mein Team hat das nicht gemacht, aber wir hatten eine auf Vergewaltigung spezialisierte Einheit.«

»Haben Sie eine Frau?«

»Ich bin zum zweiten Mal verheiratet und habe sieben Kinder.«

»Und nachdem Sie Menschen gefoltert hatten, sind Sie nach Hause zu Ihrer Frau und Ihren Kindern gegangen?«

»Sie sind Journalist, ich bin Vernehmungsbeamter. Man hat mich dafür bezahlt, sogar Überstunden, Prämien, Urlaubsgeld. Es war ein

Beruf.« Und als hätte er gespürt, wie unangemessen seine Antwort war, fügte er hinzu: »Ich habe Befehle ausgeführt. Saddam ist für diese Dinge verantwortlich. Saddam hat uns zu Killern gemacht. Gab es unter Hitler einen einzigen deutschen Soldat, der sich den Befehlen widersetzen konnte?«

»Würden Sie jetzt für Saddam kämpfen, wenn Sie frei wären?«

»Die Leute vom Mukhabarat haben Angst«, sagte er. »Sie haben Blut an den Händen. Sie müssen zu Saddam halten, sonst werden sie von der Bevölkerung umgebracht, die sie hasst.«

Ich fragte Kassm nach seiner Herkunft. Er sei schiitischer Muslim und in einem armen Dorf im Süden des Irak aufgewachsen, zusammen mit sechs Brüdern und drei Schwestern. Sein Vater, ein Bauer, habe selbst Narben gehabt, ein dickes Narbengeflecht an den Schulterblättern aufgrund der Folterung durch die Briten in den zwanziger Jahren. »Sie haben meinen Vater mit Kabeln geschlagen«, sagte er.

Das Vorspiel zu unserem Krieg begann, als Tausende Peschmerga mit Unterstützung amerikanischer Spezialtruppen gegen die Stellungen der radikalislamischen Ansar al-Islam vorrückten. Jener Gruppe hatten der gescheiterte Selbstmordattentäter Didar und andere Militante angehört, die ich im Sommer zuvor in Suleimaniye nördlich von Halabdscha interviewt hatte. Die Gruppe hatte während des Winters und beginnenden Frühjahrs ihre Stellungen bei den verstreuten Bergdörfern unweit der iranischen Grenze ausgebaut, die ihre Basis bildeten. Ansar al-Islam hasste Saddam, war aber auch vehement gegen die Amerikaner und ihre lokalen Verbündeten, und in Anbetracht der strategischen Stellung der Gruppe tief in kurdischem Territorium würde man sie eliminieren, bevor man von Norden her den eigentlichen Vorstoß gegen Bagdad beginnen konnte. Die Zahl der Ansar al-Islam-Kämpfer hatte sich durch einheimische Rekruten erhöht, und es gab einen stetigen Zustrom von Flüchtlingen aus Afghanistan, denen es gelungen war, den Befestigungsring und die Wachposten der Peschmerga auf den Ebenen unterhalb der Stellungen der Militanten zu überwinden. Daher erwartete niemand, dass die Schlacht leicht sein würde. Sie begann Ende März.

Im Laufe der vergangenen Wochen hatten Charlie und ich regelmäßig die Frontlinien unterhalb der Stellungen von Ansar al-Islam aufgesucht, und dank unserer hierbei geknüpften Kontakte war es uns gelungen, den kurdischen Funktionären auszuweichen, die Journalisten von den Gefechten fernzuhalten suchten. Vom Haus eines Milizkommandeurs in der Ebene unterhalb des Hauptquartiers der Militanten aus verfolgten wir die letzten Stunden der Schlacht. Das Gefecht glich einem Tora Bora im Kleinen: Die Militanten hatten sich oben in den Bergen verschanzt, und die Spezialtruppen und ihre kurdischen Verbündeten stießen von der Ebene aus gegen sie vor. Die Bomben und Leuchtspurgeschosse, abgefeuert von den verbliebenen Widerstandsnestern, ließen den violetten Abendhimmel orangerot aufleuchten. Als wir uns schließlich schlafen legten, gab es nur noch eine einzige Stellung auf einer Felsspitze, die zum Ziel der Bomben und Granaten werden konnte. Am nächsten Morgen war auch der letzte Widerstand gebrochen, und Charlie und ich fuhren los, um das ehemalige Kampfgebiet zu besichtigen. In Decken gehüllt, schliefen Peschmerga an Bruchsteinmauern gelehnt, die Gewehre Mündung an Mündung zusammengestellt. Kleine Pyramiden. Auf den glühenden Holzscheiten niedriger Feuer standen rußgeschwärzte Wasserkessel. Am Straßenrand lag der tote Körper eines jungen Mannes, angeblich ein von den Militanten erschossener Spion, einen Arm in Leichenstarre himmelwärts gereckt, neben ihm am Boden kniend seine Mutter. Im Schutt des Hauptquartiers der Ansar al-Islam entdeckte ich dieselben Handbücher wie in den al-Qaida-Camps in Afghanistan, ein ausgesprochen primitives chemisches Labor, Miniaturkalender mit Fotos der Ansar al-Islam-Führer sowie den Brief eines kurdischen Selbstmordattentäters namens Abdul Ghani, der vom Märtyrertod schwärmte und seine Eltern bat, die 100 Dinar, die er einem Ladenbesitzer namens Bilal schuldete, mit dem Geld zu bezahlen, das er bei Onkel Ferraj hinterlassen hatte. Die Einheimischen störten sich nicht an dem riesigen Loch, das eine amerikanische Rakete in ihre Moschee gerissen hatte. »Die Extremisten sind weg, allein darauf kommt es an«, sagte mir ein alter Mann. Die Kurden behaupteten zwar, die meisten der 600 Militanten der Enklave getötet zu haben – viele von ihnen ausländische Kämpfer, die vor dem amerikanischen Feldzug in Afghanistan geflohen waren –, aber es gab sehr wenige Leichen. Hunderte lägen weiter oben in den Höhlen, sagte man uns; wahrscheinlicher allerdings war, dass die große Mehrheit der Militanten entkommen war, entweder in den Iran, dessen staatliche Behörden weder Freunde der Kurden noch der Amerikaner waren, oder durch die Linien der Peschmerga.

Die Vernichtung beziehungsweise Zerstreuung der Ansar-Kämpfer markierte das Ende unseres Sitzkriegs. Das war auch gut so, denn wir alle waren inzwischen gereizt und klaustrophobisch. »Jeder von uns hat hin und wieder einen schlechten Krieg«, meinte McCullin. Ein schwacher Trost, während wir die Panzerschlachten im Südirak im Fernsehen verfolgten und die preisgekrönten Berichte anderer Journalisten lasen. Eine Woche lang flackerten an der nördlichen Frontlinie immer wieder heftige Scharmützel auf, die erloschen wie Brände in einem feuchten Wald. Im Süden rückten die amerikanischen Truppen auf Bagdad vor, und nachdem die Ansar zerschlagen waren, verstärkten die Kurden ihren Druck auf die irakischen Linien. Während dieser chaotischen, verworrenen Zeit wurden im Nordirak mehrere Journalisten getötet oder verwundet, und ich geriet bei der Brücke in Khazer unter Granatenbeschuss. Es war unverkennbar, dass der reale Krieg jeden Tag ein Stück näher rückte. Abends saßen die Reporter im Garten des Hotels, tauschten die Geschichten des Tages aus und verstummten, wenn entfernte Bombenschläge die Gläser auf den Tischen zum Klirren brachten. Dann fiel Bagdad, und alles ging sehr schnell.

Die Nachricht, die Hauptstadt sei in amerikanischer Hand, erreichte den Norden am Abend des 9. April. Ich verbrachte die Nacht in einer Stellung der Peschmerga nahe der Frontlinie südlich von Erbil. Am nächsten Morgen war klar, dass die Iraker sich entweder zurückgezogen hatten oder ihre gesamte nördliche Kampflinie zusammengebrochen war. Diyari und ich fuhren in die Stadt Machmur, 50 Kilometer hinter der noch zwölf Stunden vorher existierenden Frontlinie. Die lokale Zentrale der Baath-Partei stand in Flammen, und zwischen triumphierenden Peschmerga saß ein Dutzend deprimierter irakischer Soldaten. Ein Lehrer, Kopf einer Gruppe von Widerständlern im Untergrund, umarmte mich, weinte vor Rührung und bekundete Dank und Freude über seine »Befreiung«. Ein Beamter der Baath-Partei nahm mich zur Seite und sagte mir, nicht alle, die der Organisation angehört hätten, seien »schlecht«. Er fragte mich, ob ich glaube, dass die Amerikaner die Mitglieder der Baath-Partei ins Gefängnis stecken würden. Es war unklar, ob die Bevölkerung der Stadt randalierte oder feierte oder beides. In weniger als einer Stunde hatte ich – aufgeregt, wie ich war, und angesteckt von der Aufregung meiner Interview-Partner – ein ganzes Notizheft vollgeschrieben. Als wir hörten, dass »in Kirkuk etwas los« sei, fuhren

Diyari und ich auf schmalen, schnurgeraden Straßen durch offenes Grasland in Richtung Osten. Nirgendwo Verkehr; als wir ein Stück nordwärts fuhren, um den Kämpfen im Süden auszuweichen, passierten wir zügig gespenstisch verlassene Dörfer und Ölfelder. Zuerst begegneten wir niemandem, dann tauchten am Straßenrand, gut 30 Kilometer vor Kirkuk, kleine Gruppen von Männern auf, bizarrerweise alle in Unterwäsche. Bald begegneten wir größeren Gruppen, auch sie nur in weiten, schmutzig weißen, kurzen oder langen Unterhosen und Unterhemden beziehungsweise T-Shirts. Einige winkten uns zu und lächelten, andere machten ein finsteres Gesicht, und wir erkannten, dass es irakische Soldaten waren, die ihre Uniform ausgezogen, ihre Waffen weggeworfen hatten und vor den Kämpfen wegliefen. Wir waren, so schien es, auf die irakische Seite der Front geraten. Ein paar Kilometer weiter ein breiter Strom von Männern, die auf der Straße entlang zu Fuß unterwegs waren, und obwohl die meisten ebenfalls keine vollständige Uniform trugen, hatten viele doch wenigstens die staubbraune Hose oder das Hemd ihrer Soldatenkluft an. Noch ein paar Kilometer weiter begegneten wir noch mehr Männern, jetzt in regulärer Uniform, und schließlich einem Haufen Männern in Khaki, allesamt unbewaffnet. Diyari sah mich mit vor Erstaunen riesengroßen Augen an. Wir passierten ganze Kolonnen von Panzern, Mannschaftstransportwagen und Lkws, die man, noch völlig intakt, einfach am Straßenrand oder im hohen Gras auf den Hügeln im Umkreis stehen gelassen hatte. Die wüstenbraune Bemalung der Fahrzeuge passte so gar nicht zu der grünen Landschaft. Je näher wir den Außenbezirken von Kirkuk kamen, desto häufiger begegneten wir Soldaten, die nicht nur ihre Uniformen trugen, sondern auch ihre Waffen. Als Diyari hupte, um uns Platz zu schaffen, legten sie ihre Gewehre auf den Boden und hoben die Arme, so dass eine Art Korridor entstand, durch den wir fuhren. Dann endlich waren wir in Kirkuk. Von Suleimaniye und Erbil kommend, wälzte sich ein ganzer Zug Pritschenwagen voller Peschmerga durch die Hauptstraße, Menschenmassen rissen Saddam-Statuen nieder oder verbrannten die Bilder mit seinem Konterfei. Auf den Straßen die Leichen irakischer Offiziere, deren Gehirnmasse überall verspritzt war. In der Luft das Geballere von Freudenschüssen aus automatischen Waffen und der beißende Qualm brennender Behörden, die Straßen übersät mit Stößen von Papier, wahrscheinlich amtliche Dokumente. Auf der von Norden kommenden

Straße verursachten Plünderer einen Verkehrsstau; Autodiebe waren mit Gewehren bewaffnet unterwegs; in der riesigen Pepsi-Fabrik am Stadtrand luden Halbwüchsige Flaschen auf Schubkarren. Und dann das billige Hotel in der Nähe des großen Platzes, in dem Charlie und ein paar andere Journalisten sich einquartiert hatten und auf einem Campingkocher am Fußboden Kaffee kochten.

Mossul fiel am Tag darauf, auf ganz ähnliche Weise. Und auch hier dieselben Szenen. Am Samstag versuchten wir von Kirkuk in Saddams Heimatstadt Tikrit zu gelangen, nur 130 Kilometer von Bagdad entfernt, aber bewaffnete Banden von Plünderern blockierten die Straße. Ein französisches Fernsehteam hatte versucht durchzukommen und war erschossen worden. Leute von CNN ebenso. Ich nahm eine Nebenstraße, doch als ich am Straßenrand mehrere Leichen liegen sah, kehrte ich um. Ich diktierte meinen Bericht für den *Observer* über Satellitentelefon, den Computer auf der Motorhaube. Die Datumszeile lautete: »Jason Burke, vor Tikrit«. Ein Kollege rief mich aus dem Pressezentrum der Koalitionstruppen in Doha, Qatar, an und meinte nicht zu Unrecht: »Wir stehen alle vor Tikrit, Kumpel.«

Am nächsten Morgen fuhren wir los, auf einer schmalen Straße voller Schlaglöcher, die auf einem leicht erhöhten Damm mitten durch die Ölfelder am Rande von Kirkuk und dann durch die rostfarbene, flache Wüste des nördlichen Zentralirak führte. Wir passierten ausgedehnte Flächen mit hohem Gras und Bäumen, wo es Wasser gab, und manchmal rechteckige Felder neben niedrigen Bauernhöfen mit flachen Dächern; daneben standen altersschwache Traktoren inmitten von Ölpfützen. Ab und zu kamen wir durch ein kleines Dorf mit verwahrlosten Häusern und vergitterten Geschäften. Die Fahrt verlief ohne Zwischenfälle. Wir passierten den östlichen Teil Tikrits, wo ein Getreidespeicher in Flammen stand, nahmen eine schwer beschädigte Brücke über den Tigris und waren schließlich im Stadtzentrum. Beiderseits der Hauptstraße lagen die riesigen, ummauerten Komplexe von Saddams Palästen, und unterhalb der Zinnen und Porträts des Diktators standen ganze Kolonnen amerikanischer Panzer. Nach einem kurzen Feuergefecht mit einer Einheit der US Marines war die Stadt etwa 24 Stunden vorher gefallen. Die Soldaten waren von Kuwait aus pausenlos auf dem Vormarsch gewesen; jetzt waren sie zum Stillstand gekommen und schienen unschlüssig, was als Nächstes zu tun war. Saddams Heimatstadt, wo viele einen letzten verzweifelten Verteidigungskampf erwartet hatten, war fast ohne Widerstand gefallen, und es gab nirgends mehr einen Ort, der einzunehmen war. Die Panzer und Schützenpanzer standen mit laufendem Motor, Soldaten saßen oder standen daneben, wuschen Kleider, liehen sich von den Journalisten Satellitentelefone, um nach Wochen erstmals zu Hause anzurufen, und rauchten. Es herrschte fast so etwas wie Ernüchterung. Der Krieg, das schien jedermann klar, war vorüber.

Ich durchstreifte zu Fuß die leeren Straßen. Im Norden der Stadt begegnete ich einem Zug von Marines, die in das mit Trümmern übersäte Areal der ehemaligen Geheimdienstzentrale Mukhabarat ausschwärmten. Sie wurden angeführt von Specialist Hemming aus Milwaukee, der mir erklärte, sie versuchten, »Kontakt aufzunehmen«. Das bedeutete so viel wie jemanden suchen, »den man erschießen konnte«, wie er mir erklärte. Offenbar hatte es Berichte über einen Heckenschützen hier in der Nähe gegeben.

Der Zug bewegte sich zwischen verbogenen Stahlträgern und zerborstenem Beton. Hinter 60 Tonnen schweren Wandbrocken, die von den massiven Luftangriffen wie Würfel durcheinandergeschleudert worden waren, gaben die Soldaten ihre Position durch und deckten einander aufmerksam, geräuschlos und systematisch. Ich ging hinter ihnen her, stolperte über Stacheldraht, machte zu viel Krach und entschuldigte mich dann auch noch laut. Hemming und seine Männer hatten einen Monat lang pausenlos gekämpft; sie waren verdreckt und staubig, ihre Uniformen hingen nur so an ihnen herunter, formlos vom wochenlangen Tragen, wie alte, zähledrige Hautwülste.

Nach fast zwei Monaten, die ich unter den kurdischen Kämpfern im Nordirak verbracht hatte, war das hier etwas Unvertrautes. Wie in Afghanistan ein Jahr zuvor löste der Anblick der amerikanischen Soldaten aber eindringliche Erinnerungen in mir aus, fast wie Bilder eines Kinofilms. Die Männer bewegten sich durch eine graue Stadtlandschaft unter einem trüben, niedrigen Wolkenhimmel, in dem dicke Schwaden von öligem Rauch hingen. Amerikanische Helikopter kreisten langsam über den zerstörten Gebäuden, ich hörte das entfernte Kettenschleifen und Rumoren von Panzern. Zerbrochenes Glas, Draht und gesprungener Beton knirschten unter meinen Füßen. Das alles kam mir ungeheuer bekannt vor, und dann, nach Augenblicken der Verwirrung, wusste ich plötzlich, warum: Ich war wieder mitten in *Full Metal Jacket*, dem Film über den Vietnamkrieg, den ich ein Jahr zuvor auf dem Luftwaffenstützpunkt Bagram so oft gesehen hatte. Im zweiten Teil des Films schwärmen amerikanische Marines aus, um in den Trümmern der Stadt Hue einen Heckenschützen aufzuspüren. Sie bewegen sich durch das zerbombte Gelände zwischen bleichem Schutt und Geröll, unter einem Himmel, grau wie Zigarettenasche. Ich wusste, diese Assoziation war lächerlich, vollkommen unprofessionell und womöglich sogar gefährlich, aber das half mir nichts. Über uns, genau wie im Film, arbeiteten sich Huey-Helikopter durch dichte Rauchschwaden. Als ich mir klarmachte, dass jeden Moment ein Heckenschütze das Feuer eröffnen konnte, dachte ich auch schon an die nächste Szene im Film. Ich sagte mir, dass die Baath-Partei keine weiblichen Heckenschützen hatte wie der Vietkong im Film, aber das half nicht viel. Die ganze Sache kam mir langsam wirklich lächerlich vor. Wenn die Marines gewusst hätten, was mir durch den Kopf ging, hätten sie mich ausgelacht. Wir machten Halt und gaben hinter einer langen niedrigen Mauer unsere Position durch. Hemmings Funkgerät knisterte. Einige Marines saßen mit dem Rücken zur Wand, die Gewehre zwischen den Knien, die Helme zurückgeschoben, und zündeten sich eine Zigarette an. Andere inspizierten die Trümmer vor sich durch das Visier ihres Gewehrs. Hemming rief dem 19-jährigen Vroman aus New York und dem 21-jährigen Norr aus Michigan zu, in Stellung zu bleiben. Dann drehte er sich zu mir um und fragte: »Haben Sie den Film *Full Metal Jacket* gesehen?«

Ich ging zum Auto zurück, dann warteten wir in einer Schlange zusammen mit anderen Journalisten, bis die Amerikaner die Straße von Minen geräumt hatten. Ich nahm die unerwartete und willkommene Einladung eines Fotografen an, einen kleinen Joint mit ihm zu rauchen. Ein Schlusspunkt schien erreicht; ich erwartete fast, am Himmel den Schriftzug *The End* zu sehen.

Tikrit war tatsächlich das Ende, jedenfalls für mich. Ich blieb noch eine Woche und berichtete über die Gewalt in und um Kirkuk, wo die Kurden versuchten, die Araber von den Landparzellen und aus den Häusern zu vertreiben, die in manchen Fällen wirklich ihr Eigentum waren. Ich schrieb auch über die Bedeutung der religiosen Einrichtungen für die Aufrechterhaltung von Recht und Ordnung in den Städten. In Mossul wurde den Plünderungen durch einen Aufruf der Moscheen ein Ende gesetzt. Ein zweiter Aufruf führte dazu, dass ein Großteil der in den vorausgegangenen Tagen gestohlenen Güter an die rechtmäßigen Eigentümer zurückgegeben wurde. In Kirkuk, unweit der Stelle, wo die größte Saddam-Statue wie ein gefällter Baum lag, tauchten Graffiti mit dem alten Slogan »Der Islam ist die Lösung« auf.

12 Das Debakel

Kaum zwei Monate später war ich wieder im Irak, diesmal von Jordanien aus auf der schnellen schnurgeraden Straße durch die westliche Wüste. Bagdad war eine fiebrige, erschöpfte Stadt, mit einer Bevölkerung voll nervöser Energie, Hoffnung und Angst. Es war Juni, und die Stadt schmorte in der Gluthitze eines irakischen Sommers. Es gab nur selten Strom, und obwohl die Vororte der Reichen und die größeren Hotels über Generatoren verfügten, schwitzte man so gut wie überall. Die Plünderungen der ersten Tage nach dem Sturz des Regimes, bei denen fast alle Regierungsgebäude bis auf das Ölministerium vollkommen ausgeraubt worden waren, hatten längst aufgehört. Jetzt patrouillierten amerikanische Soldaten durch die Straßen und sorgten willkürlich für Recht und Ordnung.

Aber es gab keine Sicherheit. Nirgends. Der Strom konnte jederzeit ausfallen, niemand wusste, für wie lange. Mobile Kontrollposten konnten eine bis dahin ungehindert passierbare Straße in eine Sackgasse verwandeln, in der sich auf drei Kilometer Länge der Verkehr staute. Funktionierende Telefone und Fernsehapparate konnten urplötzlich nur noch ein monotones atmosphärisches Rauschen von sich geben. Behörden änderten über Nacht ihre Zweckbestimmung, neu eröffnete Polizeistationen waren einen Tag später schon wieder geschlossen, Kliniken und Krankenhäuser horteten wahllos Medikamente in scheinbar willkürlichen Mengen. Einen Tag lang gab es genügend Benzin, der nächste war ein einziger Aufruhr, weil nichts aus den Pumpen kam. Auf den Märkten gab es heute Unmengen von Melonen, aber kein Kochgas, und morgen Kochgas, aber keine Melonen. Am unsichersten war die politische Lage. Ein hochrangiger pensionierter amerikanischer Militäroffizier, der de facto zum Generalgouverneur ernannt worden war, hatte soeben für den ehemaligen Unternehmer L. Paul Bremer III seinen Platz geräumt, doch keiner wusste, wer wofür zuständig war und aufgrund welcher gesetzlichen Vollmacht. Versuche, die Dinge vernünftig zu regeln, machten alles nur noch schlimmer. Die Stadt und das ganze Land befanden sich in einem merkwürdigen Schwebezustand. Man hatte das seltsame Gefühl einer Zäsur, einer Pause, als würde man tief Luft holen, um sich blicken und versuchen, sich auf die neue Situation einen Reim zu machen. War Tikrit ein Schlusspunkt, so war Bagdad im Sommer 2003 ein Gedankenstrich.

Die Journalisten, die durch ihre Dollars und den Hotelkomfort gegen die schlimmsten Unsicherheiten und physischen Unannehmlichkeiten gewappnet waren, empfanden Bagdad durchaus nicht als einen unwirtlichen Ort. Wir waren in Scharen gekommen, zusammengedrängt im Hotel Palestine in der Sadoun Street am Tigrisufer oder im al-Hamra im reichen, relativ grünen Vorort Qarada. Letzteres hatte den großen Vorzug eines Swimmingpools, dessen Existenz wir vor unseren Büros einmütig geheim hielten und in dem es einen verlässlichen Nachschub an kaltem Amstel-Bier gab. Das Gefühl der unmittelbaren Bedrohung war gering. Wir konnten fahren, wohin wir wollten, und reden, mit wem wir wollten. Während wir schweißgebadet im Verkehr steckten, konnten wir sogar den wiederauferstandenen Radiosender Baghdad FM hören, der Hits von 1985 spielte, dem letzten Jahr, in dem der Sender die Möglichkeit hatte, westliche Schallplatten einzukaufen. Und abends konnten wir zusammen mit zahllosen anderen Bagdadern am Fluss spazieren gehen, vorbei an den kürzlich wiedereröffneten Grillfischrestaurants in der Abu Nawas Street, die nach dem berühmten Lyriker, Dramatiker und Bonvivant des 8. Jahrhunderts benannt ist, oder eine der zahlreichen Partys besuchen, die der eine oder andere Fernsehsender veranstaltete. Wir konnten uns betrinken und die von nervösen amerikanischen Wachposten abgefeuerte Leuchtmunition beobachten. Einige dieser Partys, etwa die mit dem Nackt-Tischtennistournier, blieben als Orgien in denkwürdiger Erinnerung.

Im Rückblick gesehen, waren freilich die Wachposten, die stets den Finger am Abzug hatten, nicht die einzigen Vorboten kommenden Unheils. Wenn ich die Grüne Zone betrat, den stark befestigten, sicheren Bereich im Stadtzentrum, von dem aus die nagelneue Übergangsverwaltung (Coalition Provisional Authority, CPA) versuchte, den Irak zu regieren, erschrak ich darüber, wie hermetisch sie vom Rest des Landes abgeschottet war. Ich aß mit einer Pressebeauftragten in einer riesigen Kantine zu Mittag, und während sie mir von all dem Fortschritt erzählte, der sich im ganzen Land vollziehe, suchte ich vergeblich nach einem einzigen Iraker an den Tischen ringsum. Am folgenden Tag gelang es mir endlich, auf einem staubigen Gelände am westlichen Stadtrand in Richtung Flughafen die Männer ausfindig zu machen, die für die Straßenbeleuchtung Bagdads verantwortlich waren – nur um festzustellen, dass sie keine Fahrzeuge hatten, keine Glühbirnen für die Lampen und keine Möglichkeit, irgendwoher Strom zu bekommen, selbst wenn die Straßenlaternen funktioniert hätten. Die Situation in den städtischen Wasserwerken war noch schlimmer. Die Leichenhalle Bagdads war gefüllt mit Opfern der immer mehr um sich greifenden Kriminalität; ein Beamter sprach mir gegenüber von »Kinderkrankheiten«. Und es gab Anzeichen für eine beginnende politische Mobilisierung. In den riesigen, in verzweifelter Armut lebenden schiitischen Wohnvierteln am nordöstlichen Stadtrand hatten nicht die Amerikaner oder Mitglieder der Koalitionstruppen das Sagen, sondern eine militante schiitische Gruppierung, die Muqtada al-Sadr gehorchte, dem jungen und unberechenbaren Sohn eines bekannten Geistlichen, der von Saddam getötet worden war. In den Wirren nach dem Sturz des Baath-Regimes waren es die Geistlichen, die über die etwa eine Million arme Bewohner der mit Abwässern und Müll verstopften Vorortstraßen bestimmten. Und diese Geistlichen waren immer noch an der Macht; sie hatten das Viertel Saddam City in Sadr City umbenannt. In der von den Sunniten dominierten Stadt Falludscha, 50 Kilometer westlich von Bagdad, äußerten die Menschen ganz offen den Wunsch, die Amerikaner und die Juden zu töten, die ihr Land überfallen hätten, und beteuerten, wie froh sie wären, dass ihr Stromkraftwerk kürzlich von unbekannten Kämpfern in die Luft gesprengt worden war.

Ich hatte eine lange Glückssträhne, denn trotz der zahlreichen im Irak getöteten oder verwundeten Journalisten kam niemand zu Schaden, mit dem mich mehr als nur eine flüchtige Bekanntschaft verband. Doch dann starb Richard Wild, ein junger, begabter und sympathischer Reporter, der im Zentrum von Bagdad bei einer offensichtlich rein willkürlichen Attacke einen Kopfschuss erlitt. Richard hatte mich einen Monat vor seinem Tod in London kontaktiert und mich um Rat gefragt, ob er in den Irak gehen solle, »um sich als Auslandskorrespondent einen Namen zu machen«. Ich hatte versucht, ihn davon abzubringen, und ihm erklärt, es gebe bessere und weniger gefährliche Möglichkeiten, im Journalismus Fuß zu fassen, was angesichts meiner eigenen Erlebnisse bei den Peschmerga wohl ziemlich heuchlerisch war. Doch als er dann voll Charme und Begeisterung im Hotel al-Hamra auftauchte, tat ich mein Bestes, um ihm behilflich zu sein. Einen Tag, bevor er getötet wurde, übergab er mir einen Brief an seine Eltern.

Doch trotz Richards Tod, trotz der Unruhen in der sunnitischen Provinz westlich von Bagdad, trotz der wachsenden Macht Muqtada al-Sadrs war die Lage schwer einzuschätzen. Jedes Negative wurde durch Positives ausgeglichen. Als ich in einer Kleinstadt im Zentrum des Landes über den Tod von sechs britischen Soldaten bei einem kleinen Aufstand einen Tag zuvor berichtete, wurde ich von den Bewohnern freundlich begrüßt, ich schrieb meine Geschichte sogar in einem Teehaus, 100 Meter vom Schauplatz der Kämpfe entfernt. Für jedes Dutzend Iraker, die beim Interview finster etwas von Widerstand und Erhebung murmelten, gab es zwei oder drei Dutzend, die nichts dergleichen sagten. Wenn man die Leute fragte, ob sie einen Abzug der Amerikaner wünschten, bejahten fast alle. Wenn man fragte, ob sie den sofortigen Abzug befürworteten, verneinten fast alle. Es war offenkundig, dass nur ein Bruchteil der Bevölkerung Widerstand ganz allgemein guthieß, und noch weniger befürworteten den gewaltsamen Widerstand. Nachdem ich Ende Juli Bagdad verlassen hatte, schrieb ich, dass es immer noch viele Gründe gebe, die Situation im Irak optimistisch zu beurteilen, dass es aber schwer wiegende Folgen hätte, wenn bis Mitte Herbst nicht ein gewisses Niveau des sozialen, politischen und wirtschaftlichen Fortschritts erreicht sei. Was aber das genau für Folgen waren, wusste ich nicht.

Sieben Monate später war es mir klar. Nachdem in Falludscha vier Mitglieder eines privaten Sicherheitsdienstes gelyncht worden waren, versuchte das amerikanische Militär, in die Stadt einzudringen, mit der Konsequenz, dass es in weiten Teilen des »sunnitischen Dreiecks«, der von Sunniten dominierten Stammesgebiete westlich von Bagdad, zu Aufständen kam. Gleichzeitig versuchte die Übergangsverwaltung, gegen Muqtada al-Sadr vorzugehen, und beschuldigte ihn, wohl zu Recht, des Mordes an einem wichtigen gemäßigten Geistlichen ein Jahr zuvor. Al-Sadr rief die Miliz zu Hilfe, die er in den vergangenen sieben Monaten aufgebaut hatte, und zwang so die Koalitionstruppen und die moderaten Geistlichen, die ihm feindselig gegenüberstanden, ihm praktisch die Kontrolle über Sadr City sowie Nadschaf und Kerbela, die beiden großen heiligen Städte der Schiiten, zu überlassen.

Eine unmittelbare Folge des Aufstands war, dass die von den Amerikanern geführten Koalitionstruppen, 150 000 Mann stark, die Kontrolle über die Straßen verloren. Bagdad selbst war abgeschnitten und nur noch aus der Luft zugänglich. Als ich aus London nach Bagdad zurückkehrte, um über die Eskalation der Gewalt zu berichten, war die Straße von Jordanien her unpassierbar. Und so saß ich in Reihe 18 einer bunt angestrichenen, relativ neuen 70-sitzigen Fokker, bekam von einer höflichen südafrikanischen Stewardess in unpassender Uniform Kaffee serviert und lauschte dem Kapitän, der uns darüber informierte, dass die Temperatur in Bagdad »angenehme 34 Grad« betrug.

Das Flugzeug stammte von der privaten Fluggesellschaft Air Quarius, die als einzige zivile Flüge in den Irak durchführte. An Bord eines dieser Flugzeuge gelangte man auf eine surreale Art und Weise in die Stadt. Die Landung vollzog sich in steilen schraubenartigen Windungen nach unten, um potenziellen Raketenangriffen auszuweichen, und die zahlreichen stiernackigen, kahl geschorenen Männer unter den Passagieren vermittelten eine Ahnung davon, dass der Bestimmungsort dieses Fluges durchaus außergewöhnlich war. Im April 2003 herrschte an Bord eine Stimmung wie bei einem Begräbnis; nicht nur weil man wusste, dass das Land auf einen Aufstand zusteuerte, sondern weil die Gewalt eine neue Gefahr mit sich gebracht hatte: die Gefahr, gekidnappt zu werden. Eine Woche zuvor waren rund 20 Mitarbeiter von Hilfsorganisationen, Journalisten und Mitarbeiter privater Unternehmen entführt worden. Die meisten waren nach einer zwar qualvollen, aber relativ kurzen Zeit wieder freigelassen worden; andere, vor allem die Wachleute von Sicherheitsdiensten, wurden weiterhin festgehalten. Ich hoffte, dass ein alberner breitkrempiger weißer Sonnenhut, ein buntes T-Shirt und Jeans jede Verwechslung verhindern würden, und war alles andere als erfreut, als ich beim Verlassen des Flughafens von einem Mann, mächtig wie ein Bär, in schusssicherer Weste, mit automatischer Waffe über der Schulter und einer Pistole an der Hüfte, in Empfang genommen wurde. Er arbeitete unverkennbar für einen der großen Sicherheitsdienste und begrüßte neu ankommende Kollegen. »Hi«, sagte er im breiten Akzent des amerikanischen Mittleren Westens. »Sie müssen Daryl sein. Willkommen an Bord, willkommen in Bagdad.«

Doch trotz der ausgebrannten Fahrzeuge auf der Straße vom Flughafen, trotz des neuen Schriftzugs »Gott erbarme Dich. Islam bedeutet

Frieden. Wir wollen Hoffnung. Wir wollen Frieden« auf einer Brücke und trotz der viel öfter ins Auge fallenden zerstörten Mauern und Stacheldrahtabsperrungen schien sich Bagdad nicht groß verändert zu haben. Wie stets bei meiner Ankunft in dieser Stadt hatte ich auch diesmal das starke Gefühl, die überwältigende Mehrheit der Menschen, die große schweigende Mehrheit, versuche einfach nur, ihr Leben weiterzuführen. Man bemühte sich, über die Runden zu kommen, ein Essen auf den Tisch zu stellen, sich Benzin für einen Generator zu besorgen, eine Stromquelle zu finden oder einfach nur genügend Selbstvertrauen zu mobilisieren, um sich ohne Angst auf den Straßen zu bewegen. Es wimmelte von klapprigen orangefarbenen und weißen *brasili*-Taxis und von Straßenhändlern, und obwohl einige Geschäfte ihre Gitter heruntergelassen hatten, waren viele geöffnet und gut besucht. Doch Kleinigkeiten verrieten größere Probleme. Ein Großteil des Hotelpersonals wohnte am anderen Ende der Stadt und war nicht bereit, täglich den gefährlichen Weg zur Arbeit zurückzulegen. »Das erste Kriegsopfer ist der Zimmerservice«, meinte an jenem Abend beim Essen naserümpfend ein Kollege.

Die Fragen, die wir uns alle stellten, lauteten: Wie hatte es dazu kommen können? Welche Gründe genau hatten zu einem derart schnellen und offenbar breiten bewaffneten Aufstand im Irak geführt? Die Antworten waren alles andere als einfach.

Einige der Gründe für diese Gewalt waren offenkundig. Die Übergangsverwaltung im Irak und die politische Führung in Washington hatten entscheidende Fehler begangen und damit eine ohnehin schwierige Aufgabe noch schwerer gemacht. Unmittelbar nach dem Fall Bagdads hatte die Ohnmacht der amerikanischen Soldaten, den Plünderungen in Bagdad ein Ende zu setzen, viele schockiert. Mehrere radikale Entscheidungen – die völlige Entwaffnung der irakischen Armee und die aggressive Bemühung, alle hochrangigen und viele mittlere Funktionäre der Baath-Partei aus der Übergangsverwaltung auszuschließen – hatten ein ganzes Heer arbeitsloser, gedemütigter und wütender Männer geschaffen, von denen ein Großteil der sunnitisch-muslimischen Minderheit des Landes angehörte. Hatten die Geheimdienste schon zuvor gravierende Fehler begangen, die zu der Schlussfolgerung führten, Saddam besitze Massenvernichtungswaffen, so versagten sie auch jetzt in der realistischen Beurteilung dessen, was der Irak nach Saddams Sturz am dringendsten benötigte. Daher vollzog sich der Wiederaufbau des Landes so erschreckend langsam. Die zunehmende Verschlechterung der Sicherheitslage bremste diesen Prozess noch weiter, was wiederum Ressentiments schürte und den Aufständischen weitere Rekruten zuführte. Die Arbeit der Übergangsverwaltung wurde nicht zuletzt durch die arabischsprachigen lokalen Medien erschwert, die zwar der offiziellen Version der Ereignisse oft durchaus zweckdienlich widersprachen, aber zuließen, dass die eigene entschiedene Opposition gegen den Krieg die vielfach sensationslüsterne und dennoch weithin für wahr gehaltene Berichterstattung prägte.

Ich traf mich mit Hoshyar Zubari, der im Herbst des Vorjahres zum Außenminister des irakischen Regierungsrats ernannt worden war, um in Abstimmung mit den Behörden der Koalition und im Zuge eines bizarren, byzantinisch anmutenden, quasi-demokratischen Prozesses das Land zu regieren. Ich hatte ihn kennen gelernt, als er noch der Sprecher der Kurdischen Demokratischen Partei in London gewesen war – ein sehr freundlicher, intelligenter Mensch, der mit seinen Ansichten nicht hinter dem Berg hielt. Er saß in seinem Büro in dem erst kürzlich eingerichteten, immer noch recht bescheiden ausgestatteten Ministerium im Zentrum Bagdads. Hoshyar zählte eine Reihe von Gründen für die aktuelle Krise auf. Als Erstes nannte er, wie man sich hätte denken können, die Einmischung ausländischer Mächte in den Irak. Er hütete sich zwar, Namen zu nennen, aber ich wusste, dass er die Iraner meinte, die angeblich al-Sadr unterstützten und berieten, und die Syrer, die, wie es hieß, den Transfer von Waffen, Männern und Geld an die Sunniten im Westen ermöglichten.

»Betrachtet man die Region im Ganzen, muss man feststellen, dass es Leute gibt, die bestrebt sind, uns das Leben zur Hölle zu machen, wenn nicht sogar, die Koalition niederzuschlagen«, sagte Hoshyar. Ein weiterer Faktor sei »die Langsamkeit der politischen Entwicklung, die ständigen Veränderungen und Rückschläge«, die auf Kosten der Motivation und Antriebskraft gingen und zu einem Glaubwürdigkeitsverlust der neuen irakischen Führung in breiten Bevölkerungsschichten geführt hätten. Und dann sagte er noch etwas, das mich hellhörig machte. Viele Probleme, meinte er, lägen im »ideologischen Denken« Amerikas und seiner Verbündeten begründet. Die Übertragung »eurer Standards« und »eurer Vorstellungen« auf komplizierte, von Gewalt geprägte Verhältnisse hielt er für einen schweren Fehler.

Mir war bereits aufgefallen, dass viele von denen, die in den Irak gekommen waren, um hier Regierungsaufgaben zu übernehmen, das Land und den Islam kaum kannten und sich für die Denkweise, die Sitten, Gebräuche und Gefühle der Bewohner kaum interessierten. Ich hatte ein bemerkenswertes Gespräch mit einem solchen Funktionär geführt, der für eine kurze Zeit aus Washington hierhergekommen war und offenbar ernsthaft glaubte, die radikale und sofortige Privatisierung aller irakischen Staatsbetriebe würde das Land voranbringen. Andere gingen davon aus, dass das, was in anderen Ländern – beispielsweise in Japan und in Deutschland nach dem Zweiten Weltkrieg oder im Kosovo und in Afghanistan in jüngerer Zeit – funktioniert habe, einfach auf den Irak übertragbar sei. Ein amtliches Dokument, das ich einsehen konnte, enthielt sogar einen vermutlich nicht gestrichenen Hinweis auf die Reichsmark-Währung. Auch hatten die Geheimdienste im Vorfeld des Krieges die sozialen Probleme im Süden des Irak unterschätzt, die die Folge mehrerer Konflikte und der diskriminierenden Politik Saddams waren. Schlimmer noch: Kaum einer von denen, die jetzt für die Koalition tätig waren, hatte längere Zeit im Nahen Osten oder überhaupt in der islamischen Welt gelebt, und noch weniger von ihnen sprachen Arabisch. Nur eine verschwindend kleine Zahl der Amerikaner und ihrer Verbündeten schien sich also darüber im Klaren, dass das Land, in dem sie sich aufhielten, im Bewusstsein vieler Araber und Muslime eine fast mythische Stellung innehatte. Schließlich hatte der glanzvolle Hof der Abbasidenherrscher seinen Sitz in Bagdad gehabt, der Hauptstadt eines riesigen Reichs. Gefragt waren höchste Sensibilität und Respekt; doch die meisten Mitglieder der neuen politischen Führung des Irak nahmen, trotz guter Absichten, eine zutiefst bevormundende Haltung ein und spielten damit in und außerhalb des Landes denen in die Hände, die sämtliche Wiederaufbaubemühungen zum Scheitern bringen wollten.

Dies war in gewisser Weise vorhersehbar. Der Okkupation des Irak waren zahlreiche ähnliche Unternehmungen des Westens in der islamischen Welt während der letzten 200 Jahre vorausgegangen, und Sprache und Denken von damals prägten zwangsläufig auch die aktuelle Besatzungspolitik. Ja, der Wortlaut der Reden, die Bush, Bremer und andere im Sommer 2003 hielten, war, wenn auch unbewusst, ein Nachhall dessen, was westliche Militärs und Politiker in den vergangenen Jahrhunderten gesagt hatten: »Ich bin nicht gekommen, um eure Religion abzuschaffen … sondern … um euch aus den Händen von Unterdrückern eure Rechte zurückzugeben«, erklärte Napoleon Bonaparte 1798 nach der Einnahme Alexandrias, die von vielen Historikern als der Beginn der Kolonialisierung des Nahen Ostens durch die westlichen Großmächte betrachtet wird. »Unsere Armeen kommen nicht als Eroberer oder als Feinde in eure Städte und Dörfer, sondern als Befreier«, sagte der britische General F. S. Maude bei seinem Einzug in Bagdad 1919. »Anders als viele Armeen in der Welt sind [wir] nicht gekommen, um zu erobern, nicht um zu besetzen, sondern um zu befreien«, erklärte Donald Rumsfeld im April 2003. Der Gegensatz zwischen dem historischen Bewusstsein der Iraker und anderer Völker des Nahen Ostens, für die all diese Invasionen Teil eines einzigen, gleich bleibenden Musters sind, und der historischen Wahrnehmung des Westens war eklatant. Obwohl solche Ereignisse das Denken und die Gefühle von Millionen Menschen in und außerhalb der arabischen Welt entscheidend prägten, wusste in der Grünen Zone kaum jemand etwas von der irakischen Revolte im Jahr 1920, geschweige denn von so zentralen und symbolisch aufgeladenen historischen Ereignissen wie der Plünderung Bagdads durch die nichtmuslimischen »barbarischen« Mongolen im Jahr 1258. Das fehlende Verständnis der neuen Herrscher des Irak dafür, wie die jahrzehntelange plumpe und zynische Einmischung des Westens in die Angelegenheiten des Nahen Ostens sowie der jahrhundertelange europäische Kolonialismus von den Betroffenen wahrgenommen wurden, erwies sich als ein gravierendes Handikap. Ihre fast programmatische Missachtung der Landesgeschichte versetzte sie darüber hinaus gegenüber denen in Zugzwang, die die historischen Ereignisse zu Propagandazwecken auszubeuten suchten. Wie die Monumentalstatuen und Porträts Saddams in mittelalterlicher Kostümierung zeigten, war dies ein Fehler, der Bremers Vorgänger im Amt nicht passiert wäre.

Unter den neuen Besatzern gab es freilich auch solche, die alles andere als bevormundend waren. Sie hatten weder gute Absichten, noch waren sie im mindesten bereit, der einheimischen Bevölkerung Respekt oder Achtung entgegenzubringen. Eines Nachmittags sah ich zwei Landrover mit verdunkelten Panzerglasfenstern vor dem Hotel Palestine auffahren. Ein Dutzend Männer in schwarzen T-Shirts und Militärhosen stiegen aus, mit automatischen Waffen, Pumpguns und Pistolen bewaffnet.

Eines der Fahrzeuge war unverkennbar beschossen worden, und die Männer stellten sich neben die Einschusslöcher und posierten strahlend für die Fotografen. Ich ging zu ihnen und sprach sie an. Die meisten von ihnen waren ehemalige Soldaten und Polizisten aus Südafrika und arbeiteten für mehrere 100 Dollar am Tag für eine der großen amerikanischen Firmen, die den nur schleppend vorankommenden Wiederaufbau des Landes beaufsichtigten. »Ich sage Ihnen«, meinte einer von ihnen gut gelaunt, »es ist ein beschissener Dschungel da draußen.«

Ein Problem war der vollständige Mangel an glaubwürdigen Informationen. Selbst Journalisten, die in der Stadt eine Wohnung angemietet hatten, waren kaum in der Lage herauszufinden, was am anderen Ende Bagdads los war. Für jemanden in der Grünen Zone war es nahezu unmöglich, über 150 Kilometer weit entfernte Ereignisse verlässliche Auskünfte zu erhalten. Aufgrund der mangelnden Kommunikation hatten Verwaltungsbeamte in Bagdad schlichtweg keine Ahnung, was anderswo im Irak vor sich ging. Die Folgen dieser Situation zeigten sich am deutlichsten bei den so genannten »Five Thirty Follies« (Halb-sechs-Dummheiten), den an Orwell erinnernden täglichen Pressekonferenzen, die in der Grünen Zone von einem hochrangigen Sprecher der Übergangsverwaltung abgehalten wurden. Einmal, nach dem Abschuss eines Helikopters bei Falludscha, nach Zusammenstößen in Nadschaf, Kerbela und Sadr City, einem Mörserangriff in Bagdad am frühen Morgen, der mich buchstäblich aus dem Bett warf, und angesichts der Tatsache, dass sämtliche Straßen des Landes viel zu gefährlich waren, um sie zu passieren, redete der Pressesprecher von einer »leichten Zunahme von Feindseligkeiten«. Darauf hingewiesen, dass kürzlich rekrutierte irakische Regierungsstreitkräfte massenhaft desertiert waren und sich teilweise den Rebellen angeschlossen hatten, gab er widerwillig zu, dass »der erhoffte Zuwachs an Sicherheit nicht den Erwartungen entspricht«, und verfiel dann erneut in Phrasen. »Amerikanische Soldaten kämpfen und sterben, um jungen irakischen Frauen und Kindern die Demokratie zu bringen«, sagte er zu uns. Der Lärm tief fliegender Helikopter war offenbar »der Klang der Freiheit«. Man übermittelte uns regelmäßig »Body Counts«, die Zahl der ACFs (anti-coalition fighters, Antikoalitionskämpfer), die bei »proaktiven Kampfhandlungen« getötet worden waren. Zahlen über die zivilen Opfer waren nicht zu erhalten. Beim Verlassen der Pressekonferenzen gingen die Journalisten unter Fahnen hindurch, die für die »Destination Baghdad EXPO 2004« und das »Iraqi Business Development Center« warben, dessen Devise lautete: »Wir helfen dem Business im Irak, Geschäfte zu machen«.

Wie in den Monaten vor dem Irakkrieg, als die Bevölkerungen Großbritanniens und Amerikas mit wahrhaft erschreckenden und größtenteils falschen Informationen über Massenvernichtungswaffen und Verbindungen zu al-Qaida gefüttert wurden, glaubte ich auch diesmal nicht, dass die offiziellen Sprecher bewusst logen oder zu täuschen versuchten. Meiner Ansicht nach kannten sie schlichtweg nicht die Wahrheit oder wollten sie nicht wissen. Beides lief allerdings auf dasselbe hinaus. Die führenden Mitglieder der Übergangsverwaltung, ganz zu schweigen von ihren politischen Herren in Washington, lebten in einer virtuellen Welt.

Die Kritik an der Koalitionspolitik fokussierte sich stark auf die amerikanische Armee. Leichtfertige Vergleiche der amerikanischen Soldaten mit den SA-Schergen der Nazis oder die Genugtuung so mancher im Westen angesichts der steigenden Opferzahlen der Amerikaner ärgerten mich sehr, aber ich wusste, dass einige Vorwürfe gegen die amerikanische Armee durchaus berechtigt waren. In Tikrit hatte ich gehört, wie amerikanische Soldaten die Iraker als »Hadschis« bezeichneten – die ironische Verwendung der respektvollen Bezeichnung für Mekkapilger in muslimischen Gesellschaften. Die Soldaten verwendeten das Wort zur Bezeichnung von Individuen, etwa: »In dem Haus waren zwei Hadschis«, oder als Kollektivbegriff, etwa: »Der Hadschi schießt zurück« oder aber adjektivisch, wenn sie sich beispielsweise über »Hadschi-Zigaretten« beklagten. Hadschi war das exakte Gegenstück zu »Gooks« (für Asiaten), »Krauts«, »Niggers«, »Yids«, »Slope-Eyes« (»Schlitzaugen«), »Honkies« (»Weiße«), »Kaffern« oder »Ungläubigen« – und nicht weniger abfällig. Das Hotel Palestine wurde von einem Panzerkommando bewacht, dessen Soldaten vermutlich alle dem B-Platoon angehörten und Worte wie Blitzkrieg, Bladerunner, Beautiful Destruction und Bloodlust auf ihre Panzergeschosse gepinselt hatten.

Ich fragte beim amerikanischen Militär an, ob ich eines seiner Teams in zivilem Einsatz ein paar Tage lang begleiten dürfe. Sie waren es, die Herz und Verstand der Bevölkerung gewinnen sollten. Man war überglücklich über die Anfrage und setzte mich in einen Black-Hawk-Helikopter, der im Tiefflug und Zickzack schnell hoch- und niederstieg, um potenziellem Raketenfeuer auszuweichen. Wir nahmen Kurs Richtung

Norden, überflogen die Vororte von Bagdad, dann, immer dem Lauf des Tigris folgend, fruchtbares Farmland bis nach Tikrit, wo die Erste Infanterie-Division mit 23 000 Mann stationiert war.

Die »1. ID« verfügte frei über einen Entwicklungsfonds im Wert von mehreren 100 Millionen Dollar, und es war Aufgabe der 120 Männer und Frauen des 115. Civil Affairs Battalion, dieses Geld auch auszugeben. Wie alle Amerikaner waren die Mitglieder dieser Einheit höflich und freundlich. Sie freuten sich, dass sich jemand für ihre Arbeit interessierte, hinterließen jedoch entgegen den Worten ihres befehlshabenden Offiziers den Eindruck, es handle sich um die sprichwörtlich armen Verwandten. Man nahm mich mit zum Essen, versuchte, mir Volleyball beizubringen, und zeigte mir, wo die Duschen waren. Und die Mitglieder des Einsatzteams schienen ehrlich bestrebt, einen Beitrag zur Verbesserung der Lebensbedingungen der »Eye-raqis« zu leisten. Als Major Donna Kentley, Arzthelferin aus Santa Barbara, Kalifornien, zu mir sagte, sie sei nur dann froh, im Irak sein, wenn ihr Gesundheitsbildungsprogramm für Frauen und Kinder erfolgreich wäre, glaubte ich ihr aufs Wort.

Aber Kentley und ihre Kollegen wurden gelähmt durch das Misstrauen, das die einheimische Bevölkerung und die Soldaten einander entgegenbrachten. Das erste Opfer der Ersten Infanterie-Division im Irak war kein angegrauter Infanterist, sondern die 19-jährige Nicole Frye aus Oconto Falls, Michigan, vom Civil Affairs Battalion. Und tagtäglich gab es neue Angriffe auf die 1. ID mit weiteren Opfern. Die Folge dieser unablässigen Angriffe war, dass der Irak als »Banditenland« betrachtet wurde. »Eine erfolgreiche Mission ist eine Mission ohne Verluste«, sagte mir ein Offizier. »Der Rest ist geschenkt.« Augenblicke nachdem ich mit Major Kentley über ihr Gesundheitsprojekt gesprochen hatte, machte sie beim Anblick Fußball spielender irakischer Jugendlicher während der Fahrt unseres schwer gepanzerten Fahrzeugkonvois eine Bemerkung darüber, wie schwierig es sei, »den Feind« zu erkennen. »Verrückt, nicht wahr?«, sagte sie. »Jetzt lächeln sie uns zu, aber schon zwei Stunden später könnten sie eine Bombe zünden. Wir wissen es einfach nicht.«

Diese Situation hatte bisweilen fast komische Züge. Als ich Major Forrest auf einer kurzen Fahrt durch Tikrit begleitete, wo er einem Iraker von der Stadtverwaltung mitzuteilen hatte, dass die 9700 Dollar für einen neuen Stromtransformator genehmigt worden seien, fuhren wir in einem Konvoi mit 30 schwer bewaffneten Soldaten und in Begleitung seines eigenen Personenschutzteams. Forrest selbst trug eine kugelsichere Weste und hatte eine 9-mm-Pistole und ein M16-Gewehr bei sich. Als er dem Beamten »die gute Nachricht« des bewilligten Stromtransformators überbringen wollte, passte er mit seiner unförmigen Schutzweste nicht in den schmalen Stuhl, den man ihm anbot. Aufgrund übersetzerischer Schwierigkeiten dachte der Beamte zunächst, Forrest werfe ihm Korruption vor. Als ich das Gebäude verließ und ein Einheimischer in traditioneller Kleidung in der Nähe unseres Konvois sein Fahrzeug anhielt, war die Infanterie, die uns Begleitschutz bot, nur mit Mühe davon abzuhalten, das Feuer zu eröffnen. In dem Auto saß ein Scheich, der »seine amerikanischen Freunde« nur hatte begrüßen wollen. Auf dem Rückweg zur Basis sagte mir eine Soldatin, sie sei nur deshalb verschleiert, um böse auszusehen. »Sonst würden sie sehen, dass ich den Kindern zulächle«, sagte sie. »Und ich muss böse aussehen, damit mir nichts passiert.«

Das gegenseitige Misstrauen wurde dadurch genährt, dass die meisten amerikanischen Soldaten vollkommen abgeschottet waren. Viele aus der Ersten Infanterie-Division waren zwar in Deutschland stationiert und andere bereits im Balkan eingesetzt gewesen, aber nur wenige hatten Erfahrungen mit einem Land ähnlich dem Irak. Viele Soldaten äußerten ihre Überraschung darüber, dass das Land nicht nur aus Sanddünen und Kamelen bestand. »Ich dachte, es sei wie in Tausendundeiner Nacht«, meinte ein Corporal. »Keine Städte und so.« Einmal, als wir auf Patrouille waren, blieben wir stehen, als wir ein Kamel entdeckten. Das Tier diente als mobile Werbefläche für die »echte einheimische Küche« eines Restaurants, aber das störte die Soldaten nicht weiter. Sie holten aufgeregt ihre Kameras hervor und gaben einander Feuerschutz, während sie fotografierten. »Jetzt weiß ich wenigstens, dass ich im Irak bin«, sagte einer. »Ich habe ein Kamel gesehen.«

Auf dem Flug von Bagdad hierher hatte ich den riesigen Lkw-Fuhrpark von Camp Victory gesehen, dem amerikanischen Stützpunkt auf dem Bagdader Flughafen. Es gab zahllose weitere solche Anlagen, wo Lkw, die Material und Soldaten zu den amerikanischen Militärstellungen brachten, gewartet und bewacht wurden. Dieses System war eine Welt für sich, und die Laster kamen mir vor wie Blutkörperchen, die die Arterien eines Körpers mit Sauerstoff versorgten. Ein Soldat, der Teil dieses Systems geworden war, brauchte die Außenwelt nicht mehr. Die Helikopter mir ihrem Netz von Start- und Landebahnen, das von dem militärischen Oberkommando im ganzen Land hin und her verschoben wurde, versorgten wiederum ein Parallelsystem, das vom Irak selbst gleichfalls völlig losgelöst war. Manche Soldaten verließen die riesigen Stützpunkte überhaupt nicht. In Tikrit waren rund 3000 Mitarbeiter der Hauptquartiere und der »Kampfunterstützung« in dem weitläufigen Komplex eines Palastes von Saddam am Tigrisufer untergebracht. Die Soldaten schliefen unter Kronleuchtern und holzgetäfelten Zimmerdecken, in die die Initialen des ehemaligen Diktators eingearbeitet waren. Ein Großteil der Verpflegung wurde aus Saudi-Arabien oder Kuwait herangeschafft, und wenn die Nachschubwege durch Anschläge abgeschnitten waren, wurden Obst, Gemüse und Eier knapp. Diese Einrichtungen waren in ihren Dimensionen weitaus größer, als ich es von Bagram kannte. Es gab eine riesige, perfekt ausgestattete Sporthalle, in der Tae-Bo-Kurse und Aerobic angeboten wurden, es gab einen Schachklub, ein Kino und ein Internetcafé mit 30 Computern. Andere Basen waren noch größer. Der gewaltige Komplex in Balad auf halbem Weg zwischen Tikrit und Bagdad verfügte über eine eigenen Verkehrspolizei und eine gigantische Kantine, in der man rund um die Uhr Corn Dogs und Zwiebelringe bekam. Hier hatte ich gegen 3 Uhr morgens mit einem 19-jährigen Infanteristen, der zu meiner Irritation umfassend gebildet schien, eine kurze, intensive und vollkommen bizarre Diskussion über T. E. Lawrences Buch *Die sieben Säulen der Weisheit* und Edward Saids klassisches Werk über den *Orientalismus.* Dieses Gespräch führte mir vor Augen, wie leicht man auch und gerade über die Amerikaner in bequeme Klischeevorstellungen verfällt.

Nach fast einer Woche verließ ich das 115. Civil Affairs Battalion und schloss mich einer Infanterieeinheit an, deren Aufgabe es war, durch Tikrit zu patrouillieren. Sie waren sehr viel jünger, sehr viel »männlicher« und sehr viel stärker tätowiert als der zivile Einsatzdienst. Ihr Alltag bestand aus langen öden Stunden »Sicherheits«-Dienst oder der Wartung von Fahrzeugen und Waffen, unterbrochen von kurzen Momenten extremer Anspannung. Ihre Gespräche drehten sich um Waffen, Filme, Musik und Videospiele und darum, was sie tun würden (und mit wem), wenn sie wieder zu Hause wären. Politik war nie ein Thema. Und obwohl jeder Zug Opfer zu beklagen hatte, freuten sich die Soldaten darauf, in ein Gefecht verwickelt zu werden. Der 30-jährige verantwortliche Captain versicherte mir, er könne »gar nicht glücklicher« sein als hier. »Ich bin Berufssoldat«, sagte er. »Bis vor kurzem sah es so aus, als würde ich mein gesamtes Berufsleben hinter mich bringen, ohne einen wütend abgefeuerten Schuss zu hören.«

Die Einstellung des Generals gegenüber den »Hadschis« wechselte. Einheimische, die kooperativ und freundlich waren, waren »good guys«, und als wir eines Abends auf Patrouille von einem alten Mann angehalten wurden, der uns etwas mitteilen wollte, behandelte man ihn mit ausgesuchter Höflichkeit. Anderen begegnete man mit an Verachtung grenzender Gleichgültigkeit. Die Anzahl der Personen, die die Iraker in ihre klapprigen alten Autos quetschten, war ein unerschöpflicher Quell der Erheiterung. Und das Bewusstsein, ein Angriffsziel zu sein, war stets präsent. Als wir durch die Straßen von Tikrit gingen, brachten die Soldaten neugierigen und unerschrockenen Kindern mit viel Spaß amerikanische Slangausdrücke bei, richteten aber im nächsten Augenblick ihre Waffen auf die Eltern, wenn sie zu nahe herankamen, und schrien: »Zurück, verdammt noch mal!«

Die Infanterie musste »Razzien« durchführen, um »bad guys« aufzuspüren. Eines Nachts war das Ziel ein mutmaßlicher Geldgeber der »Antikoalitionskämpfer«. In einem majestätischen Saal des Palastes, wo die Einheit einquartiert war, erläuterte der Captain an einem Holztisch mit Intarsien die Mission in knappen Sätzen. Die Waffen seiner Männer lagen über den Marmorfußboden verstreut. »Folgendes«, sagte er und spuckte Kautabak in einen Plastiknapf. »Der Kerl heißt … Mohammed al-weiß-der-Geier-wie-sein-verdammter-Scheißname-ist al-irgendwas.«

Ein Sergeant übernahm. »Das ist der beschissene Scheißweg zu dem verdammten Haus«, sagte er zu den Männern und händigte ihnen Satellitenbilder aus. »Vergesst nicht, wir stülpen den Gefangenen keine Sandsäcke übern Kopf, wir legen ihnen verdammte Augenbinden um. Und laut Anweisung des befehlshabenden Offiziers brechen wir die beschissene Tür nicht einfach auf, wir klopfen vorher an. Erst dann wird die beschissene Tür eingedrückt.« Es folgte eine kurze und nüchterne Diskussion darüber, was mit den Gefangenen geschehen sollte. »Bringt sie nur zu mir«, scherzte der Sergeant und rollte die Augen. »Die Frauen zumindest.«

Um 0.40 Uhr verließen sechs gepanzerte Humvees den Stützpunkt und fuhren durch eine lautlose Stadt. Im ersten Haus »öffnete sich« die Tür tatsächlich. Leider war es die falsche Adresse. Das Kommando hinterließ zerschlagenes Glas und Bargeld als Entschädigung und zog weiter zum nächsten Haus. Diesmal kletterten die Soldaten in den ummauerten Garten und bemühten den Seitenschneider für die Torkette. Ein großer schmächtiger Mann, der mutmaßliche Financier, öffnete die Haustür, pflückte in aller Seelenruhe eine Blume und reichte sie dem Captain. Der Captain befragte ihn mit fast ausgesuchter Höflichkeit. Der Mann stritt alles ab, er sagte, er sei Taxifahrer.

Die Männer draußen unterhielten sich leise. Sergeant Arthur erzählte von der Stille in den Bergen seiner Heimat in West Virginia. Second Lieutenant Craig meinte, wenn er nach Hause zurückkomme, werde er eine Hochschule besuchen und dann eine Ausbildung als Football-Trainer machen. Ein anderer Soldat, der Sanitäter des Kommandos, sagte, er wolle mit dem Geld vom Militär am College Kinderheilkunde studieren. Ein New Yorker meinte, er habe sich nach dem 11. September zum Militärdienst gemeldet, weil er »Freunde verloren« habe und »etwas tun« wollte. Ich ging zurück zum Humvee und schlief ein.

Als ich aufwachte, fuhren wir wieder. Der Captain hatte entschieden, dass der Mann kein Taxifahrer war, und ihn festgenommen. »Ein Taxifahrer? Mit einem Obstgarten? Und einer zweistöckigen Villa im schönsten Teil von Tikrit? Und zwei Autos?«, fragte er kopfschüttelnd. »Das finde ich erstaunlich. Und das mit der Blume, das war einfach zu nonchalant. Als wäre er ein Franzose oder so was.« Wir fuhren zum Stützpunkt zurück. Bis auf ein paar vereinzelte Gewehrschüsse und das gelegentliche Geschützfeuer eines Panzers auf vermutete »ACF«-Mörserstellungen war Tikrit ruhig.

An meinem letzten Vormittag bei der »1. ID« suchte ich den verantwortlichen Nachrichtendienstoffizier auf. Er hatte kurzes, rotblondes Haar, strahlend blaue Augen und redete sehr schnell mit New Yorker Akzent. Ich fragte ihn, was alles schieflaufe. »Wir müssen die Wasserversorgung verbessern und die wichtigsten Infrastrukturen schaffen, damit der Wohlstand in Gang kommen kann. Nicht Wohlstand in unserem Sinn, sondern wie er in den kleinen Käffern verstanden wird. Die Leute brauchen Wasser für ihre Schafe und für ihr Vieh und ein bisschen Strom. Diese Grundversorgung brauchen sie einfach. Deshalb sind sie sauer. Denn was hat sich ein Jahr nach dem Krieg geändert? Nichts.«

Ich fragte ihn, wie groß die Unterstützung für die Aufständischen sei.

»Innerhalb unseres Operationsgebiets mit seinen insgesamt dreieinhalb Millionen Einwohnern gibt es weniger als 20 Angriffe pro Tag auf die Tausenden von Patrouillen. Sie können es sich selbst ausrechnen. Selbst wenn bei jedem dieser 20 Angriffe 50 dieser Kerle beteiligt sind, was nicht der Fall ist, sind es nicht mehr als 1000 Aktivisten innerhalb einer Bevölkerung, die halb so groß ist wie die Londons«, erwiderte er.

Was war das Ziel der Aufständischen?

»Was sie wollen? Sie wollen, dass wir aus ihrem verdammten Land verschwinden. Sie wollen ihre eigene Regierung, aber wissen sie auch, wie die aussähe? Nein. Und sie wollen Strom.«

Wie konnte man sie zurückschlagen?

Ein tiefer Seufzer. »Muqtada al-Sadr ist ein Schwindler, ein Gauner, ein opportunistischer kleiner Bastard, und die Sunniten ... tja ... solange es da draußen Leute gibt, die keine Arbeit haben, wird das ein Problem bleiben. Es gehört nicht viel dazu, um zu erkennen, dass der Schwerpunkt des Aufstands die Wirtschaft ist.«

Als ich ging, passierte ich die Kommandozentrale, das Nervenzentrum der Ersten Infanterie-Division. Sie befand sich in einem Raum, der unter Saddam wohl ein Ball- oder Bankettsaal gewesen war. Die Armeetischler hatten Bankreihen zusammengezimmert, die den Eindruck vermittelten, es handle sich hier um den bizarr ausgeschmückten Hörsaal einer Universität. Stabsoffiziere saßen an Sperrholztischen, Telefone neben sich, mit denen sie mit sämtlichen Truppeneinheiten verbunden waren. Vor ihnen ein riesiges Podium, über dem eine riesige weiße Tafel hing, die in drei Spalten aufgeteilt und mit den Überschriften »Was ist geschehen«, »Was geschieht im Moment« und »Was muss getan werden« versehen war. Der Teil »Was geschieht im Moment« war wiederum in eine riesige projizierte Landkarte des Operationsgebiets der Division – praktisch ein Drittel des nördlichen und zentralen Irak – und in mehrere Fernsehbildschirme unterteilt. Zwei zeigten aktuelle Kameraaufnahmen von zwei unbemannten Predator-Drohnen – eine Straße, die Rückseite eines Hauses und eine Gestalt, die sich im Garten bewegte. Zwei andere Bildschirme zeigten Nachrichten von CNN und Fox News. Dies war ein außergewöhnlicher Einblick in die virtuelle, medial inszenierte Wirklichkeit eines modernen Krieges, der in Echtzeit geplant, geführt und überwacht wurde und bei dem Bild und Realität in erstaunlicher, bis dahin ungekannter Weise ineinandergriffen. Es gab die öffentlichen Fernsehkanäle und die nicht-öffentlichen militärischen Aufnahmen – unterschiedliche Zuschauergruppen, unterschiedliche Akteure und unterschiedliche, durchaus einseitige Darstellungen der Wahrheit. Ich fragte mich, wer hier eigentlich wem beim Beobachten zusah. Soeben hatte eine Nachrichtensendung begonnen. Die erste Meldung auf beiden Kanälen, CNN und Fox, waren die erst kürzlich aufgedeckten Misshandlungen irakischer Gefangener durch amerikanische Soldaten im Gefängnis von Abu Ghraib.

Der Abu-Ghraib-Skandal war zutage getreten, während ich mich bei der Infanterie aufhielt. Die Reaktion der Soldaten auf die schrecklichen Geschichten von den Misshandlungen in dem Gefängnis reichte vom »Sie werden es verdient haben« eines Infanteristen bis hin zu »Jetzt sind wir wirklich im Arsch«, wie es Mitglieder der zivilen Einsatztruppe formulierten. Auch ich war arglos genug, um von dieser Nachricht überrascht zu sein. Nach Bagdad zurückgekehrt, um über die Auswirkungen dieser Enthüllung zu berichten, fuhr ich zum Gefängnis und lauschte vor den Toren dem, was mir die Verwandten der Häftlinge über die Zustände im Gefängnis erzählten. Ich fühlte mich ganz krank.

Doch trotz der Wut, die der Skandal weithin auslöste, legte sich zum ersten Mal seit den vielen Wochen im Irak meine innere Anspannung. Die Lage um Falludscha hatte sich, so schien es, stabilisiert, und seit Tagen hatte es keine Entführungen mehr gegeben. Als es in Nadschaf und Kerbela, nur wenige Autostunden entfernt, zu Zusammenstößen zwischen den Amerikanern und al-Sadrs Miliz kam, beschloss ich, zusammen mit Rory McCarthy vom *Guardian*, einem Kollegen und Freund aus der Zeit in Afghanistan und Pakistan, hinzufahren und darüber zu berichten. Wir brachen mit fünfzehnminütiger Verspätung aus Bagdad auf, weil ich verschlafen hatte. Das war unser Glück.

Kaum hatten wir die elende Stadt Mahmudiye 80 Kilometer südlich der Hauptstadt hinter uns gelassen, sahen wir hinter einer Kurve 100 Meter vor uns auf dem Grünstreifen zwischen den Fahrbahnen ein Auto stehen. Unser Fahrer drosselte das Tempo, und im Näherkommen sahen wir, dass das Heckfenster von Gewehrkugeln durchsiebt war. Was auch immer geschehen war, es konnte nicht lange her sein, denn viele Menschen standen herum und gerade erst begann der Rückstau der Autos. Wir näherten uns weiter und sahen zwei reglose Körper, einer auf dem

Rücksitz des Wagens mit einer offenbar schweren Kopfwunde, der andere draußen am Boden; der Mann war entweder tot oder bewusstlos. Im Vorbeifahren sahen wir noch, dass es jemand aus dem Westen war, das Gesicht im Staub, ein bleicher kräftiger Arm seitlich ausgestreckt. Um ihn herum kaum Blut, im Gegensatz zu dem fürchterlichen Zustand des Toten auf dem Rücksitz. Rory und ich machten uns auf unseren Sitzen klein und sagten dem Fahrer, er solle weiterfahren. Momente später lag der Schauplatz hinter uns, und dann ging es immer schneller auf der freien Straße weg aus dieser Gegend.

Eine Stunde später erfuhren wir von unseren Büros, dass es sich bei den Toten um einen erfahrenen polnischen Fernsehreporter und seinen polnisch-algerischen Kollegen handelte. Sie waren nur wenige Minuten vor uns durch Mahmudiye gefahren und von einer Gruppe militanter Sunniten ins Visier genommen worden, die ihnen gefolgt waren und außerhalb der Stadt das Feuer auf ihren Wagen eröffnet hatten. Ihr Fehler war es gewesen, dass sie ein »Presse«-Schild hinter der Scheibe hatten. Dies und die Tatsache, dass sie als Westler zur falschen Zeit am falschen Ort gewesen waren, hatte sie das Leben gekostet.

13 Miss Sixty

Die Probleme, die den Irak im Frühjahr ins Chaos gestürzt hatten, wurden nie gelöst, und es waren die Schiiten, die den Konflikt als Erste wiederaufflammen ließen. Ende Juli 2004 eroberte Muqtada al-Sadrs Miliz die kleine Stadt Nadschaf 150 Kilometer südlich von Bagdad, die mit dem Imam-Ali-Schrein in ihrem Zentrum und ihren Pilgerhotels und Religionsschulen eine der heiligsten Stätten des schiitischen Islam ist. Unterstützt von Soldaten der neuerdings souveränen irakischen Regierung startete die amerikanische Armee einen Angriff, um al-Sadrs Männer zu vertreiben, und kämpfte sich durch die Außenbezirke und die riesigen staubigen Friedhöfe, in denen fromme Schiiten aus der gesamten islamischen Welt begraben liegen. Dann stießen sie Straße um Straße bis zur Moschee vor und drängten al-Sadrs Männer zurück in das Gewirr der engen Gassen im Umkreis des von einer goldenen Kuppel gekrönten Schreins. Die Milizionäre bereiteten sich auf einen letzten blutigen Widerstand vor.

Die schweren Gefechte, die erbitterter waren als alle bisherigen, dauerten drei Wochen. Am vorletzten Tag kauerte ich hinter einer Mauer, und um mich herum zischten und pfiffen die Geschosse. Sämtliche Gebäude der Umgebung lagen in Trümmern, auf den Straßen überall Hundekadaver und aufgewickelter rostiger Draht; Papier und Ölpfützen; Betonklumpen, geborstene Rohre, Backsteine und leere Patronen, die in der gleißend weißen Nachmittagssonne wie Kupfermünzen glänzten. Zu meiner Linken knirschende Panzer, die hochexplosive Sprengsätze auf kaum 100 Meter entfernt liegende Häuser abfeuerten und dabei jedes Mal ein Stück zurückfederten. Wie von einer Abrissbirne getroffen fielen die Gebäude in sich zusammen. Zu meiner Rechten lugte aus einer schmalen Straße ein Schützenpanzer mit schwerem Maschinengewehr, das beim Feuern wie ein Kolbenmotor hämmerte. Hinter den gepanzerten Fahrzeugen knieten oder lagen amerikanische Infanteristen auf der staubigen Erde und feuerten Granaten ab, bevor sie ein paar Meter weiter vorrückten und sich etwas zubrüllten oder mit Handzeichen verständigten. Hundert Meter über uns stießen alle 20 Minuten Apache-Hubschrauber nach unten und feuerten Raketen ab, die ganze Häuser- und Ladenzeilen zum Einsturz brachten, und manchmal kamen dann auf bizarre Weise unbeschädigte Möbel oder Warenvorräte zum Vorschein. In regelmäßigen Abständen näherte sich ein Kampfjet, dessen Düsengeräusch ohrenbetäubend anschwoll, bevor es wieder verebbte und eine dramatische Pause entstand, gefolgt vom Getöse und der Druckwelle einer Explosion. Und inmitten des ohrenbetäubenden Lärms und der Detonationen hörte man die Kalaschnikows und Panzerabwehrgranaten der al-Sadr-Milizionäre, deren Geschosse Beton- und Gipssplitter aus der Mauer über mir rissen. In diesem Moment öffnete sich auf der anderen Straßenseite ein Eisentor und ein alter Mann winkte mir zu, woraufhin ich losrannte und durch die schmale dunkle Öffnung schlüpfte.

Von hier drinnen klang der Gefechtslärm seltsam weit entfernt. Wir saßen in einem kleinen Hof in der Mitte des Hauses, und der alte Mann bot mir brackiges Wasser aus einem Ölfass in einer Ecke an. Trübes Tageslicht sickerte durch die schmale Himmelsöffnung zwei Stockwerke über uns nach unten. Der Alte erzählte mir, er bestelle ein paar kleine Felder im Süden, gleich hinter dem alten Stadttor – da, wo die Häuser und Moscheen und die schmuddeligen Straßen von Nadschaf endeten und die weite Sandwüste noch nicht anfing. Seit Beginn der Kämpfe vor drei Wochen hatte er sein Haus nicht mehr verlassen. Binnen einer Minute, nachdem ich in sein Haus gerannt war, saß ein halbes Dutzend weiterer Reporterkollegen bei ihm auf dem Fußboden. Er heiße Saleh Alawi Dschassm, sagte er, sei 69 Jahre alt und bleibe aus Angst vor Plünderungen in seinem Haus, in dem er schon sein ganzes Leben verbracht habe. »Ich hüte mein Haus«, sagte er. »Ich beschuldige niemanden des Diebstahls, aber es passiert oft. Sie haben zwei Fernseher, CDs, alles Mögliche mitgenommen. Ich bin nur ein Bauer, ich möchte nur wieder auf meine Felder.«

Seine Stimme wurde von einem Helikopter über uns verschluckt. Ich hatte meine Schutzweste ausgezogen und mich daraufgesetzt und hielt mir das klatschnasse Hemd vom Körper weg, damit der Schweiß trocknen konnte.

»Es ist besser als 1991«, sagte Dschassm und meinte die Niederschlagung des schiitischen Aufstands gegen Saddam nach dem ersten Golfkrieg. »Damals wurde alles bombardiert. Ohne Unterschiede. Jetzt zielen sie wenigstens aufeinander und versuchen nicht, uns alle umzubringen. Das Problem ist, dass durch das Panzerfeuer draußen auf der Straße unsere Häuser einstürzen.«

»Wer ist der Feind?«, fragte jemand.

»Wir haben zwei Feinde«, antwortete Dschassm. »Die Amerikaner und al-Sadrs Leute …«

»Und die Juden«, unterbrach ihn ein syrischer Kameramann.

»Was haben die Juden damit zu tun?«, fragte Dschassm. »Hier gibt es keine Juden, und außerdem ist ein guter und ehrbarer Jude besser als ein schlechter Muslim.« Er trank von dem braunen Wasser in dem schmutzigen Glas, das er mit seinen knorrigen, braunen Wurzelfingern festhielt. »Wie ich schon sagte, wir haben zwei Feinde, die Amerikaner und al-Sadrs Leute; sie sind beide nicht von hier, sie kommen hierher und kämpfen mitten zwischen unseren Häusern, und wir versuchen doch einfach nur zu leben.«

»Können Sie schlafen?«

»Wie könnte ich schlafen? Bin ich ein Kind? Ich bin doch kein Kind, das alles vergessen, einfach die Augen zumachen und schlafen kann? Ich sitze die ganze Nacht da und rauche.«

Das Gefecht draußen war abgeklungen. Die Luftangriffe hatten aufgehört, und die Panzer schienen sich ein kleines Stück zurückgezogen zu haben. Ein Fotograf schlug vor, die Feuerpause zu nutzen, um durch die Frontlinien auf kürzestem Weg ins Stadtzentrum zu kommen. Das erschien mir als irrwitziges Risiko, und nach einem kurzen grotesken Wortwechsel, bei dem man mir zuerst sagte, es sei doch »ein Spaß«, und dann, dass ich »im Hotel hätte bleiben sollen, wenn ich nicht den nötigen Mumm hätte«, teilte sich unsere kleine Gruppe, und ich zog mit Stephen Farrell los, einem Kollegen und alten Freund von der *Times,* der sagte, er kenne einen ungefährlicheren Weg, um zum Schrein und zum Hauptquartier von al-Sadrs Streitkräften zu gelangen.

Wir machten einen Bogen um das Gewirr der unpassierbaren Gassen zwischen den hohen alten Häusern im Zentrum der Stadt und suchten nach einem Zugangsweg. Außerhalb unseres Sichtfelds gingen die Kämpfe weiter, zuerst wie ein Motor, der stotternd ansprang, dann wieder ersterbend, als wäre dieser Motor schlecht gewartet. Die Straßen, durch die wir kamen, waren gespenstisch still. Trotz der extremen Hitze liefen wir stets mitten auf der Straße in der prallen Sonne, umrundeten die Trümmer, die Hände hoch erhoben, stets darauf gefasst, dass uns irgendwo irgendjemand – sei es einer von al-Sadrs Männern, sei es ein amerikanischer Heckenschütze – beobachtete. Stephen und ich trugen weiße Schlapphüte gegen die Sonne, um so wenig militärisch wie möglich auszusehen, aber sie waren nur ein dürftiger Schutz. An einem offenen Straßenabschnitt kurz vor der Altstadt spießten wir unsere weißen Hüte auf Stöcke und bewegten uns auf dem weichen Asphalt sehr langsam, damit ein Schütze genau sehen konnte, wo wir uns gerade befanden, unsere Schatten dunkle Flecken direkt unter unseren Füßen.

Eine Frau trat aus ihrem Haus und bot uns in einem Zinnkrug Wasser an. Ein alter Mann führte einen mit zwei Körben beladenen Esel vor uns in einen Durchgang und war im nächsten Augenblick um eine Ecke verschwunden. Dann ein scharfer Knall. Wir warfen einen Blick um die Ecke und sahen den Esel tot auf der Straße liegen. Ein amerikanischer Heckenschütze, der offenbar verhindern sollte, dass die Kämpfer in der Stadt Nachschub erhielten, hatte ihn gerade erschossen. Der alte Mann war nirgends zu sehen.

Wir brauchten über eine Stunde bis zum Schrein. In den Durchgängen rund um die Anlage standen kleine Gruppen junger unrasierter Männer mit Waffen, grüne Bänder um die Stirn und mit schmutzigen Verbänden. Immer noch herrschte diese extreme Hitze, und ab und zu hörte man eine gewaltige Detonation. Trotzdem, selbst angesichts solch schwerer Erschütterungen boten die engen Gassen der Altstadt Schutz auch gegen Treffer ganz in der Nähe, und viele Kämpfer lagen – fast unglaublich angesichts der Situation – schlafend am Boden und wachten kaum auf, als knapp 30 Meter entfernt ein Panzergeschoss einschlug und Staub und Trümmerbrocken herabregneten. Andere Kämpfer trugen riesige tiefe Blechschüsseln mit Reis und gelben Bohnen, duckten und bewegten sich hinter den Barrikaden aus Möbeln und Eisenteilen, die man zum Schutz vor den Heckenschützen errichtet hatte. Auf einem hölzernen Handkarren wurde ein Verwundeter an uns vorbeigetragen, die Hände auf den Bauch gepresst. Zwischen seinen Fingern quoll Blut auf den Boden, auf seinem Gesicht nur dumpfes Erstaunen.

Die wenigsten Kämpfer stammten aus Nadschaf. Als wir uns dem Schrein näherten, fiel mir auf, dass die meisten von ihnen Trainingshosen und T-Shirts oder ausgebleichte Hemden, die Kluft der städtischen irakischen Jugend aus der Arbeiterschicht, trugen und nicht die traditionelle Tracht der ländlichen schiitischen Bevölkerung. Die meisten sagten, sie kämen aus den größeren schiitischen Städten im Süden des Irak oder aus Bagdad und seien zu Beginn der Kämpfe nach Nadschaf gekommen. Ihr Widerstandsgeist war zwar noch ungebrochen, aber angesichts der Geschosse, die man gegen sie aufbot, wirkten sie sichtlich betäubt. Sie gaben Phrasen von sich, beispielsweise dass sie gegen »die Besatzer bis zum letzten Blutstropfen« kämpfen würden. Einige äußerten den Wunsch, als Märtyrer zu sterben. Mir war ein Poster mit einem Porträt ihres Anführers Muqtada al-Sadr ins Auge gefallen, das neben Bildern der Führer der libanesischen schiitisch-militanten Hisbollah hing, und ich dachte kurz an die Aufkleber an der Schlafzimmerwand des toten Jugendlichen im Gazastreifen und an die systematische Werbekampagne für den Märtyrertod, die die Hisbollah auch anderswo im Nahen Osten durchgeführt hatte. Aber in diesem Lärm war es unmöglich, einen vernünftigen Satz zu sprechen, und ohne Übersetzer war die Unterhaltung ohnehin auf Banalitäten beschränkt. Wir wussten jetzt, dass die Milizionäre nach wie vor einen großen Teil der Altstadt kontrollierten und jede Behauptung des Gegenteils falsch war. Es gab keinen Grund, uns noch länger hier aufzuhalten. Wir brauchten mehrere Stunden, um ins Hotel zurückzukehren, unsere Basis am Rand der Stadt. Unterwegs kamen wir an dem Esel vorbei, den der Heckenschütze zuvor erschossen hatte, und 20 Meter weiter entdeckten wir in einer Blutlache am Boden die Leiche seines Besitzers.

Die Belagerung von Nadschaf endete 36 Stunden später, als Großajatollah Ali al-Sistani, der ranghöchste schiitische Geistliche des Irak, von einer Herzoperation in London zurückkehrte und Muqtada al-Sadr aufforderte, die heilige Stadt zu verlassen. Der jüngere Geistliche, dessen religiöse Autorität nichts war im Vergleich mit der des weithin berühmten älteren Gelehrten, fügte sich zähneknirschend. Er wusste, dass seine Popularität zu gering war, um es auf eine Konfrontation ankommen zu lassen. Bedrängt von den amerikanischen Geschützen auf der einen und der religiösen Autorität des Großajatollah auf der anderen Seite, blieb al-Sadr nichts anderes übrig, als Nadschaf zu verlassen und seinen Plan aufzugeben, die heilige Stadt mitsamt ihren immensen, von Pilgern gespendeten Geldsummen als eine Art Sprungbrett zur Übernahme der Macht im Irak zu benutzen.

Um al-Sadrs Rückzug wenigstens notdürftig zu bemänteln und zugleich seine Machtfülle zu demonstrieren, hatte al-Sistani die Gläubigen aus dem gesamten Irak aufgerufen, nach Nadschaf zu kommen und am Samstagmorgen am Schrein zu beten. In der Nacht zogen sich die Amerikaner zurück, und im fahlen bläulichen Licht des Morgengrauens zogen die ersten Pilger durch die mit Trümmern übersäten Straßen zur goldenen Kuppel, die über den zerstörten Häusern aufragte. Viele waren barfuß und hielten in einer Geste des Gebets die Handflächen nach oben. Als die Sonne aufstieg, leuchtete die große Kuppel des Schreins golden und orangerot, und bald wälzte sich ein langsamer Menschenstrom durch die engen Straßen. Ein kurzes Feuergefecht zwischen einer Gruppe von al-Sadrs Milizionären und der irakischen Polizei kündete von urplötzlicher, neuer Gewalt, die aber genauso schnell wieder verebbte. Keiner der Milizionäre, die hohläugig vor Erschöpfung aus ihren Stellungen in den Trümmern hervorkamen, war älter als 25 Jahre. Mehrere waren ehemalige Soldaten und ein Jahr zuvor aus dem Kriegsdienst entlassen worden. »Sechs meiner Freunde sind tot, 15 verwundet«, sagte mir einer, einen grünen Stofffetzen um den Hals, die Kleider zerrissen. »Wir haben versucht, die Panzer anzugreifen, aber das war sehr schwer. Ich hatte keine Angst, denn ich wusste, ich würde als Märtyrer sterben, und das hat mich glücklich gemacht.« Noch während Sanitäter den Marmorfußboden vor dem Raum, der zur Notversorgung der Verwundeten gedient hatte, von dem verkrusteten Blut reinigten, strömten die Gläubigen ins Innere des Schreins, um zu Ali zu beten, dem Vetter und Schwiegersohn des Propheten Mohammed. Um 8 Uhr morgens dann ein erstes Knistern in den Lautsprechern der Moschee: »An alle Mudschaheddin: Ihr müsst den Schrein und die Stadt bis 10 Uhr verlassen. Dies ist ein Befehl des Gelehrtengremiums.« Ich beobachtete, wie mehrere Kämpfer, die in einer Ecke der Grabmoschee geschlafen hatten, aufstanden, sich streckten, ihre Habseligkeiten zusammensuchten und sich anschickten zu gehen.

Ich dachte an Dschassm, den alten Mann, der uns zwei Tage zuvor Unterschlupf gewährt hatte, und hoffte, dass es ihm jetzt besser ging. Die meisten Bewohner Nadschafs blieben dem in Trümmern liegenden Stadtzentrum zunächst fern, kamen aber im Laufe des Tages zurück, um den Schaden an ihren Häusern und Geschäften in Augenschein zu nehmen. Nur wenige von ihnen hatten etwas Positives über al-Sadr zu sagen.

Ja, bald wurde mir klar, dass der junge Geistliche in Nadschaf schon unbeliebt gewesen war, bevor er der Stadt diese Zerstörung gebracht hatte. Nadschaf stand hinter al-Sistani, der die Schiiten im Irak immer wieder aufgerufen hatte, keine Gewalt anzuwenden. Ungeduldig und ehrgeizig, repräsentierte al-Sadr eine neue, radikale und politisierte Denkströmung unter einigen der verstädterten Schiiten, und sein Griff nach der Macht in Nadschaf war ebenso ein Putschversuch gegen die etablierten geistlichen Autoritäten wie ein Schlag gegen die Koalition und die neue irakische Regierung. Das höchste Gremium der schiitischen Würdenträger des Irak heißt Hawza, und Einheimische erklärten mir den Unterschied zwischen der »stillen« Hawza al-Sistanis und der »lauten« oder »wütenden« Hawza al-Sadrs. Zwar hatte al-Sistani iranische Wurzeln, aber es war al-Sadr, der das Erbe der radikalen Ideologie angetreten hatte, die der iranischen Revolution 1979 zugrunde lag. Ich sprach darüber mit einem Geistlichen, der sich al-Sistani verpflichtet fühlte und sein Versteck in Nadschaf soeben verlassen hatte. Zitternd vor Verstörung und Wut, erzählte er mir Geschichten von Gewalt und Einschüchterung, während wir auf der Hauptstraße in den Ruinen eines Ladens mit Essiggemüse standen, in einer gerinnenden Ammoniakpfütze aus Peperoni, Essig und Kohl. Der Anblick von zwei Dutzend aufgedunsenen und verwesenden Leichen in dem zur Leichenhalle umfunktionierten Büro al-Sadrs unweit des Imam-Ali-Schreins überzeugte mich, dass die Beschreibung einer revolutionären Terrorherrschaft durchaus nicht übertrieben war. Die meisten Toten waren Einheimische, die offenkundig von al-Sadrs Gefolgsleuten in den vergangen drei Wochen aufgrund ihrer »verdächtigen Loyalitäten« exekutiert worden waren. Mindestens einer hatte eine Schlinge um den Hals. Der Eingang zum Büro war bespritzt mit Erbrochenem.

Das erfolgreiche Ende der Belagerung von Nadschaf belegte mehreres: zunächst und vor allem, dass es einer militärischen *und* politischen Strategie bedurfte, um aus der Sackgasse herauszukommen; zweitens, dass Aufständische, wie ich es auch bei anderen Gelegenheiten schon erlebt hatte, ohne Unterstützung durch breite Bevölkerungsschichten nicht gewinnen können. Der Kampf um Nadschaf hatte aber auch gezeigt, dass schon eine sehr geringe Zahl hinreichend motivierter Kämpfer enorme Probleme schaffen und großen Schaden anrichten kann. Mit nicht mehr als 1500 Mann, alle leicht bewaffnet und praktisch ohne Ausbildung, hatte al-Sadr eine ganze Division schwer bewaffneter amerikanischer Soldaten und mehrere tausend Soldaten der irakischen Hilfstruppen fast einen ganzen Monat lang in Schach halten können und – was beinahe genauso wichtig war – die Schlagzeilen der Weltpresse beherrscht. Schließlich zeigte die Belagerung auch, dass es ein schwerer Fehler der von den Amerikanern geführten Koalition gewesen war, im Jahr zuvor al-Sistani als konservativen Geistlichen mit langem Bart und Freunden im Iran an den Rand zu drängen. Ideologische Differenzen innerhalb der schiitischen Gemeinschaft im Irak, die Außenstehenden unerheblich schienen, hatten sich als entscheidend für den positiven Ausgang einer gefährlichen Situation erwiesen.

Mit dem Ende der Belagerung von Nadschaf zogen auch die Reporter ab, die über die Ereignisse berichtet hatten. Ich schickte meinen Bericht per Satellitentelefon, verließ das Hotel und fuhr zurück Richtung Bagdad. Seit meinem letzten Besuch im Irak drei Monate zuvor hatte sich die Sicherheitslage erheblich verschlechtert, und in den vergangenen Wochen waren mehrere Journalisten auf dem Weg in die Hauptstadt entführt worden, einige befanden sich noch immer in den Händen ihrer Peiniger. Auch waren amerikanische Konvois und irakische Regierungsmitarbeiter immer wieder in einen Hinterhalt geraten. Ich war um 4.30 Uhr morgens nach Nadschaf gefahren, als die Straßen leer waren. Jetzt war es früher Abend, doch da alle anderen Reporter die Stadt verließen, wollte auch ich nicht noch eine weitere Nacht dort bleiben.

Da die örtliche Polizei im Verdacht stand, mit Entführerbanden weiter oben im Norden zusammenzuarbeiten, versteckte ich mich auf dem Rücksitz unter einer Decke, als wir das Hotel verließen. Ein paar Minuten lang lauschte ich, wie Samer, der Student, den ich als Übersetzer angeheuert hatte, in kurzen, knappen Sätzen mit Tareq, meinem Fahrer, redete, dann legte ich mich zurück. Ich hatte mit den beiden schon öfter gearbeitet und vertraute ihnen vorbehaltlos. Wenn man uns anhielte, wären auch sie in großer Gefahr. Aus dem Autofenster sah ich die Palmwipfel vor dem Himmelsausschnitt vorbeifliegen, und ich versuchte vergeblich zu schlafen. Das Geräusch der Autoreifen auf einem neu geteerten Straßenabschnitt sagte mir, dass wir in der Nähe von Mahmudiye waren. Wir waren gut vorangekommen und näherten uns jetzt der Stelle, wo wir die Leichen der beiden polnischen Journalisten gesehen hatten. Tareq und Samer, die beide gern redeten, schwiegen jetzt, gaben einander Feuer und rauchten. Ich zählte die zerstörten Hochspannungsmasten, die draußen vorbeizogen, zählte die Palmwipfel und dabei ging mir durch den Kopf, dass einst 90 Prozent der weltweiten Dattelproduktion aus dem Irak stammte. Ich döste ein, schreckte mit Bildern des niedergestreckten toten polnischen Reporters auf und döste wieder ein.

Dann wurde gebremst, und der Wagen kam abrupt zum Stehen. Ich hörte Hupen und Fußgetrappel und Tareq, der anfing, fürchterlich zu fluchen. Dann fluchte auch Samer. Ich sah nur die Decke, ein Stückchen Himmel und die Sonnenstrahlen, die durch die Windschutzscheibe in den Wagen fielen.

»Samer, Tareq, was zum Teufel ist los?«, sagte ich.

»Jason. Ist okay. Ist ein Verkehrsstau. Ist Bagdad. Ist okay.«

Je länger ich mich im Irak aufhielt, desto größer war mein Optimismus, die Probleme des Landes würden eine glückliche Lösung finden. Eine Zeit lang war mir dieses Paradox unerklärlich, erlebte ich doch die furchtbare Lebenswirklichkeit aus nächster Nähe mit. Dann erkannte ich, dass mein Optimismus in dem täglichen Kontakt begründet war, den ich mit der normalen Bevölkerung hatte, den 24 Millionen Individuen, die das irakische Volk bildeten und die weder Fanatiker noch Opfer waren, sondern Menschen, deren Bestrebungen, Hoffnungen, Ängste, Freuden und Sorgen sich von meinen eigenen kaum unterschieden. Jeder Tag, der im Irak verging, erinnerte mich daran, dass Männer wie al-Sadr, die Politiker oder die Drahtzieher hinter den Selbstmordattentaten, die oft Dutzende von Menschen mit in den Tod rissen, zwar die Schlagzeilen über den Irak beherrschten, aber nicht repräsentativ waren für die große Mehrheit der Iraker. Und daran, dass die Fernsehberichterstattung, die sich natürlich auf die blutigsten Tagesereignisse beschränkte, die Lebenswirklichkeit der meisten Iraker gar nicht zeigte. Dasselbe galt für meine eigenen Berichte. Aber die Wahrheit, die viel zu wenig zur Sprache kam, lautete, dass es diese große Mehrheit war, die den Irak aus seinem Alptraum befreien würde. Und diese Mehrheit bildeten nicht die militanten Kämpfer, Gangster oder religiösen Fanatiker. Diese Mehrheit unterdrückte niemanden, bestand nicht aus Eiferern, noch war sie verroht oder gewaltbereit. Sie wollte nichts weiter, als den Kindern etwas zu essen auf den Tisch stellen, zur Arbeit oder in die Schule gehen oder die alten Eltern ins Krankenhaus fahren. Diese Menschen wollten einfach nur nachts schlafen können, ohne vor Angst, Hitze oder beidem schweißgebadet hochzuschrecken, und sie erstrebten bloß ein klein wenig von dem, was für uns im Westen größtenteils selbstverständlich ist. Nur von ihnen hing die Zukunft des Irak ab. Menschen, die, gab man ihnen diese Chance, die Gewalt besiegen würden – trotz der Beschwernisse des Alltags und trotz all der militärischen Gewalt, die man gegen sie aufbot.

Was auch immer die Koalition, die Regierung oder Washington behaupteten, die Alltagswirklichkeit war zweifellos hart. Gewiss, das Bild war uneinheitlich, und es wäre falsch zu behaupten, der gesamte Irak versänke in tiefster Armut. Auf dem Bürgersteig einer Straße in Bagdad standen neue, in Plastikfolie verpackte Klimaanlagen, Satellitenfernseher und Kühlschränke, und es gab Restaurants, in denen ein Essen 10 oder 20 Dollar kostete und die immer voll waren. Doch für einen Großteil der Bevölkerung war das Leben vor wie nach der Invasion ein ungeheurer Kampf. Unter Saddam war im Süden des Landes der Strom knapp gewesen, doch die Bewohner Bagdads hatten fast immer Strom gehabt, und die ständigen und unvorhersehbaren Stromausfälle trafen sie jetzt bitter. Im Süden war es die offenkundige Unfähigkeit der Behörden, sauberes Trinkwasser zur Verfügung zu stellen, was viele wütend machte. Als ich ein Kraftwerk bei Basra besichtigte, sah ich, warum der Aufbau der Infrastruktur im Irak so schwierig war, auch schon vor Beginn der Sabotageakte. Nicht nur war die Anlage unverkennbar heruntergewirtschaftet; jedes Glied im Produktions- und Verteilungsnetz – die Generatoren, die Transformatoren, das Stromnetz, die Brennstoffversorgung, die Raffinerien, die Lkw, die Fahrräder, die die Arbeiter auf dem Gelände benutzten – musste erneuert werden. Die Tatsache, dass fast alle Kraftwerke im Land in demselben maroden Zustand waren, zeigte, dass der Irak trotz seines Ölreichtums schon seit langem ein armes Land war. Auch die Bevölkerung war nach Jahrzehnten des Kriegs und der Sanktionen so verelendet, dass sie für die mageren Zeiten über keine Reserven mehr verfügte. Ihre Kräfte waren längst erschöpft.

Hinzu kam die Sicherheitslage. In vielen Gebieten war der völlige Zusammenbruch von Gesetz und Ordnung sehr viel problematischer als die Aktionen der Militanten. Die Wahrscheinlichkeit, von einer Bombe getroffen zu werden, war statistisch gesehen recht gering, obwohl natürlich die Aussicht auf einen solchen Anschlag entsetzlich war. Das Risiko, von Banditen erschossen, ausgeraubt, entführt und erpresst zu werden, war allerdings groß. Die Menschen befanden sich in einem furchtbaren Dilemma. Wenn sie zur Arbeit gingen oder das Haus verließen, um sich eine Arbeit zu suchen, liefen sie Gefahr, getötet oder schwer verwundet zu werden. Wenn sie zu Hause blieben, hatten sie kein Geld und nichts zu essen. Für Kranke war alles noch schlimmer. Eine Gesundheitsversorgung existierte nicht, zumindest nicht für diejenigen ohne Geld. Ich habe öfter eine Frau besucht, deren Kinder Fara und Mariam schwerbehindert waren und ständige medizinische Betreuung benötigten. Ich brachte ihnen oft große Schachteln Kekse und frisches Obst mit und sagte, das sei in meinem Land Brauch, wenn man jemanden besuchte. Wir wussten beide, dass es Almosen waren. Was die Familie aber am dringendsten brauchte, war natürlich Geld und eine spezielle medizinische Versorgung, die es nur im Westen gab. Viele Iraker waren einfach ratlos. »Ich liebe mein Land. Ich liebe den Irak so sehr«, sagte mir eine Frau, die im Zentrum von Bagdad einen Laden hatte. »Aber es schmerzt mich zutiefst, diese Gewalt zu erleben. Das Regime ist weg, jetzt sollte doch alles besser sein. Der Neuanfang … er ist nicht in Sicht. Es tut mir weh zu sehen, dass der Irak ein Schlachtfeld ist. Aber trage ich Schuld daran? Trägt meine Familie Schuld daran?« Diese Fragen hörte ich immer wieder.

Und obwohl niemand den Wunsch äußerte, Saddam möge zurückkommen – das schien fast undenkbar –, konnten nur wenige begreifen, wie die Dinge so hatten aus dem Ruder laufen können. Ich erinnerte mich an die Bewohner von Kabul unter den Taliban und an all die Tricks, die sie gefunden hatten, um sich zu arrangieren. Aber die Bewohner der afghanischen Hauptstadt hatten lange gebraucht, um zu lernen, wie man mit den Männern aus Kandahar zurechtkommen konnte, und obwohl das Leben in Kabul sehr viel mühsamer gewesen war, was die Grundversorgung betraf, so war es ganz gewiss weniger von Gewalt geprägt. Die Kabuler erkannten durchaus, dass die Taliban, trotz all ihrer Fehler, größere Sicherheit gebracht hatten. »Ob es besser wird? Ob es besser wird im Irak?«, fragten sich die Bagdader ein ums andere Mal, wenn ich wissen wollte, wie es weiterging. Oft wiederholten sie meine Frage mehrmals und überlegten sich die Antwort sehr genau. Meist war ihre Antwort nur ein schüchtern zaghaftes Lächeln, ein »Inschallah« oder ein Achselzucken.

Ein Jahr nach der Invasion war das Klima rauer geworden, unverkennbar. Die allgegenwärtige Gewalt führte zu einer allgemeinen Verrohung und warf die Menschen auf sich selbst zurück. In 30 Jahren brutaler Diktatur war die Gewalt ohnehin zum normalen Bestandteil des Alltagslebens geworden. Das Chaos im neuen Irak verstärkte diese Tendenz nur noch mehr. Wie in Afghanistan und in Teilen Pakistans konnte auch der geringfügigste Streit im Nu eskalieren. In einer Atmosphäre der Unsicherheit und Gesetzlosigkeit war Gewalt stets unterschwellig vorhanden. Einmal sah ich einen Mann, der ein störrisches Pferd mit der Faust auf den Kopf schlug. Ein andermal schlug ein Ladenbesitzer ein Kind, das einen Apfel gestohlen hatte, mit einem dicken verknoteten Seil. Er schlug immer wieder zu, selbst als das Kind schon am Boden lag – angesichts eines so geringfügigen Vergehens eine absolute Überreaktion. Die neue Welle der Gewalt, die jetzt das Land heimsuchte, unterschied sich in vieler Hinsicht von der staatlichen Gewalt unter Saddams Herrschaft. Es entstand eine Vielzahl neuer Begriffe, um die Gewalt von Terroristen, Feuergefechte und Bombardierungen, um Verstümmelungen, Sabotageakte, Entführungen zur Erpressung von Lösegeld oder zu Propagandazwecken, im Fernsehen ausgestrahlte Videobotschaften und Banditentum zu beschreiben.

Und natürlich führte dies auch zu einer zunehmenden Verrohung der ausländischen Soldaten im Irak. Bei meiner Rückkehr aus Nadschaf interviewte ich in Sadr City stationierte amerikanische Scharfschützen, weil ich wissen wollte, was für Männer es waren, die Esel und deren Besitzer erschossen. Einer von ihnen, der vor den Baracken in der Sonne saß und eine Mentholzigarette rauchte, beschrieb das Gefühl der Macht, wenn er durch sein Visier ein Ziel anpeilte. »Es ist nicht so, dass ich das als etwas besonders Gutes ansehe«, meinte er lakonisch. Er schilderte, wie er drei Männer getötet hatte. »Ich habe keine Alpträume«, sagte er. »Sie haben es verdient.« Auch unten in Basra, wo ich ein Jahr zuvor britische Soldaten mit weichen Feldmützen in einem offenen Landrover auf Patrouille begleitet hatte, war das Klima jetzt merklich rauer. Jetzt waren die Soldaten dort nur noch in gepanzerten Fahrzeugen unterwegs. Auf die Wand eines Bunkers in einem Stützpunkt, der fast den ganzen Monat lang unter Beschuss gewesen war, hatte ein Soldat geschrieben: »Dann wirst du in einer Welt aus Scheiße leben … ich lebe schon in einer Welt aus Scheiße.« Ein Satz aus *Full Metal Jacket.*

Ein ständiges Problem bestand darin abzuschätzen, wie groß die Unterstützung für den immer heftigeren »Widerstand« war. Denn erstens hingen alle Schätzungen davon ab, von welcher militanten Gruppe man gerade sprach: von al-Sadr und seiner Miliz, von den sunnitischen Kämpfern im Westen des Landes oder von den militanten islamischen Gruppen, den Dschihadisten, die viel von sich reden machten, aber nicht besonders zahlreich waren. Unmittelbar nach der Invasion 2003 hatte ich geschrieben, dass zehn Prozent der Gesamtbevölkerung die Koalition, zehn Prozent den »Widerstand« befürworteten und 80 Prozent unentschieden seien. 15 Monate später schätzte ich, dass nur noch ein Bruchteil auf der Seite der Vereinigten Staaten und ihrer Verbündeter stand, ein sehr viel größerer Teil, vielleicht 25 Prozent, blutigen Anschlägen gegen die westlichen Streitkräfte nicht abgeneigt und eine nicht unbedeutende Zahl, vielleicht fünf Prozent, sogar bereit waren, sich an solchen Anschlägen zu beteiligen, wenn sie die Mittel und Möglichkeit dazu hätten. Der Rest steckte den Kopf in den Sand. Gemessen an der Gesamtbevölkerung war die Zahl der Militanten zwar immer noch relativ klein, aber schon eine geringfügig stärkere Radikalisierung war durchaus bedenklich. Rein rechnerisch wuchs mit den Ressentiments auch die Zahl der aktiven Militanten, selbst wenn nur ein Bruchteil dieser Wütenden tatsächlich ein Gewehr in die Hand nahm.

Was mich am meisten interessierte und was meiner Ansicht nach zugleich den Schlüssel zum Verständnis des irakischen Debakels lieferte, war die Frage, wie es dazu hatte kommen können, dass dieselben Iraker, die anfangs die amerikanische Invasion begrüßt oder ihr zumindest ambivalent gegenübergestanden hatten, jetzt aktiv kämpften. Sie waren es, die die Reihen des Widerstands füllten. Waren sie einer Gehirnwäsche unterzogen worden, wie manche behaupteten? Wie gut waren sie organisiert? Welche Rolle spielte die Religion? Gab es eine Verbindung zu »al-Qaida«? All die Themen, mit denen ich mich schon seit Jahren beschäftigte, schienen sich in dieser einen Frage zu verdichten.

Ich traf »Abu Mudschahid« in einem Hotel außerhalb des Zentrums von Bagdad. Er erzählte mir, tagsüber arbeite er im Büro eines wichtigen Ministeriums, nachts kämpfe er für »den Widerstand«. Er war um die 30, kahl geschoren, mit einem dicken Bauch, kräftigen Unterarmen und Wurstfingern; er trug eine braune Freizeithose, Sporthemd, einen Kunstledergürtel mit einer großen Messingschnalle, darauf der Schriftzug »Miss Sixty«. Er redete ohne Stocken, und was er sagte, war intelligent. Unser Gespräch dauerte lange. Ich glaube nicht, dass er mich anlog.

Abu Mudschahid, als Sunnit in dem großen Viertel Adhamiye in Bagdad aufgewachsen, betonte, er sei nie Mitglied der Baath-Partei gewesen, und als er gehört habe, dass die Amerikaner kämen, um »den Irak zu befreien«, sei er »sehr glücklich« gewesen. Die amerikanische Kultur symbolisiere für ihn Freiheit, das Prinzip des Aufstiegs durch Leistung und Chancengleichheit. »Unter Saddam habe ich am liebsten Bon Jovi gehört«, sagte er. »Um ein bisschen frei zu atmen, habe ich amerikanische Filme angeschaut und amerikanische Lieder gehört, und das hat mir gezeigt, wie ein besseres Leben aussehen kann. Daher war ich glücklich, als ich hörte, die Amerikaner würden kommen. Unser Leben war eine schnurgerade Linie, es gab weder rechts noch links, kein Abweichen. Ich dachte, wenn erst die Amerikaner da sind, kann ich gut leben, ich kann reisen und frei sein. Ich wollte Sport treiben, moderne Geräte benutzen, ein neues Auto haben und mich weiterentwickeln. Die Amerikaner oder die Briten waren nicht meine Feinde, und sie sind es auch jetzt nicht.« Es war für mich eine Kurzfassung all dessen, was für viele hundert Millionen Menschen in der islamischen Welt die Attraktivität des Westens ausmachte.

Zwei Dinge hatten ihm seine Illusionen geraubt: erstens die Bilder der zivilen Opfer, die er mit Hilfe einer illegalen Satellitenschüssel während des Kriegs in arabischsprachigen Fernsehsendern gesehen hatte; und zweitens die amerikanischen Soldaten, die den Plünderungen in seiner Heimatstadt untätig zugeschaut hatten. »Ich habe gesehen, wie die Plünderer den Marmor aus dem Ministerium für Hochschulbildung holten, direkt vor zwei amerikanischen Panzern!«, sagte er. »Das hat mir klar gemacht, dass die Amerikaner nicht gekommen waren, um uns zu helfen, sondern um uns zu vernichten. Wären sie als Freunde gekommen, hätten sie doch unsere Sachen geschützt.«

Eine Zeit lang hatte sich Abu Mudschahid noch seinen Glauben an die Invasoren bewahrt. »Ich wartete darauf, dass es besser würde, ich dachte, es seien die Kriegswirren«, sagte er. Doch dann sei er zu dem Schluss gekommen, dass dies ein Fehler war und dass er handeln musste. Der entscheidende Moment sei gewesen, als die Amerikaner angefangen hätten, sein »eigenes Volk zu töten und zu verhaften«.

Über Wochen hinweg, so erzählte Abu Mudschahid, habe sich seine Gruppe immer wieder getroffen. Niemand habe ihn anwerben wollen, es habe keine Lenkung von oben oder von außerhalb gegeben. Nur eine Gruppe Gleichgesinnter eben, die ein recht verschwommenes Ziel und ähnliche Gefühle hatten.

»In meiner wie auch in vielen anderen Gruppen kämpft der eine für die Nation, der andere für ein Prinzip, der Dritte ist ein ehemaliger Armeeoffizier, der jetzt ohne Arbeit dasteht und Rache üben will. Einer von uns ist religiös. Wir sind zu sechst oder zu siebt, ein paar weitere kommen und gehen.«

Auch die Bemühungen seiner Gruppe, sich mit dem Grundlegenden auszurüsten, das alle Militanten und Terroristen brauchen – Waffen, Know-how und einen Ort, um zu trainieren, sich auszuruhen und zu verstecken –, waren amateurhaft und vom Zufall bestimmt. Vorsichtige Erkundigungen hatten ergeben, dass bereits ein Untergrundnetzwerk von Waffenlieferanten existierte. Leute zu finden, die ihnen den Umgang mit den Waffen zeigten, war schwieriger, aber »Schritt für Schritt« gelang es Abu Mudschahid, Experten für »Waffen, Tarnung und Kommunikation« ausfindig zu machen. »Ehemalige Armeeangehörige halfen uns und zeigten uns beispielsweise, wie man vom Wohnzimmer eines Hauses aus einen Mörser bedient«, sagte er. »Stück für Stück lernten wir, was wir wissen mussten.«

Doch Abu Mudschahid und seine Freunde waren nicht ganz allein. Sie kamen schon bald mit anderen, ähnlichen Gruppen in Kontakt. »Es gibt ein dicht geknüpftes Verbindungsnetz«, sagte er und wechselte unbewusst in die Gegenwart. »Alle diese Gruppen bestehen aus Einzelnen, aber sie sind alle mit einem Mann in der Mitte verbunden, der die Fäden in der Hand hält, ein [Stammes-]Scheich.«

Und dann war da noch der Islam. Abu Mudschahid gab zu, dass er selbst nicht »allzu religiös« war; er gehe bloß zum Freitagsgebet in die Moschee und bete nur während des Ramadan fünfmal am Tag. Aber es war klar, dass das einigende Band seiner Gruppe die Religion war, die – und das war entscheidend – ihr Handeln legitimierte. »Wenn wir besprechen, was wir tun, reden wir in religiöser Terminologie. Man kann also sagen, dass wir um der Religion willen kämpfen«, sagte er. »Wir haben die Gruppe gegründet, um für die Sache der Religion zu kämpfen, und das Wichtigste für unsere Gruppe ist die Religion.«

Ihre Sicht des Glaubens war typischerweise von der Buchstabentreue geprägt. »Religion ist für uns der Koran. Was in den Koranversen steht, das ist die Wahrheit. Ich bin ein gläubiger Mensch. Manchmal gehen wir nach einem Einsatz in die Moschee und beten.«

Nach drei Monaten startete die Gruppe ihre erste größere Operation. »Wir entdeckten drei Amerikaner, die in unserer Gegend zu Fuß unterwegs waren, und wir schossen einfach drauflos und liefen weg. Die Soldaten gingen zu Boden, deshalb wussten wir nicht, ob wir sie getroffen hatten, und wir waren verwirrt und ganz schön verängstigt. Aber wir hatten eine Barriere durchbrochen, und danach hatten wir keine Angst mehr. Seitdem haben wir weitere getötet.«

»Wie viele?«, fragte ich.

»Das weiß ich nicht, weil wir es nicht nachprüfen können, vier oder fünf, vielleicht aber auch zwanzig.«

Abu Mudschahid hielt inne und blickte sich um. Wir saßen in einem Zimmer in der oberen Etage eines Hotels. Er ging zur Tür, rief jemandem etwas zu, kam zurück und sah durch das schmutzige Fenster hinaus auf den Tigris und die dahinter liegende Stadt. Ich überlegte, ob er bewaffnet war. Wahrscheinlich schon, entschied ich. Voller Unbehagen machte ich mir klar, dass man mich trotz aller Vorsichtsmaßnahmen, die ich getroffen hatte, nur schwer finden würde, wenn Abu Mudschahid beschlossen hatte, sich jetzt auch noch Entführungen auf die Fahne zu schreiben.

»Ich habe Tee bestellt«, sagte er, meine Gedanken erahnend. »Glauben Sie mir bitte, ich bin nicht gegen ein bestimmtes Volk. Sie sind hier mein Gast, das ist überhaupt kein Problem. Sie sind mein Freund. Es ist nur, weil die Amerikaner hier sind. Als Bürger meines Landes habe ich nie eine Straftat begangen. Ich war nie in Schwierigkeiten. Und Entführung ist ein Verbrechen. Ich unterhalte mich gern mit Ihnen, weil Sie wie ich einen kahlen Kopf haben.«

Seit ihrer ersten Operation, so Abu Mudschahid, hatte die Gruppe viel gelernt. Sie begannen ihre Taktiken zu variieren, beschossen die Amerikaner einmal aus dem Hinterhalt, am nächsten Tag legten sie selbst gebaute Straßenbomben, dann wieder Minen, um eine Patrouille zu treffen. »Wir haben nie von jemandem Befehle erhalten. Die Scheichs sagten uns nur: ›Heute müsst ihr etwas machen‹, aber wir konnten stets selbst entscheiden, was machbar war und wann.«

Schwarze amerikanische Soldaten waren ein vorrangiges Angriffsziel. »Von Negern besetzt zu werden ist eine ganz besondere Demütigung«, sagte Abu Mudschahid, und in seinen Worten klang der in weiten Teilen des Nahen Ostens tief verwurzelte Rassismus an. »Manchmal haben wir eine Mission abgesagt, weil keine Neger dabei waren, die wir töten konnten.«

Gab es Tote oder Verletzte in der Gruppe?

Er zuckte die Schultern.

»Einer von uns wurde nach Abu Ghraib gebracht. Bei anderen Gruppen, die ich kenne, gab es Tote. In meinem Viertel hängen mindestens fünf Fahnen für die tapferen Märtyrer des Widerstands. Sie wurden getötet, weil sie einen Fehler begingen. Jetzt machen wir weniger Fehler.«

»Und welches sind Ihre derzeitigen Aktivitäten?«, fragte ich.

»Wir schießen nur noch Mörser ab!«, antwortete er mit einem breiten Grinsen und schlug sich auf seine dicken Oberschenkel. »Mörser sind eine sichere Sache. Wir planen alles bis ins Detail, auch die Reichweite, und müssen deshalb nur noch aufkreuzen, schießen und weglaufen.«

Draußen ging langsam die Sonne unter. Ich wollte nach einem Treffen mit Widerstandskämpfern nicht in der Dunkelheit durch Bagdad fahren. Unter Experten war strittig, wie eng die verschiedenen Widerstandsgruppen zusammenarbeiteten. Daher fragte ich Abu Mudschahid nach der Beziehung seiner Gruppe zu den Männern, die ich in Nadschaf hatte kämpfen sehen.

»Die al-Mahdi-Armee kämpft für einen Einzigen, für Muqtada al-Sadr, nicht für ihr Land oder für ihre Religion«, sagte er verächtlich. »Und die meisten Kämpfer sind von der Sorte, die Bagdad geplündert haben.«

Und die religiösen Militanten? Die Wahhabiten? Die mutmaßlichen »al-Qaida«-Mitglieder?

»Wir kennen zwar einige von ihnen, aber wir lehnen eine Zusammenarbeit mit ihnen ab, weil es zu gefährlich ist«, sagte Abu Mudschahid. »Einige sind aus religiösen Motiven hier. Andere sind an keine Gruppe gebunden. Wieder andere stehen, glaube ich, irgendwie mit al-Qaida in Verbindung, weil die eine Menge Geld haben. Aber es ist nicht einfach, mit ihnen zusammenzuarbeiten. Es sind wirklich blutrünstige Leute. Es ist ihnen egal, wenn sie redliche Iraker töten. Sie sind verrückt, das sage ich Ihnen. Das sind Terroristen, wirklich; das sind Terroristen, es ist mein Ernst.«

»Sind Sie kein Terrorist?«, fragte ich.

Er machte ein entsetztes Gesicht. »Nein, nein, wir greifen amerikanische Soldaten an«, sagte er. »Wir sind Freiheitskämpfer. Wir sind der Widerstand.«

Wir hatten fast zwei Stunden lang gesprochen. Samer, mein Übersetzer, und ich waren müde, wir rutschten immer tiefer in die alten Schaumstoffsessel des schäbigen Hotelzimmers. Ich überlegte, was ich noch fragen konnte.

»Haben Sie das Gefühl, gedemütigt worden zu sein?«, sagte ich.

Abu Mudschahid beugte sich vor, die Hände auf die dicken Oberschenkel gestützt. »Es gibt nichts Schlimmeres, keine größere Schande, als zu sehen, dass das eigene Land besetzt wird«, sagte er. »Die Amerikaner haben die Möglichkeit, all diesen Problemen ein Ende zu setzen. Wenn die Iraker einen vollen Bauch und ein gutes Leben hätten, würde niemand kämpfen. Es kommt den Irakern zuallererst darauf an, dass ihre Familien gut leben können. Die Vereinigten Staaten sind ein sehr reiches Land, sie könnten, wenn sie wollten, Einkaufszentren bauen und mit subventionierten Waren füllen. Im Ministerium verdiene ich 240 000 irakische Dinar. Mitte des Monats habe ich schon kein Geld mehr, weil ich Miete bezahlen muss. Ich habe drei Kinder, Arztrechnungen sind offen, meine Frau braucht irgendetwas, im Haus wird etwas benötigt. Ein Kilo Hähnchen kostet 2500 Dinar.«

»Eine letzte Frage: Hat Ihre Gruppe einen Namen?«

»Ich bin überzeugt, der Tag wird kommen, an dem wir als Gruppe bekannt werden, *inschallah.* Aber wir brauchen keinen Namen wie ›al-Qaida‹ oder so. Wir sind eine lokale Organisation. Es ist unerheblich, ob wir einen Namen haben oder nicht.«

Wieder zurück in dem kleinen Haus, in dem ich wohnte, setzte ich mich hin und schrieb bis spät in die Nacht meine Interviewnotizen ins Reine. In Abu Mudschahids Geschichte verdichteten sich viele Themen, auf die ich auch anderswo gestoßen war. Sie war erstens die simple Bestätigung für das, was jedem, der sich vor Ort im Irak aufhielt, deutlich vor Augen stand: der tiefe ideologische Riss zwischen denen, die von letztlich nationalistischen Überlegungen motiviert waren, wenn auch bisweilen mit einer religiöse Sprache verbrämt, und denen, die Teil der breiteren, internationalen modernen »dschihadistischen« oder »al-Qaida«-Strömung des Denkens und Handelns waren. Zweitens war Abu Mudschahids anonyme Gruppe amateurhaft und zufällig gegründet worden. Abu Mudschahid und seine Mitstreiter waren von den gängigen Modellen der »Terrorismus«-Analyse, die in London, Washington und anderswo favorisiert wurden, ganz gewiss weit entfernt und hatten auch genauso wenig gemein mit dem Bild gut organisierter, disziplinierter, hierarchisch gegliederter Aufständischer, das in den Kommuniqués der Koalitionstruppen gezeichnet wurde. Drittens war auch die Bedeutung der Religion offenkundig. Der religiöse Glaube oder zumindest dessen Sprache und ideologische Verbrämung hatten sich als äußerst effektiv erwiesen, um disparate Individuen zusammenzuschließen, Elemente einer gemeinsamen Identität, ein gemeinsames Ziel und eine gemeinsame Motivation zu schaffen und – nicht zu unterschätzen – Gewalt zu legitimieren. Damit erfüllte der Islam genau die Funktion, die er in der muslimischen Welt angesichts von Invasion, Besatzung und Kolonialisierung, von Naturkatastrophen und anderen realen oder vermeintlichen Bedrohungen in der Vergangenheit so oft innehatte.

Was mich jedoch am meisten interessierte, war Abu Mudschahids anfänglicher, vor dem Krieg gehegter Wunsch, sich in seiner Lebensweise dem Westen mehr anstatt weniger anzugleichen. Das Gefühl, gedemütigt worden zu sein, das so entscheidend und im Bewusstsein vieler Muslime präsent war, hatte sich im Zuge der Zurückweisung durch den Westen und schließlich der Enttäuschung, diese westliche Macht mit Panzern vor seiner Haustür stehen zu sehen, nur noch verstärkt. Auf Abu Mudschahid wie auf Millionen andere in der islamischen Welt hatten die westlichen Wertvorstellungen eine starke Anziehungskraft ausgeübt, boten sie doch die Aussicht, viele Grundsehnsüchte zu erfüllen. Wie jeder Mensch wollte auch er Sicherheit, Wohlstand, Gesundheit, Rede- und Versammlungsfreiheit, ja auch sexuelle Freizügigkeit, auch wenn er dies nicht formuliert hatte – Dinge, die er als charakteristisch für das Leben im Westen ansah. Doch die Spielart des Westens, die er dann konkret kennen gelernt hatte, blieb weit hinter seinen Erwartungen zurück. So erging es vielen in der islamischen Welt. Bitter enttäuscht, griff er schließlich das an, was er einst erstrebt hatte.

14 Ein Schwerpunkt

Einen Tag nach meinem Interview mit Abu Mudschahid wurde der britische Ingenieur Kenneth Bigley von einer Gruppe militanter Islamisten aus einem Haus in einem Wohngebiet Bagdads entführt. Ich zog sofort aus dem Haus in einer ähnlichen Wohngegend aus und kehrte in das von Betonbarrikaden geschützten Hotel al-Hamra zurück. In den folgenden drei Wochen trat die für Bigleys Entführung verantwortliche Gruppe unter Führung des in Jordanien geborenen Militanten Abu Musab al-Zarqawi mit mehreren Videobotschaften an die Öffentlichkeit, die sorgfältig inszeniert waren, um die Aufmerksamkeit der internationalen Medien auf sich zu ziehen. Die Videos zeigten den Gefangenen – manchmal hinter Gittern und in einem orangefarbenen Overall, den auch die Gefangenen in Guantanamo trugen –, wie er an das britische Volk und den Premierminister appellierte. Alle bis auf das letzte Video mit den grausamen Szenen von Bigleys Hinrichtung wurden in der einen oder anderen Form von fast allen großen Fernsehsendern weltweit ausgestrahlt und erreichten viele Millionen Menschen. Das Video von Bigleys Hinrichtung wurde zwar von keinem der großen Fernsehsender gezeigt, aber es wurde ins Internet gestellt und in wenigen Wochen zehntausende Male heruntergeladen.

Die Manipulation mithilfe von Bildern brutalster Gewalt und deren Verbreitung durch die Geiselnehmer erschien mir als der logische Höhepunkt einer Entwicklung, bei der über Jahrzehnte, wenn nicht Jahrhunderte hinweg Militante und Aktivisten jeder Couleur in unterschiedlicher Weise mit den neuen Techniken der Medien experimentiert hatten. Das Ziel der von den Militanten ausgeübten Gewalt war dasselbe geblieben, aber keine dieser Gruppen hatte es jemals zuvor so leicht gehabt, ihre Botschaft einem so großen Publikum zu übermitteln und das Spektakel so vollständig zu kontrollieren. In Kabul hatte ich zusammen mit ein paar hundert anderen in einem Stadion die Hinrichtung einer Frau miterlebt. Die letzten Tage von Kenneth Bigley dagegen hatte ich zusammen mit Millionen Zuschauern verfolgt. Al-Zarqawi und die

Männer, die hinter den Geisel-Videos steckten, hatten in jedem Akt ihrer spektakulären gewalttätigen Inszenierung die Zügel in der Hand. Sie waren sich bewusst, wie umstritten ihr Handeln war, und daher bemüht, zweifelnde Zuschauer von der Legitimität ihres Tuns zu überzeugen, indem sie eine Vielzahl religiöser und mythologischer Bezüge in ihre Inszenierung einbauten und sich bestimmter Showelemente bedienten wie dem, ihr Opfer in der Art von Guantanamo-Häftlingen zu kleiden.

Unklar war allerdings der Stellenwert von al-Zarqawis gewalttätigen Aktionen im Gesamtzusammenhang des militanten Islam, wie er sich seit dem 11. September und dem nachfolgenden Krieg in Afghanistan entwickelt hatte. Seit Frühjahr 2002 waren mit monotoner Regelmäßigkeit Bomben militanter Muslime explodiert. Die Untersuchungen der Anschläge von Bali, Casablanca, Riad, Mombasa, Jakarta, Istanbul und später Madrid zeigten, dass jeweils eine kleine Zelle von Militanten dahintersteckte, die fast alle lokal rekrutiert und nicht von einer zentralen Kommandostelle geleitet wurden. Die Verbindung zu einem zentralen al-Qaida-Kommando schien von Anschlag zu Anschlag geringer zu sein. Obwohl bin Laden in den neunziger Jahren aufgrund außergewöhnlicher Umstände viele der zahllosen Strömungen des militanten Islam hatte bündeln und ein gewisses Maß an strategischer Kontrolle hatte ausüben können, führte die Zerstörung der Trainingscamps und der logistischen Infrastruktur in Afghanistan dazu, dass der zeitgenössische militante Islam zu einem nebulösen Netzwerk von Netzwerken mutierte beziehungsweise zurückkehrte. Al-Qaida war eine erfolgreiche Ideologie, die an die jeweiligen lokalen Missstände anknüpfte, sie artikulierte und zum Ausdruck brachte, wo immer die kulturellen Gegebenheiten dafür sprachen, dass ein nicht unbedeutender Teil der Bevölkerung für das Ideengut des radikalen Islam aufgeschlossen war. Groll und Wut, weit genug verbreitet, ließen das Kalkül der militanten Gewalt, wie ich es im Irak am Werk gesehen hatte, aufgehen. Bereits eine geringfügige Schärfung des politischen Bewusstseins, ein Quentchen mehr Wut in einer bestimmten Gesellschaft, und die Gewaltbereitschaft der Bevölkerung wuchs deutlich. Darin lag ein enormes Problem.

Nach den verschiedenen Anschlägen und nach al-Zarqawis schockierenden Videos kam es daher nicht auf das an, was in Whitehall oder im Weißen Haus gesagt wurde, sondern auf das, was man in den Kebabhäusern und Souks, in den Privatwohnungen, Moscheen und

Büros der islamischen Welt sagte. Betrachteten die Menschen die Gewalt als legitimes Mittel? Folgten sie dem Aufruf der Militanten zu den Waffen oder wandten sie sich voller Abscheu, Hass und Furcht von ihnen ab? Welche Wirkung hatte der Krieg im Irak auf diese Menschen gehabt? Wenn der Schlüssel zum Sieg im »Krieg gegen den Terror« darin lag, die »Herzen und den Verstand« der Muslime weltweit zu gewinnen, und wenn hierin auch der »Schwerpunkt« des militanten Islam lag, dann würde sich an genau diesem Punkt entscheiden, wie sicher wir alle in den folgenden Jahren würden leben können. Ende 2003 und 2004, zwischen meinen Reisen in den Irak, besuchte ich Kaschmir, Afghanistan und den Fernen Osten, auf der Suche nach Antworten auf diese entscheidenden Fragen.

Der Kaschmir-Konflikt ist einer der weltweit hässlichsten Kriege an einem der schönsten Orte unseres Erdballs. Seine Wurzeln liegen in den Wirren nach dem Ende der britischen Herrschaft in Südasien, als der hinduistische Maharadscha des Bergstaates nach der Belagerung seines Palastes durch pakistanische Truppen gezwungen war, sich für den Anschluss an Indien oder an Pakistan zu entscheiden. Mit einem Federstrich machte er seine größtenteils muslimischen Untertanen zu Bürgern des säkularen, aber überwiegend von Hindus bewohnten Indien. In den folgenden fünf Jahrzehnten führten Islamabad und Delhi ununterbrochen Krieg um den geteilten Staat. Den jüngsten Konflikt hatte ich 1999 als Gast der pakistanischen Soldaten jenseits der hohen Berge miterlebt, die ich jetzt von meinem Hotelfenster in Kaschmirs Hauptstadt Srinagar aus im Blick hatte.

Nach manipulierten Wahlen im Jahr 1988 hatten sich die Kaschmiris gegen die ihrer Ansicht nach diskriminierende und harte Politik Delhis erhoben. Ihre Wut hatte sich auf verschiedene Weise artikuliert, zunächst in der Sprache der Befreiungsbewegungen der Dritten Welt, verschiedener linker Strömungen und der Demokratiebewegungen Osteuropas, dann, als ihre Forderungen zurückgewiesen und sie brutal niedergeschlagen wurden, in der Sprache des politischen Islam. Bald wurde die Speerspitze der militanten Bewegungen in Kaschmir aus ultraradikalen religiösen Gruppen gebildet, deren Kader vielfach Veteranen des Kriegs gegen die Sowjets in Afghanistan waren und die oft von den Geheimdiensten des benachbarten Pakistan finanziert und unterstützt wurden.

Ihre Agenda war dogmatisch, rigoros, extrem gewalttätig, dem toleranten, gemäßigten, sufisch geprägten Islam der meisten Kaschmiris wesensfremd. In den neunziger Jahren waren es diese Gruppen, die einen erbitterten Guerillakrieg gegen die Sicherheitskräfte Delhis führten.

Als ich im Herbst 2003 nach Kaschmir kam, stand es auf der Kippe zwischen Fortschritt in Richtung Frieden und Rückfall in den Schrecken der vergangenen Jahre. Rund 700 Zivilisten, 500 indische Sicherheitsleute und mindestens 1000 Militante waren in den ersten acht Monaten dieses Jahres ums Leben gekommen. Im Spätsommer dann wurde ein vorläufiger Waffenstillstand erreicht, sämtliche Parteien schienen zu politischen Zugeständnissen bereit, und es gab einen kleinen, aber spürbaren wirtschaftlichen Aufschwung in der Region. Zum ersten Mal nach langer Zeit gab es Hoffnung.

Eine Woche lang fuhr ich im »Tal« umher, wie das Kernland des indischen Teils von Kaschmir genannt wird. Es war genauso schön, wie man mir gesagt hatte, und der Krieg war genauso hässlich. Am Horizont, wohin man auch schaute, weiße Berggipfel, deren Umrisse scharf vor einem stahlblauen Himmel standen und sich in Teichen, Flüssen und dem berühmten Dal-See außerhalb Srinagars mit wunderbarer Klarheit spiegelten. Auf den Hauptstraßen dicht an dicht Ochsenkarren, überladene Lkws, Busse und Konvois der indischen Armee – endlose Kolonnen stumpfnasiger Schützenpanzer, die im Abstand von zwei Schritten wie Ochsen auf der staubigen und holprigen Teer- und Kiesstraße dahinkrochen. Der Krieg war keineswegs auf den ersten Blick sichtbar. Die anmutige Schneise durch eine Gruppe gertenschlanker Bäume, die herbstlich leuchteten, gab nur kurz den Blick auf einen Maschinengewehrposten frei. Die verkohlten Brandspuren um die Fenster eines ausgebrannten Hauses konnte man aus dem fahrenden Auto leicht für traditionelle Holzschnitzerei halten. Unmöglich war es zu entscheiden, ob die abendliche Leere auf Srinagars Straßen der Angst, der Kälte oder dem Ramadan zuzuschreiben war. Als ich eine halbe Stunde nach einem Granatenangriff am Ort des Geschehens, einem Postamt, eintraf, hatte sich der Verkehr bereits wieder normalisiert, und nur die Blutspuren am Boden deuteten darauf hin, dass hier etwas Schreckliches geschehen war. Das massive psychische Trauma, das die Bevölkerung erlitten hatte und das mir ein für eine Hilfsorganisation tätiger junger Arzt eindringlich schilderte, war natürlich erst recht unsichtbar.

Wie nicht anders zu erwarten, wollte niemand über »die Unruhen« reden. Und wenn, dann verband er damit klare Zielsetzungen. Für den indischen Polizeichef, der mich zum Abendessen in seinen Amtssitz einlud, waren die Aufständischen zu 99 Prozent »Ausländer«. Die Militanten wiederum behaupteten, kaum verwunderlich, dass ihre Kämpfer zu 99 Prozent Einheimische seien. »Man hat uns an die Wand gedrängt und wir wehren uns gegen diese Unterdrückung«, hieß es in einer nichtssagenden Erklärung, die mir der Vertreter einer der Hauptgruppen am Telefon vorlas. Auch hier wurden 50 Prozent des Krieges mit Halb- und Viertelwahrheiten und ermüdenden Platitüden in den Medien geführt.

Aber es war deutlich, dass der 11. September, der »Krieg gegen den Terror« und der Krieg im Irak auch hier starke Auswirkungen mit sich gebracht hatten. Ein Arzt in der Stadt Sopore unweit der Frontlinie sprach von einer »Allianz von Kreuzfahrern, Zionisten und Hindus« – ein gutes Beispiel dafür, wie sich der al-Qaida-Diskurs abwandeln und auf jede beliebige politische Situation übertragen ließ. Diese Bemerkung hätte er vor dem Jahr 2001 wahrscheinlich nicht gemacht. In dem Dorf Bandipur erfuhr ich, dass in diesem Sommer 70 junge Männer, doppelt so viele wie im Vorjahr, über die Berge nach Pakistan gegangen waren, um eine Ausbildung und Waffen zu erhalten. In einer Polizeistation hielt mir ein indischer Polizist einen langen Vortrag darüber, wie der Aufstand von »Ausländern« geführt werde, doch an den Wänden hingen zwei Dutzend Fahndungsplakate, mit denen ausschließlich Einheimische gesucht wurden. Die offiziellen Angaben, denen zufolge 650 der 1000 in diesem Jahr getöteten militanten Kämpfer Pakistani oder Afghanen waren, stimmten zwar wohl, doch unberücksichtigt blieben die vielen tausend Menschen, die den Aufständischen im »Kaschmir-Tal« Unterstützung gewährten, auch wenn sie selbst nicht an Gefechten teilnahmen. Dann gab es noch die bei den Kaschmiris bis dahin unbekannten Selbstmordanschläge – Beleg dafür, dass nicht nur die Sprache und das Gedankengut, sondern auch die Taktiken von »al-Qaida« zunehmend Verbreitung fanden. Zum ersten Mal verwandelten sich junge Leute in Afghanistan, Pakistan, Usbekistan und anderswo in lebende Bomben und rissen Dutzende Zivilisten mit in den Tod.

Aber daraus unvermittelt den Schluss zu ziehen, in Kaschmir sei ein neuer Radikalismus aufgeflammt, war zu einfach. Die Militanten hatten zwar zum Wahlboykott aufgerufen und politische Helfer getötet; dennoch waren mehr als 50 Prozent der Stimmberechtigen bei den Kommunalwahlen in Kaschmir einen Monat vor meiner Ankunft zu den Urnen gegangen. Nach dem Granatenangriff auf das Postamt in Srinagar waren die Augenzeugen, die ich interviewte, nicht auf die Sicherheitskräfte wütend, sondern verbittert über diejenigen, die den Anschlag durchgeführt hatten. Ich verbrachte einen Nachmittag mit einem Anwalt, der sich für die Opfer der Brutalität seitens der indischen Sicherheitskräfte einsetzte. In den vergangenen drei Monaten, erzählte er mir, seien 119 Personen »verschwunden«. In einigen Fällen steckten die Militanten dahinter, die Menschen töteten, die angeblich ihren Kurs nicht ausreichend unterstützten. Doch in den meisten Fällen falle der Verdacht auf die indische Armee selbst und paramilitärische Polizeikräfte. Auf engen Gassen jenseits des menschenüberfüllten Basars von Srinagar führte mich der Anwalt zu einem kleinen, behelfsmäßig möblierten Backsteinhaus mit unzureichenden sanitären Anlagen, wo sich die Verwandten der »Verschwundenen« trafen. Es stank nach Abwasser. Viele der Frauen saßen in ihrem besten Shalwar Kameez auf Kissen am Boden. Sie waren »Halbwitwen«, so genannt, weil ihre Männer spurlos verschwunden, aber nicht für tot erklärt worden waren. Sie konnten nicht wieder heiraten und lebten sozial und rechtlich in einem Zustand der Ungewissheit. Andere wussten genau, was mit ihrem Gatten oder Verwandten geschehen war – vor ihren eigenen Augen erschossen oder zu Tode geprügelt. Eine Frau hatte gesehen, wie ihr Bruder von Angehörigen der Sicherheitskräfte in einen Lieferwagen verfrachtet worden war; später bestritten die Täter, ihr Opfer zu kennen. Nach zehn Jahren unablässigen Kampfes hatte ihnen die indische Regierung eine Entschädigung angeboten. »Ich will kein Geld, ich will keine Rache, ich will keine Gewalt mehr«, sagte die Frau zu mir und zog mit der einen Hand ihren weißen Schleier vors Gesicht, während sie mit der anderen den smaragdgrünen Saum ihrer langen Bluse befingerte. »Ich will meinen Bruder zurück.«

An meinem letzten Tag in Srinagar besuchte ich einen alten Politiker und Kämpfer, der sich trotz seiner indirekten Verbindungen zu bewaffneten Gruppen offenbar für eine gemäßigt islamistische Strategie in Kaschmir einsetzte. »Wenn die säkularen Ideen und die anderen Systeme keinen Frieden, keinen Wohlstand, keine Achtung der Menschenwürde und der Moral bringen und all die anderen Erwartungen enttäuschen, die der Mensch an das Leben stellt«, sagte er, »werden sich die Leute notgedrungen nach einem anderen System umschauen.« Und da der Islam »das einzige System ist, das all diese Dinge bietet, werden sie sich dem Islam zuwenden.« Diese Sätze hatte ich schon so oft gehört. Die Meinungsunterschiede zwischen zwei Funktionären seiner Partei schienen mir da interessanter. Ich hatte zuvor bemerkt, dass der eine, ein Bärtiger in einem Shalwar Kameez, heftig den Kopf geschüttelt hatte, als der Sprecher bin Laden als »Terroristen« und dessen Handeln als »unislamisch« bezeichnet hatte. »Jeder, der Säkularismus, Kommunismus, Kapitalismus und all diese Ismen bekämpft, ist ein Freiheitskämpfer und Mudschahid«, sagte mir der Bärtige. Sein Mitstreiter aber, glatt rasiert und im Anzug, widersprach: »Die Muslime haben durch den Extremismus viel verloren. Wir brauchen Bildung, nicht Extremismus. Die Amerikaner verfügen über Bildung, deshalb regieren sie die Welt. Der Westen ist der muslimischen Welt überlegen, weil er hart arbeitet und sich anstrengt. Diese Anstrengung fehlt in der islamischen Welt. Wenn Osama bin Laden sein ganzes Geld in technische Einrichtungen, Universitäten und Hochschulen gesteckt hätte, wäre es besser für die Umma gewesen.« In der Nähe lag der riesige »Märtyrerfriedhof« für die Mudschaheddin. Es gab kein Schild, aber die Stätte war gepflegt. Auch wenn nirgends Trauernde zu sehen waren, die beiden kleinen, miteinander verbundenen Friedhöfe waren voller Gräber. Ich zählte 62 Grabsteine. Die meisten Toten waren Pakistani, aber als ich die Reihen entlangging, entdeckte ich den Namen eines sudanesischen Kämpfers, die Namen mehrerer Afghanen, von einem Dutzend Kaschmiris sowie das Grab von »Abdullah Bhai, auch bekannt als Aruf Bilal aus Birmingham, Großbritannien«. Eine Inschrift lautete: »Wer auf dem Pfad Allahs wandelnd stirbt, ist nicht tot, nenne ihn daher nicht einen Toten. Er ist ein Märtyrer und er lebt.« Bilal war offensichtlich am 30. Dezember 2000 »bei einem Zusammenstoß mit Sicherheitskräften« getötet worden. Einen kurzen Augenblick überlegte ich, was einen jungen Briten aus den Midlands bewogen hatte, sich im tiefsten Winter am Fuße des Himalaja an einem Hinterhalt zu beteiligen.

Von Kaschmir aus fuhr ich über Delhi nach Afghanistan. Unterwegs besuchte ich ein Gefängnis, wo die indischen Behörden Militante festhielten. Ich blieb ein paar Tage und ließ mir von ihnen ihre Lebensgeschichte erzählten. Das Meiste kam mir bekannt vor. Typisch war die

Geschichte von Abdul Latif, einem 37-jährigen Pakistani aus Karatschi. Während seines naturwissenschaftlichen Studiums an der Universität schloss er sich dem radikalen Islam an. Es war die Zeit, als die Regierung Benazir Bhuttos in Pakistan an der Macht war. »Säkulare Politik war korrupt«, sagte er, nicht zu Unrecht. Seine Geschichte ähnelte vielen, vielen anderen, die ich gehört hatte. Er schloss sich einer gemäßigten islamischen Gruppe an, doch dann geriet er in den Bannkreis einer radikaleren Organisation. Die Propaganda der Extremisten überzeugte ihn, und er beteiligte sich an Kämpfen in Afghanistan und Kaschmir. Vor ein paar Jahren war er verhaftet worden. Überraschenderweise betonte auch er die Bedeutung der Bildung, um gegenüber einem Westen »aufzuholen«, der sich »die Verelendung und Unterdrückung der Muslime« zum Ziel gesetzt habe. »Ein guter Muslim soll ein islamischer Gelehrter sein, ein Mudschahid und zugleich Computeringenieur oder Arzt.« Der Sieg des Islam sei unausweichlich, weil das kommunistische System gescheitert sei; auch der Kapitalismus sei zum Scheitern verurteilt. Selbstverständlich beherrschten in seinen Augen die Juden die Welt, und die Amerikaner waren Kreuzfahrer, die die Weltherrschaft anstrebten. Er saß seit Jahren im Gefängnis und würde wohl für den Rest seines Lebens hinter Gittern bleiben. »Ich bereue nichts, und wenn sie mich rauslassen würden, würde ich genau dasselbe tun.«

Vieles von dem, was Abdul Latif mir erzählte, war zwar nichts Neues, aber zwei seiner Bemerkungen ließen mich dennoch aufhorchen. Erstens waren für ihn Modernisierung, Globalisierung, Verwestlichung und »Neoimperialismus« zwar mehr oder weniger ein und dasselbe, trotzdem legte er den Nachdruck auf moderne Technologie und Bildung, um »gegenüber dem Westen aufzuholen«. Das erschien mir als Beleg dafür, dass er und seinesgleichen keine reinen Reaktionäre waren, sondern sich bemühten, die »Moderne« mit ihrer eigenen Kultur, ihren eigenen Interessen und Werten in Einklang zu bringen. Sie wollten nicht die Uhren zurückdrehen, sondern die Dinge selbst in die Hand nehmen, während die Uhr weiterlief, und es war völlig klar, dass dies seiner Ansicht nach nur mit Gewalt zu erreichen war. Zweitens verblüfften mich die zahlreichen Gemeinsamkeiten von Abdul Latifs Denken mit den radikalen säkularen Ideologien der Linken. Das Standardprofil der Führer islamischer radikaler Bewegungen – zumeist Männer zwischen 18 und 35 Jahren, oft aus der Mittelschicht und oft mit einem Universitätsabschluss –

ähnelte dem vieler radikaler linker Aktivisten. Ebenso verband sie das Interesse an »Propaganda durch Taten« und an der Radikalisierung der Massen durch spektakuläre Gewaltakte. Die Idee, eine kleine Gruppe aufgeklärter Männer müsse das Volk zum Aufstand gegen die Tyrannei bewegen, war zwar seit Jahrhunderten grundlegender Bestandteil des islamischen religiösen Denkens und der islamischen Kultur, sie hatte aber auch starke Ähnlichkeiten mit dem leninistischen Konzept der revolutionären »Avantgarde«. Der Marxismus und seine Ableger boten, wie der radikale Islam, eine dogmatische Erklärung für die Übel dieser Welt und ein nicht minder dogmatisches Programm für deren Beseitigung. Die Marxisten betrachteten die Geschichte als unausweichlichen dialektischen Prozess, sie beriefen sich auf unveränderliche Schlüsseltexte, die sie selektiv zitierten, und dasselbe taten Männer wie bin Laden. Linke Gruppen und Staatssysteme hatten eigenen Rituale, eine eigene Sprache, halbgottähnliche Führer, eine mythisch verbrämte Geschichte, hierarchische Strukturen, global übertragbare Identitäten, die sich über nationale Grenzen hinwegsetzten, und natürlich ihre Märtyrer. Dasselbe galt für die militanten Islamisten. Aber es gab auch deutlichere, direkte Verbindungen. Viele radikale, in den siebziger und achtziger Jahren des 20. Jahrhunderts entstandene Gruppen machten keinen Hehl daraus, dass sie ihre Taktiken und Organisation von den Linken gelernt hatten, und eine überraschend große Zahl von militanten Islamisten hatte erst mit dem politisch linken Aktivismus geliebäugelt, bevor sie sich radikalen religiösen Bewegungen anschlossen. Ein Großteil des linken und das gesamte radikalislamische Gedankengut waren außerdem antisemitisch geprägt. Trotz der zahlreichen Unterschiede – beispielsweise in der Einstellung gegenüber den Frauen – waren die Gemeinsamkeiten verblüffend und bekundeten die funktionellen Ähnlichkeiten eines solchen Denkens für Individuen und Gruppen. Ich fragte mich, wie viele Militante, mit denen ich gesprochen hatte, radikale linke Aktivisten geworden wären, wenn der Kommunismus durch den Zusammenbruch des Ostblocks und den Sieg des westlichen, liberalen und demokratischen Kapitalismus und der freien Marktwirtschaft nicht diskreditiert worden wäre. So aber waren ihnen nur die Ideologie und Sprache des radikalen Islam als Opposition gegen den Westen geblieben.

Vieles hatten die radikalislamischen Militanten auch mit den ultrarechten Ideologien gemeinsam, besonders mit solchen, die Mitte des

20. Jahrhunderts halb Europa beherrscht hatten. Sie selbst hätten diese Ähnlichkeit ganz bestimmt bestritten. Ihre Führer stammten aus ähnlichen sozialen Gruppen, hier wie dort herrschten der Antisemitismus und die Tradition des Märtyrertums. Hier wie dort wurde die Moderne scharf abgelehnt und mit Mittelmäßigkeit oder »Entartung« gleichgesetzt, man betonte die Moral und die ethnische oder religiöse Reinheit, beschwor eine mythische Vergangenheit als ein Zeitalter der Stabilität und der festgefügten Werte. Die islamische und die radikale Rechte teilten außerdem ein starkes Gefühl der Verwurzelung in einem realen oder imaginären Raum und Territorium, ein Misstrauen gegenüber allem Städtischen, gepaart mit der Verklärung des Ländlichen, und das starke, radikalisierende, fast chiliastische Gefühl der Bedrohung und des bevorstehenden Untergangs. Gemeinsam war ihnen auch die Berufung auf eine höhere Macht, sei es Gott, Hitler, »die Partei« oder eine Mischung aus allen dreien, und die Betonung demagogischer, charismatischer Führer, die nicht der gängigen politischen Elite entstammten. Der säkulare rechte Aktivismus wie auch der radikalislamische Aktivismus (sowie viele andere Fundamentalismen, die Ende des 20. und zu Beginn des 21. Jahrhunderts großen Zulauf fanden) betonten machtvoll und überzeugend, dass es in der Verantwortung jedes Einzelnen (oder zumindest jedes männlichen Erwachsenen) lag zu handeln, und zwar umgehend, um seine Gemeinschaft und seinen Lebensstil zu verteidigen.

Ein Element, das linken und rechten Ideologien gemeinsam ist, erschien mir ganz besonders wichtig. Linke Ideologien hatten in West- und Mitteleuropa und dann mit einiger Verspätung auch in Osteuropa in einer Zeit massiver sozialer Umbrüche Fuß gefasst, als sich alles auflöste, was bis dahin als unumstößlich gegolten hatte. Es war dies eine Epoche der massiven Industrialisierung und des rapiden technologischen Fortschritts, begleitet von einer Welle der Globalisierung. Rechte Ideologien wurden wenige Jahrzehnte später bei Bevölkerungsschichten populär, die unter der neuen Ordnung der »modernen Welt« zu leiden hatten oder zumindest nicht davon profitierten. All dies schien darauf hinzudeuten, dass der zeitgenössische radikale, militante »Islam« mit säkular orientierten Ideologien mehr als nur die Struktur und die Sprache gemeinsam hatte. Statt im »Islam« verwurzelt zu sein, war diese militante Strömung womöglich zumindest teilweise das Ergebnis globaler Umbrüche, die bei vielen hundert Millionen Menschen ein Gefühl der Entfremdung und Unsicherheit sowie eine starke Sehnsucht nach Sicherheit und Klarheit hervorgerufen und zugleich Groll und Wut geweckt hatten gegen das, was sie als eine »ungerechte« Verteilung von Macht und ökonomischen Ressourcen in der zeitgenössischen Welt empfanden. Die Gewalt war ein Versuch, Kontrolle zu gewinnen. Wenn das radikale linke Gedankengut ein Ergebnis der massiven Umbrüche im späten 19. Jahrhundert und der rechte Extremismus die Folge politischer, sozialer und kultureller Instabilität zu Beginn und bis Mitte des 20. Jahrhunderts war, dann waren der radikale Islam sowie die wiedererwachten Fundamentalismen in anderen Teilen der Welt womöglich eine Folge der Instabilität unserer eigenen Epoche – einer Instabilität, die eine ebenso zerstörerische wie schöpferische Kraft entwickelte.

Eine interessante, wenngleich nicht sonderlich tröstliche Überlegung. Es hatte fast ein ganzes Jahrhundert gedauert, hatte erheblicher Zugeständnisse und schließlich des Zusammenbruchs der Sowjetunion bedurft, bis die verschiedenen Strömungen radikaler linker Gewalt im letzten Jahrzehnt des 20. Jahrhunderts nur noch ein relativ geringfügiges Ärgernis waren, und selbst da konnte man nicht sicher sein, dass sie für immer verschwunden waren. Die aggressive Rechte, vom radikalen Konservatismus bis zum unverblümten Neonazismus, war – trotz der Schrecknisse der Vergangenheit – nach wie vor gefährlich. Wie lange, so fragte ich mich, wird es wohl dauern, bis der radikale Islam tot ist?

Von Delhi nach Kabul reiste ich mit einem Flieger der afghanischen Fluggesellschaft. Die Tatsache, dass es eine nationale Fluglinie gab, die auf dem Luftweg eine Verbindung zur Außenwelt herstellte, war ein Zeichen dafür, wie weit sich Afghanistan seit meinem letzten Besuch vor etwa einem Jahr weiterentwickelt hatte. Ich aß mit Ekram in einem neuen Kebabrestaurant zu Abend, und obwohl er über die hohen Lebenshaltungskosten jammerte und sich über die Dominanz »der Tadschiken« in der Regierung beklagte, wusste ich, dass er im Grunde genommen sehr glücklich darüber war, wie sich die Verhältnisse entwickelten. Den meisten ging es offenbar ähnlich. Eine neue Verfassung wurde erarbeitet, die Währung war stabil, und auch wenn der afghanische Präsident Hamid Karzai spöttisch als »Bürgermeister von Kabul« bezeichnet wurde, weil seine Machtbefugnisse so begrenzt waren, war er doch recht populär. Das größte Problem der neuen Regierung schien der

Mohnanbau zu sein. Die Bedenken eines Regierungsmitarbeiters, die er mir gegenüber äußerte, Afghanistan könne sich zu einem »Drogenstaat« entwickeln, waren keineswegs übertrieben. Zudem kam es immer wieder zu kleineren Aufständen im Osten und Südosten des Landes, wo das Rauschgift angebaut wurde, aber die Auswirkungen auf Kabul waren gering. Allerdings waren die Aufständischen so aktiv, dass die neu asphaltierte Straße nach Kandahar nicht ungefährlich war. Daher buchte ich einen Platz für den ersten öffentlichen und kommerziellen Flug von der Hauptstadt nach Kandahar.

In Kandahar hatte sich vieles und zugleich so gut wie nichts verändert. Die Straßen waren frisch geteert; es gab mehrere Internetcafés und ein funktionierendes Mobilfunknetz; auf dem Fernsehgerät in meinem Hotelzimmer konnte ich CNN, BBC World, Star Sports und den Kanal National Geographic empfangen, außerdem eine Vielzahl indischer Filme und Musikvideos sehen. Es gab keine Kontrollposten, und obwohl ich an einem Freitag zur Mittagszeit ankam, herrschte viel Betrieb. Auf den Straßen tummelten sich die Menschen, die Basare der Altstadt waren belebt, es herrschte viel Verkehr, und die Apathie, bei meinem letzten Besuch so typisch für Kandahar, war verschwunden. In den Außenbezirken entstanden neue Privatvillen, erbaut mit dem Erlös aus legalem wie illegalem Handel, der jetzt hier blühte. Es gab sogar eine Polizistin, die für ein bescheidenes Gehalt die undankbare Aufgabe hatte, »Familienkonflikte«, wie sie sagte, zu schlichten. Meist ging es darum, dass »ein Junge und ein Mädchen sich befreundeten und dann gemeinsam durchbrannten«. Seit dem Ende der Taliban-Herrschaft gab es offenbar viele solche Fälle. Im städtischen Krankenhaus entdeckte ich eine Station mit verhungernden Kindern. An eine abblätternde Wand hatte jemand ein Schild gehängt, auf dem in ungelenker Handschrift und mit gewiss unfreiwilligem Pathos stand: »Therapoetic Feeding Centre«.

Ich interviewte tagelang städtische Beamte, sprach mit gefangenen Militanten und besuchte Leute, die ich ein paar Jahre zuvor kennen gelernt hatte. Bald wurde mir klar, dass sich die Aktivitäten der hier verbliebenen Taliban auf Kurzangriffe gegen abgelegene Regierungsgebäude, Minen gegen amerikanische Konvois und gelegentliche ehrgeizigere Bombenanschläge oder Attentate beschränkten. Dadurch waren zwar viele Straßen für Ausländer gefährlich, aber die Möglichkeiten der »Neo-Taliban«, das Land wirklich zu destabilisieren, schienen begrenzt.

Unterstützung erhielten sie vorwiegend aus den Stammesgebieten jenseits der pakistanischen Grenze, wo sich bin Laden und al-Zawahiri versteckten, auch wenn es zwischen »den Arabern« und ihren einstmaligen Gastgebern offenbar wenig Kontakt gab. Ich interviewte einen militanten Kämpfer in einem Gefängnis in Kandahar: eine bemitleidenswerte Erscheinung. Der Mann hatte sich dem Kampf gegen die »Besatzung durch die Allianz der Kreuzfahrer und Zionisten« angeschlossen, weil man ihm erklärt hatte, es sei seine religiöse Pflicht. Ein Grund war auch Geld, das er, wie er gehört hatte, von den Kommandanten der Taliban bekommen würde. Schlecht ausgebildet und schlecht ausgerüstet, war er schon beim ersten Einsatz gefangen genommen worden.

Das Dorf Sangesar, von dem die Taliban-Bewegung 1994 ihren Ausgang nahm, liegt 30 Kilometer südwestlich von Kandahar. Wenn die Bewohner des Dorfes nicht die Taliban unterstützten – wer sollte es sonst tun, so meine Überlegung. Ich kontaktierte den für dieses Gebiet zuständigen Warlord, der mir versicherte, es sei ungefährlich. Und so machte ich mich mit meinem Übersetzer, einem Studenten namens Mansur, auf einer holprigen Betonpiste nach Westen auf in Richtung Herat, bevor es dann nach Süden in die Wüste ging. Wir fuhren auf sandigen Straßen zwischen leeren trockenen Feldern – staubige Rechtecke, umsäumt von niedrigen verkrüppelten Bäumen. Mohn, so erinnerte ich mich, benötigte nur den Bruchteil des Wassers, das andere Feldfrüchte erforderten, und schon bald erblickte ich auf mehreren Parzellen, ein Stück von der Straße zurückgesetzt, die Mohnstängel mit den charakteristischen Fruchtkapseln. Zwanzig Minuten später erreichten wir den Rand des Dorfes. Wir stellten den Wagen neben einem Haus ab, das im Krieg durch einen amerikanischen Raketenangriff zerstört worden war. Es hatte Mullah Omar gehört, dem immer noch flüchtigen Taliban-Führer. Zuletzt war er im südlichen Ödland auf einem Motorrad gesichtet worden. Ich stieg aus und ging mit Mansur zu Fuß durch die leeren Straßen.

Die Dorfmoschee war ein kleines, einstöckiges Gebäude mit einem Minarett, bestehend aus einer Metallstange und einem Lautsprecher, der ganz oben befestigt war. Die Moschee lag in einem 50 Quadratmeter großen Areal mit niedrigen Mauern und einem knorrigen Baum in einer Ecke. Ein halbes Dutzend Männer saß im armseligen Schatten des Baumes. Einer von ihnen war der Mullah des Dorfes. Es war Zeit für den

Gebetsruf, und der Geistliche, ein erstaunlich junger Mann mit einem großen Mund in einem rundlichen, dunkelbraunen Gesicht, einem schmutzstarrenden Shalwar Kameez und einem riesigen, zerknitterten schwarzen Turban, fummelte an einem alten, von einer Autobatterie betriebenen Verstärker herum, bevor er sich räusperte, das heißt, hustend die Luft ausstieß, und dann unmelodisch die ersten Worte des *adan* sang: »*Allahu akbar,* Gott ist groß. Ich bezeuge, dass es keinen Gott gibt außer Allah …« Sein hartes Arabisch hallte scheppernd durch das Dorf, jede Silbe klang wie eine Schöpfkelle, die gegen die Wände eines Suppentopfs schlägt. Ich dachte an die improvisierte Unterrichtsstunde in muslimischer Theologie, die ich vor über fünf Jahren auf der Straße von Kabul nach Kandahar, 160 Kilometer weiter nördlich, erhalten hatte. Damals saß ich neben dem liegen gebliebenen Auto und lauschte einem anderen Übersetzer, der mir die Grundbegriffe des Islam erklärte. Zu dieser Zeit war der damalige Geistliche der Moschee von Sangesar der nominelle Führer Afghanistans gewesen. Nach dem Gebet fragte ich den Mullah, wo die anderen Dorfbewohner geblieben wären. »Auf den Feldern, in der Stadt, in Pakistan, zu Hause«, erwiderte er achselzuckend.

»Darf ich Ihnen einige politische Fragen stellen?«, sagte ich.

»Zum Beispiel?«

»Zum Beispiel, welche Probleme es hier gibt.«

Pause.

»Wasser ist das größte Problem, und es müssen Straßen gebaut werden.«

Ein Mann neben ihm, eine braune Decke über den Schultern und mit schwieligen Händen, groß wie Schaufeln, nickte zustimmend. »Die neue Regierung ist in Ordnung, aber hier gibt es immer noch Probleme«, meinte er.

»Kriminelle und böse Menschen bringen tagtäglich Leute um. Die Taliban haben hier viel Frieden gebracht. Wenn wir die Situation heute betrachten, glauben wir, dass es damals besser war. Die Amerikaner haben gesagt, sie brächten uns Stabilität, aber das ist nicht geschehen.«

Ein anderer mischte sich ein, und ich wusste nicht, ob er versuchte zu verhindern, dass die anderen die Wahrheit sagten, oder ob er nur etwas ergänzen wollte. »Aber wir sind dankbar, dass die Amerikaner mit ihren Streitkräften gekommen sind. Sonst hätte es hier einen Bürgerkrieg gegeben«, sagte er. »Das eigentliche Problem ist der Ölpreis. Er hat sich verdreifacht. Wir brauchen Öl für die Wasserpumpen auf den Feldern. Wenn wir keinen Mohn anbauen, können wir nicht überleben.«

»Ist Opium nicht *haram,* also im Islam verboten?«, fragte ich.

Sie zuckten die Schultern und sahen den Mullah an. Er zuckte ebenfalls die Schultern.

»Was sollen wir sonst machen?«

»Was ist mit bin Laden?«, fragte ich.

Ein älterer Mann ergriff das Wort.

»Dem Islam zufolge ist bin Laden ein Mudschahid. Aber ich glaube, er hat Afghanistan große Probleme gebracht. Wenn er in seinem eigenen Land geblieben wäre und dort dasselbe getan hätte, wäre es besser gewesen.«

»Und Mullah Omar und die Taliban?«

»Mullah Omar war nur ein einfacher Religionsschüler, der aktiv geworden ist, weil es damals Probleme gab – wie es die Pflicht eines guten Muslim ist. Dann haben ihn die Leute überredet, ihr Führer zu werden, wegen der Probleme hier. Wir haben immer noch Probleme, aber ich glaube nicht, dass die Taliban sie lösen können.«

Der Mann sagte, er heiße Mera Ahmed Torchi und sei 40 Jahre alt.

»Wir sind arm hier nach 30 Jahren Krieg, nach Dürren und mangelnder Bildung. Die Sowjets haben alle Obsthaine und die Bewässerung zerstört, und einen Wiederaufbau gab es nicht«, fuhr er fort.

»Und der Irak?«

»Es ist schlimm, dass es im Westen Leute gibt, die die Muslime unterdrücken und ihnen ihr Öl nehmen wollen, aber der Irak ist sehr weit weg von hier.«

»Was wünschen sich die Dorfbewohner am sehnlichsten?«, fragte ich. Es folgte eine lange Diskussion. Dann wandte sich Torchi mir zu.

»Einen Brunnen«, sagte er. »Wir wollen einen Brunnen. Können Sie uns einen besorgen?«

Anfang Dezember 2003 kehrte ich aus Kaschmir und Afghanistan zurück und berichtete in den folgenden sechs Monaten vorwiegend über den Irak. Im Juli 2004 dann brach ich erneut auf, diesmal nach Thailand, um über plötzlich wiederaufgeflammte militante Aktivitäten in den südlichen muslimischen Provinzen des buddhistischen Staates zu berichten. Der Anblick der smaragdgrünen Kautschukplantagen, der Hügel und der atemberaubenden Strände des Fernen Ostens war eine willkommene Abwechslung nach den trockenen Landstrichen, wo ich einen Großteil der vergangenen Jahre verbracht hatte. Das Thema, über das ich zu berichten hatte, war allerdings nicht weniger düster. Es war Regenzeit, die Reisfelder waren überschwemmt, und die Moscheen inmitten von Palmen und Kletterpflanzen und die Herden breitschädliger Rinder mit ihren geschwungenen Hörnern riefen mir immer wieder in Erinnerung, dass man die »muslimische Welt« nicht einfach mit der arabischen Welt oder auch dem Nahen Osten gleichsetzen konnte. Schließlich war das größte islamische Land Indonesien – mit einer Bevölkerung von 240 Millionen Menschen, zehnmal so viele wie im Irak. In Anbetracht der Größe der muslimischen Gemeinschaft im Fernen Osten sollte das Emblem der Umma kein Minarett sein, das die Wüste überragt, sondern ein Minarett, das sich über einer Reispflanzung erhebt.

Von der elenden Regionalhauptstadt Pattani aus fuhr ich zum bergwärts gelegenen Dorf Suso hinauf – einer Streusiedlung aus Holz- und Betonhütten am Rande einer gut ausgebauten Straße, die von mächtigen Kokospalmen gesäumt wurde. Das Dorf verfügte über eine große staatliche Schule aus Beton und eine vergleichsweise kleine Moschee aus Backstein und Holz, die gerade renoviert wurde. Die meisten der rund 1000 Einwohner von Suso arbeiteten in den umliegenden Kautschukplantagen, und ein staatliches Hilfsprogramm bot Frauen, die abends noch die nötige Zeit und Energie aufbrachten, einen bescheidenen Verdienst für Handarbeiten an. In dem kleinen Gemeindezentrum buddhistischer Thai aus Bangkok stand bei meinem Besuch nur ein leerer Schreibtisch. Der Mann, der hier gearbeitet hatte, war vor wenigen Tagen von Militanten erschossen worden. Stifte und Schriftstücke lagen noch sauber und ordentlich auf dem Tisch.

Das Dorf und die Menschen, die hier lebten, waren nicht anders als andere dieser Gegend. Nur eine Tatsache war außerordentlich: Bei ihrem Angriff auf einen Polizeiposten vor wenigen Wochen war fast die gesamte örtliche Fußballmannschaft ums Leben gekommen. Nur mit Messern bewaffnet, hatten die Spieler, von denen sich einige erst wenige Monate zuvor der Mannschaft angeschlossen hatten, die mit M16-Gewehren ausgerüsteten Sicherheitskräfte angegriffen. Neunzehn junge Männer, der Jüngste 17, der Älteste 32 Jahre alt, waren dabei getötet worden. In einer Bambushütte gegenüber dem staubigen Spielfeld, dem Clubraum der Mannschaft, zeigte mir der Trainer ein Foto der Spieler in gestreiftem Dress, in zwei Reihen hintereinander, einen Ball vor sich am Boden. Auch sein Bruder war bei dem Angriff ums Leben gekommen. Die Männer auf dem Foto lächelten. Der Trainer konnte nicht erklären, was geschehen war. Einige Spieler hatten eine mit saudischen Geldern finanzierte Religionsschule in der Nähe besucht, aber sonst war keiner besonders religiös gewesen. Er schüttelte den Kopf und rieb sich die Augen. »Es war schlechter Einfluss von außen«, sagte er schließlich. »Sie wurden einer Gehirnwäsche unterzogen.«

Die Situation im Süden Thailands war außergewöhnlich kompliziert. Für die gewalttätigen Ausschreitungen gab es ein ganzes Spektrum ethnischer, religiöser, kultureller und politischer Faktoren, und zahlreiche unterschiedliche Akteure waren auf unterschiedliche Weise beteiligt. Nur sehr wenige kannten die eigentlichen Ursachen, und noch weniger waren bereit, darüber zu sprechen. Als vor einer Straße mit Nachtclubs Bomben explodierten, machte die Regierung zuerst erpresserische Gangs dafür verantwortlich, dann Gruppen militanter Muslime und schließlich militante Muslime, die von erpresserischen Gangs angeheuert worden waren. Selbst als feststand, dass die Anschläge tatsächlich das Werk religiös motivierter junger Männer waren, schien es schwierig herauszufinden, welcher Anteil an der Gewalt den lokalen Verhältnissen geschuldet war und was auf das Konto der Religion oder gar neuer internationaler dschihadistischer Ideologien gehen mochte. Die Fußballer von Suso hatten offenbar Staub, der von einem Geistlichen geweiht worden war, über die Straßen gestreut, im Glauben, dies könnte der Verfolgung ein Ende setzen, eine Taktik, die nicht gerade zum Standardrepertoire von »al-Qaida« gehörte. Schwierig war es auch, die ethnischen von den religiösen Motiven zu trennen. Thailands Muslime waren vorwiegend malaiischer Abstammung und hätten viel besser in das benachbarte, muslimisch dominierte Malaysia gepasst. Man zeigte mir zwei Zettel, die man auf der Leiche eines ermordeten Mönchs gefunden hatte: »Schluss mit der Unterdrückung der Muslime« stand auf dem einen, »Schluss mit der Unterdrückung der Malaien« auf dem anderen. Zumindest in den Augen der Mörder waren beide Slogans austauschbar.

Doch so undurchschaubar der Konflikt auch war, diese Woche im südlichen Thailand verschaffte mir Klarheit über mehrere wichtige Sachverhalte. Ich erkannte, dass die Unruhren, die nach dem 11. September in den drei südlichsten Provinzen des überwiegend buddhistischen Staates aufgeflammt waren, tatsächlich tiefe historische Wurzeln hatten – wie so viele Aufstände in Südwestasien oder in den arabischen Kernstaaten des Nahen Ostens. Diese Aufstände hatten vor etwa 100 Jahren als »islamische Widerstandsbewegung« gegen die Annexion des einstmals unabhängigen und reichen muslimischen Sultanats Pattani durch Thailand begonnen. Später mutierten sie dann zu einer linken Befreiungsbewegung mit einer quasi-marxistischen Ideologie. Die Rückkehr zu einer eher islamisch geprägten Ideologie in den letzten Jahren war nur die jüngste Manifestation einer langen Tradition des gewalttätigen Aktivismus. Es gab Parallelen zu einer Vielzahl anderer Aufstände in der Region, auf den Philippinen zum Beispiel und in Südwest- und Zentralasien beziehungsweise in den Kernstaaten des Nahen Ostens. Dies schien eine Bestätigung meiner Theorie, dass am Anfang die Unzufriedenheit steht, die sich in einem gerade aktuellen und plausiblen Diskurs Ausdruck verschafft. In nichtmuslimischen Regionen, beispielsweise bei den maoistischen Rebellen im hinduistischen und buddhistischen Nepal, wird oft eine Alternative zum Islam gefunden.

Ein interessantes Detail dieses komplizierten Amalgams, das die Unruhen im Süden Thailands darstellten, war die Tatsache, dass hier nur sehr wenige Menschen über Satellitenfernsehen verfügten. Der Bevölkerung standen also nicht die Bilder aus Israel, Palästina und dem Irak oder bin Ladens Videobotschaften vor Augen. Ein in Saudi-Arabien ausgebildeter Geistlicher, mit dem ich sprach, versprühte zwar das übliche Gift über die Juden und die Absichten des Westens gegenüber den »Gebieten des Islam«, aber der neue globalisierte radikale Diskurs der Militanten, den ich aus anderen Ländern kannte, war noch nicht Teil des allgemeinen Sprachgebrauchs. Es gab also keinen »al-Dschasira«-Effekt, und das war vielleicht eine Erklärung dafür, warum die Aufständischen so lokal begrenzt agierten und kaum miteinander in Verbindung standen. Es war eher unwahrscheinlich, dass eine superterroristische internationale Organisation, eine lokale Unterstützergruppe oder eine Art Franchise-Unternehmen im Hintergrund die Fäden der Gewalt zog. Allerdings spielten auch hier Faktoren eine Rolle, die von vergangenen oder aktuellen muslimischen Erhebungen anderswo bekannt waren: eine lange lokale Tradition des Widerstands und der Unabhängigkeitsbestrebungen, eine mythologisch leicht verklärbare »ruhmreiche« Vergangenheit, ein tiefer Unmut gegenüber einer fernen, ethnisch und religiös anders geprägten Regierung sowie mangelndes Vertrauen in die Gerichtsbarkeit oder in die wackeligen demokratischen Strukturen. Die schon gezielt brutale, stark repressive Anti-Terrorismus-Politik der thailändischen Regierung und ihre engen Beziehungen zu Amerika machten alles nur noch schlimmer. Zweifellos, all diese Faktoren erleichterten es ein paar wenigen Einzelpersonen, jenes amöbenhafte, dynamische, sich stetig verändernde Gebilde des radikalen militanten Islam einer kleinen Minderheit von jungen Männern schmackhaft zu machen.

Mein Aufenthalt im südlichen Thailand rief mir auch in Erinnerung, dass die Religion nur eine Komponente des unentwirrbaren Identitätsgeflechts heutiger Menschen ist. Zwar waren 80 Prozent der dortigen Bevölkerung Muslime, aber sie hatten mit den Nichtmuslimen ihrer Region weit mehr gemeinsam als mit den Muslimen im Irak, in Pakistan, Afghanistan oder im Maghreb, wo ich mich so lange aufgehalten hatte. Eines Abends saß ich in einem billigen Café, ein Buch in der Hand, das ich besprechen wollte. Darin war wiederholt von »den Muslimen« als einem einheitlichen homogenen Ganzen die Rede, die »von der Liebe zu Allah« beseelt waren. Ich sah mich um. In dem Café saßen buddhistische Thai und muslimische Thai. Sie teilten eine Vorliebe für sehr scharfe Currygerichte, sie teilten dieselben relativ konservativen Sitten und Gebräuche, und sie trugen – abgesehen vom Kopftuch einiger Frauen und dem Käppchen einiger Männer – auch dieselbe Kleidung. Sie konnten sich bestens verständigen, und ihren Gesprächen und den Plakaten an den Wänden nach zu urteilen waren sie Anhänger des Fußballclubs Manchester United. Alle meine Freunde von Algerien bis Afghanistan hätten – genau wie ich – die scharfen Currygerichte als kaum genießbar empfunden, die Kleidung als fremdartig und die einheimische Sprache als schwer verständlich. Auch die Begeisterung für Manchester United wäre ihnen abgegangen, genau wie mir.

Dann gab es natürlich die große Vielfalt innerhalb der muslimischen Gemeinschaft. Wie im südlich gelegenen Malaysia und selbstverständlich in Indonesien, wo ich mehrfach gewesen war, hatte ich auch in Thailand eine enorme und komplexe Bandbreite des »Muslim-Seins« kennen gelernt. In Indonesien war die islamische Glaubenspraxis stark von Hinduismus und Animismus beeinflusst und oft so verhalten, dass selbst ein nicht strenggläubiger Saudi sie kaum als muslimisch erkannt hätte. Einige der so genannten Muslime waren tief religiös, andere betrachteten ihre Religion lediglich als Teil ihres kulturellen Erbes, wieder andere als Teil ihrer ethnischen Identität; die meisten verschwendeten erst dann einen Gedanken an ihre Religion, wenn man sie fragte, was dieses Element ihrer Identität für sie bedeute. Nur in Aceh an der Nordspitze Sumatras herrschte eine konservativere Glaubenspraxis. Die Bewohner von Aceh fühlten sich von einer quasikolonialen, in Java verwurzelten Elite ausgebeutet, hatten über Jahrhunderte hinweg mit dem Mittleren Osten Handelsbeziehungen gepflegt und von dort Einflüsse aufgenommen. Hier in Thailand existierte eine ähnliche Vielgestaltigkeit wie in jedem muslimischen Land zwischen Bangladesch und Marokko. Mir war schleierhaft, wie irgendjemand, insbesondere ein westlicher Autor, sich erdreisten konnte, die rund 1,3 Milliarden über den halben Erdball verteilten Muslime, die einem Dutzend unterschiedlicher Ethnien und Nationalitäten angehörten, in einen Topf zu werfen – auf eine Weise, die man als absolut lächerlich, ja beleidigend empfinden würde, wenn es sich um die »Christen« oder selbst um die relativ kleine jüdische Bevölkerung gehandelt hätte.

Ich kehrte aus Thailand zurück und flog fast unmittelbar darauf in den Irak und besuchte Nadschaf. Dann wurde Bigley entführt und al-Zarqawi verbreitete sein Video, und die alles entscheidende Frage, wer den »Krieg der Herzen und des Verstandes« der Menschen in der islamischen Welt gewinnen würde, trat erneut in den Vordergrund. Anders als zwei Jahre zuvor hatte ich diesmal das Gefühl, ein paar mögliche Antworten auf diese Frage zu kennen.

Bei meinen Reisen in den vergangenen 18 Monaten hatte ich zweifelsfreie Belege dafür gefunden, dass das politische Bewusstsein, die Wut und der Unmut in der »islamischen Welt« gewachsen waren. Dies drückte sich oft in einer radikalen und manchmal in einer gewaltgeprägten Sprache aus – Ausdruck einer relativ neuartigen, globalisierten Sicht der islamischen Identität: einer Identität, die zumindest teilweise in der Vorstellung eines heldenhaften, ewig währenden Kampfes gegen den Westen begründet lag. Integraler Bestandteil dieser neuen Identität war das weit verbreitete Gefühl, es sei an der Zeit, dass die Gläubigen »global denken und lokal handeln«. Die modernen Kommunikationsmittel, die sich militante Gruppen und radikale Prediger zunutze machten, hatten die Umma zum ersten Mal als wirklich praktikable, völlig realistische Idee erscheinen lassen; und mit den Toten im Gazastreifen und im Irak identifizierte man sich in einem bis dahin unbekannten Ausmaß. Wie die sich häufenden Bombenangriffe zeigten, existierten außerdem mehr aktive Kämpfer als noch zehn, ja fünf Jahre zuvor. Zu Hunderten machten sie sich in den Irak auf, um zu kämpfen, und obwohl die Bedeutung dieser Freiwilligen sehr viel geringer war, als die britische und amerikanische Regierung behauptete, war ihre Präsenz doch der Beweis für eine bemerkenswerte neue Radikalisierung. Mehr noch: Obwohl viele Aufstände seit der ersten Welle der Kolonialisierung der islamischen Welt durch den Westen im 18. und 19. Jahrhundert im Grunde bis heute andauern, hat deren Heftigkeit und Gewalttätigkeit seit 2001 zugenommen. Auf eine neuartige und durchaus beunruhigende Weise hat die Idee des »Märtyrertums« in die Alltagssprache und zunehmend auch in das Handeln vieler muslimischer Gemeinschaften weltweit Eingang gefunden. Allgemein gesprochen, war auch unter den Gemäßigten die politische Atmosphäre fast überall in der islamischen Welt hitziger und aufgeladener als jemals seit den siebziger Jahren. All das waren sehr schlechte Aussichten.

Dennoch – und dies war absolut entscheidend – hatten mir meine Reisen gezeigt, dass keine einzelne Entwicklung als Beleg für eine breite Tendenz in Richtung Massenerhebung der muslimischen Gemeinschaften weltweit genommen werden durfte. Die Videos von Bigley und wenige Wochen später der Britin Margaret Hassan, die im Irak für eine Hilfsorganisation tätig war, bewirkten einen bedeutsamen und merklichen Ruck in der islamischen Welt – genau den gegenteiligen Effekt, den sich die Geiselnehmer erhofft hatten. Die Wahlen im Frühjahr 2005 bestätigten meinen Eindruck, dass trotz eines noch immer starken Antiamerikanismus, Antizionismus und Antisemitismus die Unterstützung für bin Laden, al-Zarqawi und anderer im Nahen und Mittleren Osten schwand, ganz besonders in Ländern, die die Brutalität der Militanten oder die Folgen der von ihnen ausgelösten Konflikte zu spüren bekommen hatten. Wo islamische Parteien die Hoffnung nährten, korrupte Regime durch eine kompetente und anständige Alternative abzulösen – wie in Ägypten und Palästina –, behaupteten islamistische Ideologien zwar das Feld; wenn aber mehr oder weniger demokratische Regierungen mehr oder weniger in der Lage waren, grundlegende Lebensbedürfnisse zu erfüllen, wie in Indonesien und in Malaysia, scheiterten die Militanten bei ihrem Versuch, in der breiten Bevölkerung Unterstützung zu gewinnen. Hier hatten viele Millionen Menschen die Politik, Programme und Taktiken der radikalen Hardliner sehr genau beobachtet – und sie abgelehnt. Man konnte die Bedeutung dieser Entwicklungen zwar leicht überschätzen, mir schien aber, sie offenbarten eine tiefer liegende machtvolle Wahrheit.

In Algerien hatte die militante Gewalt zu Beginn der neunziger Jahre zu staatlichen Maßnahmen geführt, die eine Spirale wachsender Brutalität in Gang gesetzt hatten. Folgen waren die schwindende Unterstützung breiter Bevölkerungsschichten, ein zunehmend effizienteres Eingreifen der Sicherheitskräfte, größere staatliche Zugeständnisse und schließlich ein Ende der Aufstände. Etwas Ähnliches war Mitte der neunziger Jahre in Ägypten geschehen. Auch wenn sich die Wütenden, Entfremdeten und Unzufriedenen, die Verängstigten, Frustrierten oder einfach nur Desillusionierten zu islamisch-militanten Trainingscamps hingezogen fühlten, so war doch die wichtige breite Unterstützung für die Fortsetzung des Aufstandes rasch geschwunden, als klar wurde, worauf die konservative religiöse Herrschaft in der Praxis hinauslief und welches Ausmaß an Gewalt deren Durchsetzung mit sich bringen würde. Mir schien, dass die heutige islamisch-militante Bewegung denselben Weg nahm, nur auf globaler statt auf nationaler Ebene. Nach anfänglichen Erfolgen im Zuge der Anschläge vom 11. September wurde der harte Kern der »globalen dschihadistischen Bewegung« durch das Eingreifen des Militärs und der Sicherheitskräfte ganz gewiss geschwächt. Die Brutalität von Leuten wie al-Zarqawi und der Bombenleger von Madrid bezeugte eine zunehmend strategische und taktische Zersplitterung. Es gab eine steigende Zahl blinder Anschläge auf Ziele von geringem symbolischem oder realem Wert, die klare Reaktionen gegen die Militanten heraufbeschworen.

Doch wie lange es dauern konnte, bis der heutige globale militante Islam der Fallkurve folgte, die in der Vergangenheit so viele lokal begrenzte Aufstände genommen hatten, war nicht vorhersehbar. Viel hing von der Reaktion des »Westens« ab und mehr noch von den Muslimen überall auf der Welt. Und angesichts der Tatsache, dass in Algerien 100 000 oder mehr Menschen und in Ägypten und anderswo Zehntausende ums Leben gekommen waren, erschien es schwierig vorherzusagen, wie viele Opfer es bis dahin noch geben würde.

Eins aber wusste ich: Welche Länder von Indonesien bis zum Maghreb ich in den Jahren nach den Angriffen vom 11. September auch bereiste – Malaysia, Thailand, Indien (dessen 140 Millionen Muslime entschlossen gemäßigt blieben), Pakistan, Afghanistan, Qatar, Irak, Jordanien, Syrien, Israel-Palästina, Libanon und die Türkei – nirgends war ich direkter, persönlicher Feindseligkeit begegnet. Selbst im Irak blieb ich stets zuversichtlich, dass die meisten Menschen mir nichts Böses antun wollten. Die Wahrheit war: Trotz der schrecklichen Misshandlungen in Abu Ghraib und in Guantanamo, trotz der ständigen Frustrationen im Alltag, trotz des gewaltsamen Todes von 30 000 Zivilisten im Irak, trotz so vieler enttäuschter Erwartungen und Hoffnungen, trotz all der Anstrengungen von Leuten wie bin Laden, al-Zawahiri und al-Zarqawi, trotz der unfähigen und korrupten senilen diktatorischen Herrscher, die sich nach wie vor überall an die Macht klammerten, trotz der aggressiven, kriegstreiberischen Rhetorik auf allen Seiten, trotz der massiven Verbreitung einer Botschaft von Hass, Vorurteil und Gewalt – trotz all dem hatte sich die normale Bevölkerung der islamischen Welt, hatten sich jene, die unter Beschuss lagen und deren Stimme von Gebrüll und Gewehrfeuer so oft erstickt wurde, diejenigen also, die im eigentlichen Zentrum standen, von den Radikalen nicht vereinnahmen lassen. Die Mitte hatte standgehalten. Gewiss, einige waren wütend; gewiss, andere waren mit Groll erfüllt; gewiss, einige hatten sich dem militanten Kampf zugewandt, und in den kommenden Jahren würde diese Militanz zunehmen. Aber als bin Laden sagte, »Das Erwachen hat begonnen«, glaubte er wohl, mit seinen spektakulären Gewaltakten breite Unterstützung gewinnen zu können. Er hatte sich getäuscht.

Schluss: London und Pakistan

Und dann explodierten am 7. Juli 2005 vier Bomben im Zentrum Londons, drei in U-Bahn-Zügen und eine vierte in einem Bus. 52 Menschen wurden getötet, mehr als 700 verletzt. Die Szenen, die ich anderswo so oft beobachtet hatte, spielten sich jetzt vor meiner eigenen Haustür ab. Die Sirenen, die Menschenmengen, die Verletzten, die erschöpften Rettungsmannschaften, die Übertragungswagen der Satellitenfernsehsender, die Brandspuren an den Mauern, die Spuren der Explosionen auf der Straße, die Berichte mit anfangs niedrigen und später sehr viel höheren Opferzahlen – eine Ziffer, die am Ende nicht viel mehr war als eine nackte statistische Größe –, all das kam mir auf schreckliche Weise vertraut vor. Nur dass sich die geduldigen Warteschlangen jetzt vor roten Telefonhäuschen gebildet hatten, die Menschen vor Pubs in der Sonne standen, dazu der schwarze Humor und die blau-weißen Absperrbänder der Polizei vor den U-Bahn-Stationen, die ich mein Leben lang benutzt habe. Wie viele andere ging ich in den ersten Tagen nach den Anschlägen in London viel zu Fuß, auch deshalb, weil keine U-Bahn fuhr, das Wetter so herrlich war, weil ich die U-Bahn-Schächte meiden und mich nicht zuletzt vergewissern wollte, dass tatsächlich alles so war, wie es immer gewesen ist.

Der Optimismus, der in mir aufgekeimt war, schwand in dem Moment, als ich von den Anschlägen hörte. Ich war sehr traurig. Und sehr wütend. Mich ärgerten die lächerlichen Erklärungen, die von Politikern und »Sprechern« der verschiedenen »Gemeinschaften« unermüdlich wiederholt wurden, der Islam sei »eine Religion des Friedens«. Doch ich hatte an Ort und Stelle gelernt, dass jede Religion das ist, was ihre Anhänger aus ihr machen, und dass der Islam ein Potenzial besitzt, das sich zur Rechtfertigung entsetzlicher Brutalität eignete, aber auch Mut machen konnte zu größerer Barmherzigkeit und Toleranz. Etwas Schreckliches war geschehen, und irgendwelche Slogans würden nicht helfen, es zu erklären oder zu verhindern, dass es erneut geschah. Ich war wütend auf die britische Regierung, die hartnäckig und völlig ungerechtfertigt daran festhielt, es gebe keinen Zusammenhang zwischen den Anschlägen und ihrer eigenen Irakpolitik. Großbritannien war zwar tatsächlich schon vor dem Irakkrieg Ziel terroristischer Anschläge gewesen, wie die Regierung immer wieder betonte, aber die entschlossene britische Unterstützung der Vereinigten Staaten und der Politik der Bush-Administration hatte die Gefährdung verschärft. Davon überzeugten mich zahllose Interviews mit militanten Islamisten und mein gesunder Menschenverstand. Mitzuerleben, wie vermeintlich verantwortungsvolle Staatsminister das Gegenteil behaupteten, war ganz besonders deprimierend. Am größten aber war meine Wut auf die Attentäter. Ich war wütend auf das, was sie getan hatten. Wütend, weil sie nie die Bilder der am Tavistock Square verstreuten abgerissenen Gliedmaßen sehen würden, die in keiner Zeitung abgedruckt waren. Wütend, weil sie nie erfahren würden, was ein Feuerwehrmann von seiner Arbeit inmitten zerstückelter Gliedmaßen und verbrannter Hautfetzen in jenem unterirdischen Leichenhaus berichtete, zu denen die Wracks der U-Bahn-Züge geworden waren. Ich war wütend, weil ihnen niemals klar werden konnte, was es bedeutete, Menschen zu töten und zu verstümmeln und viele hundert Eltern, Ehepartner und Kinder in ihrer Trauer und ihrem Schmerz zurückzulassen. Und schließlich war ich wütend, weil mir die Bombenattentate vollkommen unbegreiflich waren, obwohl ich mich jahrelang mit dem modernen islamischen Radikalismus beschäftigt hatte. Natürlich kannte ich die Argumente, ich hatte sie im Gazastreifen und am Khyber-Pass und seither noch Dutzende Male gehört. Und ich kannte die verquere Logik, derzufolge das öffentliche Verkehrsnetz einer Stadt ein legitimes Anschlagsziel sei. Aber als ich mit der Realität der Anschläge an dem Ort konfrontiert wurde, an dem ich aufgewachsen war und gelebt hatte, erschien es mir nahezu unmöglich nachzuvollziehen, was in den Köpfen der Attentäter vorging, als sie ihre Sprengsätze zündeten.

Hinter den Anschlägen, so stellte sich heraus, standen vier junge Männer, allesamt britische Staatsbürger, drei von ihnen Söhne pakistanischer Eltern und in Großbritannien geboren, der Vierte in Jamaika geboren und erst vor kurzem zum Islam übergetreten. Anscheinend gab es keinen führenden Kopf, der die Attentäter rekrutiert, die Zelle geleitet und dann das Land verlassen hatte; auch fand sich kein Hinweis auf eine Verbindung zu Osama bin Laden oder einem seiner Vertrauten. Es war eines der ersten Beispiele dafür, dass Bürger eines westlichen Landes im Namen des Islam einen Anschlag gegen ihre Heimat führten. Die Zelle war offenbar vollständig »hausgemacht« – eine Bestätigung meiner Theorie, dass die radikale Ideologie, die sich seit den späten neunziger Jahren ausbreitete, keine Organisationen, Ausbildungslager oder Anführer brauchte, um Menschen zu veranlassen, derartige Aktionen durchzuführen; dass die Bedrohung Großbritanniens durch den militanten Islam von innen kam. Das Kalkül des Terrorismus war mir aus dem Irak und anderen Ländern geläufig: Schon eine geringfügig stärkere Radikalisierung bewirkte, dass sich eine genügend große Zahl von Menschen zu gewalttätigen blutigen Aktionen bereitfand. Dazu war es jetzt gekommen, wie ich und andere es prophezeit hatten.

Aber ich hatte keinen Grund, mich über meine Analyse zu freuen. In dem Jahr vor den Londoner Anschlägen war ich zu der Überzeugung gekommen, eine Bedrohung Großbritanniens durch den radikalen Islam werde trotz der radikalisierenden Wirkung des Irakkriegs stark übertrieben. Diese Ansicht verdankte sich nicht zuletzt Sensationsberichten der britischen Polizei und Regierung über angebliche terroristische Aktivitäten, die sich vielfach als völlig haltlos erwiesen, sowie meiner Befürchtung, dass die durch die Panikmache geschürten Ängste extrem gefährlich waren. Da ich mich außerdem öffentlich auf eine ganz bestimmte Argumentation festgelegt hatte, wollte ich natürlich Recht behalten. Zwar war ich nach wie vor überzeugt, dass das vor den Anschlägen in London herrschende Klima der akuten Angst übertrieben war, zwar hatte auch ich immer gesagt, ein Anschlag in irgendeiner Form sei unvermeidlich, aber das Ausmaß der Bedrohung hatte ich deutlich unterschätzt.

Die Ermittlungen ergaben schon bald, dass mindestens zwei der Attentäter ein Jahr vor dem Anschlag in Pakistan gewesen waren. Der Anführer der Gruppe, der 30-jährige Mohammed Sidique Khan, Lehrer für behinderte Kinder unweit von Leeds, hatte offensichtlich eine Zeit lang in oder in der Nähe der Stadt Lahore, 25 Kilometer von der indischen Grenze entfernt, gelebt. Genau sieben Tage nach den Anschlägen stand ich um 5 Uhr früh leicht benommen in einer Schlange vor der Passkontrolle auf dem Flughafen von Islamabad und beobachtete durch die schmutzigen Scheiben, wie Fahrrad fahrende Männer mit Schrotflinten auf Vögel zielten, die sich auf die Start- und Landebahnen verirrt hatten. Genau dieselbe Szene hatte ich bei meiner Ankunft vor sieben Jahren hier beobachtet.

Es war bizarr, wieder in Pakistan zu sein. Seit mehreren Jahren war ich nicht hier gewesen, und jetzt, nach den Anschlägen in London, beobachtete ich meine Reaktionen wie auch die der Menschen um mich herum mit besonderer Aufmerksamkeit. Die Wut, die ich unmittelbar nach den Anschlägen empfunden hatte, war immer noch nicht verschwunden, und ich wusste nicht, ob ich diese Wut bekämpfen konnte, sollte oder überhaupt wollte. Ich frischte alte Kontakte in Islamabad auf, erfuhr sehr wenig, besuchte einige Leute und erfuhr noch weniger. Dann mietete ich mir ein Auto und fuhr nach Osten in Richtung Lahore. Pakistan hatte sich kaum verändert. In den Straßen der Ortschaften, durch die ich kam, drängten sich wie eh und je Männer in weißen, blauen oder grauen Shalwar Kameez, und auf den Fahrbahnen waren überfüllte, mit Spiegeln und glitzerndem Flitter geschmückte Busse unterwegs. Am Straßenrand sah ich Schuljungen in kurzen Hosen mit geschulterten Schulranzen vor den altmodischen Ständen der Eiscremeverkäufer. Frauen mit weißem Kopftuch warteten, Schriftstücke in der Hand, geduldig in der Sonne vor irgendeiner Behörde, an ihren Rockschößen hingen schmutzstarrende Kleinkinder. Gruppen von Polizisten in kurzärmeligen blauen Hemden saßen auf klapprigen Stühlen vor ihrer Wache und tranken süßen *masala*-Tee, neben ihnen die Gefangenen in Ketten. Vor den weiß gestrichenen Toreingängen eines Barackenblocks standen Soldaten in gestärkten Khakiuniformen neben einer alten Kanone und einem handgemalten Regimentswappen. Die Armee war noch immer an der Macht, aber das schien niemanden sonderlich zu stören. Es gab kaum Anzeichen wirklicher Unruhen, aber auch keine Anzeichen eines beginnenden allgemeinen Wohlstands. Zwischen den Ortschaften verlief die Straße durch ausgedehnte Felder, vorbei an Ödland, Steinbrüchen, Brennöfen für Backsteine, die von zerlumpten Kindern bedient wurden. Feldwege führten ins Nirgendwo oder zu kleinen Dörfern. Von den flachen Dächern der etwas zurückgesetzt stehenden Häuser stieg Rauch auf. Altersschwache Traktoren tuckerten durch den Schlamm, hinter ihnen trotteten gefügige Ochsen. Hier das Grün und Braun der Landschaft, da das erstickende Gewühl in den Ortschaften, bis die Felder schließlich aufhörten und die Häuser zu einer langen Reihe von Betongebäuden zusammenwuchsen, dazwischen bemalte

Bretterzäune, dazu der Verkehr. Das war Lahore mit seinem großartigen Mogul-Fort, seiner aus dem Gassengewirr aufragenden Moschee und den schmalen Häusern der Altstadt, mit den Drachen, die in den verwahrlosten Parks aufstiegen, den grünen Vorstadtgürteln mit den Villen der Mittelschicht und den Kanälen, in denen die Kinder der Dienstboten inmitten von Abfällen schwammen und spielten. Es war Regenzeit, die Straßen waren nicht staubig, sondern voller Pfützen, und jeder Nachmittag brachte peitschende warme, graue Regenwände.

Damals, als ich hier in Pakistan gelebt hatte, gab es nicht viel zu berichten, doch seit dem 11. September geriet das Land in den recht schmalen Brennpunkt der internationalen Medien. Eine kürzlich durchgeführte, groß angelegte Untersuchung hatte ergeben, dass skrupellose pakistanische Wissenschaftler Nukleartechnologie verkauft hatten – eine indirekte Bestätigung dafür, dass die nordkoreanische Botschaft und meine Wohnung vor zehn Jahren tatsächlich amateurhaft überwacht worden waren. Immer wieder flammte das öffentliche Interesse an den Bemühungen Pakistans auf, bei der Festnahme bin Ladens und al-Zawahiris mitzuhelfen, die sich vermutlich in den öden Stammesgebieten entlang der nordwestlichen Landesgrenze versteckt hielten. Nach den Anschlägen in London waren es plötzlich die Religionsschulen Pakistans, die Medresen, für die sich alle Welt interessierte. Als ich in Lahore ankam, hatte ein Dutzend westliche Reporter bereits zwei solche »terroristische Ausbildungslager« besucht, in denen sich die Bombenattentäter angeblich aufgehalten hatten. Das eine war eine kleine, erzkonservative Medrese im Stadtzentrum, das andere ein großer, modernerer Komplex in Muridke, dem Hauptquartier einer der gewalttätigsten militanten Gruppen Pakistans. Wie nicht anders zu erwarten, bestritten beide Schulen jegliche Verbindung zu den Anschlägen von London, und außer zweifelhaften Quellen im Umkreis des pakistanischen Geheimdienstes gab es kaum Beweise für das Gegenteil. Einer der Attentäter hatte den Winter offenbar bei Verwandten unweit von Chak 100P verbracht, dem Dorf, wo ich über den Mord an der vermeintlichen Hexe Muradam Mai recherchiert hatte. Zwar belegte eine Videoaufnahme einen weiteren Transit im Flughafen von Karachi, und es gab Berichte über ein konspiratives Treffen in einer Moschee in der Industriestadt Faisalabad, aber die Einzelheiten waren unklar. Das Interesse der Weltöffentlichkeit an Pakistan verebbte erneut innerhalb von 14 Tagen.

Einen Mann wollte ich unbedingt treffen: Javed Parachar, konservatives Stammesoberhaupt, Geistlicher und Anwalt, der in der Nordwestlichen Grenzprovinz mehrere Medresen leitete und mir vor Jahren etwas von »Gerechtigkeit« und »moralischem Verfall« erzählt hatte. Als ich ihn von Lahore aus anrief, dröhnte sein Willkommensgruß durch die knackende Leitung, und er lud mich ein, ihn nach dem Freitagsgebet, das er in der örtlichen Moschee leitete, in seinem Haus in der Stadt Kohat zu besuchen. Ich fuhr nach Islamabad zurück und nahm die lange schnurgerade Straße Richtung Südwesten. Sie führte durch ein Hochplateau mit fruchtbaren Feldern, eine Fortsetzung des ertragreichen Ackerlands der Region Punjab, hinunter zum Indus, der vom Schmelzwasser aus den Karakorum-Bergen im Norden angeschwollen und durch den Schlick karamellbraun war. Hinter einer alten, von den Briten erbauten Brücke erstreckte sich das schmale Band der Nordwestlichen Grenzprovinz, das noch schmalere Band der Stammesterritorien, die von pakistanischen Soldaten nach bin Laden durchkämmt wurden, und dahinter die Berge und Afghanistan.

Wir überquerten den Fluss, und ich war überrascht, dass ich ganz vergessen hatte, wie rau und öde diese Provinz war. Durch den Staub in der Luft waren die Berge am dunstigen Horizont kaum zu erkennen. Am Straßenrand in der Sonne saß ein Mann, der keine Beine hatte. Er beobachtete ein Kind, das Schlaglöcher mit Kies füllte in der Hoffnung, die gelegentlich vorbeifahrenden Autos würden zum Dank ein paar Rupien zurücklassen. Die Straße säumten Felsbrocken, widerstandsfähige Kakteen mit riesigen Stacheln und hohe Eukalyptusbäume, unter deren abblätternder papierener Rinde das glatte Holz zum Vorschein kam, gelb wie altes Kerzenwachs. Jeder zweite Baum war niedergebrannt oder verstümmelt worden, um Holz zu gewinnen. Ziegen, an Pfählen festgebunden, stellten sich auf die Hinterbeine, um die unteren Blätter der Bäume und dornigen Sträucher zu erreichen. Wir passierten eine kleine, enge, in einen weiß, gelb und rot gestreiften Felskamm eingeschnittene Schlucht, und dann tauchte eine kleine Moschee auf, die nicht viel mehr war als eine weiß gestrichene Hütte aus gebranntem Lehm. Vor der Moschee lag ein Mann auf einer Matratze, eine grün leuchtende Nylonflagge in der Hand; er sammelte Almosen. Dann kamen die Häuser des Grenzgebiets mit ihren hohen Mauern, Türmchen und Schießscharten; an den Wänden klebten zum Trocknen Mistfladen mit Handabdrücken;

die kleinen Heuhaufen hatte man mit stacheligen Zweigen zum Schutz vor Ziegen abgedeckt; die Mistfladen dienten als Brennmaterial. Wir passierten einen Friedhof, dessen schiefe, aber sorgfältig gemeißelte Grabsteine mit silbernem Flitter geschmückt waren, und eine Herde magerer Kühe, die auf einem unerwartet grünen, bewässerten Maisfeld grasten. Der Straßenbelag fehlte; er sei vor zwei Jahren von einer Flut weggeschwemmt und nicht wieder instand gesetzt worden, erklärte mir mein Taxifahrer. Neben einer verlassenen, vor sich hinrostenden Tankstelle samt Schild mit der unglaublichen Aufschrift »phone/fax/mail« saß ein Dutzend Männer im Schatten eines Baumes um ein auf einen Stuhl platziertes kleines Radio.

Kohat selbst war belebter als das Hinterland. Parachars Empfehlung: »Sie können jeden fragen, wo ich wohne, alle kennen mich«, hatte sich als zu optimistisch erwiesen, und bald steckten wir in einem Verkehrsstau mitten im Hauptbasar. Ich stieg aus und ging zu Fuß weiter, vorbei an Fleischständen, deren Rinderhälften, Innereien, Lungen, Nieren und Kutteln auf Holzplatten lagen wie in einer anatomischen Schau; vorbei an Gemüseständen mit ihren hoch aufgetürmten Mangos, Pfirsichen, gelben Kürbissen und Ingwerwurzeln, an denen noch Erdklümpchen hingen. Die Marktgassen waren mit Markisen aus Sackleinen überdacht, durch deren Löcher Speere aus Licht und Staub nach unten stießen. Die wenigen Frauen waren von Kopf bis Fuß in Burkas gehüllt. Ich stolperte über hölzerne, mit Eisenreifen verstärkte Holzkäfige am Boden, in denen sich Hühner und Kampfhähne drängten, passierte Stände mit riesigen irdenen Töpfen und gelangte schließlich durch einen kleinen Hof und einen Gang zu Parachars weitläufigem Haus.

Es gab keinen Strom, und Parachar hatte seinen massigen Körper auf einer Matratze ausgestreckt. Er hieß mich auf Englisch mit schwerem Akzent willkommen, fragte, ob ich inzwischen Kinder hätte, und scherzte über das potenzsteigernde Wasser von Kohat. Wir redeten eine Weile über sein Bemühen, einen »internationalen Rat zur Koordinierung des Dschihad« auf die Beine zu stellen, der, wie er sagte, das Ziel habe, »die Einheit der sunnitischen Gruppen zu fördern, die Probleme mit den lokalen Schiiten zu lösen, Wohlergehen, Gesundheit und die Schulausbildung für Kinder zu verbessern und armen Frauen Unterstützung zu gewähren, damit sie verheiratet werden können.« »Auch die Amerikaner in Afghanistan zu bekämpfen«?, fragte ich. Parachar lächelte. »Wenn man mit Frau und Kindern in einem Raum schläft und jemand kommt mit einem Gewehr in der Hand herein, ist es da denkbar, dass man ihnen nicht sagt, sie sollen sich verteidigen?«

Das Gespräch folgte einem vorhersehbaren Verlauf. Ja, Parachar hatte sich um die Freilassung »Hunderter« Häftlinge aus pakistanischen Gefängnissen bemüht, unter ihnen gut ein Dutzend britischer »Mudschaheddin«. Ja, die Anschläge vom 11. September waren eine »gute Aktion«, die in London ebenso. Warum? Weil »sie unsere Frauen, unsere Kinder, uns selbst töten«. Parachar war Anwalt, das war unverkennbar. »Herrschen in Abu Ghraib Recht und Gesetz?«, fragte er mit effektvollen Pausen zwischen seinen Sätzen und mit erhobenem Zeigefinger. »Gibt es in Falludscha Recht und Gesetz? In Bosnien, Kaschmir, Bethlehem und Tschetschenien? Tötet Tony Blair im Irak nicht viele tausend Menschen? Gibt es etwa keinen Kampf der Kulturen?«

»Gibt es einen Kampf der Kulturen?«, fragte ich zurück.

»Natürlich gibt es einen Kampf der Kulturen«, erwiderte er. »Alles wurde von den Juden eingefädelt. Der Islam ist eine Religion des Friedens, aber die Juden manipulieren alles. Sie schaffen Ungleichheit zwischen den Menschen. Die Juden sind die Feinde der Menschheit und der Feind aller Religiösen.«

»Kennen Sie einen Juden persönlich?«

Parachar lachte. »Nein«, erwiderte er.

»In Afghanistan hat es nicht den Anschein, als würden die Taliban viel Unterstützung genießen.«

»Die Taliban sind quicklebendig und sehr aktiv. Sie werden von allen Afghanen unterstützt«, antwortete er und spuckte in einen kupfernen Napf. »Sie sind die besten Muslime. Die besten Muslime, die es gibt. Ich habe 500 Studenten in den Schulen, die ich leite, und sie alle unterstützen die Taliban.«

»Kann ich die Schulen besuchen?«

»Nein, Ihre Sicherheit wäre gefährdet. Dort mag man keine Ausländer.«

»Aber ich habe mich mit den Taliban immer ausgezeichnet verstanden. In Kandahar haben sie sich einmal sogar um mich gekümmert. Und bei meinem letzten Besuch hier war ich in Ihren Medresen.«

»Die Zeiten haben sich geändert.«

»Letztes Mal sprachen Sie von moralischem Verfall«, sagte ich.

»Ja, ja«, nickte Parachar. »Er zeigt sich jetzt überall. Wir kämpfen dagegen. Er kommt über das Satellitenfernsehen und das Internet; dort gibt es Programme, mit denen die Juden und Amerika die Umma und die muslimischen Länder vernichten wollen.«

»Und was ist mit den Ehrenmorden?«

»Das ist ein Problem in den moderneren Gebieten, wo das Laster herrscht. Diese Probleme beginnen mit dem moralischen Verfall. Aber durch unsere Strafen halten wir das Verbrechen im Zaum.«

Zwei zwölf-, dreizehnjährige Jungen kamen herein, Parachars Söhne. Ein Diener brachte süßen gemischten Tee und Biskuitkuchen mit rosa Glasur und Kokosnussflocken.

»Was halten Sie von den ›gemäßigten‹ Muslimen?«, fragte ich.

»Islam bedeutet Frieden, Islam bedeutet Gerechtigkeit. Islam, das sind die Taliban und sonst nichts.«

Ich hatte genug. Wut stieg in mir auf, dieselbe Wut, wie ich sie in London gespürt hatte. Früher hatte ich Parachar für einen interessanten Exoten gehalten, jetzt widerte er mich an. Ich wollte weg. Ich stand auf und bemerkte ein kleines Mädchen in einem roten, mit Ziermünzen bestickten Shalwar Kameez, das mich und den Kuchen von der Tür her nicht aus den Augen ließ. Es war Parachars Tochter. Er rief sie zu sich, und sie hüpfte herbei, nahm seine Hand und legte ihren Kopf auf seine Schulter.

Auf Urdu fragte ich sie nach ihrem Namen.

»Khadidscha«, sagte sie. So hieß die erste, starke, unabhängige und tüchtige erste Frau des Propheten Mohammed und die erste Person, die sich zum Islam bekehrte.

»Wie alt bist du?«

»Ich weiß nicht. Vier.«

»Ich heiße Jason.«

»Shayshen.«

Khadidscha sah ihren Vater an, der ihr aufmunternd zunickte, dann lief sie zu mir und drückte meine Hand ganz fest, sah mich hochkonzentriert an und lächelte.

Auf dem Rückweg von Kohat dachte ich darüber nach, in welcher Weise sich mein Verhältnis zu Parachar verändert hatte. Der Grund dafür war unschwer zu verstehen. Vor fünf Jahren hatten mich seine Ansichten zwar auch schon abgestoßen, aber ich empfand sie nicht als persönliche Bedrohung. Dort oben in den Bergen der Nordwestlichen Grenzprovinz schien mir Parachar unendlich weit entfernt. Jetzt war deutlich geworden, was für ein Fehler es gewesen war zu glauben, er hätte nichts mit mir zu tun. Die Anschläge in London hatten mir überdeutlich gezeigt, dass die Welt im ersten Jahrzehnt des 21. Jahrhunderts einfach viel zu klein geworden war, um Ideen und Aktionen, die irgendwo anders um sich griffen, gefahrlos zu ignorieren. Auf diesem Planeten war alles viel zu stark mit allem und jedem vernetzt, als dass irgendein Ort »weit entfernt« sein könnte. Das Reden und Handeln Parachars und seiner Gesinnungsgenossen sowie Armut und Enttäuschung, das Gefühl der Ungerechtigkeit und Demütigung, die Korruption und die zahllosen Probleme, die die Ausbreitung seiner gewalttätigen und hasserfüllten Ideologie begünstigten – all das war auch mein Problem. Und sich einzubilden, all das ginge einen nichts an, war falsch und gefährlich. Niemand konnte noch länger bloß Beobachter sein.

Doch paradoxerweise bildete gerade dieses globale Zusammenwachsen für Parachar die Wurzel des Problems. Während ich über die zerfurchten Straßen zurückfuhr, die Brücke über den anschwellenden braunen Fluss passierte, vorbei an schläfrigen Wachen und weiter auf die Hochebene hinauf, kam es mir vor, als ziele sein ganzes Sinnen und Trachten darauf ab, die Distanz zu wahren und die wachsenden Bindungskräfte, die Vernetzung der modernen Welt zu blockieren. Das war für ihn von entscheidender Bedeutung, damit alles beim Alten bleiben und jede Veränderung, wenn sie denn notwendig war, nach seinen Vorstellungen ablaufen konnte. Für ihn wie für viele andere Konservative und Militante in der islamischen Welt war die Moderne, definiert als die Gesamtheit der Wertvorstellungen und Systeme, die gemeinsam »den Westen« ausmachten, gleichbedeutend mit »moralischem Verfall« und stellte eine persönliche Bedrohung dar. Die Moderne bedeutete Unsicherheit und Chaos und das Ende seiner eigenen Macht und Lebensweise. Die schrumpfende Distanz zwischen Völkern und Gemeinschaften brachte es mit sich, dass Ideen in Gesellschaften eindrangen, eine immense Zahl von Menschen beeinflussten und zu Veränderungen führten, die nicht mehr kontrollierbar waren. Musste es schon Veränderungen geben, so Parachars Ansicht, dann sollten sie nicht von irgendwem, sondern von Männern wie ihm in die Wege geleitet werden – mit wohl bedachten und ausgewählten Schritten. Das war keine Schlussfolgerung, zu der Parachar nach reiflicher Überlegung gelangt war, sondern intuitives Wissen, das er in seinen Schulen vielen hundert Kindern weitergab, die zu arm waren, um anderswohin zu gehen.

Und dann wurde mir klar, dass der Schlüssel zu den Anschlägen in London genau in dieser zunehmenden Vernetzung unserer modernen Welt lag. Zunächst waren sie für mich unverständlich, weil sie gegen etwas gerichtet waren, das meiner Ansicht nach den Menschen in der islamischen Welt und den muslimischen Gemeinschaften des Westens gleichermaßen zugute kam und das ich als das höchste Gut betrachtete: Toleranz, Freiheit von Vorurteilen und menschliches Miteinander. Ziel der Anschläge in London waren King's Cross, Edgware Road, Aldgate East und Tavistock Square, kosmopolitische Orte in einer der kosmopolitischsten Städte der Welt: Tavistock Square mit seinen vielen Touristen und den Studenten von den nahe gelegenen Universitäten; Edgware Road, quirliges Zentrum der arabischen Bevölkerung der Stadt; Aldgate East, eines der größten Viertel, die von Menschen aus Pakistan und Bangladesch bewohnt wurden; und King's Cross, einer *der* Schmelztiegel dieser Welt schlechthin. Und als die Attentäter ihre Sprengsätze zündeten, fiel ihr letzter Blick auf einen Zug oder einen Bus voll mit Menschen aller möglichen Ethnien und Religionen, die aufgrund der zahllosen unscheinbaren Kompromisse einer offenen, modernen und erfolgreichen Gesellschaft miteinander lebten und von diesem Miteinander profitierten. Und genau dies, so erkannte ich jetzt, war für die Attentäter nicht die hoffnungsvolle Vision einer guten und erstrebenswerten Zukunft, sondern ein Alptraum. Für sie, genau wie für Parachar, bedeutete die westliche Gesellschaft nicht Freiheit, Chance und Fortschritt, sondern Zerfall von Identität, Chaos, Unsicherheit und Verlust. Ihre Gewaltakte hatten ein Ziel, das über die reine Zerstörung hinausging. Die Motive der Attentäter von London waren dieselben wie die al-Zarqawis mit seinen brutalen Videos und bin Ladens und aller anderen Militanten, ob sie es wussten oder nicht, ob sie es explizit sagten oder nicht. Indem sie unter ihren Opfern Furcht und Wut verbreiteten, indem sie die Zuschauer dieser Gräueltaten zwangen, sich zwischen Befürwortung und Opposition zu entscheiden, indem sie zwischen den Attentätern und ihren Sympathisanten eine Komplizenschaft und zwischen den Angegriffenen ein Gefühl der Solidarität schufen, zielten die Gewaltakte der Attentäter darauf ab, Mauern zu errichten, wo sie bereits zu bröckeln begannen, Unterschiede zu schaffen, wo Unterschiede gerade verschwanden, Distanz aufzubauen, wo Menschen zusammenkamen. Ihr Ziel war es, den Wandel der Zeit und die Vermischung von Menschen, Ethnien und Religionen aufzuhalten und dadurch zum Stillstand zu bringen oder in andere Bahnen zu lenken, dass sie die Welt in zwei feindliche Blöcke teilten.

Zurück in Islamabad, schrieb und verschickte ich meinen Bericht und ging dann auf einen der Märkte, um mir etwas zu essen zu kaufen. Es war Freitagabend. Zu Hause feierten Freunde einen Geburtstag. Ich erledigte ein paar Telefonate, hinterließ ein paar Nachrichten und aß ein nicht sonderlich gutes Abendessen in einem ehemals guten Restaurant. Es war ein zutiefst deprimierender Tag gewesen. Plötzlich überkam mich ein starkes Gefühl des Überdrusses. Ich hatte die Selbstgerechtigkeit satt, die geistige Enge, die Mythen und die Ignoranz, den beiläufigen Rückgriff auf Gewalt, den Hass und die Vorurteile; ich hatte genug von der Angst, die neuerdings unwillkürlich aufflackerte, sobald der Gebetsruf laut wurde. Ich kaufte an einem Stand getrocknete Früchte und kaute grobkörnige, faserige Feigen, während ich in das Gästehaus zurücklief, wo ich wohnte. Der Wind, der stets nach dem nachmittäglichen Monsunregen aufkam, trieb mir im Gehen Sand in die Augen.

Im Gästehaus erwartete mich eine Nachricht. Der pakistanische Journalist Ershad Mahmud, ein befreundeter Akademiker, hatte angerufen und gefragt, ob ich nicht Lust hätte, ihn am folgenden Abend zum Bari-Imam-Schrein am Rande der Stadt zu begleiten. Ich hatte Ershad ein paar Tage zuvor in seinem Büro im Zentrum von Islamabad aufgesucht und ihm gesagt, ich sei seit dem *urs* vor sieben Jahren nicht mehr am Schrein gewesen und würde gern wissen, was sich seither verändert hatte. Er bot mir an, mich am folgenden Abend hinzufahren.

Ershad holte mich mit seinem klapprigen kleinen Auto am Nachmittag des folgenden Tages ab. Der Zugang zum Diplomatenviertel war jetzt durch Sicherheitssperren abgeriegelt, deshalb mussten wir einen großen Umweg um die Außenbezirke Islamabads machen, entlang einer engen, von Stechginster und verkrüppelten Bäumen gesäumten Straße. Als junger Mensch sehr fromm, hatte Ershad seine Ansichten durch seine Ehe, seine Kinder und die Freundschaft mit einem westlichen Akademiker geändert, der ihm in seiner beruflichen Karriere geholfen hatte. Obwohl er sich etwas schüchtern als einen »Liberalen« bezeichnete, war er nach wie vor ein tiefgläubiger Mensch, für den die Religion auf elementare Weise wichtig war. »Plötzlich erkannte ich, dass in den religiösen Büchern, die ich las, überall dasselbe stand«, erklärte er mir während der Fahrt. »Und je älter ich wurde, desto mehr erfuhr ich von der Welt.« Ershad brachte mich über die jüngsten Ereignisse am Bari-Imam-Schrein auf den neuesten Stand. Es gab wenig Gutes zu vermelden. Drogendealer hatten wenige Wochen zuvor den Geistlichen des Schreins getötet und damit seinem langen Kampf gegen den Verkauf von Heroin in den umliegenden Dörfern ein Ende gesetzt. Schlimmer noch: Im Frühjahr hatte ein Selbstmordattentäter im Innern des Heiligtums Dutzende Gläubige mit in den Tod gerissen. Der Attentäter stammte aus dem Umkreis einer der Gruppen, mit denen vermutlich auch Javed Parachar in Verbindung stand. Ich erzählte Ershad von dem Gespräch, das ich mit Parachar am Vortag geführt hatte. Er schüttelte nur stumm den Kopf.

Wir parkten den Wagen und gingen zu Fuß weiter, vorbei an dem Dorf Nurpur ganz in der Nähe des Schreins. Es war immer noch ein Durcheinander einstöckiger Häuser aus Backstein, Beton und Blechdächern, dazwischen verliefen vom Regen aufgeweichte Gassen. Ein Gewirr von Stromkabeln und Dutzende Fernsehantennen hingen an rostigen Masten. In dem großen Teich standen Ochsen, von deren Rücken Kinder ins schlammige Wasser tauchten. Hinter dem Dorf ragten die dunkel bewaldeten Margalla-Hügel genauso steil auf, wie ich es in Erinnerung hatte, und in den Bäumen hörte ich die Affen kreischen.

Ershad schrieb eine wöchentliche Kolumne für seine Zeitung, und als ich ihn in seinem Büro besucht hatte, fragte er mich nach den Ursachen der Anschläge von London. Ich legte ihm dar, dass meiner Ansicht nach der Irakkrieg ganz unterschiedliche Ressentiments herauskristallisiert hatte, und erzählte ihm von den Problemen zwischen den älteren Generationen pakistanischer Einwanderer in Großbritannien und ihren Kindern. Die Attentäter hätten eine globalisierte islamische Identität über jegliche Form der britischen Identität gestellt, sagte ich. Dies war nach meiner Ansicht einer der entscheidenden Faktoren dafür, dass sie einen mit Pendlern besetzten Zug als »Feind«, als Anschlagsziel aussuchen konnten. Wir hatten uns mehrere Stunden lang unterhalten, und jetzt fragte ich ihn, was er in seiner Kolumne denn eigentlich geschrieben habe.

»Ich habe geschrieben, dass ein befreundeter englischer Journalist, der in Pakistan gelebt hat und ein Freund dieses Landes ist, mich besucht hat, und dass ich ihn diesmal ein wenig verändert fand«, sagte Ershad. »Er war traurig und wütend über die Tragödie vom 7. Juli, darüber, dass er dem Tod in seiner eigenen Stadt begegnet ist. Und ich schrieb, dass er mir eine Frage gestellt hat, die ich nicht beantworten konnte: Warum Millionen von Menschen gegen den Irakkrieg demonstrierten, es aber in keinem einzigen muslimischen Land eine Demonstration gegen den Terrorismus gebe. Ich schrieb, ich wüsste darauf keine Antwort.«

Ich lächelte. Die Bemerkung mit den Demonstrationen hatte ich ganz nebenbei gemacht und längst vergessen. Es war nicht ganz fair, aber offenbar hatte ich eine gewisse Empörung an den Tag gelegt. Vor meinem Besuch bei Ershad hatte ich in pakistanischen Zeitungen Leserbriefe gesehen, denen zufolge die Anschläge in London von der britischen Regierung, den Israelis oder der CIA verübt worden seien, und das hatte meine Wut über die moralischen Ausflüchte und die intellektuelle Feigheit überall auf der Welt geschürt – ganz besonders angesichts der Politiker in Großbritannien, für die Unwissenheit nicht als Entschuldigung gelten konnte und die sich ebenfalls in solch gefährliche Verschwörungstheorien flüchteten.

»Das hast du tatsächlich geschrieben?«, fragte ich und schlug nach einer Stechmücke. Eine alte Frau, wie wir unterwegs zum Schrein, drängte sich an mir vorbei. Wir stiegen ein paar Stufen hinauf zu dem riesigen Banyanbaum und beobachteten den stetigen Strom der Gläubigen, der sich um die kleine Kammer mit ihren glitzernden Spiegeln bewegte, in dem sich das Grab des Bari Imam befand.

»Ja«, sagte Ershad. »Und ich habe geschrieben, ich wisse, dass die Muslime mich vielleicht für naiv oder dumm halten und sagen würden, die im Westen, die seien alle Imperialisten, denen gehe es nur ums Öl und um die Rohstoffe der Muslime. Ich weiß, dass sie damit teilweise Recht haben, aber ich schrieb, dass trotz einzelner fauler Äpfel nicht der ganze Korb faul sei.«

»Weißt du, Jason«, fuhr Ershad fort, während plötzlich Leben in ihn kam und er mit seinen schmalen Händen in der Luft fuchtelte, »unter den Muslimen ist derzeit eine sehr interessante Diskussion darüber im Gang, was zu tun sei. Ich wollte daher einen Akzent setzen. Und deshalb habe ich geschrieben, dass ich, wenn ich die Lebensgeschichte des Propheten läse, immer wieder zu unterschiedlichen Schlussfolgerungen käme und dass ich viele Christen kenne, die nicht weniger gute religiöse Menschen sind als die Muslime. Ich schrieb auch, dass ich nicht nur den Koran, sondern auch die Bibel gelesen hätte, und dass in beiden Büchern genau dasselbe steht; und dass wir Muslime eine gemischte Geschichte hätten. Eine gute und eine schlechte Geschichte, und dass wir der guten Geschichte folgen sollten. Dies sei unsere Verantwortung, und es gebe nicht genügend Muslime, die das betonten. Und ich schrieb weiter, dass sich die Christen, die Menschen ohne tiefen religiösen Glauben und die Juden eingestehen sollten, dass auch sie eine gute und eine schlechte Geschichte hätten.«

Ershad bemerkte, dass ich in mein Notizheft kritzelte, und lachte, ehe er fortfuhr.

»Ich schlug vor, dass sich die Muslime mit den Menschen im Westen zusammenschließen sollten, die gegen Ungerechtigkeit kämpfen – und das seien viele; dass wir mit Christen und Juden und mit all denen in einen Dialog treten müssen, die Gewalt ablehnen. Dass es aber auch Leute gebe, die diesen Dialog verhindern möchten und alles daransetzen, dass er nicht stattfindet«, sagte er. »Jetzt warte ich ab. Mal sehen, wie die Leser reagieren.«

Wir standen da und redeten, und dann betraten wir den Komplex des Schreins und umrundeten den großen ungepflasterten Hof, wo während des *urs* die Zelte aufgestellt wurden. Beim Verlassen des Geländes bemerkte ich vor dem Tor die Narben im ungleichmäßigen Straßenteer, wo sich der Selbstmordattentäter in die Luft gesprengt hatte; wir passierten die Stelle, wo Reis für die Armen verteilt wurde. Ich dachte zurück an alle Militanten, die ich getroffen oder interviewt hatte – die Taliban, diejenigen, die ich in Pakistan kennen gelernt hatte, ich dachte an den fußballbegeisterten Selbstmordattentäter Didar in Suleimaniye, an Abu Mudschahid in Bagdad, an die schiitischen Milizionäre in Nadschaf, die Männer in den Gefängnissen von Kaschmir und Kandahar und an all die anderen. Es gab keine einfache Erklärung dafür, warum die verschiedenen Strömungen der radikalen »islamischen« Ideologie sie so sehr mitgerissen hatten. Jeder von ihnen war einem anderen Ziel gefolgt. Einige suchten nach einer Lösung für soziale und wirtschaftliche Ungerechtigkeit, andere trieb nur die Rache für ein vermeintliches oder reales Unrecht oder eine Demütigung. Einige erstrebten bloß Kameradschaft, ein gesteigertes Selbstwertgefühl oder wollten Abenteuer erleben, andere versuchten, gegen die – wie sie es sahen – Okkupation ihrer Heimat zu kämpfen. Einige waren von Anfang an brutal, verhärtet und wütend und genossen das Gefühl, anderen Menschen wehzutun. Andere wollten nur auf möglichst extreme Weise für ihren Glauben eintreten. Einige verstanden ihr Handeln als Teil eines sorgfältig ausgewogenen politischen Programms. Die meisten glaubten, sie würden danach von ihrer Gemeinschaft als Helden gefeiert. Manchem wieder war egal, was seine Altersgenossen von ihm dachten. Lange hatte ich versucht, einen gemeinsamen Nenner zu finden, eine Theorie, die das Geheimnis des »militanten Islam« entschlüsseln könnte. Doch auf einmal erkannte ich, dass dies unmöglich war. Es gab nicht die eine und einzige Antwort. Das war der entscheidende Punkt: Es gab sie nicht.

Und ich dachte über all die anderen nach, die vielen tausend Menschen, mit denen ich gesprochen, neben denen ich gesessen, mit denen ich gegessen hatte und mit denen ich in den vergangenen Jahren unterwegs gewesen war. Ich dachte an die Kurden, damals, im Jahr 1991. Ich dachte an Majid aus Yorkshire, der so alt war wie der Anführer der Attentäter von London und sieben Jahre zuvor beim Anblick des Bari-Imam-Schreins seinem Stolz Ausdruck verlieh und mir gleichzeitig verheimlichen wollte, dass er betete. Ich dachte an Ekram, der über einen schlechten Witz von mir lachte, während wir durch ärmliche Landstriche bei Kabul fuhren. Und ich dachte an all die Menschen in Afghanistan, die sich mühten, dem kargen Boden das zum Überleben Notwendige abzutrotzen, an die Flüchtlinge in jener Schule im Jahr 2001, die an Kälte starben. Ich dachte an das Therapoetic Feeding Centre in Kandahar, an die Schülerinnen auf dem Pausenhof in Jalalabad und ihre stolzen Lehrerinnen, an die Kämpfer an den verschiedenen Fronten, die meisten von ihnen Infanteristen, wie es sie in allen Armeen der Welt zu allen Zeiten gab. Ich dachte wieder an Mohammed Sekkoum und seine Familie im Norden Londons und in Algier und an die Iraker. An den Alten, der uns in Nadschaf Unterschlupf gewährt hatte, an die Frau mit ihren behinderten Kindern in Bagdad und den Mann, der das Vorsatzpapier aus dem Wörterbuch herausriss, das er mir auf dem Büchermarkt verkauft hatte und das bis heute zu Hause in London in meinem Bücherregal steht. Ich dachte an all die Menschen im Bombenhagel, zerrieben von Krieg und Politik, deren Stimme erstickt wird von den Kämpfern und dem Gebrüll der Fanatiker auf beiden Seiten mit ihrem

Eifer, ihrer Selbstgerechtigkeit, ihrer Wut und Intoleranz. Und ich erkannte, dass es nicht nur keine allgemeine Erklärung der Militanz gab, sondern auch keine allgemeine Erklärung »der islamischen Welt«; und dass die Suche nach einer solchen Erklärung nicht nur müßig, sondern zutiefst gefährlich war. Denn genau das wollten die Befürworter der Gewalt: zwischen Menschen Grenzen ziehen, sie dem einen oder anderen Block zuschreiben und verordnen, dass sie nicht groß oder klein, dick oder dünn, alt oder jung, gebildet oder ungebildet, Mann oder Frau, kinderlos oder kinderreich, Arbeitnehmer oder arbeitslos, gesund oder krank waren, sondern entweder Muslime oder Nichtmuslime. Mit dieser Einteilung der Menschen in nahezu willkürliche Kategorien, Subkategorien und Subsubkategorien wollten sie Gemeinschaften definieren. Die einzigen grundlegenden Definitionsmerkmale des »gewalttätigen muslimischen Radikalismus« waren »Islam« und »Gewalt«. Doch eine solche Definition war zirkulär und barg die Gefahr einer Gleichsetzung von »Islam« und »Gewalt«. Doch in Wirklichkeit war die Gewalt, mit der wir es hier zu tun hatten, ein hochkompliziertes zeitgenössisches Phänomen, dessen Wurzeln in kulturellen, politischen und wirtschaftlichen Entwicklungen sowie in den Beziehungen zwischen Individuen, Gruppen, Nationen und Gesellschaften lagen, wie sie sich im Laufe der Jahrhunderte rund um den Globus entwickelt hatten. Und diese Gewalt stellte uns vor eine zukunftsentscheidende Wahl. Nach den Bombenanschlägen, den Hinrichtungen, den Ehrenmorden und den auf Video aufgezeichneten Tötungen stand es uns frei, uns zu distanzieren oder zu solidarisieren. Wenn mich die Bombenattentate von London eines gelehrt hatten, dann dies: dass es absolut unzulässig war, Menschen zu Gruppen zusammenzufassen – ob nun viele hundert Millionen weltweit oder 50 in einem U-Bahn-Schacht – und sie mit dem Etikett Freund oder Feind, Westler oder Orientale, Muslim oder Nichtmuslim, Gläubiger oder Ungläubiger zu versehen. Und wenn mich meine Reisen der vergangenen Jahre eines gelehrt haben, dann dies: dass es nicht nur gefährlich, sondern falsch war, die Unterschiede zu betonen, wo es so viele Gemeinsamkeiten gab, das Trennende, wo es so viel Verbindendes gab, die Distanz, wo alles so nah gerückt war.

Ershad und ich sprachen lange miteinander. Währenddessen spürte ich, dass die Zuversicht, die ich vor den Anschlägen in London empfunden hatte, zurückkehren würde – nicht sofort, aber bald. Die Menge, die den Schrein besuchte, zerstreute sich, und bald standen nur noch wenige Paar Schuhe im Staub vor den Marmorstufen, die zum Grab des Heiligen hinunterführten. An den Ständen um den Autoparkplatz, wo in Zeitungspapier eingewickelte, mit Curry gewürzte Pommes frites und rosa und grüne Armreife für eine Rupie verkauft wurden, rasselten die Rollläden herunter, und ein kleiner Junge in zerlumpten Kleidern zupfte mich am Ärmel und lief lachend fort. Es roch nach altem Frittieröl und nach verbranntem Holz aus dem Dorf und nach dem Regen, der kurz zuvor gefallen war. Über der Stadt gingen die ersten Lichter an, es folgten die Lichter im Dorf, dann flammten die vielfarbigen Glühbirnen an den langen, gewundenen Schnüren über dem Eingang des Schreins auf. Sehr bald musste es dunkel werden, und wir machten uns auf den Weg.

Ausgewählte Literatur

Die nachfolgende Liste erhebt keinen Anspruch auf Vollständigkeit. Sie soll, wie das vorliegende Buch, Anregungen geben und provozieren, jedoch keinen geschlossenen Apparat zum Thema anbieten. Aufgeführt werden daher Bücher, die einfach nur nützlich, interessant oder anregend sein könnten. Die Auswahl ist voreingenommen, in jeder Hinsicht.

Aus verschiedenen Gründen habe ich auf eine Bibliographie im herkömmlichen Sinn verzichtet: erstens, weil es dem Buch widersprechen würde, das alles Akademische und schwer Verständliche vermeiden wollte; zweitens, weil es unmöglich gewesen wäre, ein umfassendes Verzeichnis aller Bücher, Artikel und sonstigen Texte vorzulegen, die ich in meiner langjährigen Beschäftigung mit dem Islam, mit politischer Militanz und Außenpolitik gelesen, überflogen oder sonstwie zu Rate gezogen habe; denn die Hälfte davon habe ich in Hotelzimmern, Flugzeugen oder Autos liegen lassen oder verschenkt. Drittens: Selbst wenn ich eine solche Liste hätte zusammenstellen können, sie wäre kaum von praktischem Nutzen, weil die meisten Leser gar nicht die Zeit hätten, sich durch all die Stapel von Spezialliteratur zu arbeiten. Und schließlich zählt die Empfehlung von Büchern, die man selber gern gelesen hat, zu den angenehmen Seiten des Lebens, und es wäre schade, wollte man eine solche Übung nur auf ihren praktischen Nutzen beschränken.

Ich habe daher Bücher ausgesucht, die meine eigene Denkweise beeinflusst haben – Bücher, die ich besonders gern gelesen habe oder die jenen Lesern, die bestimmte Ideen und Gedanken dieses Buches weiter vertiefen möchten, interessante Einsichten vermitteln können.

Ein solcher Gedanke, für den ich auf den vorliegenden Seiten bedauerlicherweise keinen Platz fand, ist der Einfluss des Mythos – und der alten Traditionen der Repräsentation eines Mythos – auf die Entstehung von Identitäten und auf das Rahmenwerk der Politik. Daher möchte ich an dieser Stelle Karen Armstrongs *Holy War: The Crusades and Their Impact on the Modern World* (Random House, 2001) und Andrew Wheatcrofts *Infidel* (Viking, 2003) empfehlen. Karen Armstrong, deren

Bücher über Mohammed und über den Islam hervorragende Einführungen sind, analysiert hier den Einfluss der Kreuzzüge auf die Herausbildung europäischer Identitäten. Ihre profunden Kenntnisse und ihre breit angelegte Perspektive machen dieses Buch trotz seines schwierigen Themas zu einer lohnenden Lektüre. Wheatcroft schreibt gelehrt, aufregend und ungeheuer scharfsichtig. Rashid Khalidi geht in *Ressurrecting Empire* (IB Tauris, 2004) von dem Gedanken aus, dass der Westen, besonders bezüglich des Nahen und Mittleren Ostens, ein unendlich schlechtes Gedächtnis hat, und untersucht auf kluge und zügige Weise die Konsequenzen dieses Defizits. Fred Halliday dekonstruiert in *100 Myths about the Middle East* (Saqi Books, 2005) auf brillante Weise vieles, was in Bezug auf diese Region als »unumstößlich« gilt.

Malise Ruthven zählt zu den originellsten und klügsten Autoren, die sich mit dem modernen radikalen Islam beschäftigen: *A Fury for God* (Granta, 2002) ist eine gut lesbare, kenntnisreiche Kultur- und Geistesgeschichte des radikalen Islam und enthält zahlreiche brillante Gedankengänge; sein neuestes Werk, *Fundamentalisms* (OUP, 2004), ist eine vergleichende wissenschaftliche Analyse des Fundamentalismus in allen seinen Erscheinungsformen.

Eine weitere breit angelegte historische und ideenkritische Darstellung des radikalen Islam ist *Okzidentalismus. Der Westen in den Augen seiner Feinde* von Ian Buruma und Avishai Margalit (Hanser, 2005), mit zahlreichen Beispielen, vom Japan der dreißiger Jahre des 20. Jahrhunderts bis zum Vorderen Orient in vorbiblischer Zeit. Die Autoren untersuchen die globale Reaktion auf die »westliche Moderne« in den vergangenen 200 Jahren. In meine persönliche Bücherliste möchte ich auch zwei Werke europäischer kritischer Denker aufnehmen: Jean Baudrillard, *Der Geist des Terrorismus* (Passagen-Verlag, 2002), und Slavoj Zizek, *Willkommen in der Wüste des Realen* (Passagen-Verlag, 2004). Von diesen Denkern darf man sich keine umfassende Analyse des radikalen Islam, des Islam an sich oder von sonst irgendetwas erwarten. Sie sind vielmehr eine Quelle aufregender Ideen.

Natürlich gibt es viele hundert Bücher, einschließlich meines eigenen, die sich mit dem Thema »al-Qaida« und Osama bin Laden beschäftigen. Darunter sind unfundierte Machwerke voll plagiierten, ideologisch verzerrten, frei erfundenen Unsinns, oft von Autoren verfasst, die von den Ländern, über die sie schreiben, keine Ahnung haben. Daneben gibt es aber auch ausgezeichnete Darstellungen. Da heutige Leser meistens über ein solides Grundwissen über »al-Qaida« und den »radikalen Islam« verfügen, würde ich vorschlagen, sich an die eigentlichen Quellentexte heranzuwagen. *Milestones* (American Trust Publication, 1990) von Sayyid Qutb, der Urtext des modernen militanten Islam, ist – jedenfalls auf Englisch – im Buchhandel erhältlich; er ist nicht besonders umfangreich und leicht lesbar. In einem aktuelleren Kontext ist *The Road to al-Qaeda* (Pluto Press, 2003) von Montassar al-Zayat empfehlenswert, die persönliche Geschichte eines radikalen ägyptischen Anwalts. Die Verlautbarungen Osama bin Ladens sind nunmehr in *Messages to the World* zusammengestellt, herausgegeben von Bruce Lawrence (Verso, 2005). *The Osama bin Laden I know* (Simon & Schuster, 2005) von Peter Bergen ist eine mit Gewinn zu lesende »oral history«, aufgeschrieben von einem hervorragenden amerikanischen Journalisten. *Voices of Terror*, herausgegeben von Walter Laqueur (Sourcebooks Inc., 2004), stellt den modernen militanten Islam in einen historischen Kontext und sieht ihn als nur eine von mehreren radikalen Strömungen im Laufe von Jahrhunderten; der Sammelband enthält interessante Originaldokumente – Äußerungen jüdischer Aufständischer im Kampf gegen die Römer ebenso wie Auszüge aus Schriften russischer Anarchisten. Ähnlich umfassend ist die Perspektive des knappen und gut geschriebenen Bandes *Terrorismus. Eine kurze Einführung* von Charles Townshend (Reclam, Stuttgart, 2005).

Natürlich gibt es zahlreiche Publikationen zum Islam allgemein und zum Islamismus im Besonderen. Gilles Kepel bietet in seinem grundlegenden *Schwarzbuch des Dschihad. Aufstieg und Niedergang des Islamismus* (Piper, 2002) einen guten Überblick. *Knowing the Enemy* von Mary Habeck (Yale University Press, 2005) ist eine hervorragende Einführung in die Ideologie des radikalen Islam. Auch die bedachtsamen, undogmatischen und klugen Analysen des französischen Politologen Olivier Roy kann man mit Gewinn lesen. Ich mache erst gar nicht den Versuch, Bücher über Israel und Palästina oder Einzelpublikationen über den Irak, Afghanistan, Pakistan etc. zu empfehlen. Es gibt einfach zu viele davon mit unterschiedlichen Schwerpunkten: ausgesprochen kenntnisreiche Reisebücher und journalistische Reportagen, aber auch aufregende und gut geschriebene wissenschaftliche Abhandlungen; allerdings auch viele, die weder aufregend noch gut geschrieben sind.

Bei der Beschäftigung mit dem Islam und dem radikalen militanten Islam bin ich auch auf Werke gestoßen, die aus historischer Perspektive argumentieren. Der Klassiker *Sozialrebellen* (Luchterhand, 1962) von Eric Hobsbawm ist hier zu nennen; ebenso Bücher über die Anarchisten des 19. Jahrhunderts; Richard J. Evans, *Das Dritte Reich, Band 1, Aufstieg* (Deutsche Verlags-Anstalt, 2004), über die Faszinationskraft des Nationalsozialismus, und Philip Knightley, *The First Casualty* (André Deutsch, 2003), über Gebrauch und Missbrauch der Kriegspropaganda sind wichtig. Robert Harvey vermittelt in *Comrades* (John Murray, 2003) über den Aufstieg und Niedergang des Weltkommunismus einen nutzbringenden, wenngleich einseitigen Überblick über politisch linke Ideologien und ihre Faszinationskraft.

Schließlich gibt es noch eine Vielzahl fiktionaler Werke, deren Relevanz und Bedeutsamkeit häufig übersehen wird. Unter den jüngeren ist *Die Reisen des Herrn Baldassare* (Suhrkamp, 2003) von Amin Maalouf mein Lieblingsroman; ich habe ihn im Sommer 2004 in Bagdad gelesen. Es ist eine wunderbar geschriebene, sarkastische, unterhaltsame und kluge Geschichte über Toleranz und Intoleranz, religiösen Fanatismus, Gewalt und Liebe vor 400 Jahren mit einer klaren und deutlichen Botschaft für die heutige Zeit. Ende 2005 äußerte der israelische Autor Amos Oz, wie stark Literatur und ihre Imaginationskraft imstande sei, dem Leser fremde Kulturen, Menschen und Gefühle nahezubringen, und wie sehr sie ihm geholfen habe, seine eigene Welt und Geschichte besser zu verstehen. Die imaginative Anstrengung, die es kostet, einen Roman zu lesen und sich auf diese Weise Kenntnisse über andere anzueignen, helfe, so Oz, eine große Kluft in der Wahrnehmung zu überwinden, die andernfalls ein gähnender Abgrund bliebe. Ich kann ihm nur zustimmen.

Paris, im Februar 2006

Glossar

Ajatollah: »Zeichen Gottes«, Titel eines hochrangigen Schiitenführers.

Al-Haramain: Die heiligen Stätten Mekka und Medina.

Al-Qaida: Das arabische Wort hat zahlreiche unterschiedliche Bedeutungen, unter anderem »Basis«, »Methodologie«, »Unterstützung«, »Gesetz«, »Maxime«. Am bekanntesten ist al-Qaida als Bezeichnung einer 1988 oder 1989 von Osama bin Laden und mehreren seiner Anhänger in Pakistan gegründeten Gruppe.

Amir: siehe Emir.

Baathismus: Eine radikale, säkulare, quasisozialistische, arabisch-nationalistische Ideologie, deren Ursprünge in den späten dreißiger und frühen vierziger Jahren des 20. Jahrhunderts liegen. Die Bezeichnung stammt vom arabischen Wort für »Renaissance« her. Bis zum Sturz Saddams wurde der Irak nominell von der Ideologie des Baathismus beherrscht.

Barelvi: In Pakistan vorherrschende Schule des Islam; verhältnismäßig tolerant und mystisch orientiert.

Dawa: Wörtlich »Ruf« oder »Einladung«; Bemühungen frommer Muslime, Nichtmuslime zum Islam zu bekehren und ihre Glaubensbrüder zu einem strenger religiösen Leben zu bewegen.

Deobandi: Konservative Schule des Islam, in Indien gegründet; spaltete sich später in einen indischen und einen afghanisch-pakistanischen Zweig.

Dschahilija: Barbarei und Unwissenheit im vorislamischen Arabien.

Dschihad: Anstrengung, Kampf, gerechter Krieg. Ein viel diskutierter Begriff, der zu verschiedenen Zeiten recht unterschiedliche Bedeutungen hatte. Er gehört nicht zu den fünf Säulen des Glaubens. »Der Dschihad« bezieht sich gewöhnlich auf den Krieg gegen die Sowjets in Afghanistan. Man unterscheidet zwei Arten des Dschihad: den größeren Dschihad oder persönlichen Kampf, Versuchungen zu widerstehen und gemäß der Scharia zu leben; und den kleineren Dschihad, den gewalttätigen Kampf gegen Ungläubige oder Aggressoren. Der kleinere Dschihad unterteilt sich wiederum in den offensiven und den defensiven Dschihad, der Pflicht jedes gläubigen Muslim ist.

Dschihadi/Dschihadist: Derjenige, der die gewaltsame Auseinandersetzung des Dschihad als Taktik gegenüber der gewaltlosen **Dawa,** also gesellschaftlichem oder politischem Handeln, bevorzugt.

Emir: Einer, der befiehlt, ein Fürst oder Militärbefehlshaber; einer, der in einer bestimmten Situation die Befehlsgewalt innehat; häufig die Bezeichnung für den Führer einer Islamistengruppe.

Emir-al-Mumenin: »Fürst der Gläubigen«; Titel des Kalifen; vom Taliban-Anführer Mullah Omar beansprucht.

Fatwa (Plural *fatawa*): Ein Rechtsurteil zu einer religiösen Frage, das von einem anerkannten islamischen Gelehrten abgegeben wird und damit verbindlich ist.

Fitna: Kampf, Aufruhr, wörtlich »Prüfung«; interne Kämpfe politischer Gruppierungen aufgrund ideologischer Meinungsverschiedenheiten, zum Beispiel in der Zeit nach dem Tod des Propheten.

Hadith: Die Überlieferungen des Propheten einschließlich der ihm zugeschriebenen Gewohnheiten und Aussprüche. Sie sind zwar nicht Teil der Offenbarung, aber vor allem für die Scharia von Bedeutung, insbesondere für die sunnitischen Muslime.

Hadsch: Die Pilgerfahrt nach Mekka, die jeder Muslim einmal in seinem Leben auf sich nehmen sollte; eine der fünf »Säulen des Islam«.

Halal: Alles, was nach dem islamischen Gesetz erlaubt ist.

Haram: Alles, was nach dem islamischen Gesetz verboten ist.

Hidschra: Wörtlich »Wanderung«; bezieht sich meist auf die Reise des Propheten Mohammed mit den ersten Muslimen nach Medina im Jahr 622 n. Chr., um der Verfolgung in Mekka zu entgehen. Ein solches Abwandern ist Pflicht eines jeden Muslim, der seinen Glauben nicht in Freiheit ausüben kann. Ein Grundgedanke islamischer Militanter.

Idschtihad: Die argumentative Auslegung der wichtigsten islamischen Texte. Das Wort hat dieselbe Wurzel wie **Dschihad,** bezieht sich aber auf die »Anstrengung« des Verstehens.

Islamisten: Muslime, die eine reine (d. h. reformierte) islamische Gesellschaft errichten wollen, indem sie durch Aktivismus die modernen staatlichen Strukturen unterwandern.

Kafir, Kufr: Ungläubiger, Unglaube; einer, der die Wahrheit zurückweist, obwohl sie ihm vor Augen geführt wird.

Kalif: Vom arabischen *khalifa,* »Nachfolger« oder »Vizekönig«; bezeichnet den politischen und spirituellen Führer der muslimischen Weltgemeinschaft, den Nachfolger des Propheten Mohammed, Gottes Vizekönig auf Erden.

Kalifat: Die vom Kalifen regierten Gebiete; sein Sitz war ursprünglich Medina, später Bagdad und Kairo. Das osmanische Kalifat endete 1924 mit der Gründung der Türkei.

Maghreb: Arabisch, wörtlich »westlich«; bezeichnet die Region westlich des Nils und nördlich der Sahara.

Medina: Wörtlich »die Stadt«. Konkret die Stadt, in die Mohammed vor seinen Verfolgern in Mekka floh.

Medrese: Religionsschule, theologische Hochschule.

Mekka: Die Stadt im heutigen Saudi-Arabien, in der sich das Heiligtum der Kaaba befindet. Hier wurde der Prophet Mohammed geboren, und hierher führt die muslimische Pilgerfahrt (**Hadsch**). Die heiligste Stätte des Islam.

Mudschahid (Plural **Mudschaheddin**): Einer, der sich bemüht, der kämpft.

Muhadschirun: Wörtlich »die Wanderer«. Die Gefährten des Propheten, die ihm auf seiner Wanderung von Mekka nach Medina folgten.

Mullah: Lokaler religiöser Führer oder Funktionär, in der Regel in Südwestasien. In einigen Teilen des Nahen und Mittleren Ostens auch respektvolle Anrede für einen Religionsgelehrten.

Munafiq (Plural **munafiqin**): Heuchler. Alle, die äußerlich nach dem Islam leben, aber keine innere Glaubensüberzeugung haben. Ursprünglich wurden so die Bewohner Medinas genannt, die zwar äußerlich die Autorität des Propheten Mohammed anerkannten, ihn aber bekämpften. Militante bezeichnen muslimische Staatsführer wie Hosni Mubarak oder das Herrscherhaus al-Saud als *munafiq*.

Muslim: Einer, der sich Gott unterwirft; das Wort stammt vom arabischen *alama*, »sich unterwerfen, »Frieden suchen«.

Salaf: »Die gerechten Vorfahren«; die ersten Generationen der muslimischen Gemeinschaft. Heute Bezeichnung für Aktivisten (Salafisten), die eine Rückkehr der muslimischen Gemeinschaft in den Zustand zur Zeit der Salaf befürworten. Wahhabisten sind Salafisten.

Salat: Rituell vorgeschriebenes Gebet.

Schahada: Glaubensbekenntnis: »Es gibt keinen Gott außer Allah, und Mohammed ist sein Prophet.«

Schahid (Plural **schahuda**): Märtyrer, Zeuge.

Scharia: Der rechte Weg; die Verhaltensregeln, die alle Muslime einhalten sollten; das heilige Gesetz des Islam, wie es von den großen muslimischen Rechtsgelehrten des 8. und 9. Jahrhunderts zusammengestellt und kodifiziert wurde.

Scheich: Oberhaupt eines Stammes oder eines religiösen Ordens, vor allem bei den Sufis.

Schia: Partei oder Faktion; alle Muslime, die glauben, dass Mohammed seinen Schwiegersohn Ali und dessen rechtmäßige Nachkommen zu den wahren Führern der Umma bestimmt hat. Etwa 10–15 Prozent der Muslime weltweit sind Schiiten.

Sufismus: Mystische Tradition des Islam. Der Name leitet sich vom Wollgewand *(suf)* der frühen Asketen ab. Der Einzelne begibt sich unter Anleitung eines Meisters auf den individuellen Weg zur Erleuchtung; historisch werden allerdings verschiedene »Orden« unterschieden. Der Sufismus wird häufig als innere Reise gesehen, die das äußere Gesetz der Scharia ergänzt. Ein wichtiger Faktor für die Ausbreitung des frühen Islam.

Sunni, Sunniten: Mehrheit der Muslime; oft auch als »orthodox« bezeichnet.

Talib (Plural **Taliban**): Schüler; wörtlich »Suchender« (des Wissens).

Umma: Gemeinschaft der Gläubigen der islamischen Welt.

Wahhabismus: Rigorose, konservative Lehre der Anhänger von ibn Abdul al-Wahhab, einem puritanischen arabischen Prediger aus dem 18. Jahrhundert.

Zakat: Armensteuer der Muslime (ein Prozent des gesamten Reichtums); eine der fünf Säulen des Islam.

Danksagungen

Glücklicherweise habe ich vielen, vielen Menschen zu danken. Leider sind es zu viele, um jeden Einzelnen von ihnen hier namentlich erwähnen zu können. Ich danke natürlich meinen Kollegen beim *Observer:* dem Chefredakteur Roger Alton, den Redakteuren Paul Webster, John Mulholland, Allan Jenkins, Tracy McVeigh sowie zahlreichen Reportern. Auch vielen anderen aus der Londoner Zeitungsbranche danke ich, die mir eine große Hilfe waren und von denen ich viel lernen konnte. Ich danke Dutzenden Kollegen der britischen und nichtbritischen Medien, mit denen ich so oft und an so unterschiedlichen Orten zu tun hatte. Denen, die das Manuskript des Buches gelesen haben, möchte ich meinen besonderen Dank aussprechen. Und natürlich all jenen – den Taxifahrern, Übersetzern und Organisatoren –, die oft so geduldig und kompetent mit mir zusammengearbeitet haben.

Ich danke meinem Agenten Toby Eady und meinem Lektor Simon Winder (sowie seinem Team bei Penguin). Ohne ihr kundiges Lektorat, ihre Professionalität und Energie gäbe es dieses Buch nicht.

Mein erstes Buch habe ich meinen Großvatern Sam und Sidney gewidmet. Dieses hier widme ich meinen Eltern Jeffrey und Tessa als bescheidene Anerkennung für alles, was sie mir gegeben haben. Meine Dankbarkeit für ihre Liebe und für die Liebe, die ich von meinen Freunden, meiner Großmutter, meinen Brüdern und Schwestern erfahren durfte, ist größer, als ich es je in Worten ausdrücken könnte.

Paris, im Januar 2006

N
W
O
S
USBEKISTA
Amu Darja (Oxus)
TURKMENISTAN
IRAN
Herat
A F G H A N I S T
Helmand
Arghandab
Lara
Kandahar
Helmand

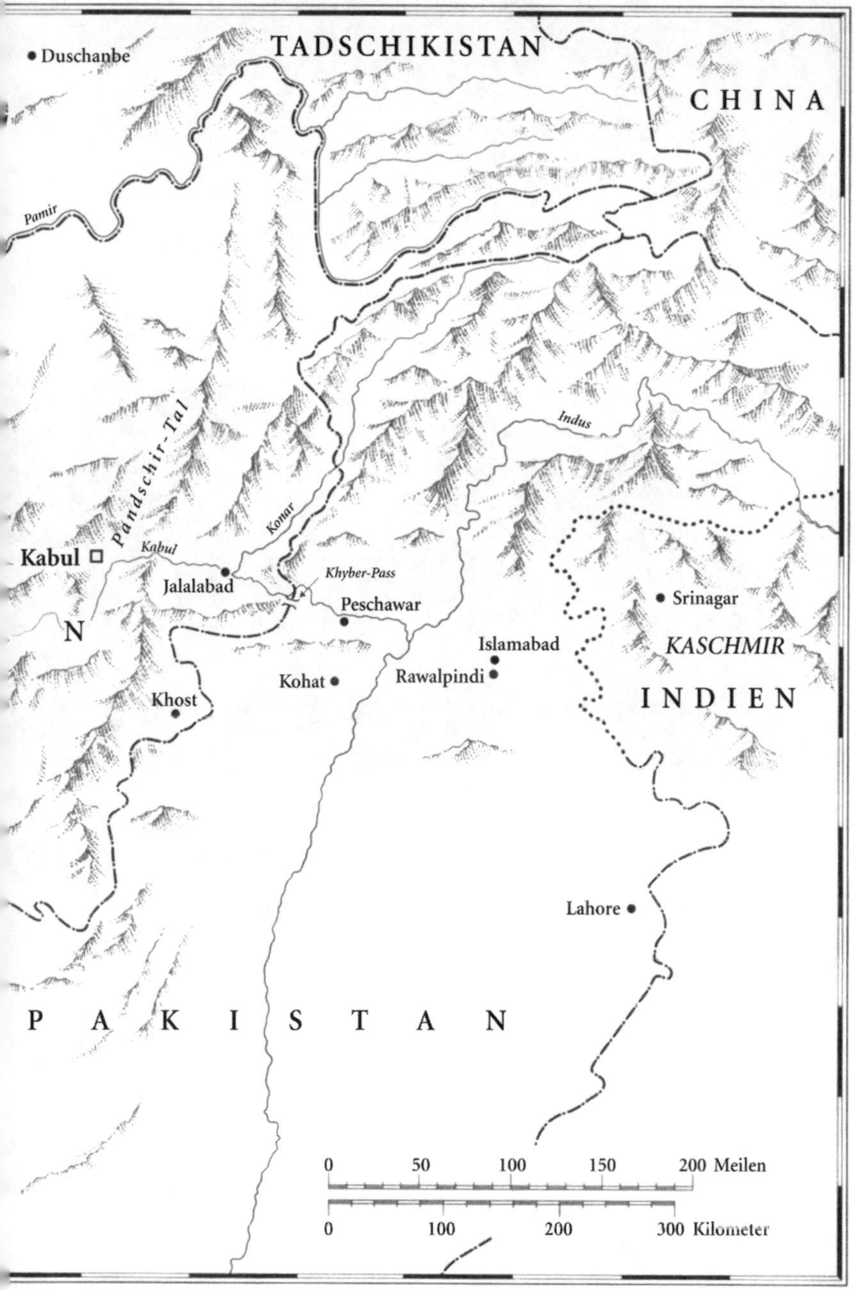
Duschanbe
TADSCHIKISTAN
CHINA
Pamir
Pandschir-Tal
Konar
Kabul
Kabul
Jalalabad
Khyber-Pass
Peschawar
Indus
Srinagar
KASCHMIR
Islamabad
Rawalpindi
Kohat
Khost
INDIEN
N
Lahore
P A K I S T A N
0 50 100 150 200 Meilen
0 100 200 300 Kilometer

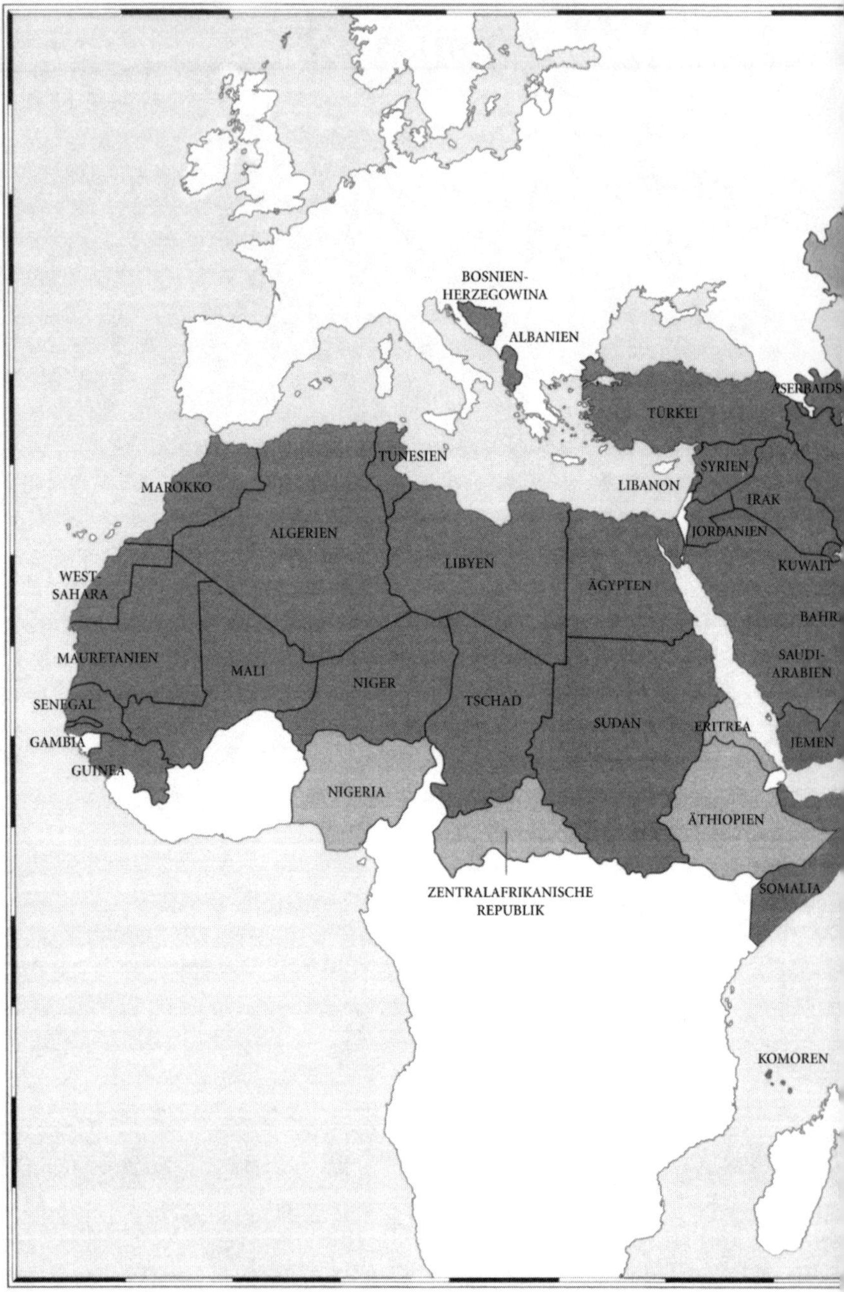
BOSNIEN-
HERZEGOWINA
ALBANIEN
TÜRKEI
ASERBAIDS
TUNESIEN
MAROKKO
ALGERIEN
LIBYEN
LIBANON
SYRIEN
IRAK
JORDANIEN
KUWAIT
ÄGYPTEN
BAHR
WEST-
SAHARA
MAURETANIEN
MALI
NIGER
TSCHAD
SUDAN
SAUDI-
ARABIEN
SENEGAL
GAMBIA
GUINEA
ERITREA
JEMEN
NIGERIA
ÄTHIOPIEN
ZENTRALAFRIKANISCHE
REPUBLIK
SOMALIA
KOMOREN

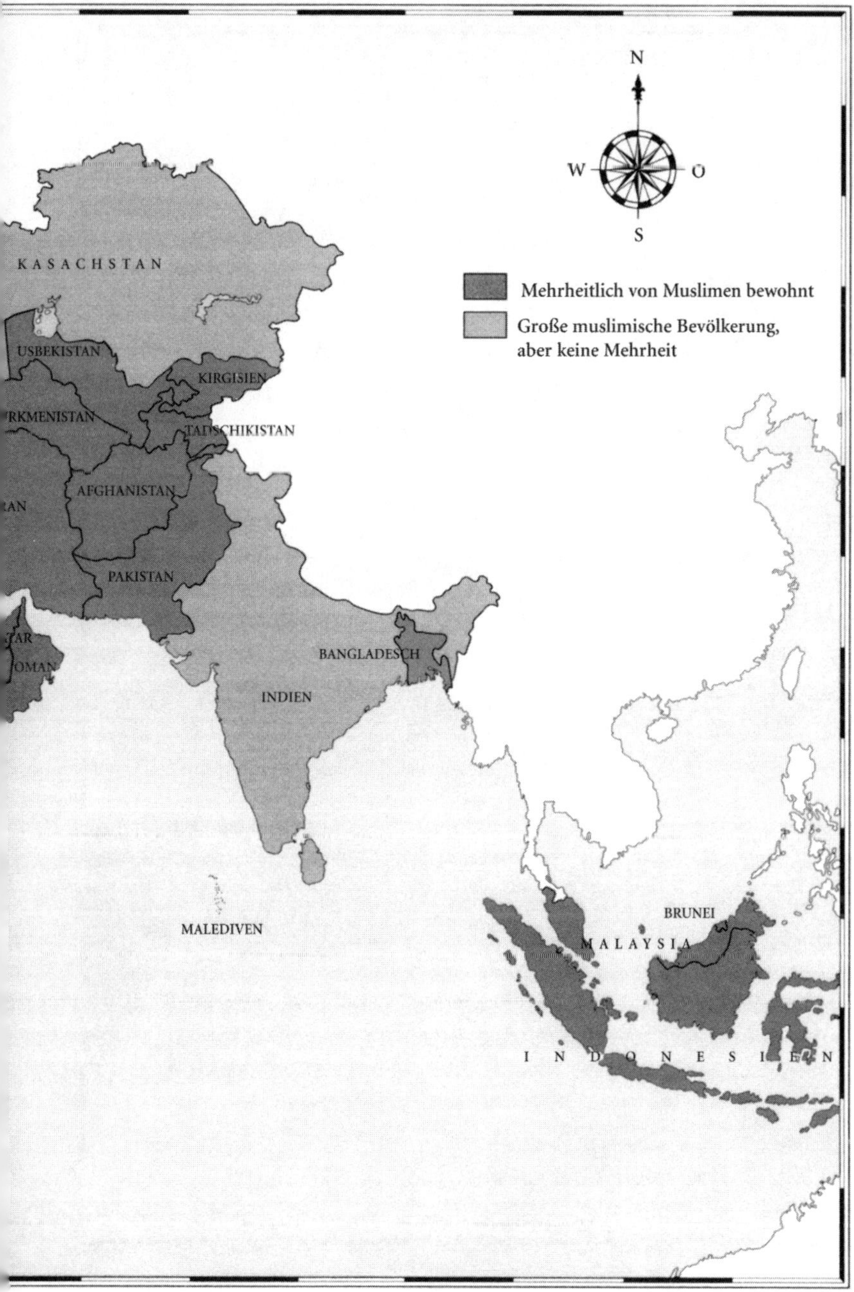
N
W
O
S
Mehrheitlich von Muslimen bewohnt
Große muslimische Bevölkerung, aber keine Mehrheit
KASACHSTAN
USBEKISTAN
KIRGISIEN
RKMENISTAN
TADSCHIKISTAN
AFGHANISTAN
AN
PAKISTAN
TAR
OMAN
BANGLADESCH
INDIEN
MALEDIVEN
BRUNEI
MALAYSIA
INDONESIEN

N
W
O
S
Van
TÜRKEI
Zakho
SYRIEN
Mossul
Erbil
Suleimaniye
Kirkuk
Halabdscha
IRAN
Tikrit
Falludscha
Bagdad
JORDANIEN
IRAK
Kerbela
Tigris
Nadschaf
Euphrat
Basra
KUWAIT
Persischer Golf
SAUDI-ARABIEN
0 50 100 150 200 Meilen
0 100 200 300 Kilometer

Register